# 조선 후기 지식인의 일상과 문화

이화 한국학총서 1

# 조선 후기 지식인의
# 일상과 문화

성기옥 외 지음

이화여자대학교출판부

# 조선 후기 지식인의 일상과 문화

**펴낸날** 1판 1쇄 2007년 4월 27일
3쇄 2009년 12월 11일
**지은이** 성기옥 외
**펴낸이** 최민숙 | **펴낸곳** 이화여자대학교출판부
**주소** 서울특별시 서대문구 대현동 11-1(우 120-750)
**등록** 1954년 7월 6일 제9-61호
**전화** 02) 3277-2965, 2966(편집기획)
02) 3277-3164, 362-6076(경영지원)
**팩스** 02) 312-4312 | **전자우편** press@ewha.ac.kr
**인터넷서점** www.ewhapress.com
**디자인** 정혜진 | **찍은곳** 네오프린텍


ISBN 978-89-7300-742-4 94300
ISBN 978-89-7300-694-6(세트)

값 13,000원

# 발간사

한국학에 대한 국내외의 관심이 높아지고 있는 이 시점에서 본교 한국학 연구의 새로운 출발을 알리는 '이화 한국학총서'를 세상에 내놓게 되었다. 한국학 연구는 본교의 설립 이념을 구현하고 한국 사회에서 대학의 역할을 수행하기 위한 필수적 과제로 인식되어 왔다. 세계화의 물결에 합리적으로 대응하기 위해서는 무엇보다 먼저 자국 문화에 대한 이해가 선행되어야 한다고 믿는다. 이를 위해서 본교는 창립 이래 한국학 연구에 지대한 관심을 가지고 이를 지원하고 육성해 왔다. 외국 문화의 도입에 열중하던 1950년대에 한국학 연구를 전담할 기관으로 설립된 '한국문화연구원'은 한국의 인문 · 사회 · 자연 · 예능 전반에 걸쳐 학술적 연구를 진행하고 그 성과를 국내외에 발표하면서 한국학 발전에 기여해 왔다.

한국의 전통 문화에 대한 관심에서 출발한 한국학은 그 동안 그 대상 영역을 확장하면서 고대로부터 현대에 이르기까지 한국에 관한 다양한 분야를 탐색하는 종합적 연구로 발전하게 되었다. 이러한 과제를 효율적으로 수행하기 위해서는 한국학에 대한 새로운 인식과 효율적 연구 방법

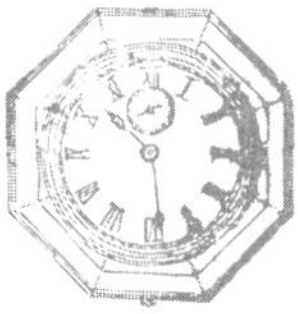

이 요구되었다. 본교는 지난 2003년에 '한국학특성화기반조성사업단'을 발족해 본교 한국학 연구의 성과를 점검하고 합리적 연구 방안을 모색하는 작업을 진행해 왔다. 본 사업단에서는 연구의 기반을 다지는 기초 작업과 함께 현대 사회에 맞는 연구 주제를 설정해 연구 활동을 벌여 왔으며, 이번에 발간되는 '이화 한국학총서'는 그 성과 가운데 일부이다.

연구의 주제를 '한국의 일상 문화'로 정한 것은 과거 지향적이고 관념적인 기존 한국학 연구의 관습에서 벗어나 현실에 뿌리를 두고 미래를 내다보는 '살아 있는 학문'으로서 한국학을 모색하기 위한 것이었다. '일상성'은 거대 담론에 밀려 소외되었던 연구 영역이었으나 1990년을 전후로 '사소하지만 중요한 것들'에 대한 관심이 증대되면서 한국의 문화적 특성을 가장 극명하게 보여 줄 수 있는 영역이기도 하다. 이러한 '일상'의 탐구는 편의상 전통 문화, 근대 문화, 비교 문화 등으로 구분해 통합적 공동 연구로 진행되었다.

이 작업에는 본교 한국학 관련 연구자들이 각자의 전공 영역을 넘어 학제적으로 참여했다. 여기에 내놓는 성과들은 한국학 연구의 새로운 방

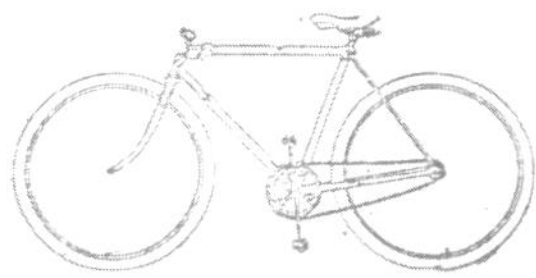

향을 모색하는 과정에서 이루어진 것이기 때문에 시론적 성격이 강하고 보완되어야 할 점도 없지 않다. 그러나 이 작업을 통해서 본교 한국학 연구의 역량과 가능성을 점검하고, 한국학 연구가 나아가야 할 바람직한 방향을 가늠해 볼 수 있었던 것은 큰 성과라 할 수 있다. 앞으로 이어질 후속 작업을 통해서 연구의 주제를 좀더 구체화하고 논의를 심화해 바람직한 성과를 창출해 나갈 수 있기를 기대한다. 어려운 여건 속에서도 연구에 참여해 주신 연구자 여러분의 노고에 감사드리며, 이 총서가 한국학의 발전에 든든한 디딤돌이 되기를 바란다.

2006년 6월

이화여자대학교

한국학특성화기반조성사업단 단장

정 하 영

# 총론

조선 후기에 들어서면 국가는 왜란과 호란의 큰 피해를 복구하고 국가 재정비 사업을 추진해야 했다. 그 과정에서 정치 · 경제를 비롯한 사회 전반에 변화가 뒤따르게 되었다. 17~18세기의 사회경제적 변동은 사회 전반에 걸친 것이었으므로 그 파장도 커, 실제 생활 및 문화에도 큰 변화를 초래했을 것이다. 그러나 그 동안 조선 후기에 대한 연구는 17~18세기의 사회 변동이라는 거대 담론에 집중되어 있었고, 최근에서야 사람들의 일상적 삶에 관심을 기울인 연구들이 나타나기 시작했다.

이 책에 실린 논문들은 사회 변동의 결과가 사람들의 일상적 삶과 문화에 어떤 양상으로 나타나는지에 관심을 두고 접근했다. 특히 기록을 남긴 당시 지식인들이 사회 변동에 어떻게 대응하며 생활했고, 새로운 문화를 만들어 갔는지를 중심으로 연구했다. 지식인은 여러 차원에서 정의될 수 있다. 학자나 전문가 집단을 지식인으로 분류할 수도 있고, 이들 중 사회적 모순에 대해 대안을 제시하고 행동하는 사람들만을 지식인으로 분류할 수도 있을 것이다. 그러나 이 연구에서는 성리학을 공부하고 철학적 연구를 일삼던 사람들만을 대상으로 하지 않았다. 근대 이전의 사회에서는 주요 표현 수단인 한문을 익혀 구사할 수 있는 사람의 수는 그리 많지 않았고, '언문'으로 무시되던 한글을 구사하는 사람들의 수도 제한적이었기 때문이다. 이에 본고에서는 한문이나 한글을 익혀 자신의 의견을 공개적으로 표출할 수 있었던 사람들을 지식인으로 분류하고, 그들의 일상적 삶과 문화를 연구 대상으로 삼았다.

당시 지식인의 주류를 이루었던 사람들은 과거를 위해 성리학을 공부하며 상소(上疏) 등을 통해 사회적 문제에 대해 발언하기도 하던 양반층이었을 것이다. 사회의 급속한 변동 속에서 양반도 계층이 분화되어 중앙 정계를 중심으로 활동하던 사람들과, 지방 사회에서 일반민들과 일상적 삶을 살아가던 사람들의 생활은 많은 차이를 보인다. 「18세기 전반 향촌 양반의 삶과 신앙」(김영미)은 함평 지방의 양반이던 이준(李濬)의 『도재일기(導哉日記)』를 통해 사회 변동에 지방의 양반이 어떻게 대응했는지를 분석했다. 이준은 평생 과거에 응시하기 위해 유교 경전을 공부했지만 급제하지 못한 채 일생을 마쳤다. 그가 남긴 일기를 통해 18세기 양반들이 노비의 도망, 조세 제도의 변동 등에 어떻게 대응했는지를 분석했다. 그리고 자연 재해 앞에 무기력했던 농촌의 삶과 그로 인한 기근과 전염병의 발생, 주위에서 일상적으로 벌어지는 사랑하는 가족 및 친지의 죽음과 이로 인한 슬픔을 극복하기 위한 신앙을 탐구했다. 국가기관이 편찬한 역사서가 아닌 한 개인의 일기를 분석해, 양반의 삶을 구체적으로 묘사하고 있다는 점에서 주목된다.

「조선 후기 사대부의 일상 복식」(홍나영)은 조선 후기 사대부 복식의 일상성에 관심을 두고 복식의 전통이 형성된 18세기를 중심으로 일상 복식 문화의 특성과 그러한 현상이 나타나게 된 사회문화적 배경을 고찰했다. 즉 급격한 사회 변동 속에서 문란해진 신분 제도로 인해 신분의 차이를 가장 직접적으로 드러내는 복식의 구별이 해이해지고, 부(富)를 축적한 서민층이 경제력을 바탕으로 신분 상승을 이룩하는 한편 자신의 부를 과시하거나 상류 계급의 문화를 모방하려는 심리가 작용해 사대부의 복식이 보편화되기에 이르렀다는 것이다. 또 정치적 입장에 따라 의복의 형태와 여밈을 달리하던 사대부의 관습은 일상 복식의 다양화에 기여했고, 대중화된 조선 후기의 풍류 문화는 미적 가치의 변화를 초래해 사대부의 일상 복식에 영향을 미쳤음을 밝히고 있다.

이처럼 양반들의 일상 생활이 사회경제적 변동에 따라 변화했듯이, 양반들이 향유하던 문화도 변화한다. 먼저 「조선 후기 시전지(詩箋紙), 일상 속의 예술」(고연희)은 문인들이 시문(詩文)을 적어 놓거나 편지지로 사용하던 시전지의 판화 문양을 분석했다. 시전지는 문인 각 개인의 아취(雅趣)를 표현하고자 하는 개인적 취향을 바탕으로 만들어진 것으로, 회화사와도 밀접한 관련을 갖는다. 16~17세기에는 단아한 화훼문이 유행했는데, 이는 당시 수묵화조화(水墨花鳥畵)의 유행과 흐름을 같이하며, 18세기에는 화훼문이 다양화되고 다색 표현이 시도되는데 이 역시 다양한 제재와 채색 위주로 전개된 화조화의 성행과 밀접한 관련이 있다. 또 19세기 난, 매화 등을 중심으로 한 화훼화의 성행은 시전지에서도 중국과 달리 사군자 훼화를 특별히 애호하는 것으로 나타났다. 조선 후기의 사회적 변화에 부응한 문인들이 미술 문화에서도 변화를 시도한 것이라고 할 수 있겠다.

이러한 미술계에서의 움직임과 함께 음악계에서는 장단이 빨라지고 선율이 번다해지는 변화가 나타난다. 「18세기 음악의 촉급화(促急化) 현상과 지식인의 대응」(성기옥)은 17세기 사대부의 음악이 왕실 음악과 분리되기 시작한 이후 18세기에 나타난 음악의 빨라짐 현상을 통해 문화 변동기로서의 18세기를 살펴보고, 이를 통해 현대 음악의 변화와 문화 변동에 대해 시사하고 있다. 18세기 음악의 변화는 기층민 예술의 문화적 부상과 상업의 발달에 따른 도시 소비 문화의 대두와 관련이 있는데, 새로운 음악의 승리는 감각성을 앞세우는 음악의 대중화 지향으로 이해하고 있다. 그리고 이러한 변화에 대응하는 지식인의 태도를 분석해, 음악의 대중화를 문화의 타락으로 보고 이를 막으려는 입장과, 새로운 음악을 적극적으로 즐기면서 이 음악 문화를 합리화하려는 견해로 나누어 논하고 있다.

한편 조선 후기에는 양반 외에도 새로운 지식인들을 찾아볼 수 있다. 바로 여항문학(閭巷文學)으로 지칭된 문학 작품의 새로운 주체로 부각된 중인 계층, 한문과 한글을 익혀 학문적 저술, 문학 작품, 행장이나 행록 등 역사 기록과 상언(上言)과 같은 공식적 기록을 남기는 데에도 적극적이었던 양반 여성들이 바로 그들이다.

「18세기 조선 문인의 세계 인식과 문학적 형상화」(신하윤)는 중인 문학을 대표하는 조수삼(趙秀三)의 「외이죽지사(外夷竹枝詞)」 122수를 통해 가보지 못한 세계 여러 나라들을 '가보고 싶은 마음'으로 기록한 세계 문화에 대한 관심과 세계 인식을 분석했다. 「외이죽지사」는 청대(淸代)에 유행한 '외국 죽지사'의 형태로 저술되었지만, 그가 바탕으로 한 『방여승략』 「외이」의 내용이 중국 역대 왕조와 외국의 교류를 중심으로 한 것과 달리 다양한 종족의 풍속과 신앙, 문물 등 문화적 요소에 더 많은 비중을 두고 있다. 이는 한족 중심의 화이론적 세계관에서 비교적 자유로워진 18세기 지식인의 세계관과 일상 생활에 대한 관심을 반영한 것이다.

「18세기 양반 여성의 글쓰기의 층위와 그 의미」(김경미)는 18세기 문집 자료들을 통해 그 동안 널리 알려졌던 규방 가사, 한시, 시조, 언문 편지, 산문 외에도 양반 여성들의 글쓰기가 다양하게 이루어졌음을 밝히고 있다. 양반 여성들이 어머니를 비롯한 여성 가족들의 행장이나 행록의 초안을 기록하는 일이 많아졌다. 이는 여성들의 생활 공간이 규방에 한정되어 남성들이 그 자세한 내용을 알 수 없었던 데에 그 원인이 있지만, 다른 한편으로는 기록을 남기는 여성들의 적극적인 의지가 반영되어 있다. 또 여성들은 자전적 기록을 남기기도 하고 한글이나 한문으로 시를 쓰거나 향유하기도 했는데, 이는 여성들에게 허용된 글쓰기를 넘어선 것이었다. 또 임윤지당 등 여성의 학문적 저술이 간행되기도 하고 상언을 하여 집안의 문제를 해결하는 등의 공적인 장에서도 여성의 글쓰기가 나타난다. 일부 양반 계층에 한정된 것이지만 18세기 여성들의 글쓰기는 일상적으로 이루어지고 있었던 것이다.

한편 19세기에 접어들면 조선 사회는 세도 정치의 폐단이 나타나는 등 일상적 삶의 토대인 사회 구조가 해체 과정을 겪게 된다. 이 과정에서 일반 민중의 새로운 사회에 대한 집단적 소망을 대변하는 새로운 지식인이 등장한다. 즉 최시형의 경우, 몰락한 양반도 아니었고 양반들의 하부에서 국가를 움직이던 중인도 아니었다. 「최시형에서의 '표현'과 시간」(이규성)은 동학 사상의 정초자인 최시형의 표현의 형이상학과 실천적 시간관을 연구한 논문이다. 최시형은 일반인으로서 민을 대변하면서, 만유는 언제나 신성한 활력의 표현이었음을 직관하고 초월적 영원성이 모든 개체들의 생명 활동으로 내재하고 있다는 개체 공경의 삶을 강조했다. 그의 이러한 깨달음은 뜰 앞 나무, 새끼 꼬는 헛간, 삽질하는 밭 등의 구체적 일상적 장소에서 신성의 현존을 경험한 것으로, 그 경험의 윤리적 의미는 일상적인 지금 여기의 처소에 존재에 대한 긍정의 주체가 실현되어 있다는 것이다.

조선 후기 사회 구조의 변화에 대해서는 그 동안 많은 연구가 이루어졌다. 그러나 그 변화의 과정을 몸으로 부딪치며 살아가야 했던 사람들의 삶의 모습과 생각에 대해서는 연구가 그리 많지 않다. 따라서 이번 공동 연구가 조선 후기 지식인들의 구체적 삶의 모습을 이해하는 한편 그들이 사회의 변동에 어떻게 대응하며 새로운 문화를 만들어 갔는지를 일부분이나마 보여 줄 수 있을 것으로 기대한다.

2007년 2월

연구진을 대표하여 김영미 씀

# 차례

# 18세기 전반 향촌 양반의 삶과 신앙

## -이준(李濬)의 『도재일기(導哉日記)』를 중심으로-

김영미

## Ⅰ. 머리말

조선 시대의 양반은 무슨 생각을 하며 어떻게 살았을까? 그리고 사회의 변화를 어떻게 받아들이고 있었을까? 그 동안 많은 연구들이 진행되었지만, 양반들의 일상적 삶이 어떠했는지는 잘 알려져 있지 않다. 더구나 정계에 진출하지 못하고 농촌 사회에서 살았던 양반들의 삶은 더욱 그러하다. 그것은 종래의 역사 연구가 거시적 안목에서 정치 · 경제 · 사회 등의 역사적 흐름을 추구하는 경향이 강했으므로, 정치적 · 사회적 변동에 큰 영향을 미치지 못하는 부분에 대한 관심이 그만큼 적었기 때문이다. 이러한 시각에 대한 반성에서 근래 한국 사학계에서도 미시사적 · 일상사적 접근 방법을 사용한 연구가 이루어지고 있다. 그 대표적인 성과가 16세기에 활동한 이문건(李文楗, 1494-1567)의 『묵재일기(默齋日記)』를 중심으로 이루어진 혼인과 가족 관계, 노비의 사환과 신공(身貢) 수취, 제사설행, 출산과 생육, 양잠업 등에 대한 연구들이다. 그리고 유희춘(柳希春, 1513-1577)의 『미암일기(眉巖日記)』를 중심으로 한 연구들도 진행되었다.

그러나 18세기 이후 양반들의 일상적 삶이 어떠했는지는 잘 알려져 있지 않다.[1] 특히 18세기 조선 사회는 왜란과 호란으로 인한 피해를 복구하고 국가 재정비 사업이 일단 마무리된 시기이다. 정치적으로는 숙종의 왕권 강화를 위한 잦은 환국(換局)으로 인해 폐해가 나타나기도 했지만 치열한 정책 대결 속에서 국가 발전이 가속화되기 시작했다. 또 영조와 정조는 왕권을 강화하고 붕당의 폐해를 극복하기 위해 탕평책을 주장, 시행했다. 경제적으로는 부세(賦稅) 제도의 개혁과 함께 수공업, 광업, 상업이 발달했으며 신분 제도에도 변화를 초래해 양반층이 증가했다. 아울러 17세기 중엽을 전후해 적장자 중심의 부계 친족 체계로 변화했고, 부계 친족을 중심으로 한 집성촌(集成村)인 동족 마을이 형성 확산되고 이를 기반으로 하여 문중의 결속을 다지는 화수계 · 문중계와 같은 동족계가 형성되었다. 이러한 향촌 사회의 변동 속에서 생활하던 양반들은 이러한 변화를 어떻게 받아들이며 생활하고 있었을지 궁금하다.

이에 이 연구는 조선 후기의 사회적 변화 속에서 전라도 함평에 거주하던 양반인 이준(李濬, 1686-1740, 숙종 12~영조 16)을 중심으로 당시 양반들의 일상적 삶을 복원해 보려고 한다. 그가 남긴 일기인 『도재일기(導哉日記)』는 앞부분이 남아 있지 않아 시작 연월일을 알 수 없지만, 현재 남아 있는 부분은 숙종 43년(1717) 11월 27일부터 영조 7년(1731) 5월 이후 어느 달의 16일까지의 일기이다.[2] 이준이 쓴 일기가 모두 남아 있지는 않지만, 당시 관직에 오르지 못한 향촌 사회의 양반들이 어떤 생활을 했으며,[3] 무엇을 생각하고 살았는지 그리고 일상적 관심사는 무엇이었는지를 알아봄으로써 당시 사회에 대한 거대 담론에서 소외

---

1 16세기 이후 개인의 일기가 보편화되어, 17세기 말 18세기에는 기록을 상세히 남기는 경향이 더욱 현저히 나타난다(鄭求福, 「朝鮮朝 日記의 資料的 性格」, 『정신문화연구』 65, 1996, 6-7쪽).

되었던 사람들의 일상을 복원해 보고자 한다. 특히 양반들의 삶 속에서 무엇이 그들을 괴롭히는 일이었으며, 그러한 괴로움으로부터 벗어나는 방법으로 택한 신앙 활동이 어떠했는지를 살펴보기로 한다. 일반적으로 조선 후기에 이르면 향약(鄕約)의 보급 등으로 유교적 의례가 보편화되었다고 생각되고 있는데, 양반의 생활 속에 유교적 의례 외에 다른 요소들은 얼마나 영향을 미쳤는지를 살펴봄으로써 양반의 삶에 대해 재조명

---

2 李濬, 『導哉日記』, 국사편찬위원회(편), 1999; 『戒逸軒日記 外』, 국사편찬위원회, 695쪽(이하 『도재일기』는 모두 이 책에서 인용)에서는 영조 7년 2월 16일까지로 되어 있다. 그러나 3월 27일자 일기 이후 △월 18일의 일기, 그리고 翌 15일과 16일의 일기가 수록되어 있다. 따라서 5월 이후 어느 달의 16일로 일기가 끝났다고 해야 하겠다. 일기가 남아 있는 부분은 다음과 같다.

| | 1월 | 2월 | 3월 | 4월 | 5월 | 6월 | 7월 | 8월 | 9월 | 10월 | 11월 | 12월 |
|---|---|---|---|---|---|---|---|---|---|---|---|---|
| 숙종 43 | | | | | | | | | | | 0 | 0 |
| 숙종 44 | 0 | 0 | 0 | 0 | 0 | 0 | 0 | 0 | 윤 8/0 | 0 | 0 | 0 |
| 숙종 45 | 0 | 0 | 0 | 0 | 0 | 0 | 0 | 0 | 0 | 0 | 0 | 0 |
| 숙종 46 | 0 | 0 | 0 | 0 | 0 | 0 | 0 | 0 | 0 | 0 | 0 | 0 |
| 경종 1 | 0 | 0 | 0 | 0 | 0 | 0 | 윤 6/0 | 0 | 0 | 0 | | |
| 경종 2 | (0) | | (0) | (0) | 0 | 0 | 0 | 0 | | 0 | | |
| 경종 3 | 0 | 0 | 0 | 0 | 0 | 0 | 0 | 0 | 0 | 0 | 0 | 0 |
| 경종 4 | 0 | 0 | | 0 | (0) | 0 | 0 | 0 | 0 | 0 | 0 | 0 |
| 영조 1 | 0 | 0 | 0 | 0 | 0 | 0 | 0 | 0 | 0 | 0 | 0 | 0 |
| 영조 2 | 0 | 0 | 0 | 0 | 0 | 0 | 0 | 0 | 0 | 0 | 0 | 0 |
| 영조 3 | 0 | 0 | 0 | 윤 3/(0) | (0) | 0 | | 0 | 0 | 0 | 0 | 0 |
| 영조 4 | 0 | 0 | 0 | 0 | 0 | 0 | 0 | 0 | 0 | 0 | 0 | 0 |
| 영조 5 | 0 | 0 | 0 | 0 | 0 | 0 | 0 | 윤 7/0 | 0 | 0 | 0 | 0 |
| 영조 6 | 0 | 0 | 0 | 0 | 0 | 0 | (결락) | | | 0 | 0 | (결) |
| 영조 7 | 0 | 0 | 0 | 0? | 0? | | | | | | | |

3 최근 황윤석(黃胤錫, 1729-1791)의 『이재난고(頤齋亂藁)』가 연구되기 시작했는데, 18세기 후반을 이해하는 데 중요한 자료이다. 그런데 황윤석은 31세에 진사시에 합격했고, 문과에는 번번이 떨어졌으나 학행이 호남 제일로 알려져 영조 42(1766)년 은일(隱逸)로서 장릉참봉(莊陵參奉)을 제수받았다. 58세에 전의현감(全義縣監)에 제수되어 다음 해 사직한 것을 끝으로 귀향했다. 따라서 벼슬을 위해 과거에 열심히 응시했지만 끝내 이루지 못한 이준의 일생과는 큰 차이를 보인다. 따라서 이준의 일기는 벼슬길에 오르지 못한 양반의 삶을 잘 보여 준다고 하겠다.

해 보고자 하는 것이다.

## II. 과거 응시와 경제력

이준의 본관은 함평이고, 숙종 12년(1686) 태어나 영조 16년(1740) 사망할 때까지 함평에 거주했다. 함평 이씨의 시조는 고려 광종(950~975) 때 신호위대장군(종3품)으로 함풍군(함평의 옛이름)에 봉해졌던 언(彦)으로, 조선 후기에는 나산면 초포리, 해보면 문장리, 함평읍 대덕리 등에 집단마을을 형성하고 거주했는데[4] 이준은 나산면 초포리에 거주했다.[5]

이준은, 현재 남아 있는 『도재일기』에 의하면 숙종 43년(1717) 황감시에 응시한 이후 영조 6년(1730)에 이르기까지 과거에 계속 응시했는데, 정리하면 다음 〈표 1〉과 같다.

〈표 1〉에서 볼 수 있는 것처럼, 이 시기에는 식년(式年) 문과(文科) 외에도 숙종 45년 왕의 기로(耆老)를 기념하는 별시(別試), 영조 4년의 세자 입학(入學)과 관례(冠禮), 가례(嘉禮)를 기념하는 별시 등이 시행되어 이준도 응시했다.[6] 이준은 형이 사망하거나 자신에게 병이 났을 때를 제외하고는 거의 모두 응시했다. 주목되는 사실은 숙종 43년(1717)과 영조 5년(1729)에 서울에서 과거에 응시했던 것이다. 특히 44세 때

---

4 『도재일기』 경종 1년 10월 6일조에 의하면, 백야(百野) 선산의 제일(祭日)에 문중(門中)의 나이 많고 적은 사람들이 모두 모이니 100여 명으로 그 모습이 성대하다고 했다.

5 『도재일기』는 나산면 초포리 사산의 이건풍 씨 집에, 이건풍 씨의 조상인 이명룡의 『계일헌일기』와 함께 소장되어 있었다.

6 『영조실록』 권14, 영조 3년 11월 8일(경신) "命西北別科 退行於明秋 蓋以王世子入學冠禮嘉禮 合三慶別試 將行明春 故有是命."

〈표 1〉 이준의 과거 응시

| 연도 | 날짜 | 시험 종류 | 응시 장소 | 결과 |
|---|---|---|---|---|
| 숙종 43 정유(1717) | 12월 1일 | 黃柑試 | 서울 | 불합격 |
| 숙종 45 기해(1719) | 4월 9~10일 | 別試(숙종 耆老) | 흥덕 | 불합격 |
| 경종 2 임인(1722) | 6월 15일 | 陞補試 | | 합격(講經 제3, 製述 제3) |
| | 7월 28~30일 | 覆科 | 순창 | 불합격 |
| 경종 3 계묘(1723) | 8월 19, 21일 | | 장성 | 불합격 |
| | 9월 6일 | 東科 | 금산 | (형 사망 → 응시 불가) |
| 영조 1 을사(1725) | 8월 13일 | | 고창 | 불합격 |
| 영조 2 병오(1726) | 8월 초 | 式科 | 화순, 고산 | 병, 家勢로 응시 불가 |
| | 8월 28, 30, 9월 2일 | 東科 | 해남 | 늦게 도착해 초장 응시 불가, 중장 응시, 종장에는 눈병으로 응시 불가 |
| 영조 4 무신(1728) | 2월 10일 | 別科 | 홍성 | 초장 응시, 종장은 집안일로 응시 불가 |
| 영조 5 기유(1729) | 8월 11, 13일 | | 서울 | |
| | 8월 27, 29, 9월 2일 | 東科 | 서울(예조) | |
| | 9월 22일~ | 通讀 講抄 | 서울 | |
| | 10월 13일 | 通讀 講製 初設 | 서울 | 入講하여 周易 上下經을 合講, 1通2略을 얻음, 製에서 △上 얻음. |
| | 10월 14~15일 | 通讀 講製 再設 | 서울 | 14일 製에서 三下(합격)<br>15일 詩經과 書經 講 |
| | 10월 17일 | 通讀 講製 三抄 合設 | 서울 | 次上 |
| 영조 6 경술(1730) | 5월 5일 | | ? | 불합격 |

인 영조 5년에는 자신의 힘을 다 쏟아부으려는 듯, 다시 서울로 올라가 여러 종류의 시험에 응시했다. 숙종 43년의 일기가 모두 남아 있지 않아

정확히는 알 수 없지만, 황감시에 응시했던 것으로 보아 영조 5년처럼 서울에서 행해지는 다양한 과거에 응시했었을 것이다.

이처럼 많았던 시험에서 이준이 합격의 기쁨을 맛보았던 것은 경종 2년(1722)의 승보시와 영조 5년의 통독 강제(講製)의 2회 시험이었다. 그러나 6월의 승보시 초시에는 강(講)과 제(製)에서 모두 3등으로 합격했으나 7월 28일~30일에 순창에서 시행된 복시에서 불합격해 생원진사시의 복시에 응시할 기회를 얻지 못했다.[7] 그리고 서울에 올라와 치렀던 통독(通讀)은 11차에 걸쳐 시행되는데, 초설(初設)된 강제에서 강(講)은 『주역(周易)』 상 · 하경(上 · 下經)을 강하여 1통(通) 2략(略)을 얻었는데, 이에 대해 이준은 "가분가분(可憤可憤)"이라 했다. 제(製)는 △상(△上)을 얻었는데 이에 대해 "가소가소(可笑可笑)"라고 소감을 밝히고 있다. 그리고 다음날 재설(再設)된 통독에 나아가서는 강론(講論)은 가장 늦은 순서였으므로 그 날 시행되지 못했고 제를 제출해 겨우 삼하(三下)를 얻었다. 이는 합격 중 가장 낮은 석차였다. 그리고 17일에 시행된 강제에서도 차상(次上)을 얻었는데, 이는 불합격이었다.[8] 그 다음 해에도 과거에 응시했으나 결국 벼슬에 오르지 못하고 일생을 마쳤다.[9]

그런데 과거에 응시해 합격자가 발표된 후에는 늘 다음과 같은 탄식이 뒤따른다.

〔가〕 ① 숙종 45년 4월 14일. 전해 들으니 방음(榜音)이 이미 나왔다고

---

7 이준이 승보시라고 칭한 이 시험은 해마다 좌우도의 각 1읍에 시소(試所)를 정하고 행하던 공도회(公都會)를 말하는 듯하며, 관찰사가 복시를 거행하기도 했다.

8 이준은 이 날 방(榜)을 보고 가망이 없다고 한탄하고 있다(『도재일기』 영조 5년 10월 17일).

9 함평군사편찬위원회(편), 『함평군사』1, 함평군, 1999, 689-694쪽에는 『함평군지』에 근거해 함평 출신 인물 중 생진과(生進科)와 문과(文科) 급제자 명단을 작성해 놓았다. 그의 일기에서 알 수 있었듯이 이준은 그 이름이 없다.

하는데 필경 떨어지는데 이르렀으니, 자신의 역량을 스스로 헤아리는 총명함이 없으니 한탄스럽고 할 말이 없다.

② 영조 1년 8월 20일. 아침에 방음이 나왔다고 들었는데 떨어진 소회는 말할 수 없다. 21일. 방안(榜眼)을 보니 모두 유력자의 친척들이니 세상의 도를 돌아보면 진실로 한심하다고 할 만하다.

③ 영조 2년 9월 4일. 안치량(安致亮)의 아우가 와서 전하기를 방음이 이미 나왔는데 방(榜)은 모두 유력자라고 했다. 깨닫지 못하는 사이에 놀라 말없이 말이 가는대로 맡겼더니 회진(會津)을 지나갔다가 집에 도착하니 이미 초경(初更) 무렵이었다. 아픔과 분함을 참으며 집에 있던 사람에게 말할 것이 없었다.

④ 영조 4년 2월 16일. 방음이 나왔다고 들었는데, 모두 유력자가 빼앗은 바가 되니 분함을 토로할 말이 없다.

⑤ 영조 5년 9월 3일. 오시(午時)가 되지 않아 1, 2소(所)의 방안이 나왔는데 모두 유력자가 빼앗아 일접(一接)이 전부 떨어지니 분해 말을 할 수 없다.

숙종 45년(1719)에는 과거에 떨어진 후 자신의 무능함을 한탄하고 있지만, 영조 1년 이후에는 유력자들이 모두 합격했음을 언급하며 말을 할 수 없을 정도로 분함을 토로하고 있다. 결국 이준은 과거를 통해 벼슬을 구했지만 실패하고, 농촌인 함평에서 향촌 양반으로서 일생을 보냈다.

그의 경제적 상황이 어떠했는지는 명확히 알 수 없다. 다만 일기에 나타난 단편적 자료로 미루어 보아 가족의 생계를 겨우 유지할 정도의 전답을 소유하고 있었다고 보인다. 숙종 44년(1718) 8월 25일에 외평릉(外平陵)에 가 농상(農桑)을 점검했다는 일기 내용이나 경종 2년(1722) 4월 9일 새벽 대동미(大同米)를 수송했다는 언급으로 미루어 보면 토지가 있었음을 알 수 있다. 그러나 많은 토지를 소유하지는 않았던 듯하다. 흉년이 들었을 때 1년을 버티지 못하고 관에서 주는 구휼미를 받아야 하는 상황이었기 때문이다. 즉 영조 2년(1726) 2월 16일의 일기에 의하면, 함평읍이 장성에서 전조(轉租)하여 일대의 백성들에게 나누어 주었으므로 이준도 소노(小奴)를 보내 조를 받아오게 했는데, 도망가고 돌아오지 않아 이를 매우 분하게 여기고 있다. 영조 1년의 흉년이 매우 혹심해, 이준의 집안은 한 해를 버틸 수 있을 정도의 비축도 없었음을 알 수 있다. 결국 4월 20일에 옥과(玉果)에서 옮겨온 쌀을 얻어 조금 해갈(解渴)했고, 4월 29일에는 보리를 베어 보고 가속(家屬)들에게 이제 죽음을 면하겠다고 하며 웃을 정도였다.

한편 효종 9년(1658)부터 전라도에서도 시행된 대동법(大同法)으로 인해, 지금까지는 내지 않던 세금을 추가로 부담했다. 이준이 살았던 시기 역시 대동법이 시행되고 있었으므로 지주로서 그 부담을 피할 수 없었다.[10] 이준은 대동미를 운송해 납부한 후 눈을 뽑고 못을 박는 느낌이라고 했다.[11] 이준이 대동미를 부담해야 하는 고통은 자신이 목격한 일반민의 고통에 비하면[12] 심각한 지경은 아니었을 테지만, 경제적 형편이 넉넉하지 못했던 이준으로서는 매우 아쉬웠던 듯하다.

이준은 솔거노비 외에도 외거노비를 소유하고 있었다. 그러나 조선 후기 사회에서 만연하던 노비 도망으로[13] 고생을 했다. 즉 자신의 외거노비뿐 아니라 솔거노비조차 도망해 곤란을 겪어야 했고, 직접 노비추쇄(奴

---

**10** 대동법은 효종 9년 연해 지방부터 실시해 1결당 13말을 걷었으며, 산군(山郡) 26읍에는 현종 3년(1662)부터 실시했다. 그러나 부호들의 농간으로 현종 6년(1665) 일시 폐지되었다가 다음 해에 다시 복구되었다. 뒤에 1말을 감해 1결당 12말을 징수했다.

**11** 『도재일기』 경종 1년 4월 9일.

**12** 『도재일기』 영조 3년 윤3월 12일자에서는, 읍쉬(邑倅)가 공주인 노삼방(盧三芳)인데 관세(官稅) 독촉은 호랑이 같고 작란(作亂)해서 체포된 자는 곤장을 엄하게 해 옥중에서 죽은 자가 허다했으므로 백성들 사이가 소란함이 전쟁보다 심하며, 관리의 수뢰(受賂)가 극심하다고 했다.

婢推刷)에 나서기도 했다.

〔나〕 ① 경종 1(1721)년 2월 12일. 서둘러 행장을 꾸려 금여(金輿) 이초노(李楚老)의 집에 도착하니 계집종들이 모두 도망했다고 하여 분함이 막심했다. … 15일. 여촌(輿村 : 금여)에 돌아왔는데, 막비(莫婢)는 끝내 나타나지 않아 매우 분했다. 16일. 일은 뜻과 같지 않고 비가 크게 오니 분하고 한스러울 뿐이다. 17일. 돌아오려고 결심하고 길을 떠나 석주원(石柱院)에 이르렀을 때 여촌의 이필무(李必茂)란 사람이 중도에 쫓아와 가격을 논해 구입하기를 청했다. 그에게 끌려 돌아가니 일은 조화롭지 못하고 도리어 그에게 팔림을 당했는데, 그 날 밤 계집종들이 모두 도망했으나 형세가 어찌할 방법이 없었다. 18일. 거짓으로 회정(回程)하기 위해 석주원 아랫마을 한준(韓浚)의 집에 들어가 사람과 말이 식사를 하고 일부러 날이 저물기를 기다려 어둠을 타서 말을 돌려 여촌에 돌입하니, 계집종들이 도망가지 못하고 나타났다. 그 죄상을 헤아려 대략 형장(刑杖)을 가했다. … 21일. 말을 돌려 돌아가는 길에 원(院) 앞에 이르렀는데 바로 개시일(開市日)이었다. 노(奴)로 하여금 장(場)에 들어가 승노(僧奴) 승연(勝連)이라는 자를 찾아 잡아오게 해 말 앞에 세우고 여촌에 돌아갔다. 갔다가 왔다가 하여 마음에 매우 우습기도 하고 참괴하기도 하니 형세가 그렇게 만든 것이다. …

② 경종 3년 2월 5일. 식후에 맹여(孟汝)가 읍에서 기별을 해 들어오기를 청했다. 곧 들어가 주쉬(主倅)와 이야기를 했다. 또 도망노 돌선(乭先)을 보았는데, 이미 패(牌)를 발해 잡아왔으니 비로소 관의 위력을 알겠다.

13 당시 사회에 노비 도망이 만연하고 있었음은 영조 8년(1732) 좌의정 조문명(趙文命)이 "근래 공사천(公私賤)으로 은닉한 자들이 도처에 있다"고 한 말로 알 수 있다(전형택, 「노비 신분층의 동향과 변화」, 국사편찬위원회(편), 『한국사 34 조선 후기의 사회』, 국사편찬위원회, 1995, 147쪽).

시간이 지나 저녁 때까지 머물다가 곧 종을 거느리고 말 앞에 세워 그의 집에 가니 바로 사도리(沙道里)이고 현에서의 거리가 10리이다. 많이 낳은 자녀와 늙은 계집종이 모두 현신하니, 옛일을 낱낱이 말하고 듣는 사이에 감희(感喜)가 엇갈렸다. … 10일 … 종들이 나타난 후 일은 솔거해야 마땅하나 접(接)에서 나간 지 여러 해라 안토중천(安土重遷)의 도리가 없었다. 일이 난처하니 분하고 분하다. 13일에 이르러 (이웃의 양반) 고한익, 오덕해에게 매매하기로 결심하고 조종할 때 진퇴가 비상하고 그 토습(土習)이 사기가 많음을 미워할 만했다. 곧 읍을 향해 가서 이야기해 보니 말이 분명해져 종의 집으로 돌아왔다.

③ 숙종 45년 4월 17일. 운비(雲婢)가 무단히 나갔으므로 분하고 한탄스러우나 기댈 곳이 없었다.

숙종 46년 1월 26일 … 저녁 때가 되어 금여 이초노의 집에 가 묵었는데, 운비가 과연 그곳에 의탁해 있었다.

경종 1년 2월 22일 길을 나섰다가 운비가 영암(靈岩) 암길(奄吉)에 갔기 때문에 그곳 전이천(全以天)의 집에 도달하니 계집종이 과연 그 호(戶) 밑에 주접(住接)하고 있었다. 23일. 운비를 붙잡아 앞서거니뒤서거니 거의 용진(龍津)에 이르렀는데 계집종이 도망해 돌아가 버렸다. 그런데 바람과 눈이 매우 심해 쫓아갈 생각이 없어 생각을 떨치고 버려 두었다. …

영조 1년 2월 27일 … (해남 가는 길에) 곧 일어나 암길촌(奄吉村)을 향하니 대개 운비가 그곳에 의탁해 살기 때문이다. 우득(寓得)을 보고자 하여 그런 것이다. 불러 보고 손을 잡으니 눈물을 삼키며 말이 없을 뿐이었다. …

영조 3년 정월 18일 (구림 종질녀가 연전에 근친 왔다가 돌아가는데 후행으로 따라감) 엄길 전이천의 집으로 방향을 바꾸어 밤에 여러 벗들과 이야기를 나누었다. 운비와 우득을 불러보니 추위와 굶주린 온갖 형상이 참담해 말할 수 없었다. …

먼저 '나'의 ①을 살펴보면 경종 1년 2월 12일 금여에 가서 거주하던 계집종들이 모두 도망했음을 알았는데, 다른 종들은 돌아왔으나 막비만은 돌아오지 않아 분하게 여겼다. 집에 귀가하는 길에 이필무란 사람이 쫓아와 이들을 팔라고 하여 매매했으나, 그 날 밤 계집종들이 모두 도망해 버렸다. 이에 거짓으로 집에 돌아가는 척하다가 저녁에 다시 금여에 돌아가니 계집종들이 도망가지 못했으므로 그들에게 형장(刑杖)을 가했다. 그리고 귀가하던 도중 21일 석주원(石柱院)의 개시일(開市日)이었으므로 데리고 갔던 종을 장에 보내 승노(僧奴) 승연(勝連)이라는 자를 잡아 금여로 돌아갔다.

②에서는 경종 3년 2월 5일 이준의 집 노비 돌선(乭先)을 구례의 수령이 추쇄해 주자, 사도리에 가서 그의 가족들을 모두 찾았음을 말하고 있다. 그리고는 비로소 관의 위력을 알겠다고 탄식했다. 그런데 추쇄한 노비들의 처리도 어려웠으니, 그들이 접(接), 곧 함평에서 나간 지 오래되어 솔거(率去)하기도 어려웠으므로 부근의 양반인 고한익, 오덕해 등에게 매매하려고 했으나 사기가 많아 이를 행하기도 어려웠다.

③을 보면 숙종 45년 솔거하던 운비(雲婢)라는 종이 마음대로 나갔는데, 다음해 1월 26일 금여에서 그녀를 찾았으나 그를 데리고 돌아오지는 않았다. 경종 1년에 다시 그녀가 있는 곳을 찾아가 데리고 돌아오려 했지만, 그녀는 다시 돌아가 버렸다. 영조 1년(1725)에는 해남 가는 길에 일부러 엄길촌에 들러 운비를 만났다. 이준이 운비에게 취한 태도는 다른 도망한 종들에 대한 태도와는 매우 다르다. 즉 영조 3년에도 엄길촌 전이천의 집에 가서 운비와 우득을 불러 만나보고 추위와 굶주림에 시달리는 모습을 보고 애처롭게 여기고 있다. 이로 보면 운비는 단순히 도망

간 솔거노비라고 보기는 어렵고, 이준의 비첩(婢妾)이었던 듯하다.

이상으로 미루어 보면 이준도 조선 후기 도망 노비의 만연이라는 흐름을 비켜갈 수는 없었던 듯하다. 그리고 그 자신 이를 자조적으로 받아들이고 있다. 이는 진주에 가는 길에 지리산을 지나며 데리고 가던 노비에게 한 말, 곧 "네가 이 길을 잘 알면 후에 도망갈 수 있겠다"고[14] 한 데에서 알 수 있다. 도망하지 않은 노비들도 이준의 말을 무시하기도 했으니, 경종 3년 정월 30일 진주에 가다가 풍영정에 이르러 철노(哲奴)의 집에 고하니, 철노는 출타했다고 칭하고 나오지 않았다. 향촌 사회 양반의 권위 하락을 여실하게 보여 준다고 하겠다.

이준의 토지는 흉년이 들 경우에 대비한 식량을 비축할 수 있을 정도로 넉넉하지 못했고, 그뿐만 아니라 노비들의 신공(身貢)을 제대로 거두어들일 수 없었을 터이므로 그의 경제력은 더욱 어려워질 수밖에 없었을 것이다.[15] 이에 그는 직접 농사일을 하지는 않았지만 한 해 농사의 풍흉에 크게 신경을 쓸 수밖에 없었으며, 그의 일기에는 기후 및 기상 재이(災異)에 관한 기록이 매우 많다.

이준은 자신이 가난해 한탄하기도 하는데, 그것은 모두 제사와 상례의 절차를 예의에 맞게 거행할 수 없기 때문이었다.

> 〔다〕 ① 경종 1년 5월 5일. 단양절(端陽節)인데 집이 가난하고 때가 궁해 제수를 올리는 정성이 여의치 못하니 고통이 막급하다.…

---

14 『도재일기』 경종 2년 7월 13일조에 의하면, 산길이 험하고 초목이 울창하여 도망가는 사람들이 왕래할 만한 길이므로 동복(童僕)을 돌아보며 "네가 이 길을 잘 알면 후에 도망갈 수 있겠다"고 했다.

15 비첩(婢妾)으로 보이는 운비가 아들 우득을 데리고 다른 곳으로 무단 이주했지만, 그를 데려오지도 못하고 식량을 조달해 줄 수도 없는 상황이었다. 따라서 그들은 추위와 굶주림에 시달렸으나, 이준은 그들을 만나서도 아무런 조치도 취할 수 없었다.

② 영조 1년 11월 18일. … 아침에 참례전(參禮奠)을 올렸다. 그런데 집은 가난하고 세월은 흉흉하니 마음을 시원하게 하고자 하나 길이 없어 통감하고 통감하도다.

③ 영조 2년 2월 29일 그믐. (장모의 사망) 염습(殮襲)의 절차를 거행했다. 그런데 마음이 아프도다 가난함이여. 마음을 시원하게 할 방법이 없다. 그 (장모의) 신세를 생각하니 한 명의 후사가 없어 사위집에 와서 의탁했는데, 생전에는 가난해 봉양하지 못하고 장례 때에는 예절을 다하지 못하니 스스로 부끄럽고 송구해 실로 마음에 죄를 지었다.

이준은 단양절이나 참례전 등의 제례에 제물(祭物)을 제대로 마련하지 못한다는 한탄과 함께 가난해 장모를 생전에도 제대로 봉양하지 못했는데 사후에도 장례에 예절을 다하지 못한다고 했다. 이러한 이준의 가난에 대한 탄식은 영조 1년(1725) 11월과 다음해 2월에 걸쳐 집중적으로 나오는 것으로 보아, 그가 특별히 가난했다기보다는 영조 1년의 흉년 상황과 관련이 있는 듯하다.

## III. 질병과 죽음의 고통

이준이 일기를 남긴 숙종 43년(1717)부터 영조 7년(1731)에 이르기까지 이준을 가장 괴롭혔던 것은 가족과 자신의 질병이었다. 17세기에서 18세기에 걸쳐 자주 전염병이 유행했고,[16] 전라도 함평 지방 역시 전염병

16 金澔, 「16세기 말 17세기 초 '疫病' 발생의 추이와 대책」, 『韓國學報』 71, 1993; 金澔, 「正祖代 醫療 정책」, 『韓國學報』 82, 1996; 李圭根, 「조선후기 질병사 연구: 『朝鮮王朝實錄』의 전염병 발생 기록을 중심으로」, 『國史館論叢』 96, 2001. 특히 이규근의 연구에 의하면, 이상 저온 등의 기후

의 피해에서 벗어날 수 없었기 때문이었다. 그런데 왕조실록 등 정사류(正史類)에서 찾아볼 수 있는 것보다 훨씬 많은 전염병이 『도재일기』에 기록되어 있다. 『조선왕조실록』에 근거해 작성된 역병 발생표를 살펴보면, 전라도 일대에 전염병이 유행했음을 구체적으로 언급한 사례는 숙종 44년(1718), 숙종 45년의 경우뿐이다.[17] 그러나 『도재일기』를 살펴보면 거의 매년 전염병에 시달렸으니 그 발생 상황을 정리하면 〈표 2〉와 같다.

현재 남은 『도재일기』는 숙종 43년(1717) 11월 27일에서 시작되고 있는데, 이 표를 보면 다음 해인 숙종 44년 4월부터 해마다 전염병이 유행했음을 알 수 있다. 전염병의 이름이 기록된 것은 천연두와 홍역, 학질이고,[18] 숙종 44년과 45년, 영조 1년과 2년, 영조 7년의 전염병은 이름이 기록되어 있지 않다. 특히 숙종 44년과 45년의 전염병은 여름과 겨울을 가리지 않았다.[19] 전염병 연구에 따르면 숙종 43년~45년에는 인플루엔자가 극성을 부렸다고 하며, 영조 2년에 언급된 염질도 이와 관련된 것으로 이해되고 있다.[20] 따라서 『도재일기』에는 병명이 밝혀져 있지 않은

---

불순에 따른 농업 생산력의 저하로 인해 극심한 기근과 전염병을 초래한 17세기 후반에서 18세기 전반기는 그 정도가 더욱 심해 조선 후기에 가장 전염병의 피해가 심각했던 시기라고 한다(4쪽).

**17** 전라도의 전염병 피해는 임학성, 「18세기 전반 경상도 단성현(丹城縣)의 자연재해와 인구 · 신분구성(比)의 변화: 신등면 단계상촌 호적의 사례분석」, 김현영 외, 『조선시대 사회의 모습』, 집문당, 2003, 〈부표 1〉 18세기 전반기 기근 · 역병의 발생 연표가 참조된다. 그런데 영조 3년~7년의 내용은 전라도의 예는 아니다. 金澔, 앞의 논문, 1996, 235-236쪽에서 실록과 『備邊司謄錄』에 근거해 작성한 18세기의 역병 발생 표에서도, 전라도가 명기된 경우는 숙종 44년 8월, 숙종 45년 1월과 4월의 여역(癘疫) 뿐이다.

**18** 이규근, 앞의 논문, 21쪽에 의하면 18세기 초, 말기에는 홍역도 자주 발생했다고 한다.

**19** 18세기 전반기의 전염병은 17세기와 마찬가지로 겨울철 질병이 여름철 질병보다 많이 발생했으며, 기근과 이상 저온 현상으로 겨울철 질병이 많이 발생했다는 점에서 발진티푸스의 발병 가능성이 높다고 한다(이규근, 앞의 논문, 18쪽).

**20** 이 인플루엔자를 염병(染病)으로 추정하기도 하고(三木榮, 34쪽), 염병은 여역(癘疫)과 같은 티푸스성 질환이지만 염병이 여역보다 더 무서운 질병으로 인식되었고, 또 이상 저온 현상으로 감기(인플루엔자)와 같은 질병이 유행한 시기와 비슷했던 점에서 티푸스성 질환에 인플루엔자가 겹친 악병(惡病)을 의미하는 것으로 추정하기도(이규근, 앞의 논문, 17쪽의 주 86) 한다.

〈표 2〉『도재일기』에 기록된 전염병

| 연도 | 가족 및 친인척 | 인근 지역 | 『실록』의 전라도 전염병 피해 |
|---|---|---|---|
| 숙종 44 (1718) | | 4.25 錦城에 전염병 치성<br>8.15 村患 때문에 掃墳禮 행하지 못함.<br>11.3 孟汝의 전언: 전라좌도에 전염병 성행(외인의 내왕 끊김.) | 2.28 염병 方痛者 650명, 사망자 240명 |
| 숙종 45 | 8.12 모친이 痢, 구토/ 25 모친이 아침부터 오한으로 떨며 발작, 설사 구토 | 5.5 村의 전염병으로 奠禮 缺<br>6.3 粉土洞 문성휘의 집에 가는데 전염병이 크게 일어 길이 막힘.<br>11.19 錦城의 奴가 전염병 심함을 전함. | 1.18 염병방통자 1만3,684명, 사망자 2,101명<br>2.13 각읍 염병방통자 3,628명, 사망자 947명<br>3.12 각읍 염병방통자 6,860여 명, 사망자 770여 명 |
| 숙종 46 | 3.紅疸(조카, 아들, 딸-딸 사망)<br>3.5 大疸(형님) | | |
| 경종 1 (1721) | 8.27 친정 무안에 간 부인 학질<br>(10. 7 귀가할 때까지 계속됨). | | |
| 경종 2 | | 8.6 천연두를 피해 社倉에 머무는 고창 숙부 찾아감. | |
| 영조 1 (1725) | 6. 3 이준, 한기와 두통/4일 아픈 것이 間瘧인 듯해 밤중에 피병/5일 오시에 한기가 또 일어나 참을 수 없을 것 같아 남원댁 사랑으로 감. | 12.22 동사자가 많고 전염병도 점점 성해짐. | |
| 영조 2 | 1.4 어제부터 寡嫂 병<br>1.13 갈동 조카 병<br>3.4 부인 병, 병소로 보냄.<br>3.10 이준도 병, 병소로 감.<br>4.25 대여 부인 병, 대여가 피병<br>5.12 맹여 병(발한약 먹임)<br>7.20 鐵株 奴 내외, 染疾로 사망 | 1.4 갈동에 가니, 전염병 기운이 촌에 盛<br>3.1 전염병이 성해 寓所에서 장모 成殯<br>4.3 전염병과 기아가 심하니 처참<br>6월 초 가뭄이 심한데도 전염병 심함. | |

| 연도 | 가족 및 친인척 | 인근 지역 | 『실록』의 전라도 전염병 피해 |
|---|---|---|---|
| 영조 2 | | 7.1 보리 흉년과 전염병으로 哭聲이 이어짐.<br>8.15 마을의 전염병이 아직 평온하지 못함, 洒掃禮 闕<br>11.20 마을의 전염병 심함, 이웃집에서 연달아 사망<br>12.2 촌에 疫氣가 있어 피병 | |
| 영조 3 | 5(3의 잘못인듯).3 딸이 병(痘)<br>3.28 命說 사망(집안이 망했다고 한탄)<br>집안의 아이들도 痘를 앓은 후 딱지도 떨어지지 않음, 외부의 조문이 끊어짐<br>윤3.초 상촌 栗谷宅의 아이가 痘 | 3.3 癘痘가 널리 퍼져 죽는 자가 태반<br>윤3.12 촌의 천연두 기운은 점차 감소, 가뭄. 거지와 시체가 길에 널림. | *8.4 호남은 연이은 凶荒으로 인민들이 流離하여 해변의 여러 읍이 空虛 |
| 영조 5 | 2.1 남원 숙주 학질, 사망 | | [*10.1 함흥 紅疫大熾, 사망자 500여 명] |
| 영조 6 | 3.10 末女兒가 홍역, 13,4일까지 치성, 16일 병이 점차 가라앉음. | 3.10 촌중에 홍역이 치성 | [*1.11 紅疹 치성, 한성부 사망자가 거의 만 명] |
| 영조 7 | | (6월)16 과거 보러 갔던 아들이 疫을 꺼려 돌아오지 못함. | [*6.9 諸道에 癘疫, 영남 방통자 1,915명 사망자 325명, 호서 始痛者 1,050명, 사망자 378명<br>*8.30 삼남의 읍들이 흉작을 면치 못함.] |

이 시기의 전염병도 인플루엔자였을 것으로 추정된다. 그런데 숙종 44년의 경우 4월과 8월, 12월의 일기에 언급되어 있고, 숙종 45년에는 5월, 6월, 11월에 기록되어 있다. 『숙종실록』에는 숙종 44년의 경우 2월에만, 45년의 경우 1~3월에만 감염자와 사망자 수가 보고되어 있을 뿐인데, 『도재일기』에 의하면 여름 이후에도 전염병이 전라도 일대를 휩쓸고 있음을 알 수 있다.

특히 이준 일가를 괴롭힌 것은 숙종 46년(1720)의 천연두였다. 이 시기 천연두는 매우 치사율이 높은 전염병이었다. 3월 5일 형이 병이 났는데, 7일에는 홍두(紅痘)라고 판단했으나 9일 발진이 드러난 자리가 더욱 빛나고 부은 증상이 있었으므로 대두(大痘) 곧 천연두라고 의심했다. 결국 10일에는 발진이 더욱 부풀어 올랐으므로 천연두로 판단했고, 얼굴과 목에 물집이 잡히고 누런 진액이 고이게 되었다. 그리고 13일부터 물집이 잡힌 곳이 흑색을 띠며 딱지가 앉기 시작해 16일에는 손톱으로 흔들어 얼굴의 딱지를 떼어냈다. 그러나 17일 저녁부터 형님의 딸 곧 조카아이가 아프기 시작해 26일에 물집이 잡히기 시작했으며, 28일 아침에는 이미 곪아 온 얼굴이 황색이 되었고, 4월 초1일에는 검은 딱지가 앉았고 다음날부터 딱지가 떨어지기 시작했다. 이 와중에 이준의 어린 딸도 홍두의 여열로 사망했다.

그리고 영조 3년(1727)에는 다시 천연두가 돌아 이준의 딸과 집안의 아이들도 앓았다.[21] 3월[22] 3일의 일기에 의하면, 출타했다가 돌아오니 촌에 두(痘)가 치성하여 작은 딸〔小女〕도 아파 누운 지 오래되었으므로 걱정하는 한편 흉년으로 인한 굶주림이 심한데다가 여두(癘痘)가 널리 퍼져 죽는 자가 태반이나 됨을 탄식하고 있다. 그리고 28일에는 종손인 명설(命說)이 죽자 집안이 망했다고 한탄했다. 그리고 병명이 밝혀지지 않았지만, 몇 달 사이에 외가 왕고비(王考妣)의 일속 즉 숙부, 표종과 그 아내와 아들이 모두 사망했다. 아마도 천연두였던 듯하다.

또 어린이 전염병이었던 홍역은 이준을 매우 괴롭혔는데, 숙종 46년(1720) 3월 1일에는 조카가, 2일에는 아들이 홍두(紅痘)를 앓기 시작했

21 『영조실록』에서는 영조 즉위년 10월 30일(경자) 천연두가 매우 치성했다고 했지만, 경종 4년의 일기가 모두 남아 있는데도 기록되지 않은 것으로 미루어 전라도 일대에는 유행하지 않은 듯하다.

22 『도재일기』에는 5월로 되어 있지만, 뒤에 윤3월의 일기가 있으므로 3월로 보아야 할 듯하다.

다. 아들은 매우 심하게 앓다가 6일에 차도를 보이기 시작했지만, 11일 홍두에 걸린 딸은 홍역의 여열로 인해 해수와 천식을 앓다가 4월 6일에 사망했다. 영조 6년 3월 10일에는 막내딸이 홍역에 걸렸는데, 이는 영조 5년 10월 홍역이 함경도에서 시작되어 12월에 서울과 전라도 일대에까지 퍼진[23] 여파였다. 이 홍역은 영조 6년 봄이 되자 줄어들었다.

학질은 이준의 부인이 경종 1년 8월 친정 무안에 머물고 있다가 걸렸는데, 10월 7일 귀가할 때까지 부인은 병에서 완전히 회복하지 못한 상태였다. 그리고 이준 자신도 영조 1년 6월에는 학질을 앓았으며, 영조 5년(1729) 2월 1일에는 남원의 숙주(叔主)가 학질에 걸려 있었으므로 문병했지만, 사망했다. 이 학질은 말라리아로 여름철 전염병이라고 한다.[24]

한편 일기에 구체적 병명이 밝혀져 있지 않지만, 당시 전국을 휩쓸던 인플루엔자로 보이는 전염병 역시 이준 일가를 피해 가지 않았다. 천연두처럼 외부로 나타나는 뚜렷한 발진 등의 증상은 없지만, 병증과 치료 과정을 언급하면서 나타난 내용이 참조된다.

〔라〕 ① 영조 2년 3월 11일 (내가) 새벽 날이 밝기 전에 곧 병소로 들어가니, 아내의 병이 비록 발한(發汗)이라고 하지만 열이 바야흐로 극심해 보는 바가 해괴하다. 이에 쓰러져 있기를, 해지고 밤새도록 했다. 12일 새벽에 집사람이 다시 발한했는데, "옆 사람이 이불로 몸을 덮어 감싸 주니, 헛소리를 어지러이 해 듣기에 해괴했다. 새벽〔平明〕에 땀이 몸을 적시더니 진정의 기세가 있는 듯하다"고 한다. 내 몸의 병은 점차 몸이 화끈화끈 달아오르니, 병중에 외롭다는 생각이 들어 슬프고 우울한 중에 억지로 죽을

23 김호, 앞의 논문, 1996, 238쪽.

24 金澔, 앞의 논문, 1993, 129쪽에 의하면 학질은 간헐적인 발열(發熱)로 인해 간일학(間日瘧)이라고도 불렸다.

삼키려 했지만 그 물만 삼키고 쌀은 뱉었다.

② 14일 몸이 화끈화끈함이 매우 심해 진정할 수 없었다. 때때로 문 밖의 평상 위에 나와 앉아 냉수로 입가심을 했다. 스스로 내 병을 헤아려 보니 증세가 반드시 오늘밤에 더욱 심해질 것이었으므로, 곧 종 철주를 큰집 사랑에 보내 발한의 냉약(冷藥)을 구하도록 했다. 해질 무렵 과연 많은 냉약을 구해 왔으므로 연이어 6,7사발을 먹었다. 겨우 닭 우는 새벽에 이르러 한기(寒氣)가 몸에 가득했으니, 곧 몸을 따뜻하게 덮었다. 수식경이 지나자 머리 아래로 허리와 겨드랑이 사이에 땀이 장(漿)처럼 흘렀다. 새벽에 신기(神氣)가 조금 진정되고 몸이 화끈거리는 증세도 물러나는 듯했지만 호흡이 어지러워 마치 운무(雲霧) 속으로 들어가는 듯했다. 점점 심해져 해지고 밤이 된 후에도 여전했다. 곧 15일이었다.

영조 2년 장모가 이준의 집에 와 살다가 사망했으나 전염병으로 인해 상례를 임시방편에 따라 치렀다. 그 와중에 부인이 먼저 병에 걸려 3월 6일 병소(病所)로 들어가자 치열발한(治熱發汗) 약을 구해 보내는 등의 뒷바라지를 하던[25] 이준도 결국 병에 걸려 11일 병소로 들어갔다. ①은 부인의 증상이고, ②는 이준의 병세이다. 자신과 부인의 병 모두 열이 심해 진땀이 나는 병이었으므로, 이불을 뒤집어쓰고 땀을 낸 후에야 진정의 기미가 있었다. 발진 등의 증상이 전혀 없이 열이 매우 극심해 정신이 혼미하고 헛소리를 하는 지경에 이른 것으로 보면, 인플루엔자였을 가능성이 크다고 하겠다.

이준이 살던 함평 지역에서 전염병이 가장 심했던 시기는 영조 1년 겨울 12월에 시작된 전염병으로, 해를 넘겨 다음 겨울이 되어도 사라지지

25 『도재일기』 영조 2년 3월 4일~9일.

않았다. 『도재일기』에는 영조 1년 12월 22일 동사자가 많고 전염병도 점점 성해진다는 기사를 시작으로, 영조 2년 4월 15일에는 전염병과 기아가 심해 처참했으며 이산(離散)해서 구걸하며 누렇게 뜬 자가 길에 가득한 지경이 되었음을 전하고 있다. 그리고 7월 1일에는 보리 흉년과 전염병으로 곡성(哭聲)이 이어졌으며, 8월 15일 추석이었지만 마을의 전염병이 아직 평온하지 못해 쇄소례(洒掃禮)를 궐(闕)해야 할 정도가 되었다. 11월 20일에는 다시 마을의 전염병이 심해져 이웃집에서 부부가 연달아 사망하기에 이르렀으며, 12월 2일에도 마을에 역기(疫氣)가 있어 이준은 피병(避病)했다. 여름과 겨울에 발생하는 전염병의 종류가 다르므로 1년에 걸쳐 동일한 전염병이 돌았다고 보기는 어렵다. 그러나 1년 내내 전염병이 이어졌고, 이준 역시 1년에 걸쳐 끊임없이 전염병에 시달렸음을 알 수 있다.

이는 영조 1년과 2년의 혹독한 기근과 관련이 있다. 영조 1년에는 농사에 수확이 거의 없었던 듯하다. 이 해에는 홍수와 가뭄, 태풍이 연이어 찾아왔다. 5월 23일에는 함평에 홍수가 났는데, 23일에 담양에서 돌아온 큰집 형님에게 전해 들은 이야기에 의하면 다른 지역 역시 큰물로 지형이 변하고 사람들이 유망(流亡)했다고 기록하고 있다.[26] 그리고 그 후로는 7월에 이르기까지 가뭄이 극심해 들판이 붉게 변했다.[27] 그러다가 7월 26일에는 태풍이 불어 나무가 잘리고 집이 뽑히고 지붕 기와가 모두 날아갈 지경이었다. 수각(水閣)에 모여 마을 사람들이 회의를 하면서 나온 이야기는 이 바람으로 인한 피해가 계사년(1713, 숙종 39)보다 심하며, 서면(西面)과 무안 등의 연해 지역의 피해는 함평보다 심하다고 했다.

---

**26** 『영조실록』에 의하면, 영조 원년 5월 29일 병인에 전라도에 큰물이 져 사람들이 물에 빠져 죽고 가옥이 물에 잠겼다고 했다.

**27** 『영조실록』에 의하면, 영조 원년 7월 4일 기해와 21일 병진에 왕이 연이어 기우제를 지내고 있다.

이 때의 피해에 대해 이준은 산택(山澤)과 전야(田野)에 푸른 빛이 없었다고 기록하고 있다. 결국 그 해 겨울에는 동사자(凍死者)가 많이 나오게 되었고, 기근으로 인한 영양 상태의 악화는 결국 전염병으로 이어졌던 것이다. 이준은 이러한 상황을 묘사하며 전염병과 기아가 번갈아 심하니 처참하기 이를 데 없고, 이산해서 구걸하며 누렇게 뜬 사람이 길에 가득하다고 언급하고 있다.[28] 이준 역시 이 기근에서 예외는 아니었다. 앞에서도 언급했듯이 영조 2년 2월 16일에는 함평읍이 장성에서 전조(轉租)하여 나누어 주는 구휼미를 받기 위해 종을 보내야 했던 것이다. 그리고 그 해 4월 20일에는 옥과(玉果)에서 옮겨온 쌀을 얻어 조금 해갈(解渴)했고, 4월 29일에는 보리를 베어 보니 푸르렀으므로, 가속(家屬)들에게 이제 죽음을 면하겠다고 하며 웃을 정도였다.

이준은 전염병 외에 다른 질병에도 시달렸다. 감기로 보이는 질병에 시달리기도 하고,[29] 앞에서 언급했듯이 학질에도 걸렸지만, 그를 괴롭혔던 또 다른 질병은 영조 2년(1726)의 눈병이었다. 8월 22일의 일기에 의하면, 동과일(東科日)이 28일로 임박했는데 큰 병 후 멀리 가기 어려울 뿐 아니라 5,6일 전부터 왼쪽 눈에 눈병이 났다. 이 눈병은 24,25일까지 낫지 않았으나, 주위 사람들의 권유에 따라 26일 길을 떠났는데, 마산촌에 이르렀을 때 눈병이 크게 심해지고 코도 막히게 되었다. 30일은 동과의 초장이었으므로 도구를 갖추어 과장(科場)에 들어갔는데, 눈병 때문에 만난 사람들에게 응대하지 못했다. 9월 1일에는 눈병이 더욱 심해지고 두통까지 있었으므로 2일의 종장에 들어가지 못하고 혼자 누워

28 『도재일기』 영조 2년 4월 14일.

29 『도재일기』 숙종 46년(1720) 1월 7일; 경종 1(1721) 1월 10일, 3월 2일, 7월 10일~14일; 경종 3년 2월 23일~3월 4일, 5월 2일~10일; 경종 4년 8월 7일~16일의 일기를 통해 해수(咳嗽), 두통, 발열 등의 질병에 시달린 것을 알 수 있다.

있다가 사람들이 과장에서 돌아와 문답했다. 그는 홀로 병든 것을 한탄했다. 3일에는 아침을 먹고 길을 떠났는데 눈병으로 눈앞이 칠흑같이 침침했으며 매일 침을 맞고 약을 먹으나 효과가 없어 물체를 볼 수 없었다. 20일경에는 통증은 조금 멎었으나 물체 보는 것이 분명하지 않았고, 10월 이후에도 차도가 없었다.

이 해 봄 3월 10일에 인플루엔자로 추정되는 병에 걸려 병소(病所)에 들어간 이후 그의 몸은 완전히 쾌유되지 못한 듯하다. 그 상황에서 다시 눈병에 걸렸던 것이다. 과거(科擧)에 모든 노력을 기울였던 이준이 과거장에 갔으나 눈병으로 제대로 응시하지 못한 채 돌아올 때의 절망감은 이루 말할 수 없었을 것이다.

## Ⅳ. 고통의 초월: 신앙 생활

앞장에서 살펴보았듯이 이준의 삶은 양반으로서 그리 유복한 편이 아니었다. 그리고 전염병과 질병으로 인해 많은 가족의 고통과 죽음을 목격해야 했다. 이를 극복할 수 있는 방법은 약과 침으로 질병을 치료하는 것이었지만, 이를 통해 모든 질병이 낫는 것은 아니었으므로 종교적 행위가 필연적으로 뒤따랐다.

조선 전기의 『묵재일기』에 종교적 내용이 많이 나온 것과 비교하면, 『도재일기』에는 그의 신앙에 대한 언급은 미약하여 단편적 기록을 통해 짐작할 수밖에 없다. 그가 종교적 태도를 보이는 경우는 가족의 질병이 낫기를 기원하기 위한 경우가 대부분이다. 그것도 『주역』에 능통한 사람에게 작괘문복(作卦問卜)하는 것이었고, 무당을 찾아가는 일은 없었다. 다음 〈표 3〉은 이준이 가족이 질병에 걸렸을 때 점을 친 사례들을 모은

<표 3> 이준이 가족 질병에 점친 사례

| 연도 | 점친 동기 | 作卦者 | 점괘 | 결과 |
|---|---|---|---|---|
| 숙종 44, 11.14 | 맹여의 병 | 城山 尹捒 | 길흉이 반반 | 길흉이 반반 |
| 숙종 45, 8.21 | 아들 昌의 병 | 古畝洞서당 崔昌祖 | | |
| 8.29 | 〃 | 城山 尹捒 | 반흉반길, 移家 | 9.3 아들과 이거 |
| 숙종 46, 3.6 | 형의 병 | 城山 尹捒 | 營葬 때의 감상이 아니라 疫類라고 함. | 大痘로 판명됨. |
| 경종 4, 1.3 | 큰집 형수의 병 | 城山 尹捒 | | |
| 영조2, 2.22 | 악모의 병 | 쌍령 李昌華 | 별 걱정할 것이 없다고 함. | (병이 낫지 않음.) |
| 2.23 | 〃 | 윤간, 모평 尹震亘 | 반흉반길 | |
| 2.26 | 〃 | 쌍령 李昌華 | 하루 안에 결정날 것이라 함. | 27일 악모 사망 |
| 영조2, 3.6 | 부인의 병 | 모평 尹震亘 | 반흉반길 | |
| 3.7 | 〃 | 李昌華 | 길흉이 섞여 있다. | |
| 3.18 | 자신의 병 | 자신이 作卦 | 雷火豊而上亦動 | 병이 차도(爻辭가 징험) |

것이다.

그가 가장 빈번하게 점을 친 시기는 가족이 질병에 걸렸을 때였다. 숙종 44년 11월 14일에는 맹여가 아파 한기가 몸에 가득해 증세가 비상하고 촌에 전염병이 점차 치성하자 성산(城山) 윤간(尹捒)의 집에 가서 문복작괘(問卜作卦)하니 길흉이 반반(半半)이었다. 그리고 다음 해 8월 아들 창이 아픈데 몸은 어머니를 모시고 있어 치지도외(置之度外)하고 있었다. 그런데 20일 병세가 급해지자 큰형님이 멀리서 와서 침을 놓고 황금탕 냉약 등을 썼으나 소생할 기미가 없었다. 이에 이준은 다음날 날이 밝자마자 고무동(古畝洞) 서당에 가서 최창조(崔昌祖)에게 작괘문복했다.[30] 그리고 금성에 사는 장모의 등에 큰 종기가 나 증세가 심하다는 연락을 받고 자신의 신세를 한탄한 후 29일에는 성산 윤간의 집에 가서 작괘문복하니 '반흉반길하므로 속히 이가(移家)하라'고 했으므로 이준은 9월 3일 아들을 데리고 이거했다.

한편 숙종 46년 3월 6일 형이 두창에 걸리자 성산 윤간에게 가서 작괘하고 질문하니, 영장(營葬) 때의 감상(感傷)이 부른 것이 아니라 반드시 역류(疫類)라고 하자, 듣고서는 놀라 엎어지며 내려왔다. 그 후 형의 병세는 대두라고 판명되었다. 그 밖에도 경종 4년 정월 3일에는 큰집 형수의 병 때문에 성산 윤간에게 점을 쳤다. 그리고 영조 2년 2월 22일에는 장모의 병이 심해지자 쌍령에 가서 이창화에게 질문하니 별 걱정할 것이 없다고 했으나, 의혹이 풀리지 않아 23일에 다시 윤간과 윤진후(尹震垕)에게 질문하니 반흉반길의 점괘가 나왔다. 26일에는 병이 심상치 않아 다시 가서 이창화(李昌華)에게 질문하니 하루 안에 결정나리라 했는데, 27일 장모가 사망했다. 또 3월 6일에는 부인의 병 때문에 모평 윤진후의 집에 가서 작괘 질문했으나, 새벽이 되기를 기다리라고 했다. 7일 새벽에 작괘하니 반흉반길이라고 나왔다. 식후에 집에 내려오니 병에 차도가 없다고 해 곧 이창화에게 점치니 역시 길흉이 섞여 있다고 했다.

이준은 자기 자신이 점괘를 뽑아보기도 했다. 영조 2년 3월 11일에는 자신도 병에 걸려 병소(病所)로 들어갔는데, 12일부터 18일까지 병이 심해 약을 구해 먹었더니 17, 18일에 조금 차도가 있었다. 18일에 작괘하여 "뇌화풍이상역동(雷火豊而上亦動)"을 얻었는데, 19일에 차도가 뚜렷해지자 효사(爻辭)가 징험이 있다고 적고 있다. 전날 병중이었으므로 점을 치러 외부에 나가지 못했을 것이라는 점과 그가 과거 준비를 위

30 『도재일기』 숙종 45년 8월 29일 일기에 그 동안의 경과가 실려 있다.

해 『주역(周易)』을 읽었던 사실로[31] 미루어 본다면 자신이 괘를 뽑아 보았을 가능성이 크다고 하겠다.

한편 가족의 질병 외에 점을 친 사례는 아들이 과거를 보러갔을 때 눈이 많이 오자 무사히 도착했을지가 걱정이 되어서였다. 영조 1년 12월 7일에는 그 전날 아들이 순창으로 과거 보러 갔는데 눈이 많이 오자 아들이 무사히 도착했을지에 대해 이창화에게 문복(問卜)하고자 했다. 그러나 길이 막혀 가지 못하다가 8일 점촌(店村)에 가서 작괘하여 물으니 무사히 도착했다고 했지만 의심이 풀리지 않았다는 것이다.

이준이 점을 치러 자주 찾아간 사람은 고무동 서당의 최창조, 성산의 윤간, 쌍령의 이창화, 모평의 윤진후 등이다. 이들은 모두 『주역』에 근거해 괘를 뽑아 점을 치던 사람들인 것으로 보인다. 점을 쳐 알고 싶었던 일은 가족의 병이 나을지 여부였다. 병이 특히 위중할 경우 한 사람에게만 점을 치지 않고, 두세 사람에게 점을 치고 있다. 영조 2년 2월 22일 장모의 병이 심해지자 먼저 이창화에게 점을 쳤으나 의심이 풀리지 않아 다음날 윤간과 윤진후에게 점을 치니 반흉반길의 점괘를 얻었다. 그러나 병이 더욱 심해지자 다시 이창화에게 가서 점을 치니 하루 안에 결정이 날 것이라는 이야기를 들었는데, 과연 다음날 장모가 돌아가셨다. 부인이 병에 걸렸을 때에도 하루 동안 윤진후와 이창화에게 점을 쳐 길흉을 점치고 있다. 또 숙종 45년의 경우 병든 노모를 모시고 있어 아들의 병에 신경을 쓰지 못하고 있다가 집의 연락을 받고 다음날인 8월 21일 최창조에게 가서 문의했다. 그러나 차도를 보이지 않자 29일 윤간에게 다

31 『도재일기』 경종 3년 22일; 영조 1년 3월 24일; 영조 5년 윤7월 13일, 9월 3일, 9월 8일의 일기에는 『주역』을 공부한 것이 언급되어 있다. 특히 영조 5년 10월 13일의 일기에 의하면, 통독강제(通讀講製) 때 『주역』 상 · 하를 합강했는데, 상경은 곤지월육상사(坤之月六象辭), 하경은 진지연사(震之緣辭)을 강하여 일통삼략(一通三略)을 얻었다.

시 가서 점을 치고 반흉반길하므로 속히 이가(移家)하라고 하자, 9월 3일에 아들을 데리고 거처를 옮겼다. 또 숙종 46년에는 형이 두창에 걸려 위독하자 다시 성산 윤간에게 점을 쳤다. 점복에서 주목되는 사실은 형의 병의 원인에 대해 장례 치를 때의 감상(感傷) 때문인지를 질문하여 역(疫) 종류라는 대답을 들은 점이다. 장례시의 감상에 의해 병에 걸릴 수 있다는 생각은 장례를 치를 때 꼭 택일을 하고 풍수지리에 의해 묘자리를 선택했던 중요한 이유가 되었을 것이다.

이준은 점괘를 전적으로 믿지도 않았지만, 전혀 무시하지도 못했다. 아들의 병에 점을 쳐 이가하라고 하자 아들을 데리고 거처를 옮긴 일이나, 자신의 병에 차도가 있는 것이 괘의 효사를 징험한 것이라고 한 점 등으로 보면 그가 점괘를 완전히 무시하지 않았음을 보여 준다. 그러나 영조 1년 12월 6일 아들이 순창에 과거 보러 길을 떠났는데 눈이 많이 오자 일부러 점촌에 나가 점을 쳐 무사히 도착했다는 답을 들었음에도 의심이 풀리지 않아 노심초사하는 모습에서는 점복을 액면 그대로 믿지 않는다는 사실과 부모의 자식 사랑을 엿볼 수 있다.

또 그는 장례일의 택일을 위해 점을 쳤는데,[32] 이는 형의 병이 장례로 인한 것일까 걱정하던 것과 관련이 있을 것이다. 이처럼 장례를 위해 점을 치던 것은 당시 일반적 현상이었던 것으로 보인다.[33] 한편 이준은 일

32 『도재일기』에 의하면, 이준은 숙종 45년 11월 8일부터 어머니의 양일(襄日)을 택정(擇定)하고자 했으나 여러 사정으로 12월 6일에 김노(金老)가 3월 1일이 가장 길하다고 하여 결정했다. 또 경종 3년 9월 29일에는 형의 장례일을 택일했고, 경종 4년 2월(책에는 정월로 되어 있음) 1일 형수가 사망하자 17일에 중여를 시켜 흥덕(興德) 김수만(金壽萬)에게 가 4월 28일로 정해 왔으나 너무 멀어 널리 물어 다시 정했다. 또 영조 2년 11월 4일 모평에 가서 김형옥(金亨玉)을 보고 장일(葬日)을 11월 20일로 정했는데, 일은 많고 날은 급박했으나 다른 날이 없다고 하므로 부득이 정했다.

33 『도재일기』와 『계일헌일기』를 소장했던 함평군 나산면(羅山面) 초포리(草浦里)의 이건풍가(李建風家)에는 기묘년에 작성된 장사택일지(葬事擇日紙)가 전하고 있다(『함평군사』1, 984쪽과 1019쪽). 이건풍 씨는 『도재일기』에도 등장하는 이준의 재종손(再從孫)으로서 『계일헌일기』를 쓴 이명룡(李命龍)의 후손이다. 이준과 밀접하게 지내고 같이 과거에도 응시했던 이명룡의 후손에게 전하는

년의 운수를 알아보기 위해서도 점을 쳤다. 즉 숙종 45년 1월 23일 '새해 운수〔變年之身數〕'를 점치기 위해 고무동 서당 최창조에게 가서 길흉을 점치기도 했다.

그러나 이준은 유학을 공부하는 사대부였으므로, 그가 가장 신앙적 행동을 했던 것은 어머니와 아들의 병이 심각하자 명신(明神)의 도움을 바라는 기도를 스스로 했던 경우이다. 숙종 45년 9월에 어머니의 병이 심해지자 이준은 형과 함께 산에 가서 기도하기로 하고 3일 전부터 목욕재계하고 황토를 깔고 묵도하다가 드디어 9월 17일 새벽에 큰 바위 밑과 산 밑 소(沼) 옆에 '재물〔齋供之物〕'을 차려놓고 기도했다. 다음날에는 어머니의 병이 더욱 위독해졌으므로 형은 어머니 옆을 지키고 자신 혼자 나가서 기도했다. 20일에도 기도하러 나가려 했으나 비로 인해 마칠 수밖에 없었다. 그러나 그의 이러한 기도에도 어머니는 10월 11일 사망했다.

한편 다음해 봄 3월 9일과 10일에는 형이 대두(大痘)에 걸렸다고 판단되자 목욕 재계 후 명신의 도움을 빌었다. 그리고 비로소 주자(朱子)의 말을 믿게 되었다고 토로하고 있다. 주자의 말이란 『논어(論語)』 술이(述而) 편에 나오는 자로(子路)의 질문과 공자(孔子)의 답변에 대한 주자의 주석을 말한다. 즉 공자가 병에 걸렸을 때 자로가 기도하겠다고 한 것과 관련된 문답으로, 질병이 들었을 때 기도하는 것이 절박한 마음

---

장사택일지는 이준이 살았던 시기의 것이라고 확인할 수 없지만, 그의 집안에서 장사를 치를 때 택일을 하던 모습을 보여 준다고 하겠다. 장사택일지에는 장례를 치를 때 음양오행에 따라 그 날 일진을 보아 방위와 살(煞)을 가리는 내용이 실려 있다. 대개 장지의 형국과 좌향, 파묘(破墓), 안장(安葬), 계빈(啓殯), 하관(下官), 취토(取土) 시간을 적고 있으며, 또 하관시 보아서는 안 될 간지(干支)와 자손들의 간지가 부기되어 있다. 한편 『청대일기』 숙종 29년(1703) 4월 15일자에 의하면 빙부의 장례시 술사(術士)에게 택일했는데, 서로 다르게 나오자 "術家之各執所見如是可歎"이라고 하면서도, 숙종 32년(병술 1706) 3월 19일 부인의 상을 당했을 때에도 장례일과 장지를 술사에게 맡기고 있다. 이로 보면 경상도와 전라도를 막론하고 술사로 하여금 장례일을 길일로 정하도록 하는 것이 널리 행해지고 있었음을 알 수 있다.

에 차마 그만둘 수 없어 병자에 물어보지 않고 기도하는 것을 말한 것이다.[34] 그런데 주자는 이와 관련하여 황천(皇天)이나 후토(后土)에 기도하는 것을 말하는 것이 아니라고 했다. 그리고 기도는 신자(臣子)의 예이지만, 그 사(辭)는 임금과 아버지가 잘못을 뉘우치고 선으로 옮아가는 뜻을 서술해 귀신의 꾸짖음과 노여움을 푸는 것이라고 했다.[35] 이러한 기도는 이준이 주자의 말을 인용하며 저절로 기도하게 된다고 토로한 점으로 미루어 본다면 성리학적 세계관에 입각한 것이었다.

어머니나 형님의 병이 위독하지만 무당의 굿이나 승려들의 기도에 의존하지 않고, 유교적 예법에 따라 신에게 기도하는 이준의 태도는 16세기 묵재(默齋) 이문건(李文楗, 1494-1567)과는 다른 모습이다. 즉 사대부 이문건은 비록 굿의 현장에 참석하지 않지만 손주와 부인이 병이 들었거나 죽은 딸과 아들을 위해 무당을 불러 굿을 하도록 용인하고 필요할 때마다 무당을 불러 점을 치기도 하며 무당이 관에 붙잡혀 있자 마을 사람들의 청을 받고 해명하는 글을 써 주기도 했다.[36] 이러한 사실로 미루어 보면 16세기 성주(星州)에 유배되어 살던 사대부와 18세기 초 함평에 거주한 사대부의 굿과 무당에 대한 태도가 확연히 달랐음을 알 수 있다.

이는 이준이 성리학에서 음사라고 규정된 것에 대해 평한 내용에서도 잘 알 수 있다.

---

34 『論語集註大全』, “子疾病 子路請禱 子曰有諸 子路對曰有之 誄曰 禱爾于上下神祇 子曰 丘之禱久矣 [禱謂禱鬼神 有諸問有此理否 誄者 哀死而述其行之辭也 上下謂天地 天曰神地曰祇 禱者 悔過遷善 而祈神之佑也 無其理 則不必禱 旣曰有之 則聖人未嘗有過 無善可遷 其素行 固已合於神明 故曰丘之禱久矣 又士喪禮 疾病行禱五祀 蓋臣子迫切之至情 有不能自已者 初不請於病者 而後禱也 故孔子之於子路 不直拒之 而但告以無所事禱之意.” 사상례는 儀禮의 제13편이다.

35 『論語集註大全』, 述而第七, “朱子曰 只是引此古語 以明有禱之理 其辭則述君父悔過遷善之意 以解謝鬼神譴怒.

36 이복규, 「묵재일기에 나타난 무속」, 『묵재일기에 나타난 조선 전기의 민속』(민속원, 1999), 66-74쪽.

〔마〕 ① 숙종 44년 8월 3일. 들으니 한 여인이 어느 곳으로부터 왔는지는 모르지만, 관상과 풍수의 술(術)로 마을을 횡행하여 남원 숙주 댁에 왔다고 했다. 그러므로 큰형님과 월악 형님을 모시고 가서 보았다. 그런데 한 번 보고 그가 요얼(妖孼)임을 알았고 또 그가 말세(末世)에 사람들을 미혹시키는 것을 알았다.

② 경종 3년 5월 18 · 19일. …한기(旱氣)의 처참함이 갈수록 심해졌다. 관(官)에서 (하동) 경내(境內)의 승려(僧侶)와 무격(巫覡)을 두치강(斗治江) 가에 모아 매일 비를 빌었다. 그러므로 이휘노 및 여러 사람과 동헌 누상에서 이야기하다가 눈을 돌려 바라보니 족히 하나의 기이한 구경거리가 되었다. 23일 오후에 이르러 비가 내리기 시작했으나 푹 젖지 못하고 그쳤으니, 부족하고 부족하다.

숙종 44년(1718) 8월 3일 남원 숙주 댁에서 관상과 풍수를 잘 본다는 여인을 만나본 후 한눈에 요얼(妖孼)이며 말세에 사람들을 미혹하는 사람임을 알 수 있었다고 기록하고 있다. 그러나 진주에 갔다가 하동에서 무당과 승려를 동원한 기우제를 관람한 후에는 하나의 기이한 구경거리라고 했을 뿐이다. 구경거리로 받아들이고 있는 사실로 미루어 보면 음사로 규정되는 기우제에 대해 긍정적으로 평가하지 않는 듯하다. 강가에서 기우제를 거행한 것은 국가적 기우제에서도 용이 사는 곳인 한강 등지에서 기우제를 거행한 것과 상통하는 것이다. 조선 시대에는 원칙적으로 국가나 군현 단위로 기우제를 거행했는데 국가의 경우 종묘 사직, 삼각산, 목멱산(남산), 한강 및 지정된 장소에서 군현의 경우 사직단에서 거행했다.[37] 그런데 이 경우에 승려 무당 등 종교 전문가를 동원하지 않는 것이었다.[38] 이준이 목격한 기우제에서는 승려와 무당을 동원했다는 점에서 성리학적 규범에 어긋나는 것이다. 그런데도 이러한 기우제에 대해 음사라고 혹독한 비판을 가하지 않은 것을 보면 농사와 밀접한 관련이 있는 기우는 관상이나 풍수와는 차원을 달리해서 이해했다고 할 수 있을 것이다.

그런데 불교 의례에 대한 태도는 무당에 대한 태도와 조금 다르게 나타난다. 특히 장례를 치르는 과정에서 산신제(山神祭)를 지내기도 하고 승려를 불러 불교의 재(齋)를 거행하기도 했던 것이다.

〔바〕 ① 숙종 46년 2월 28일 (모 사망) … 저녁이 되어 대군(大軍)을 돌려보내며 밝으면 역에 나오도록 했다. 그리고 다만 종 10여 명과 취반재승(炊飯齋僧) 3명을 남겨 놓았다. … 3월 1일. … 오시에 처음 평토(平土)를 했는데, 먼저 산신제를 지냈다.…

② 경종 3년 10월 20일 (형 사망) … 저녁에 이르러 이에 대군과 취반승(炊飯僧) 3,4명을 남겨 두어 머물며 철야하며 위(位)를 설하고 전례(奠禮)를 거행하도록 했다.

숙종 46년(1720)에 어머니가 병으로 사망한 후 장례를 치르며 하관(下棺)을 위해 땅을 파는 과정에서 재승(齋僧)이 참석하고 있으며, 회를 넣어 무덤을 다진 후에도 승려들이 머물며 밤을 세워 전례를 거행했음을 알 수 있다. 더구나 경종 3년(1723) 유학을 공부했을 것으로 생각되는

---

37 군현의 기우제가 사직단에서 거행됨은 李肯翊, 『燃藜室記述』 別集 권4 祀典典故 諸壇(정승모, 「민간신앙」, 『한국사 35 조선 후기의 문화』, 국사편찬위원회, 1998, 169쪽) 참조.

38 李煜, 『儒敎 祈禳儀禮에 관한 硏究: 朝鮮時代 國家祀典을 中心으로』, 서울대 박사학위 논문, 1999, 110쪽에 의하면 태종 10년(1410)을 전후해 기우 의례가 갖추어졌는데, 이러한 기우 의례들의 많은 부분은 『문헌통고(文獻通考)』에 나와 있는 동중서(董仲舒)의 기우 의식을 모방한 것이다. 이 방식의 수용은 이전까지 국가 의례에서 중심을 차지했던 승려, 무격, 도사들을 배제시키는 것, 곧 종교 전문가의 도움을 요청하지 않는 것으로 사제 대행 의례에서 관리 주관 의례로 변화하는 데 큰 역할을 했다고 한다.

형의 장례에도 승려가 동원되고 있는 것을 보면, 장례에는 불교적 의례를 항상 병행했음을 알 수 있다.

한편 문중의 영군(領軍) 재실(齋室)에서는 승려들이 재를 지내기도 했다.

〔사〕 ① 경종 1년 6월 9일. 승려들〔髡輩〕이 시(市)로부터 와 외방의 소문을 전하는데 한기(旱氣)가 심해 이앙을 아직 못했다고 했다.

② 경종 1년 윤6월 1일 … 승려들이 자마(煮麻) 때문에 힘을 기울여 분주했다. 오후에는 겸해서 울적함을 풀기 위해 승려들이 마를 수확하는 곳에 가서 어린 마를 주었다. 곧 돌아와 과(課)를 마쳤다. … 9일 승려들이 시(市)로부터 와서 전하기를, 비를 기다리는 마음이 크다고 했다. … 24일 승려들이 시로부터 와서 서과(西瓜)를 바쳤다. 그것을 씹으니 더위로 인한 우울함을 깨기에 충분했다.

③ 경종 1년 7월 15일 승려들이 불공(佛供)이 있어 어지럽게 일을 하므로, 뒷방으로 피해 책을 읽다가 말다가 하며 날이 저물었다.

이준은 과거 준비를 위해 자주 영군 재실에 올라갔는데, 경종 1년에도 5월 24일 재실로 정문숙(鄭文叔)과 함께 올라가 머물며 책을 읽었다. 그곳에서 승려들이 이준에게 외방의 소식을 전해 주기도 하고, 승려들이 마를 삶는 모습을 지켜보기도 했다. 또 승려들이 이준에게 서과 곧 수박을 장시에서 사다 주기도 했다. 게다가 경종 1년 7월 15일에는 재실에서 승려들의 불공이 있어 뒷방으로 피해 책을 읽었지만 시끄러워 집중할 수 없어 읽다가 말다가 했다고 한다.

그렇다면 성리학적 세계관을 지니고 살아가던 함평 지방 유생인 이준 집안의 문중 재실에서 불공이 행해지고 있는 이유는 무엇일까? 게다가 과거 시험을 준비하던 이준이 이러한 의례를 막지 않고 뒷방에 물러나 지켜볼 수밖에 없었던 이유는 무엇일까? 이는 유교적 관습에 젖어 있던 양반들도 사후 세계로서 지옥과 극락이 널리 받아들여지고 있던 시대적 상황에서 조상의 명복을 빌기 위해서는 불교 의례를 거행하기도 했음을 알 수 있다. 이는 그가 승려들의 천도재에 대해 긍정적이었던 점에서도 방증된다고 하겠다. 즉 경종 2년(1722) 진주목사를 만나러 진주를 방문했을 때인 7월 19일 촉석루(矗石樓)를 방문했다. 그런데 임진왜란 때 성이 함락되었던 6월 29일이 되면 강물이 붉게 된다고 하고, 매년 그 날이 되면 승려들이 강변에서 대재(大齋)를 지내는 사실을 기록하고 있다. 이처럼 승려들이 죽은 이들의 천도를 위해 재를 올리는 일에 대해 "슬픈 죽음에 대한 보사(報祀)의 전례"라고 평하고 있는 것으로 보면,[39] 이준 역시 죽은 영혼을 위해서는 불교 의례가 유효하다고 받아들이고 있었다고 생각된다.

그리고 영군 재실에서는 승려들이 머물며 재를 지냈다고 생각된다. 숙종 45년(1719) 1월 18일에 일가 사람들이 영군 재실에 묵었는데, 이준은 등이 밝고 온돌이 따뜻하며 침식이 모두 편안하니 이 땅에 낙지(樂地)가 있음을 알겠다고 하고, 세상을 버리고 근심을 잊고자 치발지도(緇髮之徒) 곧 승려들의 무리에 섞이고 싶다는 소망을 적고 있다. 그리고 경종 원년(1721) 4월 23일 책을 읽기 위해 영군 재실로 간 이준은 매일 과독(課讀)을 하고 있었다. 그런데 5월 1일 밤에 도적떼가 재실 부근을 살피는 듯했으므로 승려들이 놀라 등을 켰다고 한다. 이로 미루어 본다면 영군 재실은 승려들이 일시적으로 재를 지내기 위해 머물던 곳이 아니라 늘 승려가 거주하던 암자라고 해야 할 것이다.[40]

---

39 『도재일기』 경종 2년 7월 19일. 이에 대해 이준은 "可想其哀死報祀之典也"라고 평하고 있다.

그러나 상장례(喪葬禮)의 주된 의례는 성리학적 규범에 따라 거행되었을 것으로 보이는데, 그는 어머니가 돌아가신 후 『사례문답(四禮問答)』을 읽으며 후학에게 가르침〔指南〕이 되는 격언에 탄복했다고 하고,[41] 경종 1년(1721)1월 14일에는 상측(喪側)에 가서 형세가 의심스럽고 꺼리는 바가 있어 따로 묻고 돌아왔다고 했다. 이로 보아 이준은 『주자가례』를 비롯해 예서(禮書) 특히 『사례문답』을 참조해 상장례를 거행했을 것이다.[42]

또 이준이 가장 많이 의존한 것은 풍수설이었다. 자신의 집안에 상을 당했을 때와 산소에 투장(偸葬)한 흔적을 발견하거나 하는 경우 지관(地官)을 동원해 풍수(風水)를 보았던 것이다. 이는 주희(朱熹) 곧 주자가 자기 부모나 아들의 묘터를 정하면서 풍수 신앙을 받아들인 것과 관련이 있다. 즉 성리학자들이 주자의 삶을 따라야 할 전범으로 생각했으므로 사대부들은 풍수 신앙에 대해 큰 거부감이 없었을 뿐 아니라 명당을 찾아 무덤을 쓰는 것을 부모에 대한 효도로 간주했던 것도 풍수 신앙이 적극적으로 받아들여진 이유였다. 이준 역시 풍수에 대해 거부감이 없이 어머니가 돌아가시자 지사(地師)를 데리고 길지(吉地)를 찾아다녔던 것이다. 즉 숙종 45년(1719) 10월 23일에 지사 모윤구를 만나려고 서면

40 조선왕조는 억불 정책을 내세웠고 16세기 이후 향촌 사회의 양반들도 불교에 대해 배타적 태도를 보이지만, 조상을 위한 재실 또는 원찰이 존재했다. 李樹健, 『嶺南士林派의 形成』, 영남대 민족문화연구소, 1979, 165-230쪽에 의하면, 조선 후기의 재지사족은 어느 가문을 막론하고 자기 조상의 분묘를 수호하고 墓祭를 받들기 위해 부근의 사원을 자기들의 齋寺로 삼고, 승려들에게 선영을 관리하는 임무를 부여하기도 하고, 사원 소유 토지와 노비를 점유해 墓位土 혹은 墓直을 삼는 예가 많았다고 한다.

41 『도재일기』에 의하면 숙종 45년(1719) 12월 17일에 『四禮問答』과 『濯纓集』을 읽고 후학에게 지남이 되는 격언에 탄복했으며, 경종 즉위년 9월 28일에도 『사례문답』을 읽었다.

42 『사례문답』은 인조 23년(1645)에 학사(鶴沙) 김응조(金應祖)가 펴낸 것으로, 사례(四禮)에 대한 퇴계 이황(退溪 李滉), 한강 정구(寒岡 鄭逑), 여헌 장현광(旅軒 張顯光) 등의 답변이 실려 있다. 모두 4권으로, 권1은 冠禮, 婚禮, 喪禮, 銘旌 등, 권2는 服制, 五服通禮, 誌碣 등, 권3은 虞, 虞後上食, 遷葬 등, 권4는 祭禮로서 時祭, 忌祭, 墓祭, 祭祝과 奉祀, 廟禮 등의 내용을 담고 있다.

(西面)에 찾아갔으나 그가 출타해 만나지 못하고 귀가했다. 그 후 26일에 다시 방문해 11월 1일 만나기로 정하고 돌아왔으나 그 날 눈에 막혀 산소를 보러 가지 못했다. 11월 3일 다시 찾아가 만나, 4일 지사와 함께 영군산(領軍山)에 가서 5일까지 산을 둘러보았으나 정하지 못했다. 6일에는 지사와 함께 사기 산소에 가서 돌아보았고 7일에야 지사가 돌아갔다. 그 후 다시 산소를 어디로 정했는지는 언급되어 있지 않지만, 다음 해 모친의 시신을 영군산에 모신 것으로 보아 지관의 결정에 따랐다고 보아야 할 것이다.

## V. 맺음말

조선 후기 사회, 특히 17,8세기에는 사회 변동이 심했다. 이런 상황에서 양반들도 생활인이었으므로, 모든 사람들이 겪어야 하는 생활의 고통에서 벗어날 수 없었다. 더구나 벼슬하던 현직 관리가 아닌 이준 역시 흉년의 기근을 피할 수 없어, 정부가 지급한 구휼미를 받아 생계를 잇기도 하고, 구휼미를 받은 종이 도망가는 일을 겪기도 했다. 기근에 이어 찾아온 전염병과 질병으로 인한 가족과 친지의 사망이 잇달았으므로 『도재일기』의 상당 부분은 조문과 제사에 대한 기록으로 채워져 있다. 그리고 노비들도 도망해 이준이 직접 추쇄하러 다니기도 하고, 관에 추쇄를 의뢰하기도 했다. 추쇄한 노비를 팔자니 생활에 밝지 못한 자신이 사기를 당할 것이 염려되기도 하고, 그냥 두기도 어려웠던 당시 양반의 심정을 이준의 일기에서 읽을 수 있다. 그리고 문중 땅과 관련한 송사에 시달리기도 하고, 식년(式年) 호적과 양안(量案)을 베끼는 일도 글을 아는 양반으로서 이준이 해야 할 일 중 하나였다. 이준의 꿈은 과거에 급제해 벼

습하는 것이었을 테지만, 현실은 늘 글을 읽을 수 있는 형편이 아니었던 것이다.

삶의 고통은 이준으로 하여금 승려들의 생활을 부러워하도록 만들었다. 이준은 이러한 삶의 고통을 어떻게 벗어나려고 했을까? 삶의 고통을 벗어날 수 있는 방법으로 이준이 택한 것은 종교적 행위였다. 가장 빈번하게 나타나는 사례는 가족이 병에 걸리는 등 불안한 일이 발생하면, 이준은 점을 쳐서 위안을 얻는 것이었다. 점을 치던 사람들은 무당이 아니라, 『주역』에 근거해 괘를 뽑아 점을 치던 사람에게 의지했다. 또 형과 어머니가 생사의 기로에 서 있을 때에는 신(神)의 도움을 빌기 위해 목욕 재계하고 산 밑의 소(沼)에 가서 음식을 차려놓고 기도했다. 이는 성리학적 세계관을 가진 이준이 할 수 있던 최선의 방식이었을 것이다.

그러나 여전히 상례(喪禮)와 제례(祭禮)에서는 불교에 일정 부분 의존하고 있었다. 승려들이 상례에 참여한다거나, 재실이 승려들이 머물던 절이었다는 점은 사후 세계에 대해서는 여전히 불교적 세계관이 성리학을 공부하던 양반들에게도 받아들여지고 있었음을 보여 준다. 한편 관상과 풍수를 말하는 무당에 대해서는 말세에 사람들을 미혹시키는 사람으로 평가하면서도, 장례를 치르기 위해 점을 치는 사람에게 가 택일을 하고 지관을 데리고 가 산소를 고르는 일을 하는 점으로 보면, 유학과 결합한 풍수지리설은 받아들이고 있었음을 알 수 있다. 그리고 무당과 승려가 지내는 기우제에 대해서는 구경거리로 받아들이며 음사로서 비판하는 태도를 보이지 않는다. 이는 농사와 직접 관련이 있기 때문으로 당시 양반들의 이중적 가치관을 보여 준다고 하겠다.

이 글에서는 함평 지방의 양반이었던 이준의 삶을 『도재일기』를 중심으로 살펴보았다. 거대 담론 속에서 이해하던 조선 후기 한 양반의 삶이 당시의 사회적 흐름과 어떻게 같고 다른지를 살펴볼 수 있는 기회가 되었다. 비슷한 시기 다른 지방에 살았던 사람의 일기, 예컨대 『청대일기』 등과 비교 연구가 이루어진다면 지방민의 삶이 더욱 새롭게 이해될 수 있을 것으로 기대된다.

## 〈참고 문헌〉


權相一, 「淸臺日記」, 국사편찬위원회(편), 『淸臺日記』(上 · 下), 국사편찬위원회, 2003.

李滄, 「導哉日記」, 국사편찬위원회(편), 『戒逸軒日記 外』, 국사편찬위원회, 1999.

『숙종실록』, 『경종실록』, 『영조실록』.

강만길 엮음, 『조선후기사 연구의 현황과 과제』, 창작과비평사, 2000.

권내현, 「숙종대 지방통치론의 전개와 정책 운영」, 『역사와 현실』 25, 1997.

권복규, 「朝鮮前期의 역병 유행에 관하여」, 『韓國史論』 43, 2000.

김성우, 「17세기의 위기와 숙종대 사회상」, 『역사와 현실』 25, 1997.

金澔, 「16세기 말 17세기 초 '疫病' 발생의 추이와 대책」, 『韓國學報』 71, 1993.

______, 「正祖代 醫療 정책」, 『韓國學報』 82, 1996.

______, 「朝鮮後期 '痘疹' 연구 : 『麻科會通』을 중심으로」, 『韓國文化』 17, 서울대 한국문화연구소, 1996.

李圭根, 「조선 후기 疾病史 연구 : 『朝鮮王朝實錄』의 전염병 발생 기록을 중심으로」, 『國史館論叢』 96, 2001.

이복규, 「묵재일기에 나타난 무속」, 『묵재일기에 나타난 조선 전기의 민속』, 민속원, 1999.

李成茂,『韓國의 科擧制度』(改正增補版), 集文堂, 2000.

李 煜,「儒敎 祈禳儀禮에 관한 硏究 : 朝鮮時代 國家祀典을 中心으로」, 서울대 박사학위 논문, 1999.

______,「숙종대 상업정책의 추이와 성격」,『역사와 현실』25, 1997.

李泰鎭,「'小氷期'(1500-1750년)의 天體 現象的 원인 :『朝鮮王朝實錄』의 관련 기록 분석」,『國史館論叢』72, 1996.

______,「小氷期(1500-1750년) 천변재이 연구와『朝鮮王朝實錄』」,『歷史學報』149, 1996.

임학성,「18세기 전반 경상도 단성현(丹城縣)의 자연재해와 인구 · 신분 구성(比)의 변화 : 신등면 단계상촌 호적의 사례분석」, 김현영 외,『조선시대 사회의 모습』, 집문당, 2003.

전형택,「노비 신분층의 동향과 변화」, 국사편찬위원회(편),『한국사 34 조선 후기의 사회』, 국사편찬위원회, 1995.

鄭求福,「朝鮮朝 日記의 資料的 性格」,『정신문화연구』65, 1996.

정승모,「민간신앙」,『한국사 35 조선 후기의 문화』, 국사편찬위원회, 1998.

정형지,「朝鮮後期 賑恤政策 硏究 : 18世紀를 중심으로」, 이화여대 박사학위 논문, 1993.

______,「숙종대 진휼정책의 성격」,『역사와 현실』25, 1997.

차미희,『朝鮮時代 文科制度 硏究』, 國學資料院, 1999.

함평군사편찬위원회(편),『함평군사』1-4, 함평군, 1999.

# 조선 후기 사대부의 일상 복식

홍나영

## Ⅰ. 머리말

조선 시대는 엄격한 신분 사회였으므로, 왕에서 일반 백성에 이르기까지 유교 질서에 입각해 합당한 옷차림을 갖추어 입는 것은 매우 중요한 의미를 가지고 있었다. 특히 법전(法典)에 규정되어 있는 제도 복식(制度服飾)은 곧 신분의 상징물로서, 법규에 의해 강화되고 제식화(制式化)되는 공적인 성격을 띤다. 또한 상하 질서 의식으로 인해 신분 간 복식의 이동, 확장 등의 변화는 거의 불가능하다고 할 수 있다.

이에 비해 국가 예제(禮制)나 권력보다 인간의 생활과 밀접한 관련이 있는 일상 복식(日常服飾)은 이른바 평소의 생활 복식으로, 시간 · 연령 · 성별 · 계층 · 소속 집단 · 지역 · 풍토 등에 따라 다양하게 발달할 뿐만 아니라, 복식을 통해서 개인의 사상 및 미적 가치를 표출하는 것이 가능하다. 이것 역시 사회적 신분 질서를 반영하기는 하지만 제도 복식보다는 비교적 유동적인 성격을 띤다. 따라서 일상 복식에 관한 연구는 무엇보다도 복식에 투영된 생활사적 요인을 파악할 수 있다는 의의를 가진다.

조선 전기의 복식은 중국의 영향에 의한 제도 복식의 경향이 현저한 것에 비해, 조선 후기는 독자적인 국속(國俗) 복식이 형성되었던 시기로 평가된다. 게다가 임진 · 병자 양란 이후의 급격한 사회 변동은 조선 후기 일상 복식의 발달 및 변화에 많은 영향을 끼쳤다. 조선 후기 복식에 관한 기존의 연구 성과를 살펴보면, 형태적 특성에 관한 연구는 많이 진척되어 있으나, 사회 · 문화 현상들과 관련지어 복식을 이해한 연구는 아직 여러 각도에서 논의될 부분이 많이 남아 있다.

따라서 이 글에서는 조선 후기 남녀 복식에 나타난 일상적 요소에 관심을 두고, 사회 문화 변동에 따른 복식의 변화 양상을 분석하고자 했다. 연구 대상은 문헌 고찰 및 회화, 유물을 통한 실증적 연구가 비교적 가능한 사대부 계층으로 한정하며, 연구 시기는 조선 후기 복식 발달의 정점을 이루었던 18세기를 중심으로 했다. 또한 이 연구를 수행하기 위해서 『조선왕조실록(朝鮮王朝實錄)』, 사대부의 각종 문집 등의 문헌 자료와 조선 후기의 기록화, 풍속화 등을 통해 사대부의 일상 복식 문화를 고찰하고, 그것을 실물로 확인할 수 있는 당시의 출토 유물을 통해 그 구체적 면모를 확인했다.

한편 일상 복식을 '모든 생활에서 착용되는 복식'이라는 넓은 의미로 볼 때, 혼례복 · 상례복과 같은 통과 의례 복식도 포함시킬 수 있겠지만, 그것은 특별한 경우에 한정적으로 착용되는 것이어서 형식적이고, 개인적인 요소를 반영하기보다 전통을 고수하는 관습 지향적인 성격이 다분하므로 여기에서는 제외했다.

## Ⅱ. 일상 복식의 변천 요인

### 1. 경제 발달 및 사회 구조의 변화

조선 시대의 사회는 양반(兩班)·중인(中人)·상민(常民)·천인(賤人)의 네 계급의 사회 신분 제도로 구성되어 있었다. 노비로부터 서울·지방의 이서(吏胥)까지가 하류층의 한 계층이고, 서족(庶族) 및 잡색인(雜色人)이 중인의 한 계층이며, 품관(品官)과 사대부가 양반에 속한다. 그러나 품관이 한 계층이고 사대부가 또 한 계층이 된다. 사대부 가운데 또 대가(大家)·명가(名家)의 구분이 명목이 많아서 서로 교류를 통하지 않는다.[1] 즉, 신분은 세습되는 것이어서 태어날 때부터 사람의 사회적 지위 및 빈부(貧富)·귀천(貴賤)은 정해져 있다.

그러나, 조선 후기의 신분 계층 구조는 임진·병자 양란 이후 정치적 추세 및 사회경제적 변화에 대응해 많은 새로운 변동이 일어났다. 16세기 중반부터 시작된 붕당(朋黨)의 대립은 당쟁이 심화되면서 붕당 정치의 기본 원리가 무너지고 일당 전제의 추세가 나타나게 되었는데, 이 때 정권에서 소외된 양반들은 경제적 기반이 없어 몰락했으며 이들은 자영농 혹은 소작농, 상업, 수공업 등으로 전업(轉業)해 생계를 이어나갈 수밖에 없었다.[2]

이에 비해 이앙법(移秧法)과 같은 새로운 농법 개량을 통한 생산력의 증대로 부(富)를 축적하고, 또한 화폐 경제의 발달과 관련해 시장을 대상으로 영리를 목적으로 하는 상업적인 농업 경영을 추진해 성장해 나갔

---

1 李重煥, 『擇里志』, 總論.

2 한우근·이성무, 『사료로 본 한국문화사』 조선 후기 편(서울: 일지사, 1985), 209–228쪽.

던 이른바, '경영형 부농'들은 그 재력을 바탕으로 공명첩(空名帖)이나 족보를 사서 양반 신분을 획득, 신분 상승을 도모했다.[3]

양반이라 하더라도 계속되는 정쟁(政爭)에서 몰려나거나 경제적 기반을 잃게 되면 양반 신분을 유지하지 못하는 반면, 재산을 모은 양·천인들은 관작 매수(官爵買收)나 군공(軍功) 등을 통해 양인(良人)이 되거나 양반이 될 수 있었던[4] 신분 동요의 결과, 양반의 수는 급증하고 양인·천인의 수는 격감했다. 따라서 조선 후기에 신분의 절대적인 명분은 더 이상 제도로서 그 의미를 잃게 되었다.

복식의 경우, 신분에 따른 엄격한 의복 제도가 행해지는 동안에 각 사회 계층은 자신의 사회적 지위와 관련된 의복을 착용한다. 그러나 사회 계층 간의 경계가 완화되었을 때, 하층 계급은 상층 계급을 동경하고 의복을 모방하게 되어, 결국은 의복에서의 구별과 차이가 없어지게 된다.[5] 조선 시대의 신분 제도는 단순히 사회 구성원을 구별하는 수단이 아니었다. 그것은 인간의 의식과 행동 양식뿐만 아니라 주거 형태나 복식·취미 생활·인간 관계에 이르기까지 일상 전반의 생활 양식을 결정하는 절대적 요소였다. 그러나 양란 이후 신분 제도의 문란으로 신분의 차이를 가장 직접적으로 드러내는 복식의 구별이 해이해지게 되었으며, 경제적 부를 획득한 중류 또는 하류 계급에서 자신들의 부를 과시하려는 의도 및 상류 계급의 모방 심리가 작용해 복식의 사치 현상이 보편화되었다. 이와같이 사회 전반에 흐르는 사치 풍조에 관해서 정약용(丁若鏞, 1762-1836)은 『목민심서(牧民心書)』에 다음과 같이 지적하고 있다.

---

3 최연식, 「조선 후기 사회 변동과 다산의 사회개혁론」, 『동양고전연구』, 2(1), 1994, 122-125쪽.

4 한우근·이성무, 앞의 책, 1985, 201쪽.

5 J. C. Flugel, *The Psychology of Clothes*(N.Y. : International University Press Inc., 1930), 138쪽.

> 우리 나라 풍속으로는 등급을 분별함이 매우 엄하여, 상하가 오직 제 분수를 지키도록 되어 있었는데, 근세 이래로 작록(爵祿)이 한쪽으로 치우치고, 귀족은 쇠폐(衰弊)하여 호부(豪富)한 아전들이나 호부한 농민들이 시세(時勢)를 타고 호기(豪氣)를 부리어, 그들의 집과 말이 사치스러움과 의복과 음식의 호화스러움은 모두 궤도를 넘고, 상하가 서로 능멸, 교체되어 등급이 없으니, …… 등급을 분별하는 것이 오늘의 급선무이다.[6]

신분 사회에서는 하층 계급에서 상층의 복식을 모방하는 것이 결국 복식의 하향 전파로 나타나 복식의 일반화가 이루어진다.[7] 그리고 이러한 상향 모방에 의한 복식의 일반화에 대해 상층 계급은 지속적인 사치 금제를 통해 제지한다. 이것은 오히려 당시에 퇴폐적인 기풍과 맞물리어 그만큼 복식의 유동이 많았다는 것으로 해석할 수 있다.

## 2. 당쟁의 영향

'붕당 정치(朋黨政治)'는 말 그대로 붕당이 나누어져서 행하는 정치라는 뜻으로, 조선 후기의 문신(文臣) 정치 · 사림(士林) 정치의 구체적인 내용으로서의 정치 형태를 뜻한다. 즉, 사림의 공론에 입각해 몇 개의 붕당이 공존하면서 서로 비판하고 견제하는 정치 체제를 지칭한다고 할 수 있다. 붕당 정치가 정치 형태나 체재에 중점을 두는 용어라면, 당쟁(黨爭)은 이러한 붕당 정치의 과정을 포괄하는 용어이다.[8] 조선 시대부터 이미 당쟁의 폐해는 자주 지적되어 왔는데, 이익(李瀷, 1681-1763)

---

6 丁若鏞, 『牧民心書』, 禮典, 辨等.

7 이경자, 『우리 옷의 전통 양식』(서울: 이화여자대학교출판부, 2003), 219쪽.

8 이성무, 『조선양반사회연구』(서울: 일조각, 1995), 370쪽.

은 붕당 간의 싸움이 관직 수는 적은데, 잦은 과거로 인해 관직을 받고자 하는 사람이 많았기 때문에 일어나는 것이라고 했다. 따라서 당파가 다르면 자기 자신뿐 아니라 자손 대대로 서로 왕래하지도 않고 원수처럼 여기며, 동색(同色)끼리 혼인하고, 의복과 언동조차도 달랐으니,[9] 같은 당끼리의 동조 의식은 매우 강했던 것을 알 수 있다.

여자의 머리 모양은 쪽을 진 낭자의 모양에 따라 당색이 나타났는데, 일반적으로 노론측은 어깨에 닿을 정도로 느슨하게 쪽을 지었으며 소론의 경우는 뒤통수에 올려붙여 쪽을 찌었다.[10] 또한 남자의 복건(幅巾)에서도 당색이 나타났다고 하는데, 퇴계 이황(退溪 李滉, 1501-1570)이 복건을 보고 마치 "승건(僧巾) 같아서 쓰기에 마땅치 않다."라고 하여, 심의(深衣)에 복건이 아닌 정자관(程子冠)을 쓴[11] 이후로, 남인들은 이

[도 1] 송시열(1607-1689) 상(像), 국립중앙박물관

9 李瀷,『星湖集』, 卷45, 雜著 下, 論朋黨.
10 한국정신문화연구원,『한국민족문화대백과사전』, 17(성남: 한국정신문화연구원, 1981), 158쪽.
11 李滉,『退溪集』, 言行錄, 卷3.

[도 2] 당파에 따른
깃과 고름 모양
(좌–노론가, 우–소론가)

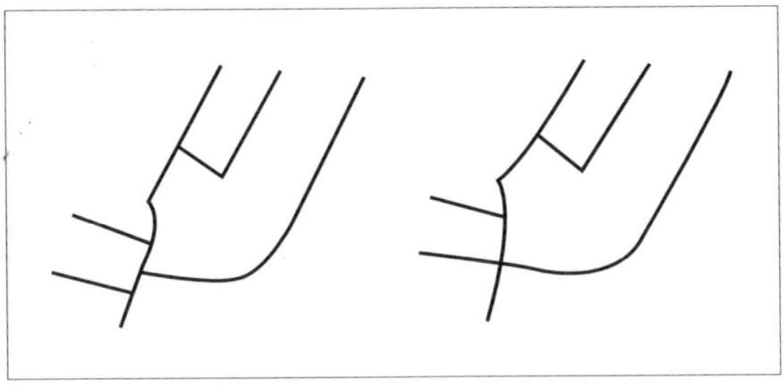

황의 선례에 따라 200년 가까이 복건을 착용하지 않았다고 한다. 그러나 초상화를 보면, 남인인 허목(許穆, 1595-1682)이 복건과 심의를 착용한 것이 발견되고 있어[12] 문헌상 기록이 실제로 실행되었는지 의문시된다. 허목의 복건은 앞쪽에 겹주름이 선명하게 잡혀 있는 것이 비해 [도 1]의 송시열(宋時烈, 1607-1689)의 복건은 비교적 밋밋한 모양을 하고 있어, 실질적으로는 서인과 남인의 복건 제작 방법에서 차이가 있지 않았을까 추정된다.

한편 복건을 착용했던 서인은 노론과 소론으로 나뉘면서 노론은 홑으로 만든 단건(單巾)을, 소론은 겹으로 만든 겹건(袷巾)을 사용[13]해 당색을 표현했는데, 일본 텐리(天理)대학 소장의 김창흡(金昌翕, 1653-1722) 초상화[14]를 보면 복건의 뒷자락 안쪽이 가장자리 단에 비해 흐리게 표현되어 있어 노론이 착용했던 단건으로 확인된다.

여자의 치마 · 저고리 차림새에도 당색이 나타났다. 먼저 저고리의 경우 노론과 소론의 당파에 따른 깃 형태의 차이를 들 수 있는데,[15] [도 2]와 같이 노론가의 깃은 당코의 끝이 움푹 파여 세련된 선으로 된 반면에, 소론가의 깃은 당코를 파지 않고 밖으로 삼각 모양으로 뾰족하게 만든

12 복식문화연구원 편, 『역사인물초상화대사전』(서울: 현암사, 2003), 163쪽.
13 정혜경, 「실학사상기의 복식문화 Ⅰ」, 『한국의류학회지』, 16(2), 1992, 152-153쪽.
14 복식문화연구원 편, 앞의 책, 2003, 225쪽.
15 이경자, 『한국복식사론』(서울: 일지사, 1983), 62-63쪽.

것이 특징이다. 깃뿐만 아니라 고름에서도, 노론가의 고름은 깃과 섶의 경계면에 고름의 중간 부분을 대어 달았으나, 소론가의 경우는 깃이 섶에 걸쳐지지 않고 깃의 아래 부분에만 단 것이 특징이다.[16]

치마의 경우, 노론가는 왼쪽으로, 남인과 소론가는 오른쪽으로 여밈으로써 여밈의 방향에 따라 당색을 드러냈다. 그러나 당쟁 발생 전 16세기 출토 유물을 보면 치마의 여밈이 예복용이나 평상복 모두 오른 여밈으로 되어 있고, 노론과 소론으로 분당되기 이전인 17세기의 출토 유물에서도 치마의 여밈은 오른쪽으로 되어 있어,[17] 당쟁 초기에는 당색에 따른 복식의 구분이 그다지 명확하지는 않았던 것을 알 수 있다. 1680년 경신환국(庚申換局) 이후 서인이 노론과 소론으로 분당되고, 노론이 다른 당파와의 차별화를 위해 치마의 여밈을 오른 여밈에서 왼 여밈으로 바꾸면서,[18] 이후 치마의 여밈은 당색에 따라 오른 · 왼 여밈의 두 가지 방법이 혼용되었던 것으로 보인다. 이와같이 정치적 싸움이 치열할수록 복식에서도 상호간의 배타성이 그대로 드러났음을 알 수 있으며, 이는 결과적으로 조선 후기 사대부가의 일상 복식에서 다양한 형태, 제작 방법 및 착장 방식을 창출해 내어, 복식의 다양화에 기여했다는 의의를 가진다.

## 3. 풍류의 확산

풍류(風流)는 '바람의 흐름'처럼 분방하고 자유로운 정신, 다시 말해 여유를 지닌 분방한 마음을 발휘하는 것이다.[19] 우리 나라 풍류의 역사적 기원은 신라 시대 화랑도(花郎徒)와 관련해 논의되지만, 유교를 제도적

16 김문자, 「조선시대 저고리 깃에 대한 연구」, 『복식』, 5, 1981, 194쪽.
17 구남옥, 「조선시대 당파에 따른 복식 연구」, 『복식』, 53(1), 2003, 82쪽.
18 이은주, 「한국 전통복식에 투영된 좌 · 우 개념」, 『복식』, 38, 1998, 347쪽.
19 민주식, 「풍류 사상의 미학적 의의」, 『미학예술학연구』, 11, 2000, 63쪽.

으로 수용하게 된 고려 시대 이후로, 이는 지배 계층의 문화 양식이자 유희 행위를 지칭하는 용어가 되었다. 성리학을 지배 규범으로 삼았던 조선 시대에 이르러 풍류는 유자(儒者)의 교양을 대표하는 시(詩)·서(書)·화(畵) 삼색(三色)의 실현을 추구하는 문화적 행위로 보편화되었으며, 또한 악(樂)을 동반한 주연(酒宴)의 집단적 향유 속에서 방탕, 관능, 호색과 같은 쾌락의 발현을 지칭하는 기호로 자리하기도 했다. 조선 후기에는 신분 질서의 문란과 동반된 문화적 위계 질서의 균열로 인해 풍류의 주체가 양반의 주변부에 있는 중인에까지 확대되었다. 그들은 당대 상층 문화의 권위에 저항하면서 한편으로는 그것을 모방했으며, 사대부 문화와 긴밀히 교류하는 동시에 서민들의 일상 문화와 매개하면서 새로운 유희 문화를 발전시키고, 미의식 및 취향을 변화시켰다.[20]

중류층이 주도한 풍류 문화의 확산 속에서 청루(靑樓)·협사(狹斜)·구란(勾欄)·기관(妓館)으로 불렸던 기방(妓房)이 17세기 이후 서울의 도시의 유흥장으로 본격적으로 등장[21]해 좀더 직업적이고 상업적으로 변모해 나간 것은, 조선 후기의 풍류 문화가 그만큼 세속적인 형태로 일상화되고 대중화되었다는 것을 시사한다. 이러한 향락적인 사회·문화적 분위기는 복식에도 그대로 반영되었다. 역사를 통틀어 볼 때 정치적 안정, 경제적 풍요와 함께 여가(餘暇)의 증가는 복식의 발달에 기여해 왔다. 복식이 발달하는 시기에는 항상 신체의 어떤 부위를 강조하게 되고, 특수하게 강조된 부분은 성적(性的) 매력의 포인트가 될 수 있는데,[22] 조선 후기 풍속화를 보면 여인의 밀착된 짧은 저고리와 풍성한 치마의 실루엣은 가는 허리를 과시했고, 흑운(黑雲) 같은 가체(加髢)는 역시 성적

---

20 서지영, 「조선 후기 중류층 풍류공간의 문화사적 의미」, 『진단학보』, 95, 2003, 286-287쪽.
21 강명관, 『조선시대 예술문화의 생성공간』(서울: 소명출판, 1999), 167-169쪽.
22 J. C. Flugel, 앞의 책, 1930, 54쪽.

매력의 대상인 머리카락을 강조했다. 또한 치마 아래로 단속곳과 바지, 작고 앙증맞은 발을 노출함으로써 선정적인 아름다움을 표출했다.

특정한 신체 부위에 대한 관점은 당시의 소설에서 미인의 모습을 묘사한 글귀에서도 볼 수 있다. '가는 허리 고흔 수족',[23] '가는 허리 담쑥 안고',[24] '버들같이 가는 허리',[25] '흑운같이 검은 머리'[26] 등의 표현을 통해서, 당시에는 가는 허리와 고운 손발, 구름같이 크고 풍성한 머리를 매력적으로 생각하고 있었음을 알 수 있다.

이와같이 신체의 일부를 강조하고, 속옷 · 속살을 드러냄으로써 복식에 성(性)적인 속성을 부여한 것은 분명 유교적 도덕성에 위배되는 것이어서 당시 사회적 물의(物議)를 일으켰다. 이익(李瀷)은 『성호사설(星湖僿說)』에서 "지금의 부녀자의 의복은 짧은 저고리에 소매가 좁은데, 어느 때부터 생긴지는 알지 못하며 귀천이 통용하니 해괴한 일이다. 그러나 사람들이 습속에 젖어 예사로 알고 있다. 또 여름에 입는 홑적삼은 아래를 줄이고 위로 걷어 올려 치마 말기를 가리지 못하니 해괴한 일이다. 이는 의복의 요물이니, 마땅히 금지해야 할 것이다."[27]라고 했고, 홍대용(洪大容, 1731-1783)은 『건정필담(乾淨筆談)』에서 "지금의 제도는 상의와 치마가 서로 가리지 못하고 바지 아래를 묶지 않아 살이 드러나는데도 부끄럽게 여기지 않으니 오랑캐의 풍속이다."[28]라고 하여 짧은 저고리와 그에 따른 속옷의 노출을 비판했다.

그럼에도 불구하고, "남녀 정욕(情慾)은 하늘이 부여한 것이요, 분별의 논리는 성인(聖人)의 가르침이다. 하늘이 성인보다 높으니 성인의 예

---

23 『沈淸傳』.
24 『春香傳』.
25 『九雲夢』.
26 『春香傳』.
27 李瀷, 『星湖僿說』, 卷66, 人事門.
28 李圭景 『五洲衍文長箋散稿』, 卷15, 東國婦女首飾辨證說.

교(禮教)를 어길지언정 천부(天賦)의 본성을 위배할 수 없다."[29]라는 기록에서와 같이, 이는 당시의 사회 전반적인 흐름의 한 부분이었으며, 시대에 따라 변형된 미적 가치가 조선 후기 일상 복식 문화에도 그대로 반영되어 나타났을 것으로 생각된다. 당시의 풍속화에서 볼 수 있듯이 남자 복식에서 겉옷의 트임 사이로 안에 입은 저고리 · 바지 · 배자 등이 드러나거나, 심지어는 옷자락을 묶어서 속옷의 노출을 의도적으로 감행한 것은 여자가 치마를 휘감아 입고 단속곳을 드러낸 것과 같은 현상으로 해석될 수 있다. 이와같이 '속옷은 가리고 감추어져야 하는 것'이라는 기존의 고정된 속성에 반(反)해 겉옷 사이로 속옷을 자연스럽게 드러내는 착장 방식은 남녀 복식에서 하나의 유행 경향으로 확산되어, 노출되는 속옷의 옷감을 특별히 견직물로 사용하거나 속옷에 누빔과 같은 장식적인 효과를 더하는 등 한편으로 내의를 고급화시키는 동기가 되었다.

## Ⅲ. 일상 복식의 종류 및 특성

Ⅱ절에서 살펴본 것과 같이 조선 후기의 복식은 임진 · 병자 양란 이후 정치, 경제, 사회, 문화적 변동의 영향으로 조선 전기와는 다른 양상으로 발전되어 갔는데, 이는 시대에 따른 복식 전반의 점진적 변천 이외에도 사회의 유동적 · 향락적 분위기에 기인한 복식 구조 양식의 다양화, 복식의 사회적 위치 및 역할의 변화까지도 의미한다. 여기에서는 남녀의 대표적인 복식을 세부적으로 고찰함으로써, 조선 후기 일상 복식 문화의 구체적인 변화 양상에 관해 살펴보고자 한다.

29 安鼎福, 『順菴叢書』, 上.

## 1. 남자 복식

조선 시대의 일상 남자 복식은 기본적으로 바지 · 저고리를 입고 버선과 신발을 신는 것이다. 이것은 형태나 구성면에서 신분의 구별 없이 상하 존비(上下尊卑)를 막론하고 모두 동일한 것이었는데, 다만 상류층은 옷감을 고급으로 사용한 것이 다를 뿐이었다. 외출시에는 이러한 기본형 복식 위에 포(袍)를 착용했다. 조선 시대의 남자 복식에서 포가 차지하는 비중은 매우 컸으므로, 조선 전 · 후기의 복식을 비교할 때 편복(便服) 포제(袍制)의 변천 과정을 살펴보면 조선 후기 남자의 일상 복식의 특징을 파악할 수 있다.[30] 임란 이후의 출토 복식이나 문헌 자료에 의해 확인되는 남자의 대표적인 편복포로 도포(道袍) · 철릭〔帖裡 · 天翼〕 · 창의(氅衣) · 중치막(中致莫) · 소창의(小氅衣)를 들 수 있다.

### (1) 도포

도포는 조선 후기 대표적인 사대부의 일상용 포로 알려져 있으나, 지금까지 확인된 기록[31] 및 유물[32]을 살펴보면 이미 임진왜란 이전부터 존재했음을 알 수 있다. 형태를 살펴보면 깃이 곧고 소매가 넓으며 무가 달

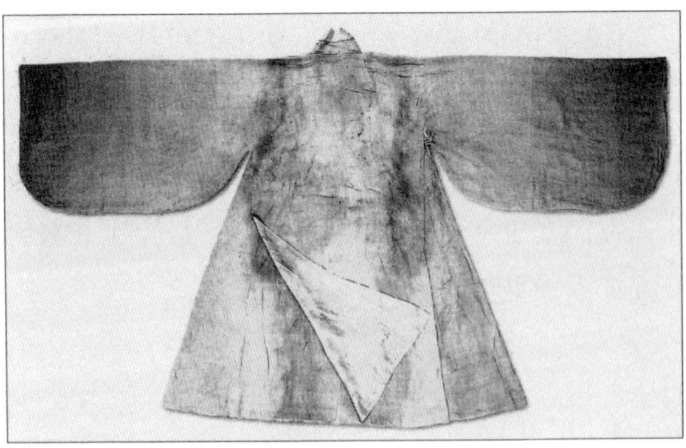

[도 3] 도포, 의원군(1661–1722) 묘 출토, 경기도박물관

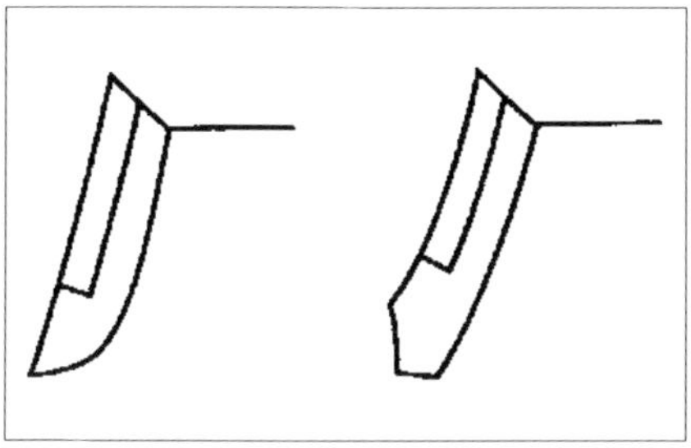

[도 4] 도포깃의 비교
(좌-일반적인 칼깃, 우-영조 도포의 당코깃)

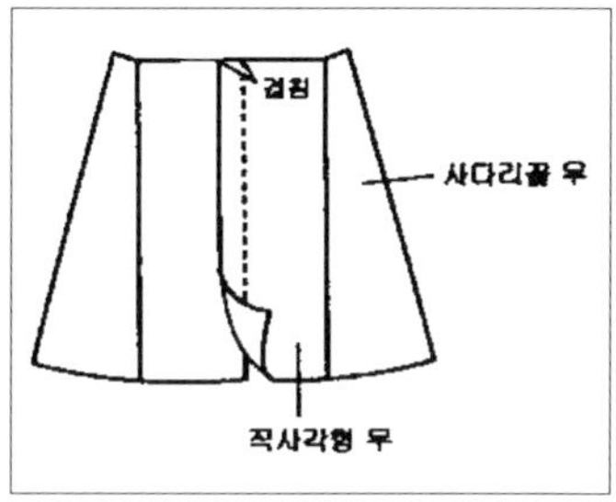


[도 5] 도포의 뒷길 안자락 구조

리고 뒤트임이 있는데, [도 3] 과 같이 뒷길에 별도로 뒷자락이 달려 있어 트임이 벌어져도 하의(下衣)가 겉으로 드러나지 않는 것이 특징이다.[33] 시대에 따라 무의 구조, 트임의 유무, 한판(汗版)의 유무 등과 관련된 다양한 양상 속에서 일련의 발전 과정을 확인할 수 있으며, 그러한 형태상의 특징 파악을 통해 제작 시기의 판별이 어느 정도 가능하다.[34]

이 연구에서 조사된 18세기의 도포 유물은 〈표 1〉과 같이 의원군(義原君, 1661-1722)의 도포에서 이익정(李益炡, 1699-1782)의 도포까지 확인된다. 홑도포 5점, 겹도포 5점으로 홑도포와 겹도포가 모두 존재하며, 깃의 모양은 주로 일반적인 포에서 보이는 칼깃이 대부분이나, 의원군의 도포, 영조(英祖, 1694-1776)의 도포와 같이 일부에서는 [도 4] 의 당코깃도 나타난다. 또한, 보고서에 상세히 기재되지 않은 홍감보(洪鑑輔, 1699-1763)의 도포와 이익정의 도포를 제외하고 뒷길 안자락을 보

30 임재영, 「조선후기 복식 발달의 변천 요인」(이화여자대학교대학원 박사학위 논문, 1990), 17-20쪽.
31 郭忘憂堂記念事業會, 『忘憂堂全書』, 1987, 715쪽.
32 이순원 외, 『이석명 묘 출토복식 조사보고서』(서울대학교 박물관, 2000), 33-37쪽.
33 유희경 · 김문자, 『한국복식문화사』(서울: 교문사, 1998), 238쪽.
34 이은주, 「도포 양식의 발전에 대한 갈등 기능론적 분석」(서울여자대학교대학원 박사학위 논문, 1998), 153쪽.

〈표 1〉 18세기 도포 유물 (단위: cm)

| 묘주명 및 연대 | 소재(겉/안) | 구성 | 곁깃 | 무 조각 수 | 무 고정 위치 | 뒷중심 겹침분 | 소장 |
|---|---|---|---|---|---|---|---|
| 의원군(1661–1722) | 綃/細紬 | 겹 | 당코깃 | 2쪽(사다리꼴+직사각형) | 뒷길 | 2 | 경기도박물관 |
| 탐릉군(1636–1731) | –/명주 | 겹 | 칼깃 | 2쪽(사다리꼴+직사각형) | 뒷길 | 1.6 | 단국대학교 석주선기념박물관 |
| | –/綃 | 겹 | 칼깃 | 2쪽(사다리꼴+직사각형) | 뒷길 | – | |
| 이협(1663–1737) | 명주/명주 | 겹 | 칼깃 | 2쪽(사다리꼴+직사각형) | 뒷길 | 4 | 안동대학교 박물관 |
| | 모시 | 홑 | 칼깃 | 2쪽(사다리꼴+직사각형) | 한판 | 6.6 | |
| 영조(1740) | 青紗 | 홑 | 당코깃 | 2쪽(사다리꼴+직사각형) | 뒷길 | 8 | 궁중유물전시관(복원품) |
| 홍감보(1699–1782) | 삼팔주/– | 겹 | 칼깃 | 2쪽(사다리꼴+직사각형) | – | – | 충청남도 충주시 |
| 이익정(1699–1782) | 명주 | 홑 | 칼깃 | – | – | 9.5 | 단국대학교 석주선기념박물관 |
| | 명주 | 홑 | 칼깃 | – | – | 6 | |
| | 貢緞 | 홑 | 칼깃 | – | – | 1 | |

면, 무의 구성이 모두 사다리꼴과 직사각형을 연결한 [도 5]의 이엽삼(二葉衫)[35] 형식으로 되어 있음을 알 수 있다. 대부분의 도포의 뒷중심이 모두 좌우 교차되어 겹쳐져 달려 있는데, 〈표 1〉을 보면 좌우 겹침분은 1~9.5cm까지 다양하게 나타난다.

도포는 그 이전부터 존재했던 직령(直領)의 양식이 발전되어 나타난 것으로 보인다. 직령은 고려 말 조선 초 사대부의 간편한 출입 복식 및 생활 복식, 무관직자의 의례 복식, 관리의 신분 복식 등 다양한 기능을

35 『南塘草稿』에 등장한 용어로, 앞길 옆선에 두 조각으로 구성되어 연결된 뒷길의 안자락을 뜻한다.

[도 6] 김홍도, 「행려풍속도병(行旅風俗圖屛)」 중 〈취중송사(醉中訟事)〉 일부, 국립중앙박물관

지녔던 것이지만, 도포가 등장하면서 생활 복식보다 주로 의례 복식과 특정 관직의 신분 복식으로 착용되었다. 원래 도포는 임란 이전 고관 상류층이 착용하는 신분 복식으로서의 기능이 강한 편이었으나, 임란 이후 하향 전파 양상에 의해 유생과 사대부까지도 착용하는 생활 복식으로 자리잡게 되었다.[36] 이수광(李睟光, 1563-1628)의 『지봉유설(芝峰類說)』을 보면 "요즘은 젊은이들까지 도포에 분투(分套)를 신고 다닌다."[37]라고 하여 17세기에 이르면 도포의 착용이 이전보다 보편화되었음을 나타낸다. 또한 19세기 초 정약용이 쓴 『목민심서』에는 "맹례(氓隷) · 하천(下賤)들도 이를 습용했다."[38]라고 지적되고 있어, 후대에는 신분이 낮은 사람들까지 도포를 착용했음을 알 수 있는데, 이러한 현상은 조선 후기의 신분제 문란과 밀접한 관련이 있는 것으로 보인다.

조선 후기 풍속화에서 도포의 착용 모습은 뒷모습을 자세히 알 수 없어서 찾는 것이 그다지 수월하지 않다. 김홍도(金弘道, 1745-?)가 그린 [도 6]의 「행려풍속도병(行旅風俗圖屛)」에서 엎드린 한 인물은 뒷모습에서 분명히 도포를 착용했음이 발견된다.

---

36 이은주, 앞의 논문, 1998, 203-205쪽.

37 李睟光, 『芝峰類說』 上 制度.

38 丁若鏞, 앞의 책, 第8卷 禮典 6條 第5條 辨等.

### (2) 철릭

철릭은 상의(上衣)와 하의(下衣)를 따로 구성해 허리에서 연결시킨 포로서, 허리에 주름이 잡힌 독특한 형태를 지니고 있다. 고려 말부터 조선 전반에 이르기까지 백관의 융복(戎服), 관복(官服)의 이의(裏衣), 편복(便服)으로 착용되었다. 철릭의 명칭은 문헌에서 첩리(帖裡) · 첩리(帖裏) · 첩리(貼裡) · 천익(天益) · 천익(天翼) 등으로 나타나는데, 이는 몽골 복식인 Telig, Terlig의 차용어로 보는 설이 일반적이다.[39]

철릭은 조선 초기부터 빈번히 중국의 사여물(賜與物)로 등장하면서 사대부 복식에 적지 않은 영향을 미쳤으며, 마상의(馬上衣)로도 적합한 활동적 구조를 지니고 있어 상류 계급은 물론 하류에 이르기까지 널리 착용되었다. 선조(宣祖) 25년(1592) 임진왜란이 발발하자 왕명에 의해 백관이 융복으로서 철릭을 입고 정사(政事)에 임하게 되었는데,[40] 이후 전쟁 기간 동안 철릭은 공복(公服)으로 입혀졌다. 그러나 전쟁이 오래 지속되면서 전쟁의 심각성이 둔화되고 철릭만으로 계급을 구분해야 하는 상황은 철릭의 형태에 계급을 표시하기 위한 과시적 심리가 작용해, 기능성의 저하에도 불구하고 전쟁 기간에 철릭의 소매가 넓어지는 현상이 나타나기 시작했다.[41] 이에 선조 30년(1597) "조신(朝臣) 중에 융의(戎衣)의 소매가 넓은 자는 모두 다스려야 할 것이다."[42]라고 하는 융복의 착수령(窄袖令)이 내려졌으며, 이후 인조(仁祖) 26년(1648)[43]과 효종(孝宗) 8년(1657)[44]에도 활동시 민첩하지 못하다는 이유로 융복의 광수

39 금종숙 · 고부자, 「조선시대 철릭 연구」, 『한국복식』, 21, 2003, 7-8쪽.
40 『宣祖實錄』 25年 4月 庚寅.
41 이은주, 「철릭에 대한 사회학적 분석」,『한국의류학회지』, 13(4), 1989, 326-327쪽.
42 『宣祖實錄』 30年 9月 癸巳.
43 『仁祖實錄』 26年 10月 甲辰.
44 『孝宗實錄』 8年 1月 癸丑.

(廣袖)는 거듭 지적되었다.

그러나 전쟁이 끝난 후 사회가 안정되면서 융복의 필요성은 점차 줄어들게 되었고, 이후 구군복(具軍服)의 등장으로 철릭의 융복으로서의 기능도 약화[45]되기에 이르자, 조선 후기에는 기존의 주된 착용자인 무신들까지도 철릭을 입어야 할 때 철릭 대신 창의[46]나 직령[47]을 착용하게 되었

〈표 2〉 18세기 철릭 유물 (단위: cm)

| 묘주명 및 연대 | 소재 | 구성 | 길이 | 화장 | 품 | 진동 | 소매 너비 | 상의 길이 | 하의 길이 | 상하 비율 | 주름 너비 | 소장 |
|---|---|---|---|---|---|---|---|---|---|---|---|---|
| 의원군 (1661–1722) | 운문단 | 홑 | 117 | 117 | 67 | 34 | – | 43 | 74 | 1 : 1.720 | – | 경기도 박물관 |
| 이황 (1651–1724) | 칠보 운문단 | 홑 | 125.1 | 112.6 | 54 | 29.2 | 55 | 44.6 | 80.5 | 1 : 1.80 | 1.8 | 이화여자 대학교 박물관 |
| | 칠보 운문단 | 홑 | 123.2 | 118.5 | 54 | 29.6 | 64.7 | 43 | 80.2 | 1 : 1.86 | 2 | |
| 탐릉군 (1636–1731) | 운문사 | 홑 | 125.5 | 124 | 56 | 32.5 | 62 | 44.5 | 81 | 1 : 1.82 | 2~2.3 | 단국대학교 석주선 기념 박물관 |
| 홍감보 (1699–1763) | 운문사 | 홑 | 124 | 116 | – | – | 58 | – | – | 1 : 2.04 | – | 단국대학교 석주선 기념 박물관 |
| 이익정 (1699–1782) | 운보문단 | 홑 | 129.5 | 116 | 54 | 35 | 64.5 | 39.5 | 90 | 1 : 2.278 | 1.5 | 단국대학교 석주선 기념 박물관 |

45 금종숙 · 고부자, 앞의 논문, 2003, 24쪽.
46 『英祖實錄』 2年 10月 丙寅.
47 『英祖實錄』 19年 3月 戊辰.

[도 7] 철릭, 의원군 (1661-1722) 묘 출토, 경기도박물관

다. 그 결과 조선 후기 철릭의 형태는 더욱 기능성보다는 위엄과 우아함을 강조한 편복포의 외관을 지니게 되었다.

〈표 2〉와 같이 이 연구에서 조사된 18세기의 철릭 유물은 의원군(1661-1722)의 철릭부터 이익정(1699-1782)의 철릭까지 총 6점이다. 주로 운문사(雲紋紗), 운문단(雲紋緞)과 같은 무늬 있는 고급 견직물로 이루어져 있어, 견 이외에도 면 · 마 · 교직 등의 실용적인 옷감도 사용[48]했던 조선 전기의 철릭에 비교된다. 또한 상의와 하의의 비율이 조선 전기에는 1 : 1이었던 것이 18세기에는 대략 1 : 2로 나타나는데, 하의에 비해 상의의 길이가 점점 짧아지고 여밈의 깊이도 차츰 얕아지는 것은 조선 후기 여자 저고리의 흐름과도 매우 비슷한 양상이다.[49] 하의의 주름은 [도 7]과 같이 허리에서 밑단까지 넓게 눌러 잡은 모양이다. 〈표 2〉를 보면 당시 치마의 주름 너비는 2cm 내외로 나타나, 0.1~0.2cm의 잔주름을 잡았던 조선 전기의 철릭과 또 다른 구조적 특징을 보이며, 소매는 진동과 소매 너비가 최대 30cm 이상 차이가 나는 매우 광활한 모양

48 조효숙 · 임경화 · 김지연, 「조선시대 출토 복식 중 포류에 사용된 직물 유형 연구」, 『복식』, 53(4), 2003, 119쪽.

49 홍나영, 「조선 중엽 출토 복식에 관한 연구: 이황 묘 출토 첩리와 창의를 중심으로」, 『한국의류학회지』, 20(3), 1996, 136-137쪽.

[도 8] 작자 미상, 「풍속도(風俗圖)」 중 〈기방쟁웅(妓房爭雄)〉 일부, 국립중앙박물관

[도 9] 작자 미상, 「풍속도(風俗圖)」 중 〈노상풍정(路上風情)〉 일부, 국립중앙박물관

임을 알 수 있다.

[도 8, 9] 는 풍속화에 나타난 철릭의 착용 모습이다. 모두 철릭을 입고 큰 갓을 썼으며, 세조대(細條帶)나 광다회(廣多繪)를 매었다. 풍속화에 그려진 철릭 또한 소매가 매우 넓고 전체적으로도 풍성하고 여유로운 모습으로 유물의 형태와 일치한다. [도 8] 에서는 끌어 올려진 옷자락 아래로 안에 받쳐 입은 소창의도 발견된다.

#### (3) 창의류

창의류는 넓은 의미로 '트임이 있는 옷'을 말한다. 창의(대창의) · 중치막 · 소창의(창옷) · 학창의 등 네 종류로 대별될 수 있으며, 구별의 기준은 소매의 넓이, 트임의 유무, 선의 변수(變數) 등에 의한다.[50] 이 중

[도 10] 대창의, 의원군(1661–1722) 묘 출토, 경기도박물관

[도 11] 중치막, 의원군(1661–1722) 묘 출토, 경기도박물관

[도 12] 소창의, 의원군(1661–1722) 묘 출토, 경기도박물관

에서 18세기에 주로 입혀진 것은 [도 10, 11, 12]와 같은 대창의 · 중치막 · 소창의이다.

창의류 중에서 기록이 오래된 것은 중치막이다. 창의류는 주로 조선 후기의 옷으로 인식되어 온 경향이 있으나, 이수광(李睟光, 1563-1628)의 『지봉유설(芝峰類說)』을 보면 "요즘은 젊은이들까지 도포에 분투(分套)를 신고 다닌다."[51]라고 하여 17세기에 이르면 도포의 착용이 이전보다 보편화되었음을 나타낸다. 또한 19세기 초 정약용이 쓴 『목민심서』에는 "맹례(氓隷) · 하천(下賤)들도 이를 습용했다."[52]라고 지적되고 있어, 후대에는 신분이 낮은 사람들까지 도포를 착용했음을 알 수 있는데, 이러한 현상은 조선 후기의 신분제 문란과 밀접한 관련이 있는 것으로 보인다.

50 윤미화, 「창의류에 관한 연구」(이화여자대학교대학원 석사학위 논문, 1982), 95쪽.
51 李睟光, 『芝峰類說』 上 制度.
52 丁若鏞, 앞의 책, 第8卷 禮典 6條 第5條 辨等.

창의를 관복의 밑받침옷으로 착용한 것은 유물에서도 그 사례를 찾을 수 있다. 밀창군(1677-1746) 묘에서 출토된 유물을 보면 보공(補空)으로 넣은 조복에 중단(中單)이 별도로 구비되어 있지 않은 대신에 고급 비단류를 사용한 창의가 발견되어 조복의 중단으로서의 가능성을 생각해 볼 수 있다.[53] 『순조실록』을 보면, "문음관(文蔭官)의 철릭이 지금은 창의로 변했습니다."[54]라고 하여, 19세기 초에는 철릭의 자리를 창의가 대신했음을 직접적으로 언급하고 있는데, 조선 후기 출토 유물 현황을 봐도 창의의 수량 증가는 철릭의 수량 감소와 시기적으로 일치하고 있다.[55]

이와같이 조선 후기에 이르면 이전까지 관복의 밑받침 옷으로 착용된 철릭의 자리를 창의류가 점차 대신하게 되었고, 직령 · 장의 · 액주름 등 전란 이전에 착용된 편복포들이 전란 이후 쇠퇴하거나 용도가 축소되면서, 창의류 중 겉에 입는 것은 넓은 소매로, 관복의 밑받침으로 입거나 서민층이 입는 옷은 더욱 좁은 소매로 구별되어[56] 확장, 발전해 나간 것으로 보인다.

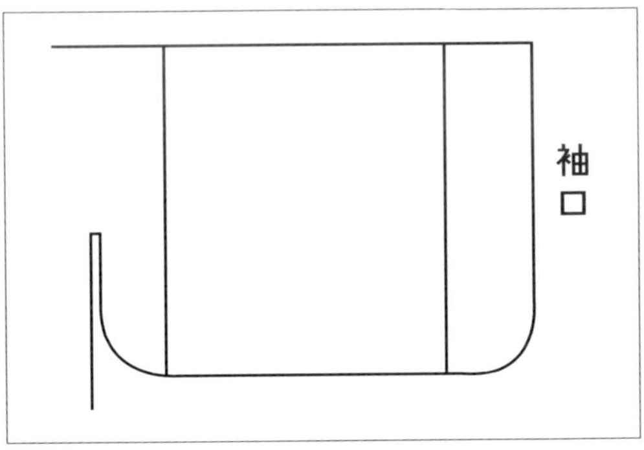


[도 13] 두리소매[廣袖]의 형태

53 박성실, 「서울 상암동 출토 전주 이씨 밀창군 복식 고찰」, 『한국복식』, 22, 2004, 100-101쪽.
54 『純祖實錄』 34年 4月 甲子.
55 장인우, 「조선중기 출토 복식 중 일반 복식에 관한 연구」(동국대학교대학원 박사학위 논문, 1995), 82쪽.
56 홍나영, 앞의 논문, 1996, 137쪽.

창의류의 구조적 특성을 살펴보면 다음과 같다. 조경(趙儆, 1541-1609), 장기 정씨(長鬐 鄭氏, 1565-1614), 광해군(光海君, 1608-1622), 구례 손씨(求禮 孫氏, 1576-1626), 홍극가(洪克家, ?-1670), 김위(金緯, 1593년 이후) 등의 분묘에서 출토된 17세기 전반기의 중치막은 통수(筒袖)이고 양 옆에 무가 있으면서 옆트임도 있는 형태로 나타난다.[57] 그러나 17세기 후반~18세기에 이르면, 중치막의 무는 자연스럽게 퇴화되고 소매는 [도 13] 과 같은 완연한 두리소매를 이루게 되는데, 이 시기에 본격적으로 등장하는 것이 대창의와 소창의다.

광수(廣袖)이며 양 옆에 큰 무가 달리고 뒤트임이 있어서 도포와 같은 위엄 있고 우아한 편복포로서의 모습을 갖춘 대창의, 그리고 중치막과 비슷하지만 소매통이 좁고 옷의 길이 및 크기도 더 축소되어 활동적이고 기능적인 모습인 소창의가 등장하면서, 창의류는 용도에 따라 다양하게 갖추어 입을 수 있다는 장점을 가지고 그 착용 범위가 더욱 확대되었을 것으로 생각된다. 〈표 3, 4, 5〉에서 알 수 있듯이 홑 · 겹 · 누비 · 솜 등 다양한 구성으로 이루어졌다든가, 다른 포류에 비해 현저히 많은 출토량을 보이는 것도 모두 그러한 맥락으로 이해될 수 있을 것이다.

이와같이 창의류가 당시 사대부의 일상 복식 생활에서 여러모로 애용되었던 것은, 풍속화에서 그 착용 모습을 쉽게 찾을 수 있다는 점에서 더욱 확실시된다. 1795년 김득신(金得臣)이 그린 [도 14] 의 「화성능행도병(華城陵幸圖屛)」을 보면 삼삼오오 모인 구경꾼들 중에서 창의 및 중치막을 입은 모습을 쉽게 발견할 수 있다. [도 15-우] 는 뒷모습에서 대창의 착용을 볼 수 있으며, 그 안에 또 다른 옆트임 창의류와 배자류를 받쳐 입었음을 알 수 있다. [도 15-좌] 에서도 배자류를 저고리가 아닌

57 이은주, 「동래정씨 흥곡공 일가 남자묘에서 출토된 복식류」, 『동래정씨묘 출토 복식 조사보고서』(경기도박물관, 2003), 170쪽.

〈표 3〉 18세기 창의 유물 (단위: cm)

| 묘주(연대) | 소재(겉) | 구성 | 길이 | 화장 | 품 | 진동 | 소매 너비 | 뒤 트임 | 소장 |
|---|---|---|---|---|---|---|---|---|---|
| 김덕원(1634–1704) | 공단 | 겹 | 128 | 122.5 | 56 | 34.5 | 50 | 78 | 김재호 |
| 남오성(1643–1712) | 세주 | 겹 | 130 | 118 | 57 | 34 | 54 | 78 | 국립민속박물관 |
| | 세주 | 겹 | 129 | 115 | 56 | 33 | 49 | 77 | |
| | 세주 | 겹 | 134 | 125 | 58 | 35 | 55 | 80 | |
| | 세주 | 겹 | 130 | 122 | 58 | 33.5 | 50 | 75 | |
| 의원군(1661–1722) | 주 | 겹 | 117 | 118 | 60 | 36 | – | – | 경기도박물관 |
| | 주 | 겹 | 118 | 118.4 | 58 | 33 | – | – | |
| | 주 | 겹 | 119.5 | 110 | 61.2 | 37.5 | – | – | |
| 이황(1651–1724) | 명주 | 겹 | 126 | 113.2 | 62 | 36.6 | 53.8 | 76 | 이화여자대학교박물관 |
| 홍감보(1699–1763) | 명주 | 겹 | 126 | 116.5 | – | – | 55 | 87.5 | 단국대학교 석주선기념박물관 |
| | 명주 | 홑 | 131 | 109 | – | – | 53 | 84.5 | |
| | 명주 | 누비 | 121 | 112 | – | – | 60 | 85 | |
| 이익정(1699–1782) | 명주 | 겹 | 132 | 116 | – | – | 58 | 82 | 단국대학교 석주선기념박물관 |
| | 명주 | 홑 | 123 | 111 | – | – | 60 | 85 | |

〈표 4〉 18세기 중치막 유물 (단위: cm)

| 묘주(연대) | 소재(겉) | 구성 | 길이 | 화장 | 품 | 진동 | 소매 너비 | 옆 트임 | 소장 |
|---|---|---|---|---|---|---|---|---|---|
| 홍진종(1649–1702) | 명주 | 누비 | 123.5 | 115 | 55 | 28.5 | 51 | – | 고려대학교박물관 |
| | 명주 | 누비 | 124.8 | 113 | 54 | 31.4 | 50 | – | |
| | 명주 | 누비 | 117 | 104 | 46 | 27 | 45.5 | – | |
| | 명주 | 누비 | 117.5 | 110 | 50 | 23 | 47 | – | |
| | 명주 | 누비 | 123.4 | 114.6 | 60 | 30 | 51 | – | |
| | 명주 | 누비 | 122 | 111 | 54.8 | 33 | 52 | – | |

| 묘주(연대) | 소재(겉) | 구성 | 길이 | 화장 | 품 | 진동 | 소매너비 | 옆트임 | 소장 |
|---|---|---|---|---|---|---|---|---|---|
| 김덕원 (1634-1704) | 명주 | 겹 | 127 | 121.5 | - | 33 | - | - | 김재호 |
| | 명주 | 겹 | 106 | 121 | - | 34 | 52.5 | - | |
| | 명주 | 누비 | 121 | 113 | 55 | 32.6 | 56.8 | - | |
| | - | - | 124.5 | 120 | 55 | 33.5 | 51 | - | |
| | 명주 | 누비 | 123.8 | 120 | 55 | 29.2 | 53.6 | - | |
| | 명주 | 누비 | 121 | 113.8 | 55 | 32.6 | 56.8 | - | |
| | 명주 | 누비 | 122 | 110 | 54 | 24 | 50 | - | |
| | 명주 | 누비 | 121.5 | 114.5 | 56 | 30 | 50 | 68.5 | |
| | 명주 | 누비 | 126 | 121.5 | 55 | - | 52.5 | 72 | |
| 남오성 (1643-1712) | 문주 | 누비 | 125 | 122 | 53.5 | 31 | 52 | 75 | 국립민속박물관 |
| | 세주 | 누비 | 128 | 123 | 58 | 35 | 51.5 | 76.5 | |
| | 문주 | 누비 | 129 | 121 | 56 | 33 | 52 | 75 | |
| | 문주 | 누비 | 125.5 | 121 | 57 | 34 | 52 | 75 | |
| | 주 | 겹 | 123 | 113 | 60 | 33 | 44 | 75 | |
| | 세주 | 겹 | 129.5 | 125 | 59 | 34 | 53 | 77 | |
| | 추사 | 누비 | 120 | 124 | 55 | 31 | 50.5 | 66 | |
| | 세주 | 누비 | 129.5 | 118 | 56 | 34.5 | 55 | 76.5 | |
| 의원군 (1661-1722) | 주 | 솜 | 113 | 113 | 59 | 30.5 | - | - | 경기도박물관 |
| | 주 | 겹 | 117.5 | 116 | 57 | 35 | - | - | |
| | 주 | 겹 | 118 | 113 | 61 | 34 | - | - | |
| | 무문단 | 누비 | 135 | 120 | 51 | 31 | - | - | |
| 이황 (1651-1724) | 명주 | 겹 | 120.5 | 111.5 | 58 | 34.6 | 56 | 66.5 | 이화여자대학교박물관 |
| | 명주 | 겹 | 119 | 112 | 58 | 34.2 | 51.6 | 64.5 | |
| | 명주 | 겹 | 118 | 107 | 45 | 26.5 | 49 | 72.5 | |
| | 명주 | 겹 | 117.8 | 113 | 52.8 | 30.4 | 55 | 66 | |

| 묘주(연대) | 소재(겉) | 구성 | 길이 | 화장 | 품 | 진동 | 소매 너비 | 옆 트임 | 소장 |
|---|---|---|---|---|---|---|---|---|---|
| 이태곤 (1672-1763) | 명주 | 누비 | 126 | 115 | - | - | 47. | - | 단국대학교 석주선기념박물관 |
| 이익정 (1699-1782) | 공단 | 겹 | 132 | 118 | - | - | 50 | 81 | 단국대학교 석주선기념박물관 |
| | 공단 | 겹 | 132 | 117 | - | - | 54 | 81 | |
| | 삼팔주 | 홑 | 122 | 97 | - | - | 44 | 74.5 | |

〈표 5〉 18세기 소창의 유물 (단위: cm)

| 묘주(연대) | 소재(겉) | 구성 | 길이 | 화장 | 품 | 진동 | 수구 | 옆 트임 | 소장 |
|---|---|---|---|---|---|---|---|---|---|
| 홍진종 (1649-1702) | - | 누비 | 113.2 | 94.5 | 55.6 | 31.5 | 25 | - | 고려대학교박물관 |
| | - | 누비 | 116.2 | 99 | 54 | 27.5 | 21 | - | |
| | 명주 | 누비 | 104.2 | 88 | 40 | 27 | 20 | - | |
| 김덕원 (1634-1704) | 명주 | 누비 | 117 | 113 | 56 | 32 | 24.5 | - | 김재호 |
| | 문주 | 겹 | 117 | 75 | 54 | 27.5 | 22.5 | - | |
| 남오성 (1643-1712) | 추사 | 누비 | 121 | 107 | 54 | 33 | 25 | 69 | 국립민속박물관 |
| | 추사 | 누비 | 122 | 107 | 60 | 33 | 28 | 66 | |
| | 문주 | 누비 | 121 | 108 | 53.5 | 30 | 27 | 68.5 | |
| | 문주 | 누비 | 124 | 110 | 57 | 33 | 27 | 71 | |
| | 문주 | 누비 | 123 | 106 | 56 | 36 | 29.5 | 68 | |
| | 세주 | 누비 | 124 | 100.5 | 55 | 32 | 27 | 69 | |
| | 주 | 누비 | 116 | 103 | 57 | 31 | 24.5 | 67 | |
| | 추사 | 누비 | 117 | 100.5 | 57 | 30 | 23 | 65 | |
| | 추사 | 누비 | 115 | 105 | 58 | 33 | 26 | 61 | |
| | 세주 | 겹 | 118 | 106 | 60 | 33.5 | 26.5 | 64.5 | |
| | 세주 | 누비 | 121 | 100 | 55 | 32 | 24.5 | 68 | |
| | 세주 | 겹 | 125 | 122 | 59 | 33 | 29 | 73 | |

| 묘주(연대) | 소재(겉) | 구성 | 길이 | 화장 | 품 | 진동 | 수구 | 옆트임 | 소장 |
|---|---|---|---|---|---|---|---|---|---|
| 남오성<br>(1643-1712) | 추사 | 누비 | 118 | 107 | 60 | 30.5 | 25.5 | 68.5 | 국립민속박물관 |
| | 추사 | 누비 | 125 | 101.5 | 56 | 31 | 26 | 70 | |
| | 세주 | 누비 | 127 | 108 | 58 | 32 | 27 | 70 | |
| 의원군<br>(1661-1722) | 주 | 솜 | 109 | 100 | 56.5 | 30.5 | - | - | 경기도박물관 |
| | 숙초 | 솜 | 108 | 106 | 60 | 33.5 | - | - | |
| | 세주 | 솜 | 105 | 86 | 48 | 27 | - | - | |
| | 세주 | 솜 | 113 | 94 | 52 | 35 | - | - | |
| | 주 | 솜 | 109 | 103 | 58 | 34 | - | - | |
| 이태곤<br>(1672-1763) | 명주 | 누비 | 111 | 93 | - | - | 21 | 64 | 단국대학교<br>석주선기념박물관 |
| 홍감보<br>(1699-1763) | 명주 | 누비 | 118 | 89.5 | - | - | 24 | 75 | 단국대학교<br>석주선기념박물관 |
| 이익정<br>(1699-1782) | 공단 | 솜 | 131 | 107 | - | - | 31.5 | 79 | 단국대학교<br>석주선기념박물관 |
| | 공단 | 겹 | 130 | 105 | - | - | 30.5 | 80 | |
| | 삼팔주 | 누비 | 119 | 91 | - | - | 24 | 75 | |

포 위에 덧입은 모습이 보이는데, 요즈음 한복에서는 보이지 않지만, 이러한 착장법이 당시 사대부의 일상 복식 생활에서 유행하고 있었음을 알 수 있다. 소창의는 모든 계층에서 나타나는데, [도 14] 의 남자 시종의

[도 14] 김득신, 「화성능행도병(華城陵幸圖屛)」 중 〈득중정어사(得中亭御射)〉 일부. 국립중앙박물관

[도 15] 작자 미상, 「풍속도(風俗圖)」 중 〈야연(夜宴)〉 일부, 국립중앙박물관

모습처럼 신분이 낮은 남자의 겉옷으로 입혀졌지만, 사대부가에서도 집에서 연거시에, 또는 동작의 기민성이 요구될 때 편안한 겉옷으로 착용되었다. 또한 [도 8]과 같이 철릭이나 창의와 같은 큰 겉옷의 밑받침으로도 사용되었다.

지금까지 살펴본 바와 같이, 조선 후기 사대부가 일상 생활에서 착용했던 편복포는 전기와 다른 양상을 보인다.

첫째, 조선 전기부터 존재했던 사대부의 편복포는 임진왜란 이후 형태 및 구조의 변화가 이루어졌는데, 무가 작아지고 소매는 넓어지며 앞여밈은 얕아지고 고름은 넓고 길어지는 등 후대의 양식으로 정착되었다. 이 중에서 철릭은 좁고 탈착(脫着)이 가능한 소매 구조, 주름이 잡힌 넓은 치마라는 활동하기에 편리한 특성을 가지고 융복으로 사용되었고 일찍이 편복으로도 입혀진 옷인데, 오랜 전란을 계기로 공복화되고 의례화되면서 점차 소매가 넓어지게 되었다. 전란 이후 생활이 안정되고 관복이 부활하면서, 철릭은 공복에서 다시 융복으로 복귀되었어야 함에도 불구하고, 융복의 자리마저 구군복이 대신하게 되면서 조선 후기의 철릭은 통상 예복 정도로 그 범위가 축소되었다. 더 이상 융복의 기능이 중시되지 않으므로 확대된 소매 넓이가 축소될 필요가 없어지면서 거대한 소매,

상의에 비해 길어진 하의, 밑단까지 눌러 잡은 치마 주름을 특징으로 한 우아하고 장식적인 형태로 자리잡게 되었다.

둘째, 일상적 용도에 따라 포의 양식이 세분화되었다. 일상에서 말을 탈 때나, 먼 길을 걸어갈 때와 같이 기민한 활동이 요구될 때 철릭과 같은 특정 의복을 착용하는 것은 이미 조선 전기에도 존재한 것이었다. 그러나 조선 후기에는 기존의 철릭 이외에도 다양한 양식의 창의류가 등장하여 일상 생활에서 유용하게 착용되었다. 창의류는 옷의 구조상 내의가 겉으로 드러나 보일 정도의 긴 트임을 지니고 있어 당시로서는 획기적이고 활동적인 포의 양식을 보이고 있는데, 같은 창의류라 하더라도 옷의 크기, 소매의 넓이 등을 다르게 하여 사대부의 품위 있는 외관을 위해서는 대창의나 중치막을, 동작의 기민성을 위해서는 소창의를 착용했다.

셋째, 복식 간의 상하 이동 현상이 나타났다. 조선 전기는 계층 간의 이동이 거의 불가능해 의복을 통한 신분의 상징성이 매우 강하게 나타났지만 임진 · 병자 양란 이후 사회 경제적 구조의 변화 및 신분 제도의 동요는 부(富)를 획득한 중인, 서민 계층으로 하여금 의복을 통해 자신들의 부를 드러내고자 하는 과시욕을 불러일으켰다. 그 결과 하층민들이 의복에 고급 옷감을 사용하거나 도포와 같이 이전에는 넘볼 수 없었던 상위의 의복을 착용하는 일들이 발생했다. 계층 간 복식의 유동이 일어나면서 반대로 하층의 의복이 상층에 전파 · 수용되기도 했는데, 소창의의 경우 길이가 짧고 소매통도 좁아 주로 서민의 겉옷이나 사대부의 받침옷으로 입혀졌지만, 일부 유물에서는 문주(紋紬) · 숙초(熟綃) · 공단(貢緞) 등 고급 직물들이 사용되고 풍속화에서는 사대부의 연거복 및 간편한 외출복으로도 그려진 것을 보면, 이러한 현상은 결과적으로 사대부의 일상용 포류(袍類)를 다양화시키는 결과를 낳았다고 사료된다.

[도 16] 작자 미상, 「위기도(圍碁圖)」, 국립중앙박물관(관모는 좌측부터 시계 방향으로 흑립, 방관, 탕건, 복건)

### (4) 관모류

조선 후기에는 일상용 포류의 발달과 함께 일상용 관모(冠帽)도 매우 발달했다. 편복 관모의 대표라고 할 수 있는 흑립(黑笠)은 일명 '갓'으로, 양반층이 애용하던 최상급의 일상 관모였는데 그 모양은 시대에 따라 변천을 거듭했다. 조선 후기의 흑립은 상당히 거대한 것이어서, 대우〔帽屋〕는 가늘고 높고 양태(凉太)는 어깨를 덮을 만큼의 큰 모양이었으며, 또한 여러 가지 보옥(寶玉)으로 만든 갓끈을 길게 늘어뜨려 갓의 크기와 함께 갓끈도 화려함을 더했다. 거대한 갓은 일상 생활에 많은 불편을 주었을 것이 당연하지만, 갓에 대한 사치 풍조는 양반층의 신분 과시 및 당시의 미의식을 반영한 결과로 생각된다. 이 밖에도 가내(家內)에서 평거(平居)시에 흑립 대신 착용하는 관모도 있었으니, [도 16]의 방관(方冠)·탕건(宕巾)·복건〔幅巾〕 이외에 정자관(程子冠)·동파관(東坡冠)·충정관(沖正冠) 등이 이에 속한다.[58] 정자관과 탕건을 제외하고는 거의 중국의 제도를 그대로 수용한 것이다.

58 유희경·김문자, 앞의 책, 1998, 233-235쪽.

## 2. 여자 복식

조선 시대 남자의 저고리는 포의 내의(內衣)였던 것에 반해 여자 저고리는 겉옷의 개념으로 나타난다. 이는 조선 시대 여성의 활동 공간이 주로 집안을 중심으로 이루어졌기 때문일 것으로 생각되며, 따라서 남자 복식의 변천이 주로 포제(袍制)에서 일어나는 것에 반해 여자 복식의 변천은 주로 저고리와 치마의 양식에서 찾을 수 있다.

### (1) 저고리와 치마

조선 초기의 여자 저고리는 남자 저고리처럼 허리를 덮는 길이에 소매가 길고 품이 넉넉한 형태였다. 그러나 임진왜란 이후 저고리의 형태 및 크기에서 변화가 일어나기 시작했다. 길이가 짧아지고, 품과 소매통이 좁아지며, 섶 · 동정 · 끝동 등 옷의 각 부분도 같이 작아지는 단소화 현상이 나타난 것이다. 신윤복의 풍속화에서 당시의 기녀들이 착장한 짧은 저고리의 모습을 볼 수 있는데 이덕무(李德懋)의 『청장관전서(靑莊館全書)』에서 "대저 복장에서 유행이라고 부르는 것은 모두 창기(娼妓)들이 아양 떠는 자태에서 생긴 것인데 세속 남자들은 그 자태에 매혹되어 그 요사스러움을 깨닫지 못하고 자기의 처첩에게 권해 그것을 본받게 함으로써 서로 전해 익히게 한다. 아, 시례(時禮)가 닦이지 않아 규중 부인이 기생의 복장을 하도다. 모든 부인들은 그것을 빨리 고쳐야 한다."[59] 라고 하여, 반가(班家)의 부인들도 기녀들과 다르지 않은 복장을 하고 있었음을 알 수 있다. 이와 같은 부녀자들의 단소한 저고리 착용은 당시의 유교적인 여성상과는 거리가 먼 형태로서 조선 후기 실학자들에게 지

59 李德懋, 『靑莊館全書』, 卷30, 士小節, 第之六, 婦儀 一服飾條.

〈표 6〉 18세기 여자 저고리 유물 (단위: cm)

| 묘주(연대) | 소재(겉) | 구성 | 길이 | 화장 | 품 | 진동 | 소장 |
|---|---|---|---|---|---|---|---|
| 김덕원(1634-1704) 묘 | 문주 | 겹 | 41.5 | 70 | 44 | 23 | 김재호 |
| | 명주 | 누비 | 43 | 71 | 46 | 24 | |
| | 문단 | 겹 | 43.2 | 69.4 | 46 | 23.6 | |
| | 문단 | 누비 | 41 | 71.9 | - | 25 | |
| | 명주 | 누비 | 41.5 | 69.5 | 46 | 23.7 | |
| | 명주 | 누비 | 43 | 71 | 46 | 24 | |
| | - | - | 46 | 73 | 47 | 25.5 | |
| | 문단 | 솜 | 43.5 | 71.5 | 47 | - | |
| | 문단 | 겹 | 43.5 | 72 | 44 | 27 | |
| | 공단 | 솜 | 41.5 | 71 | 44 | 22.5 | |
| | 공단 | 겹 | 44 | 70.5 | 46 | - | |
| | 명주 | 솜 | 43 | 71 | 46 | 24 | |
| | 공단 | 솜 | 45 | 70.5 | 49 | 28 | |
| | 문단 | 겹 | 43.5 | 71.5 | 50 | - | |
| | 공단 | 겹 | 42.7 | 71 | 44 | - | |
| | 문단 | - | 42 | 70.5 | 46 | - | |
| | 문단 | 겹 | 43 | 72 | 50 | 25.5 | |
| | 문단 | - | 43.5 | 71 | | 26.5 | |
| | 문단 | 겹 | 45 | 73 | | 27 | |
| 안동 권씨(1664-1722) | 문단 | 솜 | 40 | 73 | 41 | 24 | 경기도박물관 |
| | 주 | 누비 | 37.5 | 70 | 45 | 23 | |
| | 주 | 솜 | 43.5 | 74 | 44 | 26.5 | |
| | 문단 | 솜 | 44 | 71 | 44 | 27.5 | |
| | 문단 | 솜 | 41.5 | 70 | 46.5 | 26 | |
| | 문주 | 주 | 42 | 73.5 | 46 | 26.5 | |

| 묘주(연대) | 소재(겉) | 구성 | 길이 | 화장 | 품 | 진동 | 소장 |
|---|---|---|---|---|---|---|---|
| 안동 권씨(1664-1722) | 문단 | 겹 | 45.5 | 77 | 48 | 29 | 경기도박물관 |
| | 문단 | 솜 | 45 | 76 | 48 | 29 | |
| | 문단 | 솜 | 43.8 | 73.5 | 46 | 28.5 | |
| | 교직 | 겹 | 40.5 | 67.5 | 43 | 25 | |
| | 주 | 솜 | 35.8 | 74.5 | 46 | 24.5 | |
| | 주 | 솜 | 35.8 | 68 | 42 | 22 | |
| | 문단 | 솜 | 41 | 74 | 41 | 25.5 | |
| | 주 | 솜 | 45 | 73 | 47 | 25 | |
| | 주 | 솜 | 37.7 | 71.5 | 44.5 | 16.4 | |
| 파평 윤씨(1735-1754) | 명주 | 겹 | 31 | 71 | 35 | 17 | 단국대학교 석주선기념박물관 |
| | 삼팔주 | 겹 | 27.5 | 71 | 34 | 15.3 | |
| | 명주 | 누비 | 29 | 71 | 35 | 17.5 | |
| | 면포 | 누비 | 26.5 | 65 | 38.5 | 15 | |
| | 명주 | 솜 | 29.5 | 72 | 35 | 18.5 | |

탄의 대상이 되었다.

길이 46~58cm, 화장 70~82cm, 품 47~58cm 내외, 진동 39~35cm 내외의 분포를 보이는 17세기 중반 여흥 민씨(驪興 閔氏, 1586-1656)의 저고리와 비교해, 〈표 6〉에 나타난 18세기의 저고리를 살펴보면, 연령에 따른 차이는 있지만, 길이는 대략 40cm 내외이고 화장은 65~75cm 내외, 품은 40~50cm 내외, 진동은 25cm 내외의 분포를 보이고 있어 17세기 중반에 비해서 전체적으로 축소된 경향을 보인다. 또한 [도 17] 과 같이 대개 당코깃과 좁고 짧은 고름이 달려 있으며, 소매는 진동에서 수구로 갈수록 좁아지는 형태이다.

저고리의 단소화 현상은 17세기부터 점차적으로 이루어진 것으로 파

[도 17] 저고리, 안동 권씨(1664-1722) 묘 출토, 경기도박물관

악되는데, 그 원인으로는 여러 가지를 추정해 볼 수 있다.

첫째, 임진왜란 이후 남자 복식에서 중치막과 같이 옷감 소요량이 적어 경제적이고 옆트임이 있어 활동적인 포가 많은 비중을 차지하고 있었던 것처럼, 여자 저고리에도 넉넉한 길이와 품, 손등을 덮는 긴 소매 대신 옷의 크기를 전체적으로 줄임으로써 경제성과 실용성을 도모하려는 시류가 반영되면서 저고리의 단소화 현상이 발생했을 것으로 생각된다. 게다가 18세기에 이르러 복식이 더욱 장식화되고, 유교 윤리의 약화와 함께 인간 본연의 욕구를 중시하는 변형된 미적 가치가 복식에 표출됨에 따라, 여자 저고리는 품과 진동이 좁아져 더욱 신체에 밀착된 형태로 발전하게 되었는데, 이것이 당시의 여성 복식의 하나의 유행 코드(code)로 떠오르면서, "입자니 소매가 좁아 매우 어렵고 한 번 팔을 구부리니 솔기가 터졌고 잠깐 있자니 팔에 혈기가 통하지 않아 살이 부풀어 벗기가 어려워 소매를 뜯어서 벗을 정도"[60]라는 극도의 불편함에도 불구하고 당시 부녀자들 사이에 애용되었다. "유행은 한번 수용되면 새로운 유행에 의해 사라지기 전까지 극단으로 가는 경향이 있다."[61]라는 유행의 속성상 저고리의 도련과 소매의 배래가 거의 일직선이 되는 19세기 말~20

60 李德懋, 앞의 책.

61 Elizabeth B. Hurlock(저), 임숙자 외(역), 『의복의 심리학』(서울: 교문사, 1990), 59쪽.

세기 초까지 단소화가 지속되었던 것이다.

둘째, 『청장관전서』에서 규중 부인이 기생의 복장을 따라한다고 지적된 바와 같이, 여성 복식의 상향 전파를 저고리의 단소화 현상과 관련지어 생각해 볼 수 있다. 모든 반가의 부녀자가 기녀의 복식을 따라했다고 단언하는 것은 무리가 있으나, 풍류적이고 향락적인 당시의 사회 분위기 속에서 인간의 내적인 욕구를 중시하고 인체의 아름다움을 극대화시키는 것이 자연스러운 정서였다면, 선정적이고 개방적인 기녀의 복식 문화가 반가(班家) 여성의 복식에 적지 않은 영향을 끼쳤을 가능성을 완전히 배제할 수는 없을 것이다.

셋째, 여성의 열악한 사회적 지위가 의복에 반영되어 단소한 형태를 낳았을 가능성도 있다. "여자들이 남편을 부양자로서보다는 남자로서 선택할 수 있을 때 양성의 옷은 매우 비슷해지며, 여자들이 집안의 우아한 노예의 지위에 머무르는 경우 그녀들의 복식 형태는 부드러운 곡선이 된다."[62]라는 논리에 비추어 보자면, 혼인 이후에도 여성이 남성과 똑같이 상속을 받고 자기 개인의 재산을 소유할 수 있었던 조선 초기에는 길이와 품이 넉넉하고 편안한 저고리가 남녀 모두에게 입혀졌던 것에 반해, 조선 후기에는 가부장제 및 엄격한 내외법에 의해 열악해진 여성의 사회경제적 지위, 그 안에서 이루어지는 소극적이고 위축된 생활이 인간의 행동을 제약하는 의복 구조로 나타나 지극히 단소화되고 곡선적이며 밀착된 형태의 여자 저고리가 등장한 것으로 해석될 수 있다. 이러한 저고리는 보통 가슴에 허리띠를 질끈 동여매어 납작하게 압박한 후 입었는데, 이는 "일반적으로 도덕적인 윤리를 강요한 사회에서는 성적 부위에 압박을 가한다."[63]는 논리와도 상통한다.

---

62 마릴린 혼 · 루이스 구렐(저), 이화연 · 민동원 · 손미영(역), 『의복: 제2의 피부』(서울: 까치, 1988), 137쪽.

〈표 7〉 18세기 치마 유물 (단위: cm)

<table>
<tr><th>묘주(연대)</th><th>소재(겉)</th><th>구성</th><th>길이</th><th>치마 폭</th><th>허리 둘레</th><th>소장</th></tr>
<tr><td rowspan="4">김덕원(1634-1704)</td><td>명주</td><td>솜</td><td>92</td><td>325</td><td>83.5</td><td rowspan="4">김재호</td></tr>
<tr><td>문단</td><td>솜</td><td>95</td><td>322</td><td>-</td></tr>
<tr><td>명주</td><td>솜</td><td>95</td><td>332</td><td>-</td></tr>
<tr><td>명주</td><td>솜</td><td>90</td><td>330</td><td>-</td></tr>
<tr><td rowspan="5">김덕원(1634-1704)</td><td>문단</td><td>솜</td><td>98</td><td>338</td><td>95</td><td rowspan="5">경기도박물관</td></tr>
<tr><td>문주</td><td>겹</td><td>95.5</td><td>325</td><td>82</td></tr>
<tr><td>문단</td><td>홑</td><td>129</td><td>464</td><td>-</td></tr>
<tr><td>문단</td><td>솜</td><td>98</td><td>320.5</td><td>91.5</td></tr>
<tr><td>문단</td><td>솜</td><td>95</td><td>300.5</td><td>92</td></tr>
<tr><td rowspan="4">김덕원(1634-1704)</td><td>명주</td><td>겹</td><td>108</td><td>375</td><td>-</td><td rowspan="4">단국대학교<br>석주선기념박물관</td></tr>
<tr><td>명주</td><td>겹</td><td>106</td><td>352</td><td>-</td></tr>
<tr><td>명주</td><td>겹</td><td>106</td><td>384</td><td>-</td></tr>
<tr><td>명주</td><td>홑</td><td>113</td><td>336</td><td>-</td></tr>
</table>

단소한 저고리는 길고 풍성한 치마와 대비된다. 17세기 중반 여흥 민씨(1586-1656)의 치마 길이가 대략 90cm 내외인 것에 비해, 〈표 7〉을 보면 18세기 치마 유물은 대부분 95cm 이상이며, 100cm가 넘는 것도 있어 치마 길이가 길어졌음을 알 수 있다. 이는 저고리 길이가 짧아짐에 따른 현상으로 보인다. 또한 홑치마 · 겹치마 이외에도 상당수의 솜치마가 발견되어, 요즘과는 달리 조선 시대에는 치마에도 솜을 두어 착용하는 것이 일상적인 것이었음을 알 수 있다.

[도 18]에서 확인할 수 있듯이, 조선 후기의 치마는 이전보다 길이가

63 J. C. Flugel, 앞의 책, 1930, 160쪽.

[도 18] 치마, 안동 권씨(1664-1722) 묘 출토, 경기도박물관

[도 19] 신윤복, 「장옷 입은 여인」, 국립중앙박물관

길어진 것 이외에, 형태상 크게 달라진 것은 없다. 그러나 착용 방식에서는 이전에 비해 다양해졌음을 알 수 있는데, [도 19]와 같이 치마의 한쪽 뒷자락을 앞으로 끌어당겨 손으로 잡거나, 치마를 걷어 올린 후 그 위로 허리띠를 둘러 고정시키는 '거들치마' 형은 결과적으로 치마 안에 입은 단속곳과 바지를 노출시켜, 저고리의 폐쇄적인 복장과 반대의 모습을 보인다.

### (2) 머리 모양 및 쓰개류

조선 후기 여자의 머리 모양은 남자의 거대한 갓에 비유될 만하다. 거대한 머리형과 상체에 밀착된 단아한 저고리, 다시금 부풀어 오른 치마의 형상은 강-약-강의 조화를 이루고, 치마 아래로 보이는 바지와 신발의 날렵함은 여인의 복장에 나타난 윤곽선을 반복하는 듯 앙증맞은 모습으로 긴장감을 조성한다.[64] 그러나 가체를 더해서 장대하게 만든 얹은머리는 결국 호사(豪奢)로 흘러, 가체를 틀어 올리기 위해서는 땅과 집을 팔

64 금기숙, 『조선복식미술』(서울: 열화당, 1998), 40쪽.

정도로 엄청난 값을 치러야 했으며, 그 비용을 못 대는 집에서는 혼례도 제대로 갖추지 못할 정도로[65] 그 폐해(弊害)가 막심했다. 그 결과 영·정조대에 이르면 사치 금지의 일환으로 반가 부녀자의 가체를 금지시키는 '가체 금령(加髢禁令)'[66]이 내려지지만, 당시의 풍속화를 보면 얹은 머리의 습속은 유행의 한 중심으로서 하루아침에 사라지지는 않았던 것 같다.

당시의 풍속화를 살펴보면 주로 기녀들을 그린 그림이 많으며, 조선 시대 내외법상 사대부가의 부녀자를 그린 모습은 그다지 발견되지 않는다. 그러나 다행히 회혼례도 등 남녀를 막론하고 모든 식구가 참례하고 있는 장면을 그린 그림에서 반가 부녀자의 모습이 일부 확인되어 귀중한 자료

[도 20] 김홍도, 「모당 홍이상 평생도(慕堂 洪履祥 平生圖)」 일부, 국립중앙박물관

[도 21] 필자 미상, 「담와 홍계희 평생도(淡窩 洪啓禧 平生圖)」 일부, 국립중앙박물관

65 李能和, 『朝鮮女俗考』, 第18章 朝鮮女子服裝制度.
66 『英祖實錄』 25年 9月 戊辰, 32年 1月 甲申 ; 『正祖實錄』 12年 10月 辛卯.

가 된다. [도 20] 은 김홍도가 1781년에 그렸다는 〈모당 홍이상 평생도〉 중 '회혼식'으로서, 회혼례에 참석한 반가의 부녀자들의 모습을 볼 수 있는데, 짧은 저고리에 항아리처럼 부풀린 치마를 입고, 쪽머리에 족두리를 쓰고 있다. [도 21] 은 작자 미상의 〈회혼례도〉로서, 역시 회혼례에 참석한 부녀자들의 모습은 [도 20] 과 동일한 양상을 보인다. [도 22] 는 작자 미상인 「회혼례첩」의 일부로서 치마 저고리를 입은 모습은 동일하나 얹은 머리를 하고 있어, 가체금지령이 내려졌음에도 불구하고, 반가에서 쪽머리와 함께 가체를 얹은 머리도 혼용되고 있었음을 알 수 있다.

한편, 조선 시대에는 유교의 영향으로 여성의 외출이 규제되고, 외출시 너울〔羅兀〕· 면사(面紗) 등의 폐면용(蔽面用) 쓰개를 착용하는 것이 관습화되었다. 그러나 『실록』에서 양반 부인이 외출시 면사를 걷고 다니는 것을 금지했다는 기록[67]으로 보아, 조선 초기만 하더라도 양반 부녀의 쓰개 착용은 잘 지켜지지 않았음을 알 수 있다. 조선 중기 이후 성리학이 국가의 지도 이념으로 자리잡게 되면서 여성의 권한이 축소되고 여성의 생활이 가정 안으로 제한되게 되면서, 조선 후기 양반 부녀들은 엄격한 내외법에 따라 일상 외출시에는 반드시 쓰개를 착용해 얼굴을 가려야 했다. 더욱이 말보다 가마를 타는 경우가 많아지면서 너울과 같은 입형(笠形)보다는 [도 23] 의 쓰개치마[68]나 [도 19] 의 장옷과 같은 간편한 의복형(衣服形) 쓰개를 애용한 것으로 보인다. 또한 조선 전기까지 남녀의 외출 · 방한용으로 입혀졌던 장의(長衣)가 점차 쓰개형의 장옷으로 변이(變移)되어 착용된 것은 조선 후기 여성 복식에서 쓰개의 비중이 그만큼 높아진 것을 보여 준다.

---

67 『世宗實錄』 2年 5月 丁酉.

68 『조선시대 풍속화』에는 「처네를 쓴 여인」으로 되어 있지만, 필자는 처네가 아닌 쓰개치마로 보았다.

[도 22] 작자 미상, 「회혼례첩(回婚禮帖)」 일부, 국립중앙박물관

[도 23] 신윤복, 「처네 쓴 여인」, 국립중앙박물관

## Ⅳ. 맺음말

이 연구는 조선 후기 사대부 복식의 일상성에 관심을 두고, 우리 고유 복식의 전통이 형성된 시기인 18세기를 중심으로 문헌 · 회화 · 유물 자료에 나타난 일상 복식 문화의 특성을 밝히고 그 현상이 나타나게 된 사회 문화적 배경을 고찰하고자 했다. 이 연구의 결과는 다음과 같다.

조선 후기 사대부의 일상 복식이 변천하게 된 계기는 임진왜란과 병자호란 이후 거의 모든 분야에 걸친 광범위한 변화에 기인한다. 급격한 사회 경제적 변화 및 신분 제도의 문란으로 신분의 차이를 가장 직접적으로 드러내는 복식의 구별이 해이해지게 되었고, 부를 축적한 서민층은 경제력을 바탕으로 신분 상승을 이룩하는 동시에 자신들의 부를 과시하려는 의도 및 상류 계급의 모방 심리가 작용해 사대부의 복식을 그대로 착용하기도 했다. 결과적으로 복식의 하향 전파로 인한 복식의 보편화가 이루어졌다. 또한 정치적 당색에 따라 의복의 형태를 다르게 만들거나, 여밈을 달리해 입었던 당시 사대부가의 관습은 일상 복식에서 다양한 형태, 제작 방법 및 착장 방식을 창출해 내어, 복식의 다양화에 기여했다는 의의를 가진다. 마지막으로, 세속적인 형태로 일상화되고 대중화된 조선 후기의 풍류 문화는 향락적인 사회 문화적 분위기와 맞물려서 미적 가치의 변화를 일으켰으며, 이는 사대부의 일상 복식에 영향을 끼쳤다. 즉, 신체의 일부를 강조하거나 옷 트임 사이로 속옷이 노출되는 등의 변화를 일으켰으며, 특히 속옷의 노출은 곧 고급 옷감 사용, 장식화로 이어져 내의를 발달시키는 동기가 되었다.

남성 복식은 다양한 일상용 포제(袍制)의 발달을 특징으로 들 수 있는데, 조선 전기부터 착용된 철릭 · 답호 이외에 도포 · 창의 · 중치막 등 조선 중기 이후 새롭게 등장한 포들이 사대부층에서 널리 입혀지면서, 조선 후기에는 그 어느 때보다 다양한 남성용 편복포가 공존했다. 편복포의 발달과 함께 다양한 일상 관모도 함께 발달했으니, 외출할 때는 주로 갓을 썼으며, 연거 때에는 탕건 · 복건 · 방관 · 정자관 · 충정관 · 동파관 등을 썼다.

여성 복식은 조선 전기에 비해 매우 단소화된 저고리와 길고 풍성하게 부풀린 치마로 대표된다. 또한 가체를 이용해 거대한 머리 모양을 만들었는데, 가체로 인한 경제적 폐해가 극심하므로 조정은 사치 금지의 일환으로 반가 부녀자의 가체를 금지시키는 가체 금령을 내렸으나, 풍속화 자료를 보면 얹은머리의 습속은 당시 유행의 한 중심이었고 하루아침에 사라지지는 않았다. 외출시에는 엄격한 내외법에 따라 장옷이나 쓰개치마와 같이 간편한 폐면용 쓰개를 썼다. 특히 장옷은 조선 중기까지 남녀 모두 일상적으로 착용한 포의 일종으로서 후대에 이르러 여성의 쓰개로 그 용도가 축소되었는데, 이는 조선 후기 여성 복식에서 쓰개의 비중이 한층 높아진 것을 시사한다.

### 〈참고 문헌〉


『居家雜服攷』
『經國大典』
『九雲夢』
『忘憂堂全書』
『牧民心書』
『星湖僿說』
『星湖集』
『續大典』
『順菴叢書』
『沈淸傳』
『燃藜室記述』
『五洲衍文長箋散稿』
『林園十六志』
『朝鮮女俗考』
『朝鮮王朝實錄』
『增補文獻備考』
『芝峰類說』
『靑莊館全書』
『春香傳』
『擇里志』
『退溪集』

강명관, 『조선시대 예술문화의 생성공간』, 서울 : 소명출판, 1999.
경기도박물관 편, 『조선의 옷 매무새』, 용인 : 경기도박물관, 2000.
______, 『전주이씨 묘 출토 복식 조사보고서 : 광주 고읍 인평대군파 의원군 일파』, 용인 : 경기도박물관, 2001.
______, 『동래정씨 묘 출토 복식 조사보고서 : 서울 사당동 홍곡공파 일가』, 경기도박물관, 2003.
고려대학교박물관 편, 『복식류명품도록』, 서울 : 고려대학교박물관, 1990.
______, 『조선시대 기록화의 세계』, 서울 : 고려대학교박물관, 2001.
고혜령 외, 『조선시대의 사상과 문화』, 서울 : 집문당, 2003.
구남옥, 「조선시대 당파에 따른 복식 연구」, 『복식』, 53(1), 2003.
국립국악원 편, 『조선시대 연회도』, 서울 : 민속원, 2001.
국립민속박물관 편, 『한국복식 2천년』, 서울 : 국립민속박물관, 1995.
______, 『남오성 묘 출토 복식』, 서울 : 국립민속박물관, 2004.
국립중앙박물관 편,『한국의 미』, 서울 : 신유, 1988.
______, 『단원 김홍도』, 서울 : 통천문화사, 1992.
______, 『조선시대 풍속화』, 서울 : 국립중앙박물관, 2002.
국사편찬위원회 편, 『한국사』, 34, 과천 : 국사편찬위원회, 1995.
금기숙, 『조선복식미술』, 서울 : 열화당, 1994.
김나형 · 김용서, 「조선 후기 기녀 복식이 일반 부녀자에 미친 영향」, 『복식』, 39, 1998.
김동욱 외, 『출토 유의 및 근대 복식 논고』Ⅱ, 청주 : 충북대학교 박물관, 1988.
김명숙, 『홍우협 묘 출토 17세기 복식 논고』, 청주 : 충북대학교 박물관, 1993.
______, 「조선 후기 사대부 복식 시론 : 홍우협 묘 출토 유의를 중심으로」, 『복식』, 17, 1990.

김문자,「조선시대 저고리 깃에 대한 연구」,『복식』, 5, 1981.
김현영 외,『조선시대의 사회의 모습』, 서울: 집문당, 2003.
담인복식미술관 편,『담인복식미술관』, 서울: 이화여자대학교출판부, 1999.
마릴린 혼 · 루이스 구렐(저), 이화연 · 민동원 · 손미영(역),『의복: 제2의 피부』, 서울: 까치, 1988.
문화공보부 문화재관리국 편,『문화재대관』 중요민속자료편(下), 서울: 문화공보부 문화재관리국, 1986.
문화재연구소 편,『한국민속종합조사보고서(의생활편)』, 서울 : 문화공보부 문화재관리국, 1986.
민주식,「풍류 사상의 미학적 의의」,『미학예술학연구』, 11, 2000.
______,「풍류도의 미학사상」,『미학』, 11, 1986.
박성실,「서울 상암동 출토 전주이씨 밀창군 복식 고찰」,『한국복식』, 22, 2004.
______ 외,『한국의 수의문화』, 서울: 신유, 2002.
박한남 외,『조선시대의 정치와 제도』, 서울: 집문당, 2003.
복식문화연구원 편,『역사인물초상화대사전』, 서울: 현암사, 2003.
서지영,「조선 후기 중류층 풍류공간의 문화사적 의미」,『진단학보』, 95, 2003.
석주선,『衣』, 서울: 단국대학교출판부, 1985.
______,『冠帽와 首飾』, 서울: 단국대학교출판부, 1993.
석주선기념민속박물관 편,『한국복식』, 서울: 단국대학교 석주선기념민속박물관. 1983.
손경자 · 김영숙 공편,『한국복식사자료선집』, Ⅰ Ⅱ Ⅲ, 서울: 교문사, 1982.
안동대학교 박물관 편,『포항 내단리 장기정씨 묘 출토 복식 조사보고서』, 안동: 안동대학교 박물관, 2000.

양숙향 · 김용서, 「조선 후기 여자 일상복의 변천에 관한 연구」, 『복식』, 39, 1998.
유희경 · 김문자, 『한국복식문화사』, 서울 : 교문사, 1998.
윤미화, 「창의류에 관한 연구」, 이화여자대학교대학원 석사학위 논문, 1982.
이경자, 『한국복식사론』, 서울 : 일지사, 1983.
______, 『우리 옷의 전통양식』, 서울 : 이화여자대학교출판부, 2003.
이경자 · 장숙환 · 홍나영, 『우리 옷과 장신구』, 서울 : 열화당, 2003.
이성무, 『조선양반사회연구』, 서울 : 일조각, 1995.
이순원 외, 『이석명 묘 출토 복식 조사보고서』, 서울대학교 박물관, 2000.
이은주, 「철릭에 대한 사회학적 분석」, 『한국의류학회지』, 13(4), 1989.
______, 「도포 양식의 발전에 대한 갈등 기능론적 분석」, 서울여자대학교 대학원 박사학위 논문, 1998.
______, 「한국 전통복식에 투영된 좌 · 우 개념」, 『복식』, 38, 1998.
______, 「17세기 전기 현풍 곽씨 집안의 의생활에 대한 소고」,『복식』, 51(8), 2001.
이주영 · 권영숙, 「조선시대 직령의 유형과 특성」, 『복식』, 53(6), 2003.
이태호, 『풍속화』, 2, 빛깔 있는 책들, 서울 : 대원사, 1996.
이화여자대학교 박물관 편, 『복식』, 서울 : 이화여자대학교출판부, 1995.
임재영, 「조선 후기 복식 발달의 요인 연구」, 이화여자대학교 대학원 박사학위 논문, 1990.
장인우, 『우리 나라 16 · 17세기 출토 복식』, 서울 : 학연문화사, 1995.
______, 「조선 중기 출토 복식 중 일반 복식에 관한 연구」, 동국대학교 대학원 박사학위 논문, 1995.
정병모, 『한국의 풍속화』, 서울 : 한길아트, 2000.
정혜경, 「실학사상기의 복식문화 Ⅰ」, 『한국의류학회지』, 16(2), 1992.

조효숙 · 임경화 · 김지연, 「조선시대 출토 복식 중 포류에 사용된 직물 유형 연구」, 『복식』, 53(4), 2003.

조효순, 『한국복식풍속사연구』, 서울: 일지사, 1988.

______, 「거가잡복고를 통해 본 조선시대의 복식 풍속」, 『복식』, 15, 1990.

중앙일보사 편, 『한국의 미』 19 풍속화, 서울 : 중앙일보사, 1985.

______, 『한국의 미』 20 인물화, 서울: 중앙일보사, 1993.

______, 『한국의 미』 21 단원 김홍도, 서울 : 중앙일보사, 1985.

최경순, 「영정조시대 복식 변천에 관한 연구」, 영남대학교대학원 박사학위 논문, 1986.

최연식, 「조선 후기 사회 변동과 다산의 사회개혁론」, 『동양고전연구』, 2(1), 1994.

한국고전여성문학회 편, 『조선시대의 열녀담론』, 서울: 월인, 2002.

한국민족미술연구소, 『澗松文華』, 59호, 2000.

한국정신문화연구원, 『한국민족문화대백과사전』, 성남: 한국정신문화연구원, 1981.

한우근 · 이성무, 『사료로 본 한국문화사』, 조선 후기 편, 서울: 일지사, 1985.

홍나영, 『여성 쓰개의 역사』, 서울: 학연문화사, 1995.

______, 「조선 중엽 출토 복식에 관한 연구: 이황 묘 출토 첩리와 창의를 중심으로」, 『한국의류학회지』, 20(3), 1996.

J. C. Flugel. *The Psychology of Clothes*, N.Y. : International University Press Inc., 1930.

# 조선 후기 시전지(詩箋紙), 일상 속의 예술*

고연희

## I. 일상적 글쓰기와 시전지

조선 시대의 문집(文集)에는 문인 한 사람이 평생 쓴 글들이 그 당시 장르 체계로 보기 좋게 정리되어 있다. 당시의 장르 체계와 오늘날의 문학 장르는 서로 달라 비교하기 어렵지만 이 연구와 관련해 두 가지 장르만을 들어 간단히 비교해 보겠다. '시(詩)'와 '편지〔書〕'이다.

근대기 이래 우리에게 시는 시인의 고뇌를 거친 창작품으로 인식되고 있는 것 같다. 오늘날 우리 문화에서 시인이란 매우 특별한 직명이다. 그런데 조선 시대 문집들을 보면, 글을 배운 학자라면 누구라도 빠짐없이 적게는 수십 수, 많게는 수천 수의 시를 남긴 것을 볼 수 있다. 시는 대개 문집의 첫 부분에 실린다. 시의 내용을 보면 시인의 감상을 읊은 시 외에 주고받은 수작시, 앞 사람의 운을 받아 짓는 차운시, 각종 축시와 송시 등 매우 다양하다. 말하자면 조선 시대에 시를 짓는 일은 문학적 행

---

* 이 글은 '조선시대 일상문화'(이화여대 한국문화연구원 학술발표회, 2004)에서 발표하고, 『미술사학보』(2004, 겨울)에 '조선시대 시전지 판화 연구'라는 제목으로 게재한 후 보완한 것임.

위이자 동시에 문인 사회 속에서 통용된 일상적 언어 행위였다. 한편 그들의 문집 뒷부분을 펼치면 평생 쓴 편지글이 따로 모아져 실려 있는 것을 볼 수 있다. 그 양이 수십 편에 달하는 경우도 많다. 오늘날의 편지란 대개 일회적이며 또한 사적이다. 그런데 그들의 문집에서는 벗이나 친지에게 보낸 편지들이 날짜와 함께 고스란히 실려 후대에 전해지는 것을 볼 수 있다. 그들의 편지 또한 기능적으로 일회적이고 실용적이었겠지만 동시에 자손들에게 길이 남을 것을 예상한 한 편의 글이었다. 요컨대, 조선 시대 문인들의 시와 편지는 문학적 일상과 도덕적 일상이 담긴 문인들의 '일상적(日常的) 글쓰기'였다.

그런데 문인들의 시와 편지를 전해 주는 문집이란 후대의 자손들이 판각해 만들거나 옮겨 적어 책으로 만들어 놓은 편찬물이라, 그 문인들 생존의 공간에서는 존재하지 않았던 것이다. 따라서 각 문인들이 시와 편지를 적을 때 종이를 가려서 썼던 문인들 생존의 실제 상황은 문집을 통해서는 좀처럼 알기 어렵다. 문인들은 대개 장식이 없는 흰 종이에 검은 먹으로 시도 적고 편지도 적었다. 이러한 종이는 소지(素紙)라 부른다. 하지만 좀더 특별한 마음을 전하고 싶을 때 그들은 색다른 종이를 꺼내어 사용했다. 색지 혹은 그림 장식이 찍힌 종이였다. 이러한 종이는 '시전지'라 부른다. 이 글에서는 이 '시전지'를 통해 문인들의 일상적 글쓰기에 관련된 예술적 측면을 들여다보려고 한다.

'시전지(詩箋紙)'란 시를 쓰거나 편지를 쓰도록 만들어진 종이를 부르는 말이다. 조선 시대 문헌에서는 '시전(詩箋)'이라 했다. 더 오래 전부터 아름다운 종이를 뜻하는 '화전지(花箋紙)' 혹은 '화전(花箋)'이라는 말도 사용했는데, 18세기 이래로 '시전'이, 19세기 이래로 근대기를 거치면서는 장식 문양의 종이를 지칭해 특별히 '시전지'라고 불렀다.[1] 오늘날 제작되는 각종 도록 및 서적에서도 문양이 찍힌 조선 시대 종이들을 통상 '시전지'라 부르고 있다.

조선 시대 '시전지'는 현전하는 옛 문인들의 편지를 모은 간찰첩(簡札帖)에서 그 실모습을, 영인되어 출판된 서예 서적에서 그 사진 자료를 볼 수 있다. 시전지의 장식 그림을 찍어내는 데에는 대개 목판(木版)이 사용되었으며 이는 시전판, 시전목판 혹은 시전지판 등으로 불린다. 시전판은 대개 작은 목판에 양면으로 그림이 새겨진 형태이다. 시전판은 시전지와 함께 우리 나라 각지의 고택과 박물관에 흩어져 전하고 있다.

시전지는 지금까지 학계의 본격적 연구 대상이 되지 못했다.[2] 시전지

---

1 諸洪圭, 『韓國書誌學辭典』(景仁文化社, 1974)에 '시전지(詩箋紙)'라는 항목을 두고, "장방형(長方形)의 지편(紙片), 시사(詩詞), 서한(書翰)을 쓰는 종이, 한지(韓紙)의 일종, 여기에는 종이 한편에 간단한 삽화(挿畵)를 목판(木板)으로 찍어 아름답게 한 것도 있다"고 풀이했다. 이 사전에 '화전지'라는 항목은 없다. 한글학회, 『우리말큰사전』(1957)과 이희승 편저, 『국어대사전』(민중서관, 1961)에는 '시전지'와 '화전지'가 모두 실려 있으나, 시전지는 '시나 편지 등을 쓰는 종이'라고 했고, 화전지는 시전지와 같은 것이라 풀이해, '시전지'라는 말이 더 주된 표현으로 우리에게 남게 된 현상을 보여 주고 있다. 이훈종 저, 『민족생활어사전』(1992)에서, 「서재의 세간살이」 중 '시전지' 항목을 두고, "남에게 시를 지어서 진정할 때 쓰도록 따로 만든 종이다. 흔히 갈대밭에 기러기가 내린다든지 매화나무에 꾀꼬리가 운다든지 하는 그림을 목판에 새겨 물감으로 찍은 것을 썼다. 크기는 엽서만 한데 뼘이 조금 더 좁고 거기에 걸맞은 봉투가 따랐다"고 하여, 최종적으로 기억되는 시전지를 기록해 주었다.

조선 시대 문헌 및 중국에서는 '시전(詩箋)'과 '화전(花箋)'이 모두 사용되었는데, 이들에 대한 뜻풀이는 중국 『中文大辭典』에서 '시전'에 대해 "시를 쓰는 종이(寫詩之箋紙)"라 정의하고, 『漢語大詞典』의 '시전'에서도 시를 쓰는 종이 혹은 시를 써 주는 종이라고 정의한 내용을 참조할 수 있다. 한편 『漢語大詞典』에는 '화전(花牋)'을 따로 두고 정의하기를 '정치화미(精致華美)한 전지(箋紙)'라 했다. 우리 나라의 『17세기국어사전』(정신문화연구원, 1995)을 보면, '시전지'나 '시전'이 없고 '화전지'만이 수록되어 있는데 그 용례를 살피면 아름답고 좋은 종이를 의미했던 것으로 보인다.

이 글에서 살피고자 하는 조선 시대 판화도가 찍힌 편지류들은 그 당시 '시전(지)' '화전(지)' 모두가 함께 통용되며 불리었으나, 19세기를 지나오면서 '시전지'로 정착되었다고 판단된다. '시전'에 '지'가 더해져 우리 식 한자어 '시전지'로 굳어진 듯하다. 한편 20세기 초 중국에서는 '시전(詩箋)'이라 주로 불렀다. 이들에 대한 문헌상의 용어 사례는 본문 중에서 좀더 자세하게 다루어질 것이다.

2 조선 시대 시전지를 주제로 다룬 글로는 전시도록에 실린 유홍준, 「시전지와 시전지 목판화 연구초」, 『영남대박물관소장 조선시대 목판전: 면과 선의 세계』 (영남대박물관, 2001)가 유일하다. 시전지를 소개하고 연구를 촉구하는 취지의 짧은 글이지만 조선 시대 시전지의 대체적 흐름을 보여 주었다는 점에서 의미가 크다. 시전지가 학계의 관심에서 사라져 있었던 상황은 『한국민족문화대백과사전』(1991)에 '시전지' 문화가 완전히 누락되어 있는 데서 잘 볼 수 있다.

와 시전지판은 문방사우(文房四友)를 다룰 때 벼루나 먹 등과 함께 소개되었고, 혹은 종이 문화를 다룰 때 분류되어 전시된 바 있다. 최근에 영남대박물관에서 수십 점이 전시된 일은 주목할 만한 일이었다.[3] 이처럼 시전지가 학계의 관심 밖에 있었던 이유는 예술 작품이 아니라 기능적 일상품으로 간주되었기 때문일 것이다.

시전지를 다루고자 하는 이 고찰은 시전지가 문인들의 일상 속에 스며든 예술적 취향이었다는 전제에서 출발하려고 한다. 이러한 전제는 곧 시전지의 두 가지 측면을 강조한다. 일상적 역할과 동시에 예술적 회화성이 그것이다. 일상의 역할은 시전지 장식 문양의 내용상의 쓰임새를 파악함으로써 이해될 수 있을 것이며, 한편 예술적 회화성은 그 조형성의 가치로 실제 회화사적 흐름과의 연관성 속에서 살필 수 있을 것이라 본다. 이 글은 문인들의 일상 문화 속에 숨겨진 예술적 현상을 밝힘으로써 조선 시대 일상 문화에 대한 이해의 폭을 넓히는 데 목적을 둔다.

## Ⅱ. 조선 시대 시전지 문화의 배경

### 1. 중국의 시전(詩箋)

중국의 경우 종이에 회화적 장식을 더하는 역사는 매우 오래되었다. 이미 5세기에 도화문(桃花紋)의 색지가 사용되었고, 9세기 당나라의 시

3 현재까지 시전지 및 시전판이 도록으로 소개된 중요한 예는, 국립중앙박물관 삼성출판사박물관 및 개인 소장품이 소개된 『조선시대 문방제구』(국립중앙박물관, 1992)와 영남대박물관 소장품이 소개된 『면과 선의 세계』(2001)이다. 그 외 이겸노, 『문방사우』 (대원사, 1989)에 저자가 소장한 시전지가 소개되어 있다.

인들은 설도지(薛濤紙)라는 장식 종이로 시를 주고받았으며, 10세기에는 산수 · 화훼 · 동물 등 다양한 그림을 그린 장식 종이가 만들어졌다.[4] 이러한 중국 장식 종이의 이른 예는 일본 나라(奈良)의 정창원(正倉院)에 현전하는 당대(唐代) 유물 중 오색지, 십색지 등의 색지 외에, 회화적 장식이 있는 회지(繪紙), 취회지(吹繪紙) 등에서 확인할 수 있다. 회지는 질 좋은 마지(麻紙)에 빠른 필치의 구름 · 봉황 · 기린 등이 그려진 것이며, 취회지는 백지(白紙)에 초화 · 인물 · 동물 등이 그려진 것이다. 이러한 전통이 촉(蜀) 지방으로 이어져, 화목 · 동물 무늬를 넣은 어자전(魚子箋, 혹은 羅箋)이 제조되었던 것으로 추정된다.[5]

송(宋)의 장식 종이가 법서첩에 수록되어 전하고 있다. 송대 고종(高宗)이 양여가(梁汝嘉)에게 생일을 축하하거나 사직을 허락하는 등의 글을 줄 때 사용한 종이에는 금니에 그림이 그려져 있다. 그림의 내용은 상서로운 짐승, 봉황, 국화 등이다. 이들 동물 혹은 식물은 장방형 종이에 가득하게 그려져 있고 그림이 그려진 위로 글씨를 쓰도록 되어 있다.[6] 또한 13세기에 쓰여진 「당시권(唐詩卷)」은 종이 테두리에 구름 무늬가 찍혀 있고 두보(杜甫)의 유명한 시들이 적혀 있어, 목판이 사용된 시전지류의 이른 예로 볼 수 있다.[7]

그림이나 문양이 아닌 회화적 판화(版畫)로 종이를 장식하는 본격적 예는 명대(明代)에 나타났다. 당시 인쇄술의 발달 및 각종 화보(畵譜)의 간행과 궤를 같이하는 문화였다. 15세기 강남의 문사들이 남긴 척독류

---

4 Tsien Tsuen-hsuin(錢存訓), Paper and Printing, Joseph Needham, *Science and Civilisation in China*, V5 (Cambridge University of Press, 1985), 91-93쪽 참조. 중국 시전에 대한 관심을 보여 준 연구의 좋은 예라 할 수 있는 이 글은, 費著(元代), 『紙牋譜』 4장, 49쪽과 蘇易簡(宋代), 『文房四寶』 2쪽에 근거해 장식 종이에 이른 예를 밝혔다.

5 植村和堂, 『筆 · 墨 · 硯 · 紙』 (東京:理工學社, 1977), 13-15쪽.

6 『書道全集』 第16卷 (東京: 平凡社, 1955), 圖4~9.

7 『書道全集』 第17卷 (東京: 平凡社, 1956), 圖26-29의 鮮于樞, 「唐詩卷」(1296년) 참조.

(尺牘類)에서 그들이 사용한 인쇄된 장식 종이를 볼 수 있다.[8] 명대 말기에는 시전(詩箋)을 위한 화보라 분류될 수 있는 '전보(箋譜)'가 제작되었다. 『화사(花史)』는 수채화 같은 색면을 넓게 찍어내는 수인 기법(手印技法)의 판화로 계절에 따른 화훼를 도안한 전보였으며, 1626년에 출간된 『나헌변고전보(蘿軒變古箋譜)』는 나비 · 새 · 화목 · 인물 · 누각 · 산수 · 골동 등의 모티프로 편지지 각 장을 꾸미는 도안집으로 다색 중쇄의 판화 기법으로 인쇄된 세련된 화보였다. 『화사』와 『나헌변고전보』 등의 인쇄 기법은 『십죽재서화보(十竹齋書畵譜)』에 직접적인 영향을 준 것으로 해석되기도 한다.[9] 17세기 초의 이른 예로는 『은씨전보(殷氏箋譜)』도 현전하고 있다.[10] 한편 십죽재에서는 『십죽재서화보』와 유사한 다색 판화 기법으로 『십죽재전보(十竹齋箋譜)』(1644)를 제작했다. 이 전보는 초집이 4권으로 분류되어 『나헌변고전보』보다 더욱 풍부한 내용을 담고 있다. 화훼, 초충, 수목, 인물, 누각, 산수, 골동, 괴석 등 그 문양이 다양하다.[11] 이러한 일련의 명대 말기 전보들은, 다양한 회화적 내용을 골고루 갖추고, 기술면에서 순수 회화의 화보 제작 기법을 앞지르는 수준을 보여 주고 있다. 중국 시전의 판화도는 크기도 하고 작기도 하지만 다색으로 처리되어 종이의 중앙에 찍히는 경우가 대부분이고, 글을 쓰도록 하는 줄간의 처리는 안 되어 있다. 뒤에서 살피겠지만 이러한 양상은 조선 시대에 유행된 시전지와 구별되는 측면이다.

화려한 문양의 시전지 유행과 판매는 청대(淸代)에 극성기를 누렸으

8 15세기 명대(明代) 문인들의 시전(詩箋)에 대해서는 조선 시대 16세기 시전과의 비교 자료로 뒤에서 살피겠다.

9 이러한 해석은 小林宏光 저, 김명선 역, 『중국의 전통판화』 (시공사, 2003), 125-126쪽 참조.

10 Tsien Tsuen-hsuin(錢存訓), 앞의 책, 15쪽 참조. 『殷氏箋譜』는 東京에서 1923년에 영인되었다.

11 『十竹齋箋譜』(版畵叢刊會, 1934); 『蘿軒變古箋譜』(上海博物館 朶雲軒, 1981). 이들 채색 영인본이 시카고대학교 도서관 동아시아실에 소장되어 있어 비교해 볼 수 있었는데, 대체적으로 유사하나 『십죽재전보』가 더욱 세련된 판각술과 색채 감각을 보여 주고 있었다.

며, 이는 20세기 초 『백화시전보(白華詩箋譜)』(1911)의 출판으로 이어졌다. 또한 중국 근대기에는 목판에 대한 관심이 증대되면서 명청대의 시전에 대한 관심도 함께 일어나, '고금(古今)의 전보(箋譜)'를 수렴한 『북평전보(北平箋譜)』(1922)가 만들어졌다.[12] 이와같이 종합적인 내용을 갖춘 근대의 전보 제작 또한 명청대 중국 문인들이 사용한 시전의 양상을 추정하는 데 좋은 참조물들이다.

## 2. 17세기 이전의 우리 나라 시전지 문화

중국의 제지법 전래에 힘입어 우리 나라에서도 7세기에는 한지(韓紙)를 만들게 되었으며, 『일본서기(日本書紀)』의 기록대로 610년에는 고구려의 담징(曇徵)이 일본에 지묵(紙墨) 제조법을 전해 주었다. 이는 일본 제지의 기원이 되었다.[13] 이후 질 좋은 종이가 등장하면서 종이에 다양한 장식을 가미하기 시작했다.

우리의 종이 생산과 판각 기술은 이미 고려 시대 사경(寫經) 작업에서 그 높은 수준을 보여 주고 있으며, 조선 초기 조지서(造紙署)의 효과적 운영 또한 우리의 종이 제작 수준을 높게 유지시켰다. 또한 조선 초기의 『삼강행실도』가 증명하듯 유려한 판각 기술도 보유하고 있었다. 그러나 임진 · 병자 양란 이후 중국에 종이를 조달해야 하는 의무에 시달렸고 조지서마저 유명무실해지면서 종이 제작은 어려움을 겪게 되었다.[14] 중국에서는 명 · 청대에 서적의 대량 출판이나 판화도가 찍힌 시전지의 시장 판매라는 상업적 발달이 이루어졌지만, 조선에서는 판목과 종이가 풍족

12 이러한 제작 경위는 鄭振鐸, 「訪箋雜記」; 魯迅, 「北平箋譜序」, 『北平箋譜』(榮寶齋, 1922) 참조.
13 植村和堂, 앞의 책, 25쪽 참조.
14 金三基, 「朝鮮後期 製紙手工業硏究」(중앙대학교 사학과박사학위 논문, 2003. 6).

하지 않았던 이유로 이러한 성황에 이르지 못했다. 그러나 문인들의 문방에 대한 취향 속에서 시전지 문화는 조선 후기에 가장 발달했다.

조선 시대에 판화도가 찍힌 시전지가 일정한 틀을 갖추고 문인들 사이에서 널리 사용된 것은 17세기로 보인다. 15세기와 16세기에도 그림이 얹힌 시전지류의 종이가 사용된 예를 찾아볼 수 있으나 매우 드물다. 15세기 초기의 예로는 최덕지(崔德之, 1384-1455)가 임금의 운을 받들어 쓴 시 두 구절이 국화 문양이 찍힌 종이 위에 적혀 전한다. 국화 문양은 화면의 한 부분을 넓게 차지하고 있으며 여러 색의 판화로 찍어낸 흔적이 뚜렷한 특별한 종이인데,[15] 유사한 예가 전하지 않아 논의가 어려운 경우이다. 15세기 후반의 예로는 신용개(申用漑, 1463-1519)의 「동사별장(東槎別章)」이 적힌 종이를 볼 수 있다(도 1). 1494년 권주(權柱, 1457-1505)가 대마도 경차관(敬差官)으로 떠날 때, 신용개를 비롯한

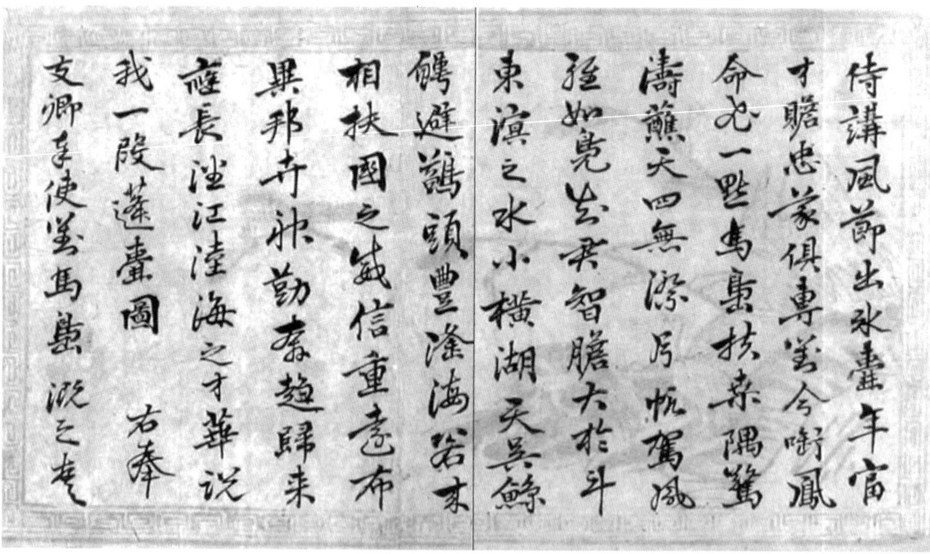

[도 1] 신용개의 「동사별장」이 적힌 시전지, 1494년, 종이에 판화도, 45.2×24.3cm, 화산종가 소장

홍귀달, 이승건, 김감, 박의영, 이과, 조위, 박한주, 조지서, 이자견, 김전 등 조야의 명류들이 서와 별장을 써 주었으며, 이는 모두 엮어져 오늘날 안동의 화산종가(花山宗家)에 전한다. 신용개의 「동사별장」이 적힌 종이는 갈대숲에 앉은 기러기와 날아드는 기러기를 찍어 낸 한 폭의 그림 같은 종이이다. 이 종이는 중국 종이였던 것으로 판단된다. 명대 15세기 문인들이 시나 편지를 쓴 종이와 거의 흡사한 구조를 갖추고 있으며, 테두리를 두른 회문과 종이 전체를 하나의 화면으로 간주해 판화도로 찍어낸 형태, 그리고 황색의 먹으로 찍어낸 점 등이 모두 동일하기 때문이다.[16] 또한 이것이 중국에서 유입된 종이라고 볼 때, 조선 시대 16세기 무렵부터 널리 그려지기 시작하는 「노안도(蘆雁圖)」와[17] 비교해 보면, 그림의 주제나 화면 구성에서 서로 유사해 회화사적인 영향 관계도 주목할 만하다.

조선 중기 문인들은 '화전(花箋)'이란 용어를 사용했는데 이는 어떤 특정 종이를 가리킨다기보다는 아름다운 종이를 뜻하는 말이었던 것으로 보인다.[18] 현전하는 16세기 간찰집을 펼치면, 우선 화초 그림이 종이 전체를 가로질러 자리하는 시전지들을 볼 수 있다. 중종조 1551년 홍응룡(洪應龍)이 부임받아 떠나게 되자, 벗들이 어울려 송별시를 써 주었는데 이것이 성균관대박물관에 소장되어 있다. 윤복(尹復, 1510-?)은 오언시를 썼고, 주이(周怡, 1515-?)는 칠언시를 적었다. 이들은 모두 같은 해

---

15 이 종이는 吳世昌 편, 『槿墨』에 실려 있다. 유홍준, 앞 글에서 이 종이를 조선 시대의 가장 오래된 시전지로 추정했다.

16 周鼎의 「秋闈帖」, 『明代名人墨寶』(上海書店出版社, 1995) 30쪽; 吳寬의 「諸家雜書詩文稿册」, 『中國書蹟大觀, 遼寧省博物館 上』 (文物出版社, 1992), 27쪽 참조.

17 조선 시대 노안도 전개 양상에 대해서는 이지윤, 「韓國蘆雁圖硏究」(이화여자대학교 석사학위 논문, 2002) 참조.

18 허난설헌(1563-1589), "열 폭 화전에 푸른 구름 물들여(十幅花箋染碧雲)" ; 『家禮』(3:18a) "화전지로써 그 말숨을 써셔 사롬 브려 닐위라" 등.

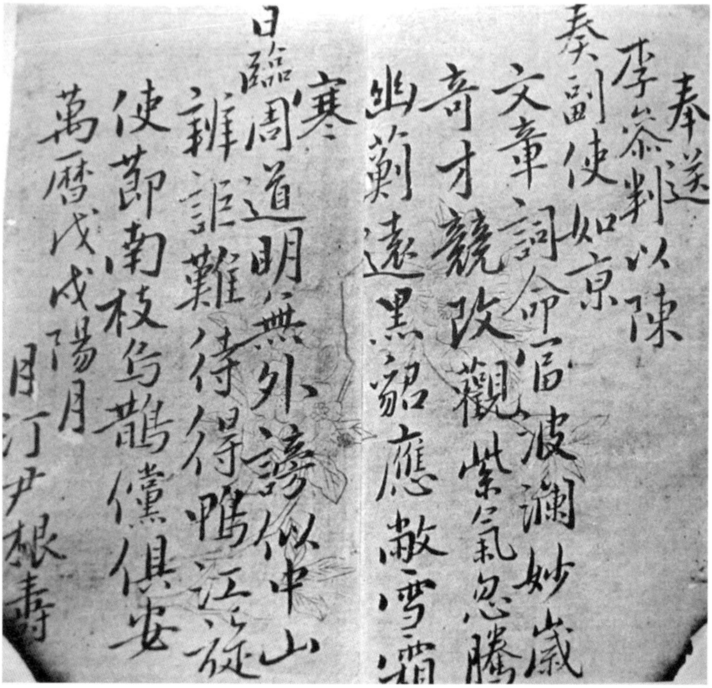

[도 2] 윤근수의 송시(送詩)가 적힌 시전지, 1698. 종이에 판화도(크기 미상), 근묵에 게재(도 153)

(1551), 같은 종류의 시전지에 시를 적었다.[19] 이들이 사용한 종이에는 전체 종이를 한 화면으로 잡아 대각선을 그리며 자리한 큰 국화 꽃가지가 붉게 찍혀져 있다. 꽃가지가 종이에 가득하게 찍히는 이러한 시전지는 16세기 말(1598년) 윤근수(尹根壽, 1537-1616)가 부임받은 벗에게 써 준 송별시의 종이에서도 볼 수 있다(도 2). 이 종이에는 한 장 가득 가로지른 배꽃〔梨花〕 가지가 그려져 있다. 이들 시전지들의 국적을 단정하기란 어려운 일이지만, 모두 화면을 가로지르는 대각선 구도로 화훼

19 주이(周怡)와 윤복(尹復)의 「시고」는 각각 『槿墨』(성균관대박물관, 1992), 제84 및 제91 참조.

가지 한 줄기가 판화도로 붉게 찍혀 있다는 점에서 중국 명대의 당인(唐寅)이 사용한 종이와 거의 흡사한 점을 고려하면,[20] 16세기 조선의 문사들이 사용한 위의 시전지는 중국 종이였을 가능성이 매우 크다. 이렇게 화면 가득 화훼나 동물, 수목 등이 자리하는 전통은 앞에서 살핀 송 고종의 종이로 거슬러 올라가며 그러한 종이 장식의 전통이 명대에 이르러 판화로 찍히게 된 것이라 보인다. 판화로 찍힌 명대의 종이들은 운치를 즐기는 문사들의 간찰용 종이로 사용되었고 조선에도 전래되었을 것이다. 현전하는 서첩에서 명대의 시전지들을 두루 살펴보면, 모두 종이의 중앙에 큰 화면으로 화훼, 동물 혹은 물결 등이 찍혀 있다.[21]

이러한 가운데 조선의 16세기 시전지 현상 중 주목할 것은 이후 17세기 시전지 문화의 기반을 마련해 주는 틀이 등장했다는 점이다. 16세기 문사 심달원(沈達源) 및 송응개(宋應漑)의 「서간」을 보면, 줄간이 있고 그 오른편에 화훼 문양이 찍혀져 있는 것을 볼 수 있다. 심달원의 종이에는 그 문양이 선명하지 않으나 매화 문양이 분명하다.[22] 이들의 의미는 17세기 시전지에서 만나볼 수 있다.

## Ⅲ. 17세기, 단색(單色)의 단아한 화훼문

우리 문인 사회에서 나름의 시전지 형식이 이루어지고 이가 널리 사용되는 문화는 17세기에 현저하게 나타난다. 17세기에 제작되어 사용된

---

20 唐寅, 「子貞帖」, 『明代名人墨寶』(中國上海書店出版社, 1995) 참조.

21 편지글만은 모아 엮은 『明淸書畫家尺牘』(上海書店出版社, 1996)는 명청 문인들이 사용한 시전지를 고찰하기에 좋은 자료이다.

22 『槿墨』, 제65 참조.

시전지는, 적게는 8~16개 줄〔行格〕이 생기도록 한 세로줄〔界〕이 찍혀 있고, 줄의 테두리선 밖 오른쪽 공간을 여유 있어 비워 연꽃 · 매화 등의 화훼 장식을 찍어 넣은 형태이다. 다시 말하자면 시전지 목판의 왼쪽에 따로 공간을 두어 간솔한 화훼문을 새겨 넣은 것으로, 결과적으로 편지글의 첫줄 아래 혹은 시의 제목 아래 꽃문양이 자리하게 된다. 글쓰기에 적절하며, 단정하고 단아한 분위기이다.

17세기 초 지천(遲川) 최명길(崔鳴吉, 1586-1647)이 차운시를 적은 「시고(詩稿)」는 죽간을 펼친 듯 16줄이 있고 그 오른편에 매화도가 있다.[23] 유사한 꼴의 시전지는 강세황의 선조인 강주(姜籒, 1566-1650)의 간찰에서도 볼 수 있다.[24] 화훼문 곁에 옛 편지라는 뜻의 '고간(古柬, 혹은 古簡)' 등 두어 글자가 간결하게 새기는 것도 17세기 시전지에서 유행이었던 것으로 보인다. 조석윤(趙錫胤, 1605-1654)이 편지를 쓴 종이와, 이시명(李時明, 17세기)이 편지를 쓴 종이에 각각 매화와 국 · 난의 화병 그림이 있고, 그림 위에는 모두 '古柬'이라 찍혀 있다. 김석주(金錫胄, 1634-1674)가 편지를 쓴 종이에는 꽃화병 위에 '古簡'이라 되어 있다.[25] 이 밖에 '고식(古式)', '옥화병 연꽃향(玉壺荷香)' 등의 글이 찍힌 경우도 있다(도 3).

이러한 틀의 시전지들은 그 예를 쉽게 찾아볼 수 있다. 송준길(1606-1672)이 쓴 일상적 안부 편지, 고산(孤山) 윤선도(尹善道, 1587-1671)가 1639년에 형에게 집안일을 부탁하는 편지(도 3), 우암(尤菴) 송시열(宋時烈)이 65세(1671년)에 맏손자 며느리에게 돌아가신 형님 내외의

---

23 최명길의 「시고」는 여러 번 공개되었다. 도판 상태가 가장 좋은 것은, 『遊戲三昧』, 圖8 참조.

24 예술의 전당 서울서예박물관, 『표암 강세황』(예술의 전당, 2003), 圖134 참조.

25 趙錫胤, 「서간」은 영남대박물관 소장, 『면과 선의 세계』, 圖129 참조; 李時明, 「서간」은 대산종가 소장; 金錫胄의 「서간」은 구 임창순의 『간찰집』 게재, 『옛 문인들의 초서간찰』(한국고간찰연구회, 2003), 143쪽 참조.

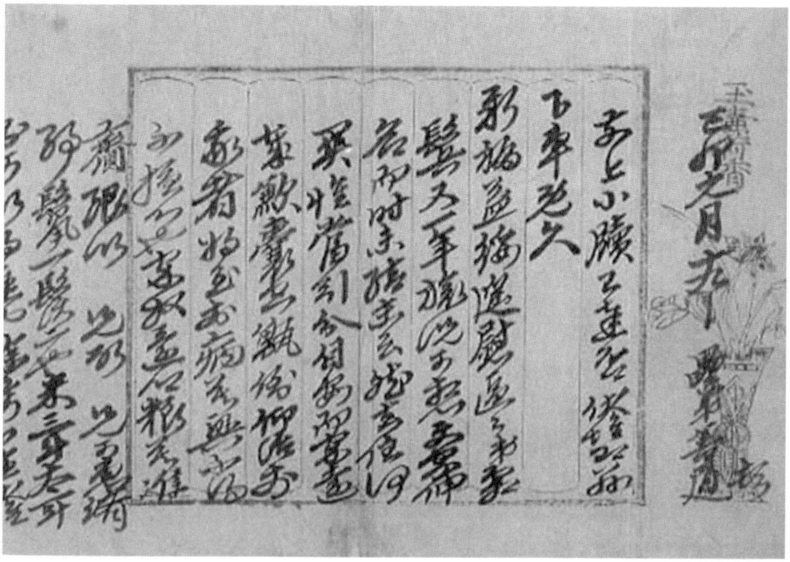

[도 3] 윤선도의 「서간」이 적힌 시전지와 문양 부분, 1639년, 종이에 묵서와 판화도(종이 전체: 20.9×32.0cm), 근역서휘, 서울대박물관

제사와 사당 관리를 부탁한 긴 편지 등이 모두 이러한 시전지 위에 쓰여 있다. 송시열은 간곡한 사연을 모두 쓰기 위해 같은 시전지 여러 장을 이어 붙였다. 연꽃을 화병에 꽂은 문양이 이어 붙인 부분마다 반복적으로 나타난다.[26] 또한 윤선도가 사용한 종이와 윤의립(尹毅立)이 「서간」에 사용한 종이는 동일한 시전지라는 흥미로운 현상도 발견할 수 있었다.[27]

17세기의 시전지 틀은 줄간이 화면 중심에 있고 대개는 오른편으로 화훼 문양이 찍히는 단색 판화로 17세기 내내 큰 변화를 보여 주지 않았다. 줄간 없이 종이의 오른쪽 모서리에 매화가 거듭 찍힌 시전지로 조속(趙涑)이 사용한 종이를 찾아볼 수는 있지만,[28] 줄간이 빠진 것만 제외하면 장식 문양이 찍힌 위치나 문양의 내용이 모두 17세기의 틀을 고수하고 있다.

전반적으로 볼 때 17세기 시전지에 새겨진 그림은 매화 · 연꽃 등이 화병에 꽂혀 있거나 한 가지가 그려진 형태가 절대적인 주종을 이루었다. 이들은 겨울에 피는 고고함 · 범접할 수 없는 군자다움으로 선비들이 정신 수양의 매개로 삼았던 화훼들이다.

이러한 17세기 시전지의 틀과 화훼문은 당시의 회화(繪畵) 양상 중 조선 중기 성행한 수묵화조화(水墨花鳥畵)와 상통한다고 할 수 있다. 특히 매화도의 경우, 굵은 등걸에서 가늘고 곧게 오르는 매화 가지의 단아함은 조선 중기 매화도가 보여 준 독특한 정신적 미학이었다.[29] 원두표(元斗杓, 1593-1664)가 선물을 받고 감사 인사를 하고자 편지를 쓴 시

26 宋時烈, 「국문서찰」(송영달 소장), 『근묵』, 제92~제93 참조.

27 尹毅立, 「서간」, 『근묵』, 제286 참조.

28 趙涑의 「서간」은 『조선 후기 그림과 글씨』, 圖22 참조.

29 조선 중기의 수직 구도 매화도의 특이성에 대해서는 홍선표, 「우리 나라 사군자 그림의 역사」, 『우리 나라 사군자』 (예술의 전당, 1992, 『조선시대회화사론』, 문예출판사, 1999에 재수록)에서 제고되었으며, 이에 대한 조선 중기 문인들의 감상 미학에 대해서는, 고연희, 「제화시문을 통해 본

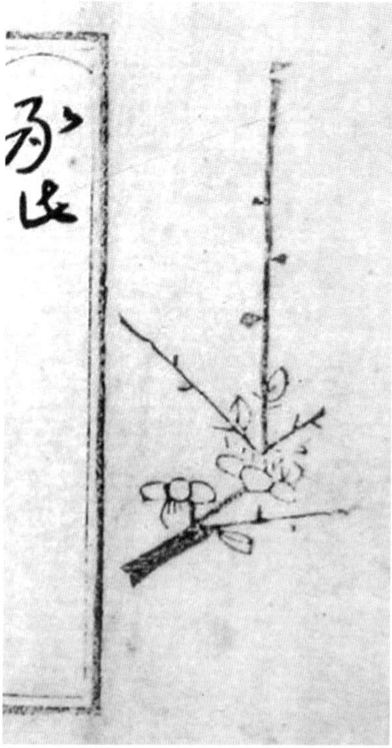

[도 4] 원두표의 「서간」이 적힌 시전지의 부분, 크기 미상, 종이에 판화도, 묵적 게재
[도 5] 어몽룡, 「월매도」 17세기 전반, 비단에 수묵, 119.4×53.6cm, 국립중앙박물관

전지를 보면 수직으로 곧게 뻗은 매화 가지가 뚜렷하게 시문되어 있어 (도 4, 도 5), 그 연관성을 감지하게 한다.

한편, 조선 시대 17세기에 유행한 시전지의 틀은, 명청대 문인들의 간

---

수직구도 매화도의 전개상」, 『동방학』 6집(2000)에서 논한 바 있다 ; 조선 후기의 김광국(金光國)이 조선의 매화도가 중국의 것에 비해 사람의 뜻〔人意〕이 강하다고 한 것은 같은 맥락의 해석으로 보인다. 김광국의 매화도 해석에 대하여는 박효은, 「김광국의 석농화원과 18세기 후반의 조선 화단」, 『遊戱三昧』(학고재, 2003), 141쪽 참조.

찰이나 명대 말기 간행된 전보(箋譜)에 보이는 중국의 시전과 그 양상이 매우 다르다는 점에서 주목할 만하다. 중국의 시전은 화훼문에 제한되지 않았고, 다양한 주제의 회화를 종이 중앙에 찍어 넣는 방식이 주를 이루었으며 줄간을 찍은 예를 볼 수 없기 때문이다. 중국에서 17세기에 이미 화사한 전보들이 활발하게 제작되고 있었으나 17세기 조선의 문인 사회에서는 장식 종이 사용의 멋은 수용하되, 단아한 수묵풍의 문양만을 견고하게 고집했던 것을 알 수 있다.

따라서 17세기 시전지의 틀은 16세기에서 17세기로 이어지는 조선 중기의 독특한 형식이었다고 말할 수 있다. 이는 조선 중기 문인들의 미학적 추구상을 잘 대변해 주는 시각 문화로, 성찰적 성리학을 생활 속에 실천하고자 했던 당시 우리 문인들의 정신적 분위기를 반영한 시전지였다고 할 수 있다.

이러한 가운데 17세기에 이미 중국 시전이 그대로 사용된 예도 찾아볼 수 있다. 전주 이씨 가문에 전하는 간찰집에는 이경석(李景奭, 1577-1640)이 병든 형에게 보낸 시전에 줄간이 없이 화면 오른편에 화훼문과 토끼가 두 색으로 찍힌 것이 있다.[30] 웅크리고 고개를 뒤로 돌린 이 토끼 문양은 중국의 『나헌변고전보』의 '주토(朱兎)'와 같은 형상의 토끼로 근대기에 그려진 『북평전보』에 실린 토끼 문양과도 같다. 이정영(李正英, 1616-1686)이 사용한 또 다른 종이에는 푸른 괴석이 찍혀 있다.[31] 같은 전주 이씨 간찰집 중 이정영이 1664년에 쓴 시전에는 갈대와 같은 식물이 종이의 중앙에 찍혀져 있다.[32] 이는 『십죽재전보』 중 '가화(嘉禾)'라는 벼 문양과 통한다. 중국의 전보들이 그들의 전통을 수렴해 제

30 전주 이씨 종가 소장, 『傳家文墨, 上』에 수록, 『韓國簡札資料選集』(韓國精神文化硏究院, 2002) 참조.
31 李正英, 「서간」, 『조선 후기의 그림과 글씨』, 圖26 참조.
32 전주 이씨 종가 소장, 『傳家文墨, 上』에 수록, 『韓國簡札資料選集』 참조.

작했다는 것을 염두에 둘 때 이러한 종이는 그 전거가 되는 것들이다. 이경석, 이정영 등은 명청 교체기의 국난 속에서 청을 오갔던 인물들이었으므로 이러한 중국 시전의 사용이 용이했을 것이다. 이정구(李廷龜)가 1609년 중국으로 가는 정경세(鄭經世)에게 써 준 송별시에는 종이 가득 「채련도(採蓮圖)」 한 폭이 찍혀 있다.[33] 물 위 가득한 연꽃과 연잎 사이로 여인이 나룻배를 타고 흘러가는 모습이다. 여인은 손에 연꽃 가지를 들었다. 중국에서도 널리 그려진 전형적인 채련도로, 기록으로만 전하는 조선 중기 채련도의 화면을 짐작할 수 있게 해 주는 판화도이다. 또한 강백년(姜栢年, 1603-1681)이 시를 적은 종이에는 줄간이 없고 오른편의 장방형 테두리 속의 인물 산수도 한 폭을 축소해 놓은 듯한 판화도가 찍혀 있는데, 다색의 인쇄가 가는 윤곽선과 정교하게 맞추어져 있어 명청대 중국 시전의 수준을 보여 주고 있다.[34] 이들 중국 시전지들은, 이들의 유입 속에서 견고하게 유지된 17세기 조선 시전지 문화의 실상을 확인시켜 주는 것이면서, 동시에 이후 18세기에 전개될 조선 시전지 전개에 하나의 중요한 배경이자 예고였다고 볼 수 있다.

## Ⅳ. 18세기, 다색(多色)의 시도 및 화훼문의 다양화

현전하는 간찰집들을 통해서, 18세기의 간찰들에서는 17세기에 유행한 틀의 시전지 사용의 예가 극적으로 줄어드는 현상을 볼 수 있다. 그 대신, 여러 가지 색채로 찍어낸 화훼 문양이 시도되는 새로운 경향이 나

33 李廷龜, 「연행증시」(1609년), 『고문서에 담긴 옛 사람들의 생활과 문화』(정신문화연구원 장서각, 2003), 圖68 참조.

34 『표암 강세황』, 圖135 참조.

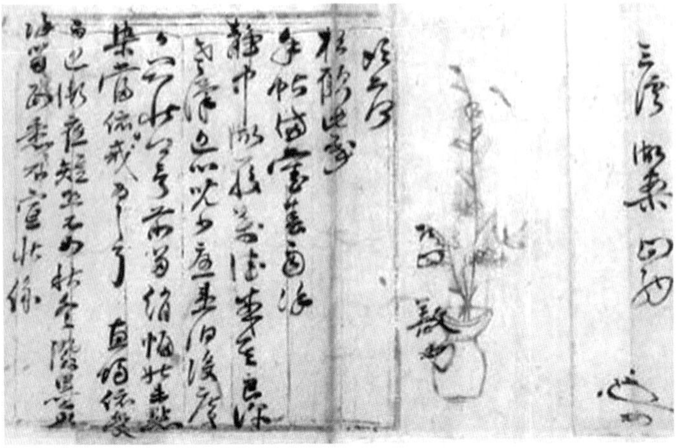

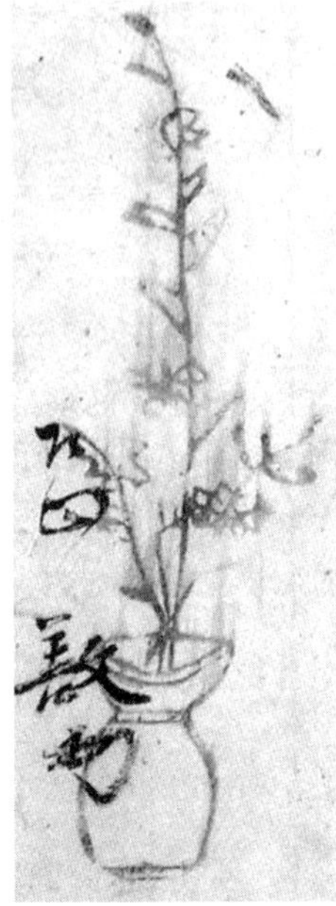

[도 6] 정선의 「서간」이 적힌 시전지와 문양 부분, 종이에 색판화 (서간 전체 21.0×30.2cm), 조선 후기 그림과 글씨 도 26.

타나고 있어 주목할 만하다. 이렇게 다색으로 표현된 시전지는, 시전지의 오른쪽 모서리에 자그마하게 주로 화훼 문양이 들어간다는 점에서는 17세기의 틀을 간직하는 전통적 양상을 보여 주지만, 색채를 표현하고자 하는 의도의 측면은 매우 커다란 차이라 할 수 있다.

18세기 초 금강산 그림으로 유명했던 화가 정선(鄭敾, 1676-1757)이 부탁받은 그림을 그려 보내며 쓴 편지지를 보면 줄간이 있고 바탕의 오른편 공간에 화훼도가 찍혀 있는데 꽃은 홍색이고 줄간의 선과 화분 및 잎은 청색이다(도 6). 정선이 사용한 이 시전지의 다색 표현은 본격적 다색 판화를 의미하는 것은 아니다.[35] 하나의 시전지 판목 위에 2개 색을 칠해 찍어낸 것으로 보이기 때문이다. 참고로, 실제 현전하는 19세기 시

35 중국의 경우 찍어내는 색의 수만큼 여러 판을 만들어서 다색을 찍었고, 이가 발전하여 투판(套板) 두판(餖板) 등이 만들어졌다. 이들은 본격적인 다색 판화라 할 수 있다.

[도 7] 이광사, 유종원 작 전가(田家)가 적힌 시전지의 문양 부분. 종이에 다색 판화, 영남대박물관 소장

전판들을 자세히 살피면 하나의 판에 여러 색이 칠해져 있는 경우가 많다. 이는 모두 하나의 판으로 다색을 표현하려고 했던 흔적이다. 이러한 식의 다색 표현은 19세기까지 이어졌다.

그런가 하면 본격적 다색 판화로 찍어낸 18세기 시전지들도 찾아볼 수 있다. 정선의 『경교명승첩』에 그림 곁에 이병연(李秉淵)의 시를 적어 붙인 종이를 보면, 왼쪽 모서리에 작은 화훼가 다색으로 찍혀 있다. 화훼의 내용은 불수감(佛手柑) · 죽 · 백모란 · 매화 등이다. 불수감과 매화에는 2색이, 죽과 모란에는 3색이 사용되었다. 다만 이 종이가 조선에서 제작된 것인지는 분명하지 않다. 또한 원교 이광사(李匡師, 1705-1777)가 유종원(柳宗元)의 전가(田家)를 적은 시전지도 보면, 이어 붙인 세장의 종이 아래 각각 다른 그림, 매화 · 소나무 · 바위가 각각 다른 두 가지 색으로 찍혀 있다. 소나무 문양을 보자면(도 7), 검은 윤곽선, 나무의 적색, 솔잎에 얹는 녹색 등 3쇄가 이루어진 것을 볼 수 있다.[36] 이는 조선에서 만들어진 것으로 보인다. 규모가 작고 그 양상은 중국의 전보류보다는 순수 화보류와 관련이 있기 때문이다. 조선에 유입되었음이 거듭 증명된 『개자원화전(芥子園畵傳)』이나 『십죽재서화보』 등에 보이는 얇은 먹선 테두리와 다색 인쇄 및 색면의 표현 등이 우리 시전지 제작에 이용되었던 것으로 보인다.

18세기 후반 강세황(姜世晃)의 유작에서도 다색 표현의 시전지 제작을 찾아볼 수 있다. 그가 77세 되던 해(1789), 강세황은 주변의 그림 주문을 이기지 못해 자신의 대나무 그림을 아예 판각본으로 만들어 찍었다고 기록하고 있다. 그리고 판각본을 만들게 된 취지를 여덟 수의 시로 지어 역시 판각했다. 강세황이 이 때 지은 여덟 수의 시를 시전지 위에 따로 적어 둔 것이 전한다. 이 시전지는 왼편 모서리에 홍색 모란이 찍혀 있는 것으로 아직도 그 색이 화사하다. 꽃의 홍색, 잎의 짙고 옅은 녹색, 가지의 고동색 등 여러 색으로 찍어낸 모란도이다(도 8).[37] 시전지의 모란문의 모란 형상과 화면 구도는 강세황의 회화 작품 「묵모란(墨牧丹)」과 비교된다. 꽃봉오리를 두어 송이 작게 그림으로써 모란 꽃송이가 풍성하게 보이도록 한 점, 가지와 잎의 포치(composition)가 유사하고(도 9), 또한 그 색채 표현을 보자면, 그가 난초나 패랭이 등 채색 화조화의 잎을 그릴 때의 색채 표현이 사용된 것을 알 수 있다. 짙은 녹색의 잎과

---

36 이태호 · 유홍준 공저, 『朝鮮의 古版畵』(한국애서가클럽, 1992), 51쪽에서 우리 나라의 채색 판화는 매우 드물다고 지적하며 장식용 판화 혹은 시전지 판화에서 극히 드물게 나타난다고 했다. 예를 제시하고 있지 않았으나, 이러한 시전판의 다색 판화는 판화 예술로서의 특성을 확보하는 부분이라고 할 수 있다.

37 강세황의 시전 판화는 『표암 강세황』, 圖44 참조.

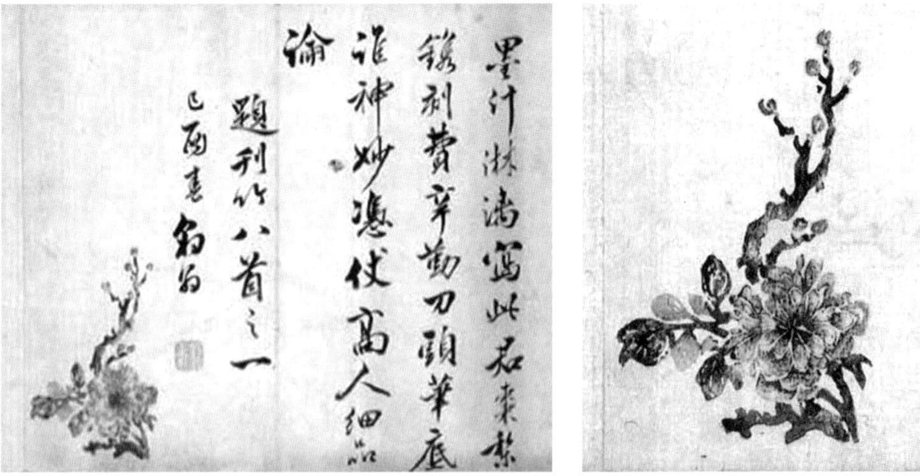

[도 8] 강세황의 시(1789)가 적힌 시전지와 문양 부분. 종이에 다색 판화(전체 크기 28×24cm), 개인 소장

[도 9] 강세황, 「묵모란」 표암첩 1권 4면, 수묵 담채 28.5×22.6cm, 국립중앙박물관

황색이 많이 섞인 연두색의 잎을 교차해 그림으로써 화훼를 화사하게 표현하는 설채법(設彩法)은 강세황이 화훼 표현에서 즐겨 사용한 회화 기법이었다. 이러한 색채 감각은 그가 즐겨 보았던 『십죽재서화보』의 판화적 색채 감각에서 유래된 것으로 보인다. 이렇게 『십죽재서화보』의 화훼 잎 표현에 주로 사용된 차이가 큰 두 개 녹색의 조화는 그 장식적 효과가 인상적인 기법이었다. 즉 이 시전지에 찍힌 모란은 강세황의 화풍을 잘 반영하고 있으며, 강세황이 자신의 그림을 시전판으로 옮기게 한 것임을 알 수 있다.

같은 해, 17인의 문인이 강세황에게 축수의 시를 주었는데 이 때 사용된 시전지들은 모두 오른쪽 모서리에 화초 그림이 찍힌 것으로 그 내용은 모란 · 수선 · 난초 · 파초 등 다양하다. 오른쪽 모서리에 화초 문양을 넣고 있는 방식에서 여전히 17세기로부터의 흐름을 볼 수 있지만, 대개 줄 없이 그림만 찍어 넣은 점이나 그림에 두 가지 이상의 색을 사용한 것은 18세기적 양상이다. 이 가운데 정운덕(鄭運德)이 사용한 종이를 예로 보자면 그림 위에 '고식(古式)'이란 두 글자와 화병에 연꽃과 수초를 꽂은 그림이 17세기의 유풍이지만, 홍색 · 남색 · 황색 · 묵색의 네 가지 색의 다색으로 찍혔다는 점에서 새롭다.[38] 이들은 모두 조선에서 제작된 것들이 분명하다. 강세황에게 보낸 시전지들이 모두 다색으로 처리되었다는 점에서, 18세기 후반 문인들이 축수의 시를 주고받는 경우 이러한 다색 시전지를 사용함으로써 축하의 뜻을 전달하는 문화가 유행했던 상황을 알 수 있다.

이 밖에도 화가였던 김기서(金箕書, 18세기 말~19세기 초)가 나리꽃이 문양된 시전지를 사용했는데 꽃이 붉게 처리되어 있다. 정조(正祖)가

---

**38** 『표암 강세황』, 圖129 참조.

물건을 하사해 주는 편지를 쓸 때 사용한 종이에는 18세기에 새롭게 등장하기 시작하는 석류 등의 그림이 찍혀져 있는 것을 볼 수 있다.

이렇게 시도되어 만들어진 시전지는 중국에 선물로 보내지기도 했다. 홍대용(洪大容, 1731-1783)의 연행(燕行) 기록은 선물 목록을 빠뜨리지 않고 기록해 이를 살필 수 있다. 홍대용이 중국에서 청나라 관료에게 주려고 했거나 주었던 선물 목록에는 '시전 한 묶음(詩箋一束)' 혹은 '시전 두 묶음'이 반드시 포함되어 있다.[39] 반대로, 홍대용이 중국의 관리에게서 받은 선물을 기록해 놓은 목록에서는 시전이 포함된 예를 찾아볼 수 없다. 홍대용이 선물한 '시전(詩箋)'이 무슨 종이였는지 확언하기는 어렵다. 다만 당시 홍대용의 기록에 표현된 다른 종이를 지칭하는 용어들의 용례에 비추어 보건대, '시전'이란 말이 종이의 재질에 관련된 용어가 될 수 없다는 점에서 장식 종이로서의 시전을 표현했을 가능성이 매우 높다고 본다.

이상에서 살핀 내용으로 판단하자면, 18세기 시전지에 보이는 판화도는 대개 작은 크기의 화훼 주제를 판각했으며, 무엇보다 색상의 변화를 시도하는 데 주력했다는 공통성을 보여 준다. 이러한 18세기 시전지의 변화는, 조선 중기에 수묵화조화가 크게 유행했으나, 조선 후기로 들면서 채색 화조가 널리 그려지는 화조화의 변화와 맥을 같이한다. 또한 조선 중기 시전지에 찍힌 화훼문이 한정적이었던데 비할 때, 18세기의 시전지에는 다양한 종류가 찍혀져 있는 점은 다양한 종류의 화훼를 그리게 되는 18세기 화조화의 경향과 상통한다.

한편 산수와 인물이 그려진 판화도도 찾아볼 수 있지만 그 양상이 특

39 홍대용, 『(국역)담헌서』 Ⅳ(민족문화추진회, 1974), 20쪽, 48쪽, 72쪽을 참조할 수 있다. 시전이 포함된 선물 내용은 세 차례 나온다. 그 내용을 보면, "壯紙 2束, 詩箋 1束, 부채 6자루", "細綿布 2疋, 壯紙 2束, 부채 6자루, 詩箋 2束, 청심환 3丸", "簡紙 30폭, 尾扇 3 자루, 詩箋 2 束" 등이다.

이하고 드물게 보인다는 점에서, 중국에서 유입된 것으로 추정된다. 다채로운 화훼 및 인물 · 산수의 표현은 청대 시전지 유입과 함께 19세기에 펼쳐지게 된다.

## V. 19세기, 청대(淸代) 화풍의 활용 및 사군자 화훼문의 유행

중국의 시전지는 청대 문인 사회에서 더욱 크게 유행했다. 중국의 역대 글씨를 모아 놓은 『서도전집(書道全集)』이나 『서도예술(書道藝術)』의 시리즈물을 일람해 보면, 청대로 들면서 바탕 종이의 급격한 변화를 볼 수 있다. 문인들이 사용한 종이가 대개 판화로 장식이 가득한 화려한 종이로 바뀌기 때문이다. 이러한 변화는 명청대의 출판 기술과 문인들의 서화 골동 취미 속에서 이해할 수 있다. 명대 만력 연간을 기점으로 기술적으로는 판화 예술 및 서적 출간의 인쇄술이 크게 발달해 수많은 출판이 이루어졌고, 사회문화적으로는 강남의 문인들을 중심으로 사치한 서화 골동 취미가 유행하는 가운데 일종의 문방 애호벽이 형성되어 벼루 · 먹 · 붓, 그리고 종이 등에 대한 관심이 커졌고, 이에 관련된 저술도 풍성하게 이루어지는 등 문방 취미가 급증했다.[40]

반면 조선은 18세기를 지나며 조지서의 기능이 유명무실해지고 관아의 제지술은 오히려 쇠퇴했다. 그런 와중에서도 청문화에 개방적 태도를 취한 북학자들은 청대의 문방 문물에도 관심이 컸다. 박지원(朴趾源)과 박제가(朴齊家) 등은 우리 종이의 질적 쇠퇴에 대해 불만을 토로하는 등 종이에 대한 관심이 적지 않았다. 서화에 능했던 이인상(李麟祥)이 스스로

40 青木正兒, 「文房趣味」, 『書道全書』 第17巻(東京: 平凡社, 1956), 37-41쪽 참조.

분지법(粉紙法)을 개발해 종이를 꾸몄던 사실은 이덕무(李德懋)의 기록으로 잘 알려져 있다.[41] 19세기에는 중국과 일본의 종이가 유입되어 널리 유통되었기에 조선 문인들은 외부에서 수입된 시전지도 많이 사용했고,[42] 이러한 가운데 조선 문인 사회에서는 나름대로의 다양한 시전지판 제작이 이루어졌다.

### 1. 청대 시전의 유입과 활용

청에서 제작된 시전의 유입과 사용은 19세기 중국을 오갔던 문인과 역관들이 중심이 되었다. 청대 문사들과 교류했던 신위(申緯, 1769-1845) · 김정희(金正喜, 1786-1856)의 친필은 현전하는 것이 많은데 대부분 중국 시전 위에 쓰여져 있다. 신위가 사용한 종이는 대개 청나라 시전으로,[43] 오늘날의 포장지처럼 종이 전체를 작은 문양들로 가득 채운 시전, 벌레 먹은 잎 한 장이 그려진 시전, 혹은 미인도가 찍혀져 있는 시전 등을 두루 볼 수 있다. 이들은 모두 청나라 문사들이 흔히 사용한 청대 시전들이다.[44] 미인이 찍힌 시전의 사용은 매우 흥미롭다(도 10). 신위의 미인도(美人圖)에 대한 관심과 상통하기 때문이다.[45] 신위는 주방(周昉)이나 당인(唐寅)의 미녀도를 높이 칭송했으며,[46] 청대의 미인도에

---

**41** 조선 후기 실학자들의 종이에 대한 태도에 대해서는, 『조선시대 문방제구』(국립중앙박물관, 1992), 165-178쪽 및 유홍준, 앞의 글 참조.

**42** 정선영, 『한국의 종이문화』(국립민속박물관, 1995) 참조.

**43** 신위가 사용한 종이는, 『詩書畵三絕 紫霞 申緯』(예술의 전당, 1991)에 수록되어 있다.

**44** 청대 문인들이 사용한 시전과의 비교는 『明清書畵家尺牘』 下, 343, 346-47쪽에서 가능하다. 청대 문인 강훈(姜壎)이 사용한 시전은 잎사귀 하나가 종이 중앙에 찍힌 것이고, 고고(顧皐)가 사용한 시전은 미인이 찍힌 것이다.

**45** 신위의 청대 미인도에 대한 관심은 고연희, 「신위(申緯)의 회화관과 19세기 회화」, 『한국학논총』 37집(한양대학교 한국학연구소, 2003) 참조.

**46** 신위, 『警修堂全藁』 册24, 「唐六如讀書仕女圖」(『한국문집총간』 291, 537쪽, 이하 '문총'으로 줄임).

[도 10] 신위의 「행서율시」(1834)가 적힌 시전지의 부분, 종이에 판화도, 청대 시전 (전체 크기: 22×65cm), 개인 소장

는 더욱 관심이 많았다. 새로 구입한 청나라 무명씨의 미인도 여러 폭을 하나하나 시로 읊었으며, 그림 속 여인에 대해 '무력(無力)', '기식몽몽(氣息濛濛)', '일생추창(一生惆愴)'이라 읊기도 하여,[47] 청대 미인도의 특성인 섬약하고 나긋한 분위기를 적확하게 묘사했다.[48] 신위가 사용한 종이에 찍혀 있는 붉은 선은 어깨가 거의 없는 가냘픈 몸매에 고개를 등 뒤까지 돌린 여인의 모습으로 청대 미인도의 자태를 잘 보여 준다(도 10). 신위의 아들 신명연은 12명의 이름난 중국 미인〔名媛〕을 백묘(白

47 신위, 앞의 책, 册28, 「新收無名氏古畵二幀各系一絕句」(문총 291, 574쪽) ; 册29, 「再題所藏讀書仕女圖」(문총 291, 599쪽); 册3, 「題碧梧仕女圖」(문총 219, 65쪽) ; 册3, 「爲李魯卿文學題仕女倚倦圖」(문총 291, 62쪽) 등 참조.

48 청대 미인도의 지나친 섬약함은 오늘날의 관점에서 '병태미(病態美)'라 표현된다. 單國强, 「古代仕女畵概論」, 『故宮博物院刊』(北京: 故宮博物院, 1995), 『古書畵史論集』(紫禁城出版社, 2002)에 재수록.

描)로 그린 바 있다.[49] 당시 중국의 미인도는 중국 소설의 삽도로 들어왔고, 청나라에서는 미인도 화보로 『백미신영도전(百美新詠圖傳)』(1809년) 등이 만들어졌으며, 또한 이렇게 시전지 형태의 판화도가 유입되었기에, 청대 문화에 특별한 관심을 기울였던 신위의 아들 신명연이 선묘만의 백묘법으로 미인을 그려 보는 것은 자연스럽기도 했을 터이다. 이와 관련해 19세기 조선의 시전판으로 전하는 유물 중에 청대 미인도가 새겨진 판이 있어 살펴보면,[50] 꽃가지 앞에 고개를 약간 숙이고 치마 아래로 한 발이 살짝 나온 모습은 신윤복의 미인도를 연상케 하지만 머리 치장이나 복장은 청나라 미인도라 할 수 있고, 기실 당시 크게 유행되었던 홍루몽의 삽화와 흡사하다. 조선의 19세기 문인들이 고전적인 중국 미인 그림을 향유했던 회화 문화를 엿볼 수 있다.

추사 김정희도 중국 종이를 즐겨 사용했다. 청대 학자 옹방강(翁方綱)이 쓴 글을 30년 후에 기억해 쓴 행서는 규격이 큰 중국 종이 위에 적혀 있다. 청으로부터 시전을 선물받아 사용하기도 했고,[51] 혹은 연행을 통해 구입하기도 했다. 김정희가 연경에 간 이상적(李尙迪)에게 편지를 보내어, "꽃 모양이 제법 고상한 '화전(花箋)'이 있으면 구해 달라고 부탁한 바 있다.[52] 문양이 있는 시전지를 특히 19세기까지도 여전히 '화전'이란 말로 불렀던 사실과 함께 조선 문인들이 청나라 시전을 애용했던 상황을 알 수 있다.

---

49 12명의 중국 고대 여인을 그린 이 그림은 현전하지 않는 것으로 보인다. 신위의 기록으로 알 수 있다. 申緯, 앞의 책, 册22, 「十二名媛圖一命衍白描」(문총 291, 498쪽).

50 미인도 시전판은 매우 드물다. 이겸노 소장본 시전판이 『조선시대 문방제구』, 圖43에 소개되어 있다. 시전판 상단에 새겨진 '동치무진동윤전(同治戊辰冬尹銓)'을 통해 고종 5년(1868년)에 제작된 것임을 알 수 있다.

51 김정희의 청대 시전지 사용에 대해서는, 유홍준 앞의 글 참조.

52 金正喜, 『(국역) 완당집』 II( 민족문화추진회, 1989), 94쪽(『阮堂全集』 卷4, 35面, "花箋之花樣稍雅者有儲餘若干及之. 無則不必掛念").

역관(譯官)들의 청대 시전 문화는 오세창(吳世昌)의 부친 오경석(吳慶錫, 1830-1879)을 대표적인 예로 들 수 있다. 그는 부유한 역관의 집안에서 태어나 어려서 이상적에게 한학을 배워 한학과 금석학에 대한 높은 지식을 갖출 수 있었기에 이러한 학식을 바탕으로 청을 오가며 청대 문인들과 교분을 가졌다. 그가 청으로부터 받은 편지는 훗날 서첩으로 꾸며졌다. 『중사간독첩(中士簡牘帖)』이라 전하는 서첩이 그것이다.[53] 청의 문사들이 보낸 편지들이 모두 장식이 있는 시전 위에 적혀 있다. 이 서첩은 그 자체가 청대 시전을 모아 놓은 자료집이다.

청의 문인들이 오경석에게 보낸 편지의 내용을 살펴보면, 편지와 함께 청대의 시전을 선물로 보내노라는 구절을 찾아볼 수 있다. 청의 주수창(周壽昌, 1814-1884)의 편지로, 호주에서 나는 붓〔湖州筆〕 다섯 자루, 휘주에서 생산된 먹〔徽州墨〕 네 개과 함께 '시전(詩箋) 두 상자'를 오경석에게 보낸다고 했다.[54] 이러한 편지글은, 조선의 선비들 사이에게 중국의 유명한 먹이나 벼루 등이 선호되고 중국의 시전 또한 귀한 가치의 선물로 인지되었던 사정을 알려 준다. 또한 '시전'이란 명칭이 상호 통용되고 있는 상황도 알려 준다.

오경석의 『중사간독첩』에 실린 시전의 판화 내용을 보면, 화훼, 소과, 인물(문인, 미인), 골동(엽전, 검, 박종) 등 다양하다. 이 문양들은 모두 줄 없는 종이 중앙에 크게 찍혀 있다. 그 중 장세준(張世準, 1813년 문과 급제)이 쓴 감사 편지에 찍혀 있는 괴석에 글을 쓰는 문인의 판화도는 중국의 『십죽재전보』 중의 한 장과 동일하다. 조선 시대 회화와도 관련이 있는 이미지이다. 앞에서 언급한 주수창의 편지지에는 조선의 18세

53 이 서첩에 대해서는, 李東拳, 「葦滄의 學藝 淵源과 書畵史 硏究」, 『葦滄 吳世昌』(예술의 전당, 1996) 참조.

54 周壽昌의 편지글, 『中士簡牘帖』 중, "…呈上大小湖穎五管, 徽墨四笏, 詩箋倆匣 自選試帖詩一部…".

기부터 그려지는 무우 그림이 있다. 반조음(潘祖蔭, 1830-1890)의 편지에서는 청대의 미인도(美人圖) 두 폭을 다시 만나 볼 수 있다. 그 밖에 19세기 기명절지도(器皿折枝圖)류와 상관 있어 보이는 그림도 있고, 신명연의 화훼(花卉)를 보는 듯한 화훼 문양도 있다. 조선 후기 중국 화풍의 유입은 시전지라는 형태의 판화로도 이루어졌을 가능성을 보여 준다. 반면, 엽전과 고검, 혹은 옛 박종을 찍은 시전지도 있는데 이는 우리 나라의 회화 작품으로는 잘 그려지지 않은 것이지만, 19세기 조선에서 제작된 시전판 중에서 박종, 엽전 등을 찍은 예를 볼 수 있다.[55] 19세기 시전판의 내용이 매우 풍부했고 청대 시전 문화가 빠르게 흡수되었음을 알 수 있다.

19세기의 문인 청하(青下) 조승선(趙○○, 이름 미상, 承宣을 지냄) 앞으로 보낸 5통의 편지가 편지 봉투와 함께 전하는데 이들은 모두 청대 시전으로 볼 수 있다. 시전의 판화는 세련된 선으로 새겨져 있다. 정현오(鄭顯五)가 보낸 편지에 판각되어 있는 잠자리와 화초 그림은 청대 유용(劉墉)이 1756년에 벼루 감상에 대한 글을 적은 시전과 유사하다.[56] 조선 후기에 널리 그려진 초충도(草蟲圖) 양식이다. 정현오가 사용한 또 다른 종이에는 벌집 그림과 함께 청대 문인화가 운수평(惲壽平)의 시구가 찍혀 있다. 벌집의 재제는 운수평 이래 청대 중반기 양주화파(揚州畫派)에서 그려지게 된다. 이렇게 한 개인에게 온 여러 사람의 편지지가 대개 청대 종이이거나 적어도 청대 시전과 흡사한 문양이었던 사실을 통해, 19세기 조선의 문인 사회에서 청대 시전이 널리 사용되었던 사정을

55 칠보문 시전판도 매우 드물다. 영남대박물관 소장품 중 한 점을 찾아볼 수 있는데(유물번호 5702.) 이는 청대 시전지와 그 모티프가 매우 흡사하다. 19세기 문인들의 골동 취미를 반영한 듯하다.

56 조승선이 받은 편지와 봉투는 모두 영남대박물관에 소장, 『면과 선의 세계』, 圖147~圖151 참조; 청대 유용의 편지지는 『書道藝術』(東京: 中央公論社, 1976), 圖152, 圖153 참조.

충분히 헤아릴 수 있다.

서울의 한 개인 소장가(이겸노)는 19세기 후반경에 청대로부터 조선으로 유입되어 시장에서 판매된 시전지들을 여러 점 소장하고 있다.[57] 그 중에는 청대 이후로 유행하는 도석 인물상도 있고, 19세기 해상화파(海上畵派)의 거장 "임훈(任薰)이 그렸다"라는 글귀와 함께 임훈의 그림임직한 화훼화가 큼직하게 찍혀 있는 경우도 있다. 청대의 시전은 곧 중국에서 인기 있는 화풍을 담아내었고 이러한 청대 시전은 당시의 중국 화풍을 조선에 전달해 주는 역할을 했을 것이다.

19세기 조선에서 이루어진 시전판 제작은 이러한 청대 시전의 화풍에 민감하게 반응했다. 미인, 골동 등을 새긴 시전지판이 제작되어 오늘날 현전되는 것은 그러한 예이다. 그러나 우리 취향에 맞지 않아 우리 시전판 제작에 활용되지 않는 것도 있었다. 신위나 김정희가 사용한 청대 시전 중 종이 가득 다양한 문양이 찍히는 일종의 포장지 같은 시전은 좋은 예이다. 이는 청대에 널리 사용된 시전이었으나, 어지럽게 화려해 보이는 이미지는 우리 감각에 맞지 않았는지 시도하지 않았다.

또한 오늘날 민화(民畵)로 분류되는 회화들의 모티프를 내용으로 하는 시전지판들이 19세기에 제작된 예들이 있다. 예컨대 등용문을 오르는 의미로 학업을 장려하는 잉어 그림, 장수를 기원하는 학과 잉어와 상하로 함께 새겨진 경우 등이다.[58] 회화 및 공예에서의 기복적(祈福的) 문양의 유행은 청대 미술에서도 특징 중 하나로 널리 공유된 동아시아 미술문화였다는 점에서 이 역시 청대 화풍이 활용된 우리 시전판의 예에 들 것이다.

---

57 이겸노 저, 앞의 책에 일부분이 소개되어 있다.

58 『朝鮮時代 文房諸具』(국립중앙박물관, 1992), 圖37, 38 참조.

## 2. 사군자 화훼문의 유행

오늘날까지 현전하는 19세기의 시전판이 적지 않다.[59] 19세기 시전판은 청대의 시전지와 흡사하게 종이 바닥면 중앙에 그림을 찍는 경우가 많았으므로, 18세기의 그것보다 그림의 크기와 시전판의 크기가 커졌다. 판각의 기술 양태가 다양했고, 청대의 시전판 못지않은 섬세한 판각본도 찾아볼 수 있었다. 반면 조선 시대 19세기의 시전판은 청대의 그것과 같이 상품용으로 대량 제작 · 판매되는 성격이 아니었기에 오히려 전통적이고 개성적인 목판 제작이 가능했다.

19세기 시전판 내용의 전체 구성을 보기 위해 국립민속박물관 소장품과 영남대박물관 소장품 양상을 예로 들어 보고자 한다.[60] 아래 〈부록 1〉과 〈부록 2〉의 소장품 목록에서 / 표시로 된 것은 목판 앞뒤로 다른 그림이 새겨져 있는 경우이다. 나무를 아끼어 다양하게 활용하고자 한 사정을 엿볼 수 있다.

〈부록 1〉(국립민속박물관 소장품 시전 목판의 내용)

(유물 번호, 크기, 새겨진 그림, 새겨진 글씨 순 / 이후는 뒷면)

1269. (크기 미상) 모란

1270. 11×4.5㎝, 나리꽃과 나비 / 대나무

1362. 15.3×11.3㎝, 목련

1363. 12.5×5.3㎝, 매화

59 영남대학교박물관, 국립민속박물관, 국립중앙박물관 순으로 각각 수십 점이 소장되어 있었고, 서울대박물관, 온양민속박물관, 호암미술관, 삼성출판사박물관 등에 전한다. 개인 소장자로는 이겸노 님이 소장품을 여러 차례 공개했다.

60 여기서 현전하는 시전판을 예로 삼은 것은, 현전하는 시전지와 달리 국적이 분명하기 때문이다.

2393. 18.5×7.7㎝, 국화 / 연꽃

2394. 16.5×8.5㎝, 매화 대나무 / 국화

2395. (크기 미상), 파초 등

2396. 14×6.5㎝, 화병 매화, 玉○買春 / 난초, 同心之言

2468. 24.9×15㎝, 대나무, 貞心

6823. 24.5×13.5㎝, 괴석 · 소나무 · 꽃

16839. 24.5×11.5㎝, 매화, 文香○

16840. 17×6㎝, 향로, 呈瑞

16841. 28×15.5㎝, 화병의 꽃

21113. 25×15㎝, 7행 줄간 위에 난초

21114. (크기 미상), 모란

21115. 22.6×7.8㎝, 매화, 뇌문

21116. 18.5×5.7㎝, 매화, ○香 / 나무 아래 인물

21117. 16.4×6.3㎝, 국화 / 매화

21118. 12.5×6.7㎝, 꽃나무 * 뒷면에 손잡이가 달려 있음.

21119. 12.5×5.8㎝, 매화

21120. 10.2×5.5㎝, 도자기

24484. 46×24.8㎝, 난초, 同心○如) 모란, 香世界

24485. 22.1×13.8㎝, 달 · 바위 · 소, 望故鄉

〈부록 2〉(영남대박물관 소장품 시전지판의 내용)

4845. 49×25㎝, 국화 / 산수, 赤壁, 인물

4846. 23.5×22.5㎝, 화병의 매화, 扶正去邪, 花山主人吏隱堂 製箋

4853. 26×14.5㎝, 매화, 소나무, 惠風和暢, 晩翠齋 / 화병의 국화, 琴鶴堂

5700. 23.2×13㎝, 화병의 국화

5701. 24.4×11.3㎝, 화병의 국화, 玉壺/ 석류, 遠墨相信

5702. 25×13㎝, 7줄간 위의 칠보(엽전 · 청동 박종 등) / 난

5703. 21.2×9.8㎝, 국화와 나비

5704. 21.5×10.1㎝, 나리꽃 / 난, 貳人同心, 香觀製

11889. 7.5×5㎝, 모란

11890. 14.5×5.7㎝, 대나무 (* 봉투용)

11892. 12×9㎝, 매화

11893. 6.5×4.5㎝, 모란

11894. 14.5×6.3㎝, 대나무

11895. 10.5×4.5㎝, 대나무

11896. 14.3×15㎝, 난

11897. 10.2×6.5㎝, 난화 / 대나무, 春眠齋

11898. 19.5×6.5㎝, 매화 一枝春, 雲齋

11899. 20.5×11㎝, 국화와 나비

11900. 18×8.5㎝, 난과 매화 / 난과 대나무, 不可一日無此君, 松石軒

11901. 12.3×6㎝, 화병의 국화, 一日三秋

11902. 17.3×9.3㎝, 모란

11903. 21.2×11㎝, 대나무와 인물, 彈琴長嘯

11904. 12.6×6㎝, 화병의 매화, 疑是君

11905. 15×7.2㎝, 매화와 새

11906. 21×11.2㎝, 화병의 국화와 수초

11907. 17×5㎝, 화병의 매화, 疑是君

11908. 17.5×28.3, 12줄간 위 연꽃 매화 테두리 화초문

11909. 18.8×7.2㎝, 매화와 새, 槑笑堂

11923. 13.5×8.5㎝, 화병의 매화[61]

두 박물관에 소장된 시전지판의 판각된 그림 내용을 보면, 산수 · 인물 · 화훼의 모든 장르를 아우르고 있지만 화훼 문양이 지속적으로 많은 양을 차지하는 가운데, 군자적 특성을 가진 식물들인 매화 · 난 · 국화 · 대(梅蘭菊竹) 등이 주로 그려지는 현상이 두드러지는 것을 알 수 있다. 이는 명대 말기에서 청대에 이르는 중국 시전들이 골동, 기석, 인물, 산수, 동물문 등을 두루 다양하게 사용한 양상과 매우 다르다. 위 두 박물관 외에도 국립중앙박물관의 좋은 시전판들 및 몇몇 박물관이 좋은 소장품들이 지난 1992년의 전시 '조선시대 문방제구'에서 수십 점 소개된 바 있는데,[62] 사군자류의 화훼가 가장 유행했다는 양상은 동일하다.

이러한 19세기 시전판의 사군자 문양들에서, 조선 중기 매화도가 보여준 정신적 긴장감이나 19세기 초 김정희 · 조희룡 등의 난 그림이나 매화 그림 등에 담긴 조형적 예술성 및 미학적 함의를 담고 있다고 볼 수는 없다. 그러나 그러한 정신성과 예술성을 표방(標榜)하고자 하는 의도와 취향이 스며 있다는 점에는 의심이 없다. 사군자류 화훼의 정신적 상징성은 당시 이미지로 전달되는 소통 의미로 정착되고 애용되었다고 할 수 있으며, 이렇게 반복되는 수많은 시전판들 속에서 사군자류의 격조(格調)를 표방하는 일종의 통속화(通俗化) 경향을 감지할 수 있다.

사군자 화훼도의 시전지 판화가 실제적으로 통속화의 문화 범주에 드는가의 여부를 문제로 삼자면, 시전판 제작의 실제와 그 향유층을 고찰해야 하는 어려운 과제가 수반되어야 할 것이다. 수많은 시전판의 제작

---

61 박물관의 시전지 소장품은 대개가 19세기 제작품이며, 그렇게 일괄되어 정리되어 있다. 위의 두 박물관의 경우에는 국립민속박물관 유물 번호 6126, 크기 68×27.5㎝의 국화문과 12행 줄간이 새겨진 시전판은 19세기보다 시기가 올라갈 것으로 보아 포함시키지 않았으며, 영남대박물관 유물 번호 11920, 12.5x23.5cm의 10행 줄간에 매화문이 새겨진 시전판은 18세기 초반 이전으로 올라갈 것이라 보아 여기에 포함시키지 않았다.

62 전시 내용은 『朝鮮時代 文房諸具』(국립중앙박물관, 1992)에서 볼 수 있다.

[도 11] 동일 밑그림의 시전판들, 19세기(왼쪽부터 국립중앙박물관본, 영남대박물관본, 영남대박물관본)

경로를 밝히는 것은 이 연구에서는 역부족이었지만,[63] 다만 이 연구 속에서 여러 박물관의 시전판들을 살피다 보니 제작 양상을 추정하게 하는 흥미로운 단서를 발견할 수 있었다. 하나의 초충도를 밑그림으로 삼아 거듭 판각한 경우가 그것이다. 국립중앙박물관의 시전지판 나비와 국화 그림, 영남대박물관에서 각각 다른 출처로 유입된 두 판의 시전지판이 모두 같은 밑그림을 토대로 새겨진 것이었다.[64] 그 가운데 하나는 판각의 솜씨가 몹시 서툴러 향유층의 저변화를 추정하게 한다(도 11). 이는 널리 유행하는 사군자 화훼문의 시전판도 판본이 거듭 판각되면서 저변화

63 〈부록 1 · 2〉의 박물관 소장품의 시전판에 새겨진 글씨 중에 '○○齋' 혹은 '○○堂' 등이 포함된 경우가 많다. 이는 제작 경로를 살필 수 있는 중요한 단서이다. 다만 이 글자들은 시전판들을 직접 관람하면서 착오 없이 살펴야 한다. 이를 정리하면 중요한 제작 경로가 밝혀질 것이라 본다.

64 국립중앙박물관본은 유물 번호 신1971(12-5) ; 영남대박물관본은 각각 유물 번호 11899 및 5703.

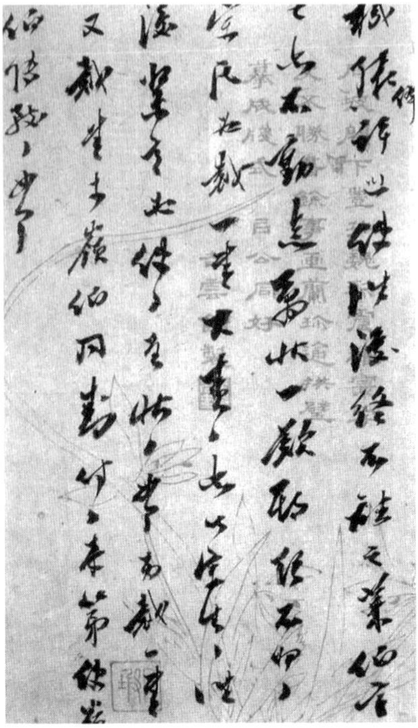

[도 12] 이하응이 사용한 시전지

된 향유층을 가졌을 것이라는 추정을 뒷받침해 준다.

끝으로 사군자류 화훼문의 유행과 관련해 논의할 것은 흥선대원군 이하응(李昰應, 1820-1898)의 시전지 제작이다. 이하응의 시전판 제작 및 시전지 사용은 별도의 고찰을 요할 만한 활동이었다. 그는 여러 종류의 시전판을 찍도록 했고 혹은 자신의 난 그림을 중국 길운당(吉雲堂)에서 제작하도록 했다.[65] 전하는 개인 소장 시전판 중에는 난이 새겨진 시전판에, "이 난은 변길운(卞吉雲)이 귀하게 소장한 것인데, 마침내 이를 본떠 시전판으로 만들었노라."라고 적힌 시전판도 있다.[66] 19세기 후반 시

65 『한국의 미』 6, 서예(중앙일보사, 1981), 圖17 및 임창순의 해설 참조.

66 『조선시대 문방제구』도 48의 시전판, 정소연 소장본으로 소개되어 있다. 한 면은 난 그림이 가로로 한 면은 세로로 새겨져 있으며, 양면 모두 글이 새겨져 있다. 가로로 그려진 난 그림 위에 다

[도 13] '석파각하전식(石坡閣下箋式)'이라 판각된 시전판 23.5×22.5×2cm, 영남대박물관 소장

전판 제작의 성행 속에서 조선의 그림이 중국으로 넘어가 시전판 제작의 밑그림이 되었던 흥미로운 사실을 제공해 주고 있다. 또한 이하응의 글이 적힌 종이나 봉투 가운데에는 '성흥(成興)'이라는 이름이 적힌 시전지를 사용한 바 있는데, 또 다른 시전지에는 "성(成)의 시전지 방식을 모방했으니 동호인으로 함께 한 것이라(摹成箋式 以公同好)"라는 글이 새겨져 있다(도 12). 이 글이 있는 시전지에는 난 그림 판화도가 붉은 색으로 찍혀 있는데 그 난의 형상이 김정희에서 이하응으로 이어지는 난의 모습으로 특히 S자 형태로 굽어지는 난잎의 곡선이 잘 드러나 있다. 이하응이 자신의 난 그림으로 시전판을 만들어 사용했던 것이다. 그 밖에 '이하응의 시전 방식(石坡閣下箋式)' 및 '길운통(吉雲筒)' 등의 글이 함께 새겨진 시전판도 있다(도 13). 이 역시 중국에서 이하응의 난 그림으로 판각한 것으로 사료된다. 여기에는 좌우가 뒤바뀐 이하응의 난이 다시 새겨져 있어, 이하응이 사용한 시전지가 새로운 밑그림이 되어

---

음과 같은 글이 새겨져 있다. "此蘭爲卞吉雲所珍藏, 遂摹之刻成詩箋."

제작된 시전판임을 알 수 있다. 이하응이 사용한 시전지의 예는 매우 다양하게 남아 있어,[67] 19세기 문인 사회의 시전지 문화, 나아가 회화 문화의 실상을 미루어 짐작할 수 있게 해 준다. 또한 이하응이 다른 이의 '○○전식(○○箋式)'을, 또 다른 이가 이하응의 전식을 활용한 위의 예로 미루어 개인 시전판 방식이 따로 명명되고 하나의 방식으로 인정되며 활용되었던 제작 상황을 알 수 있다.

이렇게 사군자류의 격조 있는 화훼문이 주를 이루는 19세기의 시전판 제작의 분위기 속에서, 조선에서만 볼 수 있는 특이한 경우로는 『삼강행실도』나 『오륜행실도』에 실렸던 행실도(行實圖)를 그대로 담아낸 시전판을 들 수 있다. 열녀(烈女) 김씨(金氏)가 남편을 위해 호랑이를 때려잡는 장면이 찍힌 시전지가[68] 여러 장 전하고 있다. 도덕과 격조의 취향을 중시한 당시의 분위기를 보여 준 시전지라고 할 수 있겠다.

## Ⅵ. 시전지 장식의 의미와 예술성

이상으로 살핀 조선 시대 시전지의 전개상을 정리하면 다음과 같다. 15세기에는 본격적인 시전지 문화가 이루어지지 않은 시기였기에 자세히 논하기 어려웠다. 16세기에 시작되어 17세기에 크게 유행한 시전지

67 이하응이 사용한 시전지는 한산 이씨(韓山李氏) 수당고택(修堂古宅)에 소장된 『李昰應 李載冕 書簡帖』에도 7점이 전한다. 이에는 국화 화병, 노안, 등용 잉어 등 화훼 및 민화류의 다양한 문양이 포함되어 있다. 『고문서에 담긴 옛 사람들의 생활과 문화』, 圖13 참조. 이 가운데 국화 화병 시전지를 찍은 시전 목판은 영남대박물관 소장품(11906)인 것이 분명해 이 서간첩은 19세기 조선에서 제작된 것이라 확언할 수 있다; 국립중앙박물관에 『흥선대원군필첩』이 전하며 이 가운데 연꽃과 백로 두 마리가 화면 가득 찍힌 시전지가 전시된 바 있다. 『한국의 종이문화』, 圖86. 이와 유사한 예는 찾지 못해 종이의 출처 단정이 어려운데, 화풍으로 보아 청대의 시전인 것으로 추정된다.

68 영남대박물관에 김씨 열녀 행실도가 찍힌 시전지가 여러 장 소장되어 있다.

는 8~16줄의 줄과 함께 그 오른편에 간단한 화병 화훼를 찍어넣는 방식이었다. 이 시기 시전지의 판화는 단색으로 찍혀 있으며 판화에 사용된 화훼문들은 대개 매 · 연꽃 · 죽 등으로 그 주제가 한정되어 있다. 18세기로 들면 17세기의 기본틀을 유지하면서 다색의 표현이 시도되었다, 또한 시전지에 판화로 찍히는 화훼류가 매화 · 연꽃 · 대나무〔竹〕를 넘어 불수감, 석류, 모란, 파초 등으로 다양화되었다. 19세기에는 청대의 시전이 대거 유입되어 사용되는 가운데 다양한 주제의 청대 화풍 및 청대 시전을 활용하는 우리 시전지 제작이 대대적으로 이루어졌다. 그러나 청대의 시전 문화와 다르게 조선 시대 19세기의 시전에는 사군자류와 화훼문이 주를 이룸으로써 도덕과 격조를 추구하고 표방하는 당시 문화의 성향을 보여 주었다.

이러한 시진지의 전개상은 회화사와 밀접한 관련을 갖는다. 15세기에는 노안도의 중국 시전이 유입되어 조선의 노안도 회화와의 연관을 보여 주었고, 16세기에서 17세기에 이르는 단색의 단아한 화훼문 시전지 유행은 당시 수묵화조화의 유행과 상통하는 시각 문화를 보여 준다. 또한 18세기 화훼문의 다양화와 다색 표현이 시도된 시전지는 당시 화훼 및 화조의 다양한 제재와 채색 위주로 전개된 화조화의 성행과 밀접하기 때문이다. 19세기의 시전지는 새로운 청대 화풍을 활용하는 통로가 되어 미인도 및 골동 등의 제재가 시전지와 회화에 두루 나타나게 되었으며, 19세기 우리 회화에서 난 · 매화 등을 중심으로 하는 화훼화의 성행은 시전판 제작에 반영되어 중국과 달리 사군자 화훼를 특별히 애호하는 시전지 문화를 누렸다. 이러한 분위기는 근대기 회화에서 사군자도가 전통 문인화를 대변하게 되는 현상을[69] 예시하는 시각 문화였다고도

69 한국의 사군자도 흐름에 대해서는, 홍선표, 앞의 글 참조.

할 수 있다.

근대기 이전 대부분의 판화 제작은 대량 보급을 주된 목적으로 했으며, 그 출발점이 회화를 판각해 옮기는 방식이었다. 따라서 판화가 회화를 선행할 수 없다는 전제를 가지며, 그 자체의 예술적 측면을 논하는 데 한계를 가진다. 그러나 조선 시대 시전지에 찍혀 있는 판화는 성격을 달리한다. 그 규모가 작고 내용이 반복적인 경우가 많아 사소해 보일지언정, 대량 생산의 목적이 전혀 없이 문인 각 개인의 아취를 표현하고자 하는 개인적 취향을 반영해 그 제작도 개인적으로 이루어졌다는 점에서 일반 판화 제작과 다른 성격을 지니기 때문이다.

아울러 판화 문양이 찍힌 시전지들은 그 기능면에서 대개 문인들이 특별히 애호하는 시문을 적어 놓는 시고, 혹은 감사와 축하 혹은 어려운 부탁 등의 내용을 전하는 편지지로 사용되었다. 시전지 문양의 대부분은 화훼 문양이거나 사군자류로, 이들 이미지에는 축복이나 인격 표방의 의미가 함축되어 있다고 공인되어 있었다. 즉 문인들의 시전지 사용은, 일상 속에서 서로의 뜻을 주고받는 역할과 개인의 인격과 멋을 표현하는 역할을 했다고 하겠다. 만약 오늘의 일상 문화와 거친 비교가 허락된다면, 문인들의 시전지 사용은 오늘날 화훼를 선물하는 다양한 의미들과 조응한다고 말해 볼 수도 있을 것이다.

이 연구에서 아쉬웠던 점은, 시전지 연구가 아직 출발점에 있기에 기존의 연구가 거의 없어 명칭에서부터 기본 자료를 수집하는 일에 이르기까지 어려움이 따랐다는 점이다. 또한 시전지 제작의 경로를 좀더 명확하게 밝힐 수 있었다면 문화 실상에 대한 다각적 접근을 해볼 수 있었을 것이나 이가 부족했다. 앞으로 우리에게 현전하는 자료들을 계속 보완하고 제작 현황을 좀더 자세히 살핀다면 이 글에서 추정으로 남겨둔 부분들이 입증될 수 있으리라 본다. 후일의 과제로 남겨 둔다.

## 〈참고 문헌〉

고연희, 「제화시문을 통해 본 수직구도 매화도의 전개상」, 『동방학』 6집, 2000.

金三基, 「朝鮮後期 製紙手工業硏究」, 중앙대학교 박사학위 논문, 2003.

김정희, 『(국역) 완당집』 Ⅱ, 민족문화추진회, 1989.

申緯, 『警修堂全藁』, 『한국문집총간』 291.

유홍준, 「시전지와 시전지 목판화 연구초」, 『면과 선의 세계』, 영남대박물관, 2001.

이겸노, 『문방사우』, 대원사, 1989.

李東拳, 「葦滄의 學藝 淵源과 書畵史 硏究」, 『葦滄 吳世昌』, 예술의 전당, 1996.

이태호 · 유홍준, 『朝鮮의 古版畵』, 한국애서가클럽, 1992.

諸洪圭, 『韓國書誌學辭典』, 景仁文化社, 1974.

홍대용, 『(국역) 담헌서』 Ⅳ, 민족문화추진회, 1974.

홍선표, 「우리 나라 사군자 그림의 역사」, 『우리 나라 사군자』, 예술의 전당, 1992.

______, 『조선시대회화사론』, 문예출판사, 1999.

국립민속박물관, 『한국의 종이문화』, 국립민속박물관, 1995.

국립중앙박물관, 『朝鮮時代 文房諸具』, 국립중앙박물관, 1992.

영남대박물관, 『조선시대 목판전 : 면과 선의 세계』, 영남대박물관, 2001.

성균관대박물관, 『槿墨』, 성균관대박물관, 1992.

예술의 전당, 『詩書畵三絶 紫霞 申緯』, 예술의 전당. 1991.

______, 『葦滄 吳世昌』, 예술의 전당, 1996.

예술의 전당 서울서예박물관, 『표암 강세황』, 예술의 전당, 2003.

『옛 문인들의 초서간찰』, 한국고간찰연구회, 2003.
정신문화연구원, 『고문서에 담긴 옛 사람들의 생활과 문화』, 정신문화연구원 장서각, 2003.
______,『韓國簡札資料選集』, 한국정신문화연구원, 2002.
학고재, 『遊戱三昧』, 학고재, 2003.
『한국의 미』 6, 서예, 중앙일보사, 1981.

『蘿軒變古箋譜』, 上海: 上海博物館 朶雲軒, 1981.
單國强, 「古代仕女畵槪論」, 『故宮博物院刊』, 北京: 故宮博物院, 1995.
『明代名人墨寶』, 上海: 上海書店出版社, 1995.
『明淸書畵家尺牘』, 上海: 上海書店出版社, 1996.
『北平箋譜』, 北京: 榮寶齋, 1922.
『十竹齋箋譜』, 北京: 版畵叢刊會, 1934.
『中國書蹟大觀, 遼寧省博物館 上』, 北京: 文物出版社, 1992.

小林宏光 저, 김명선 역, 『중국의 전통판화』, 시공사, 2003.
植村和堂, 『筆 · 墨 · 硯 · 紙』, 東京 : 理工學社, 1977.
『書道全集』, 東京: 平凡社, 1955.
『書道藝術』, 東京: 中央公論社, 1976.

Tsien Tsuen-hsuin(錢存訓), "Paper and Printing," Joseph Needham, *Science and Civilisation in China*, V5, Cambridge University of Press, 1985.

# 18세기 음악의 '촉급화(促急化)' 현상과 지식인의 대응

성기옥

## Ⅰ. 머리말

유가적 세계관을 개인과 국가의 가치 기반으로 삼아 전개해 온 조선왕조의 역사에서 '음악'은 오늘날의 현대 사회에서와는 다른 독특한 위상을 갖는다. 한편으로 유가적 세계관의 이념적 굴대를 형성하는 예악 사상(禮樂思想)의 중심축으로 자리하면서, 다른 한편으로 개인과 사회의 일상적 삶에 정서적 자양분을 공급하는 예술 영역의 중심축으로 자리하기 때문이다. 이는 후자의 기능이 중심이 되는 현대 사회에서의 음악이 지니는 위상과는 완연히 다른 측면이라 할 수 있다.

조선 시대와 현대 사이에 보이는 음악의 이러한 위상 변화에 관심을 둘 때 18세기 음악의 양상은 특히 주목의 대상이 될 수 있다. 갖가지 사회문화적 변동에 수반되어 나타나는 이 시기 일련의 음악적 변화는 전통 사회와 현대 사회 사이에 보이는 문화적 위상 변화를 가늠해 볼 수 있는 중요한 징검다리 구실을 하고 있다고 판단되기 때문이다. 이런 측면에서 이 시기의 문화적 변동을 주도해 나간 지식인들의 노래 문화를 중심으로 그 지형도를 그려 보는 것은 중요한 의의를 지니는 작업으로 생각된다. 18세기 노래 문화의 현상을 단순한 역사적 현상으로 보는 것을 넘어서서, 오늘날 현대 사회에서도 되새겨 볼 지식인 문화의 좌표로서, 혹은 반성적 거울로서도 의미를 지닐 수 있을 것으로 보이기 때문이다. 더욱이 이런 시각의 연구는 이 특성화 과제의 중심 주제인 한국 문화의 일상성을 해명하는 데에도 의미 있는 기여를 할 것이라 생각된다.

그러나 이 연구를 진행해 나가면 나갈수록 작업량이 점점 방대해져서 이 문제를 하나의 논문으로 해결하기에는 불가능함을 깨닫게 되었다. 애초에 기획된 연구의 구도는 (1) 18세기 음악의 변화와 음악적 인식의 추이, (2) 노래의 향유 전통 변화와 그 양상, (3) 노래 문화의 사회적 메커니즘, (4) 18세기 노래 문화의 일상 문화적 위상이라는 네 개의 소주제로 이루어져 있었다. 그러나 작업을 계속 진행해 나가는 동안에 조사 · 분석하고 밝혀서 의론화할 것들이 계속 늘어나서, 여기서는 부득이 (1) 항만을 떼어서 별도의 논문으로 다룰 수밖에 없었다. 따라서 이 논문을 통해 밝히고자 하는 것은 음악 문화사적으로 중요한 변화의 획을 긋고 있는, 18세기 음악 문화의 대중화 현상과 이 대중화 현상에 대한 당시 지식인들의 대응 태도를 살피는 것이 일차적 목적이다. 이는 또한 오늘날 우리가 직면하고 있는 현대 문화의 대중화 문제를 '문화 변동기의 대중화와 지식인의 대응 양식'이라는 관점에서 반성적으로 성찰해 보고자 하는 이차적 목적과 직접 연결되어 있다.

## II. 『양금신보』와 『어은유보』의 거리: 고조(古調)와 시조(時調)

17세기 전반 임진 · 병자 양란의 여파로 인해 앞시대의 음악적 전통이 붕괴됨으로 말미암아, 18세기의 음악적 상황은 성악곡 · 기악곡 가림 없이 큰 변화를 겪게 된다. 이런 사정은 임진왜란 직후 전라도 남원에 피난와 있던 장악원 악사 양덕수(梁德壽)가 편찬하고 임실군수 김두남(金斗南)이 목판본으로 간행한 『양금신보(梁琴新譜)』(1610)가 후세에 미친 영향을 보면 짐작이 가능하다. 『양금신보』가 후대의 음악가들에게 대단히 큰 영향을 미쳤음은, 뒤에 편찬된 수많은 악보집과 음악 관련 기록들에 어느 악서(樂書)보다 가장 빈번히 인용 · 전재되고 있다는 사실이 잘 말해 주고 있다. 특히 18세기의 음악적 변화와 관련해 살필 때 이런 현상은 두 가지 측면에서 중요한 시사점을 던진다.

먼저 후대의 음악가들이 자기 시대의 음악적 전통을 『양금신보』에 주로 기대고 있다는 사실에 주목해 볼 필요가 있다. 송방송은 이를 두고 "목판본으로 인쇄되었으므로 필사본으로 전하는 다른 악보보다 세상에 널리 퍼졌"기 때문이라고 진단하고 있지만,[1] 그 까닭을 이에서만 찾는 데는 아무래도 좀 부족한 감이 있다. 임진왜란 전의 『금합자보(琴合字譜)』(1572)도 목판본으로 간행되었지만 『양금신보』만큼 그 영향력이 크지 않았기 때문이다. 이로 보아 더 큰 이유는 오히려 17세기 이후 나타나기 시작한 전대 음악의 영향력 약화에서 찾아야 할 것으로 생각된다. 『양금신보』야말로 17세기 이후의 음악적 변화상을 가장 잘 설명해 줄 수 있는 자료인 것이다.

다 같이 거문고 악보이면서 목판본으로 간행된 『금합자보』와 『양금신보』는, 출간 시기가 불과 40여년 차이밖에 나지 않으면서도 그 음악적 성격에서는 상당한 차이를 보인다. 이는 특히 두 악보집에 수록된 악곡의 목록들에서 잘 드러난다.

---

1 송방송, 「양금신보」, 『민족문화대백과사전 14』(서울: 한국정신문화연구원, 1991), 701쪽.

우선 『금합자보』에는 「평조만대엽(平調慢大葉)」, 「정석가(鄭石歌)」, 「한림별곡(翰林別曲)」, 「감군은(感君恩)」, 「평조북전(平調北殿)」, 「우조북전(羽調北殿)」, 「여민락(與民樂)」, 「보허자(步虛子)」, 「사모곡(思母曲)」 등 9곡이 수록되어 있는데, 이들 거의 대부분이 왕실 음악의 전형에 드는 악곡들이라 할 수 있다. 「정석가」, 「사모곡」, 「한림별곡」, 「보허자」는 고려 시대 이래 왕실 음악으로 계속 사용되어 온 속악곡들이며, 「감군은」, 「여민락」은 조선의 창업과 더불어 왕실 음악용으로 새로이 만든 악장들이기 때문이다.

그러나 『양금신보』에 수록된 「만대엽」, 「북전」, 「중대엽(中大葉, 心方曲)」, 「중대엽우조(中大葉羽調)」, 「중대엽우조계면조(中大葉羽調界面調)」, 「중대엽평조계면조(中大葉平調界面調)」, 「조음(調音; 속칭 다ᄉᆞ림)」, 「감군은」 등 8곡은 이와 성격이 다르다. 전형적인 왕실 음악이라 할 수 있는 곡은 「감군은」 한 편밖에 없고, 나머지는 왕실 음악으로서보다 왕실 밖 민간의 사대부 지식인들이 즐겨 향유한 악곡들에 해당하기 때문이다. 「만대엽」과 4조의 「중대엽」 등 대엽곡(大葉曲) 5곡은 정통 시조 음악에 속하는 곡들이고, 「북전」과 「조음」도 시조 음악과 밀접한 관련 아래 향유된 악곡들인 것이다. 『금합자보』가 장악원에서 주로 사용하던 왕실 음악 중심의 거문고보적 성격이 강하다면, 『양금신보』는 왕실 밖의 사대부 지식인들이 주로 즐기던 민간 음악 중심의 거문고보적 성격이 강한 것이다.

물론 두 악보집의 이러한 성격 차이를 16세기와 17세기 사이, 혹은 임진왜란을 계기로 한 앞뒤 시대 음악 문화의 급격한 변화를 반영한 것이라는 식의 성급한 논리를 끌어와서는 안 될 것이다. 『양금신보』가 임진왜란 후에 편찬되었다고 해서 수록된 악곡들도 전쟁 후의 변화된 음악상만을 반영한 자료로 볼 수 있는 것은 아니기 때문이다. 전쟁이 끝난 지

불과 10여년 사이에 이런 식의 변화가 일어난다는 것도 있을 수 없는 일일 뿐더러, 편찬자 양덕수가 전쟁 전에 장악원 악사로 재직하고 있었다는 사실에 비추어 더욱 그럴 가능성이 없다. 양덕수에 관한 전기적 사실이 간행자 김두남의 「양금신보 서(梁琴新譜序)」에 나타난 정보 외에는 전혀 없기 때문에, 그 구체적인 생애를 복원해 내기는 현재의 여건으로서 거의 불가능하기는 하다. 그러나 양덕수가 전쟁 전 장악원 악사로 재직하다가 전란을 피해 남원으로 내려와 있었다는 사실에 비추어, 그가 보유한 음악이 주로 임진왜란 전에 익힌 자료들임은 의심할 여지가 없다. 또한 김두남과는 전쟁 전부터 익히 알고 있었던 사이라는 사실에 비추어, 장악원에 재직하면서도 명연주가로서 사대부 지식인들과의 교유가 상당히 활발했으리라는 짐작도 충분히 가능하다.

이런 정황을 감안한다면 『금합자보』와 『양금신보』의 성격 차이는 40여년 사이에 일어난 음악 문화의 급격한 변화로 말미암기보다 두 악보집의 편찬 태도로 말미암은 차이로 해석해야 할 개연성이 훨씬 더 높다. 곧 16세기 중 · 후반에 보유하고 있던 장악원의 거문고 악곡 가운데 『금합자보』는 주로 장악원에서 사용할 왕실 음악 위주로 편찬된 악보집이고, 『양금신보』는 민간 사회에서 주로 애용하던 악곡 위주로 편찬된 악보집이라 할 수 있다.[2]

16세기까지만 해도 조선의 음악 문화를 주도하면서 계속적인 영향력

---

2 이는 『양금신보』가 편찬, 간행된 앞뒤의 사정을 살펴도 수긍할 수 있는 바이다. 우선 남원에서 『양금신보』를 편찬할 당시 양덕수는 김두남의 서(序)에 '전 악사(前樂師)'로 표현되어 있듯이 장악원 악사로서의 공적 신분을 지니고 있지 않았다. 왕실 음악의 보존을 위해 거문고보를 편찬할 위치에 있지 않았던 것이다. 또한 김두남이 『양금신보』의 편찬을 권유한 이유를 보아도, "거문고 연주에 뛰어나면서 문장 또한 능하니 거문고보를 만들어 그 법을 전함으로써 금도(琴道)를 끊어지지 않게 하는 것이 전문가로서의 책임이 아닌가(善彈琴又能文 作譜傳法 使琴道不絕 非師之責耶)"(『양금신보』, 통문관 영인, 52쪽)라고 한 데서의 '금도'를 왕실 음악으로서의 '금도'로 보기도 어렵다. 민간인 신분으로서 편찬하고 지방 관아인 임실군에서 간행한 사실에 비추어, 민간 사회의 사대부 음악이 지향하는 '금도'로 보는 것이 어느 모로나 더 온당한 해석일 것이다.

을 미치고 있었던 것은 뭐니뭐니 해도 국가적 차원의 왕실 음악을 첫손 꼽지 않을 수 없다. 퇴계(退溪) 이황(李滉)이 왕실 음악의 영향력 아래에 있었던 「쌍화점」과 「한림별곡」을 비판하고,[3] 백운동서원—뒤의 소수서원—에서 창작 · 연행한 주세붕(周世鵬)의 경기체가 작품을 황준량(黃俊良)이 비판한 사실[4]이 이를 반증해 준다. 이들의 비판을 역으로 해석하면, 16세기까지만 해도 왕실 성악곡들이 그만큼 민간 사회에서 널리 향유되고 있었던 것이다.

그러나 16세기에는 또한 중요한 변화도 함께 일어나고 있었다. 16세기 중반에 들면서부터 왕실 음악의 영향력을 벗어나려는 움직임이 상층의 사대부 지식인 사회를 중심으로 동시에 일어나고 있었다. 곧 왕실 음악 가운데서도 특히 시조 음악과 직결된 대엽곡이 지식인 사회에서 인기를 끌어, 대엽곡을 중심으로 한 자기네들만의 독자적 음악 문화를 형성해 나가기 시작한 것이다. 김구(金絿), 송순(宋純), 이현보(李賢輔), 주세붕 등이 대엽곡에 얹어 부르는 시조 작품을 활발하게 창작하고 있는 현상이 이를 대변해 줄 것이다. 이런 움직임은 16세기 후반에 들면서 더욱 활성화되어, 대엽곡이 왕실 음악으로서보다 사대부 지식인의 향유물로서 더 큰 구실을 하기에까지 이른다. 이황(李滉), 정철(鄭澈), 이이(李珥), 권호문(權好文) 등의 시인들이 시조 문학의 꽃을 피울 수 있었던 것도 사대부들의 이러한 독자적 음악 문화 형성과 직결되어 있다.[5] 이황, 황준량 등의 속요 · 경기체가에 대한 비판도 이러한 음악적 분위기와 무관하다고 할 수 없다.

---

3 李滉, 「書漁父歌後」, 『退溪集』 권43(문집총간 30, 458쪽); 「陶山十二曲跋」, 『퇴계집』 권43(468쪽).

4 黃俊良, 「上周愼齋論竹溪志序」, 『錦溪先生文集』 內集 권4(문집총간 37, 44쪽).

5 이와 관련된 역사적 · 이념적 배경에 관련된 문제는 성기옥, 「樂學軌範과 성종대 俗樂 논의의 행방」, 한국시가학회 편, 『詩歌史와 藝術史의 관련 양상』(보고사, 2000), 223-226쪽 참고.

『양금신보』가 『금합자보』보다 후대의 음악 문화에 훨씬 더 큰 영향을 미칠 수 있었던 까닭을 여기에서 찾을 수 있을 것이다. 17세기는 곧 16세기 중반부터 독자성을 얻기 시작한 민간의 사대부 음악이 왕실 음악으로부터 분리된 시기라 할 수 있다. 조선의 음악 문화는 이로써 국가 중심의 왕실 음악과 민간 중심의 사대부 음악으로 크게 이원화되는 다양성을 확보한다. 시간이 흐를수록 왕실 음악은 민간 사회에서 그 영향력을 상실해 나간 반면,[6] 대엽곡 중심의 사대부 음악은 민간 사회의 대표적 음악 문화로 더욱 더 확고한 지위를 굳히며 발전해 나간 것이다. 후대의 음악가들이 왕실 악곡 중심의 『금합자보』보다 대엽곡 중심의 『양금신보』를 더 선호했던 것은, 이러한 음악 문화의 흐름에 비추어 당연하고도 자연스러운 수순이었다고 할 수 있겠다.

그러나 18세기 음악 문화의 변화와 관련해 『양금신보』에 주목하는 것은 이것만이 아니다. 17세기와 18세기 사이에 일어나는 사대부 음악의 급격한 변화 또한 그 실마리를 『양금신보』에서 끌어 낼 수 있다. 17세기만 해도 가장 새로운 경향의 음악을 반영한 악보집으로 환영받던 이 『양금신보』가, 18세기에 이르면 오히려 고풍스런 전통의 옛날 음악으로 인식하기에 이르고 있기 때문이다. 18세기의 가집 『악학습령(樂學拾零 : 병와가곡집)』에는 17세기 초의 자료인 『양금신보』와 18세기 전반의 자료인 김성기(金聖基)의 『어은유보(漁隱遺譜)』[7]를 두고 그 음악적 성격을 다음과 같이 비교한다.

---

6 덧붙여 17세기에 들어 왕실 음악의 영향력이 이처럼 크게 약화되게 된 배경에는 임진 · 병자 양대 전란으로 말미암은 악기의 망실, 악사 · 악공의 이산(離散) 등으로 회복 불능의 상태에 이를 만큼 제도적 붕괴의 위기를 맞게 되면서, 왕실 음악이 제대로 기능을 수행할 수 없게 된 것도 그 중요한 원인으로 자리잡고 있을 것이다.

7 이 악보집은 김성기 자신이 직접 편찬한 악보가 아니라, 후대(정조 때)에 김성기가 연주하던 유보(遺譜)를 그의 제자들이 채록하여 남긴 악보집에 해당한다. 이런 유의 악보집은 『어은유보』 외에도 비슷한 시기에 편찬된 것으로 보이는 『낭옹신보(浪翁新譜)』가 있다.

> 본 왕조의 양덕수가 지은 거문고 악보는 『양금신보』라 하는데 이를 고조(古調)라 일컫고, 본 왕조의 김성기가 지은 거문고 악보는 『어은유보』라 하는데 이를 시조(時調)라고 일컫는다.[8]

『양금신보』의 악조를 '고조(古調 : 옛날조)'라 하고 김성기가 연주한 악조를 '시조(時調 : 요사잇조)'라 일컫는다는 것은, 곧 새로이 정립된 사대부 지식인 음악으로서의 대엽곡 또한 100여년이 지나는 사이에 큰 변화를 겪고 있었음을 뜻한다. 실제로 두 악보집에 수록된 악곡들을 비교해 보면 18세기에 이르러 이들을 '고조(옛날조)'와 '시조(요사잇조)'라 지칭하게 된 전후의 사정을 대강이나마 짐작할 수 있다.

우선 18세기 전반의 『어은유보』가 100여년 전 『양금신보』의 음악적 전통을 직접적으로 잇고 있다는 것만은 분명한 사실이다. 이는 두 악보집에 수록된 악곡들이 공통적으로 '조음', '북전', '중대엽'을 중심 레퍼토리로 삼고 있는 데서 짐작할 수 있는 바이다. 곧 두 악보집은 100여년의 시간차에도 불구하고 비대엽곡 계열의 「조음」과 「북전」을 대엽곡 계열과 긴밀히 연결시켜 연주하는 공통성을 지니고 있다. 『양금신보』의 연주 전통이 100여년 뒤의 『어은유보』에까지 변함없이 그대로 계승되고 있는 것이다.

이런 사실은 『어은유보』와 비슷한 시기에 편찬된 또 하나의 김성기 금보라 할 『낭옹신보(浪翁新譜)』에 수록된 악곡들을 통해서도 뒷받침될 수 있다. 『낭옹신보』 또한 '조음', '북전', '중대엽'이 중심 레퍼토리로 짜여져 있기 때문이다. 이런 점에서 김성기의 금보를 '요사잇조(시조)'라 일컫는 새로움도 과거에 없던 전혀 새로운 음악의 출현을 뜻하는 것이

8 本朝梁德壽作琴譜 稱梁琴新譜 謂之古調 本朝金成器作琴譜 稱漁隱遺譜 謂之時調(『樂學拾零(瓶窩歌曲集)』, 동국대 한국학연구소 영인, 5쪽).

아님을 알 수 있다. '요사잇조〔時調〕' 혹은 '새로운 조〔新調〕'로 지칭된 18세기의 음악적 변화 또한 어디까지나 『양금신보』의 음악적 전통 아래에서 이루어진 변화인 것이다. 그것이 바로 500여년의 역사를 지니며 지금까지 이어져 내려오는 시조 음악으로서의 '가곡(歌曲)' 전통이다.

그렇다면 '요사잇조(시조)'로 지칭된 『어은유보』의 새로움, 대엽곡을 중심으로 한 18세기의 음악적 변화란 구체적으로 어떤 것일까. 악조 및 선법의 변화, 악곡의 분화나 성격 변화 등도 충분히 예상할 수 있기는 하다. 그러나 손쉽게 살필 수 있는 두드러진 변화는 삭대엽(數大葉)의 출현으로 인한 가곡(대엽곡)의 음악적 체제 변화를 꼽아야 할 것이다.

이미 살핀 바처럼 『양금신보』의 대엽곡들은 4개의 악조—심방곡, 우조, 우조 계면조, 평조 계면조—로 이루어진 중대엽이 중심을 이루고 있었다. 삭대엽은 이 시기에 아직 성악곡으로 사용되지도 않았던 것이다. 『양금신보』의 '중대엽 평조 계면조' 란의 말미에 첨기된 "「삭대엽」, 「여민락(與民樂)」, 「보허자(步虛子)」, 「영산회상(靈山會上)」 등의 곡들은 무용 장단에 사용되므로 거문고 학습상 먼저 힘쓸 일이 아니다. 그러므로 여기서는 생략한다"[9]는 기록이 이를 뒷받침한다. 곧 17세기 초에는 가곡(대엽곡)이 중대엽 중심으로 편성되어 있었으며 만대엽은 쇠락의 과정을, 삭대엽은 아직 출현조차 하지 않은 상태였다.

그러나 100여년 뒤 『어은유보』의 악곡 구성을 보면 위에 든 '조음', '북전', '중대엽' 외에 '삭대엽'이 새로이 추가되어 있다. 그것도 악곡의 배열이나 곡목의 분화에 있어 중대엽보다 삭대엽이 오히려 가곡(대엽곡)의 중심부를 차지하고 있다. 다시 말해 18세기 전반에 이르면 중대엽이 쇠락의 과정을 밟는 반면 삭대엽이 더 크게 발전하는 가곡의 전면적인

---

9 數大葉與民樂步虛子靈山會上等曲 用於舞蹈之節 非學琴之先務 姑闕之(梁德壽, 『梁琴新譜』, 통문관 영인, 1959, 42쪽).

판도 변화가 일어나고 있는 것이다.[10] 다음 예를 통해 우리는 18세기 전반의 그러한 판도 변화를 읽어낼 수 있을 것이다.

> 나는 어릴 적부터 노래를 좋아하여 거의 침식을 잊을 정도였다. 혹 천석간(泉石間)을 찾아 그 자연의 소리를 듣기도 하고 혹 거문고와 비파를 좇아 대소현(大小絃)의 줄을 고르기도 하면서 스스로도 얻음이 있는 양 되뇌이기도 했다. 이 방면의 권위자에게 물어 모자란 점을 채울 생각도 있었으나 세상을 둘러보아도 이런 말을 해 줄 수 있는 사람이 없어, 매양 곡(曲)을 어루만지고 배회하면서 부질없이 수원산고(水遠山高)의 뜻만 지니고 있을 뿐이었다. (그러던 차에) 을미년(1715) 봄 마침 김공 유기(金公 裕器)가 서울에서 내려왔으니, 공은 곧 오늘날 가곡계의 독보적인 분이다. 내가 찾아가 인사 드리고 맛보기로 요즈음 노래〔時譜〕를 연주해 주기를 청하니 공은 웃을 뿐 응하지 않았다. 밤이 깊어서야 비로소 몇 곡을 노래했는데, 마치 금석(金石)의 악기에서 나오는 소리인 듯 그 소리의 형상과 울림에 바로 응할 수조차 없었다. 나는 정신이 멍한 듯 넋을 잃은 채 '바른 소리〔正聲〕가 여기에 있구나'며 속으로 중얼거렸다.
>
> 이튿날 김공을 초치해 별관에 모셔 두고는 마침내 두세 명의 동지와 함께 과거에 배운 소리를 모조리 버리고서 가르침을 청했다. 공은 "잘한 일

10 그렇다고 이러한 삭대엽계의 곡들이 『어은유보』에서 갑자기 새롭게 출현한 것은 물론 아니다. 삭대엽이 성악곡으로 문헌에 처음 등장하는 것은 『양금신보』보다 10여년 뒤에 저술된 이득윤(李得胤)의 『현금동문유기(玄琴東文類記)』(1620)에서이므로 가곡으로서의 삭대엽 역사 또한 짧지는 않기 때문이다. 게다가 삭대엽이 『어은유보』에 이르러 중대엽을 누르고 가곡의 중심부로 부상한 것으로 해석할 수 있는 것도 물론 아니다. 17세기 전반까지 중대엽의 위세에 눌려 있다가 서서히 부상해 17세기 후반에 이르면 이미 중대엽의 위세를 누를 만큼 그 세력을 크게 확장하고 있음을 이 시기에 편찬된 『금보신증가령(琴譜新增假令)』(1680) 등의 몇몇 악보집을 통해 짐작할 수 있기 때문이다. 그러나 18세기에 들면서 삭대엽의 세력은 중대엽을 완전히 압도할 만큼 급격히 가속화되어 나갔으며, 이런 가곡계의 새로운 판도 변화 추세를 『악학습령』에서는 당세에 가장 영향력을 지녔던 음악가 김성기를 대표적으로 내세워 『어은유보』를 '요사잇조(시조)'라 일컬었던 것으로 풀이할 수 있다.

> 이로다. 노래는 고금(古今)의 두 조(調)가 있나니, 슬프고 촉급한 것은 '세상을 피폐하게 하는 음〔衰世之音〕'으로서 요사이 사람들이 취하는 바이고, 화평하면서도 느린 것은 '태평의 소리〔太平之聲〕'로서 내가 취하는 바이다. 우리 나라 가요는 한문과 우리말을 뒤섞어 비록 고악부(古樂府)와 다름이 있기는 하지만, 이 또한 풍화(風化)의 일단이므로 노래 또한 깊이 살피지 않을 수 없다"고 하고는, 보자기에 감추어 둔 노래집과 공이 지은 신번(新翻) 10여 수를 꺼내어 보이며 "이것이 바로 그 고아하기로 이름난 백설가(白雪歌)의 노맥(路脈)이니라" 했다. 마침내 평조(平調) 등의 제곡(諸曲)을 매일 부과해 가르치니, 우리도 전심을 기울여 학습했다. 여러 해 가르침을 받은 뒤 비로소 흉내를 낼 수 있을 수준에 이르자, 공은 "이젠 제곡조를 이룰 정도가 되었다. 아직 끝내지 못한 것은 오로지 심방곡(尋芳曲) 중 중대엽 두 조(調)만 남았을 뿐이니, 이는 곧 맹자의 이른바 종조리(終條理)에 해당하는 것이니라. 이것만 마치면 다 배웠다 해도 좋을 것이니라"고 했다.[11]

이 글은 대구에 거주하던 중간층 신분의 가객 한유신(韓維信, 1690경-1765)이 자작 시조 11수를 『영언선(永言選)』으로 묶어 내면서 쓴 「영언선 서(永言選序)」의 한 부분이다.[12] 1715년 무렵 대구에 내려온 서울

---

11 余少而好歌 殆忘寢食. 或從泉石間 聽其自然 或就[琴]瑟二家 和大小紘 自謂若有得. 思欲一質於大方君子 以進其所不及 而顧世無能言者 每按曲裵回 徒有水遠山高之思. 乙未春 金公裕器適自京師來 公卽今代之爲獨步也. 余往省之 試以時譜叩之 公輒笑以不應. 夜久始音數闋 聲出金石 若不可影響焉. 余乃窅然自喪 私語心曰 正聲在是矣.

厥明 延公置別館 遂與二三同志 盡棄舊學而請敎焉. 公曰不亦善乎 歌有古今二調 哀而促者 衰世之音 而時人之所取也. 和而緩者 太平之聲 而吾之所取也. 我國歌謠雜而方言 雖與古樂府有異 而○○風化之一端 歌不可不審. 仍出橐中所藏永言○ 及公之自製新翻十餘闋 以示曰 此白雪歌路脈也. 遂以平調等諸曲 日課而授之 不佞等專心學習. 閱累年而始能效頻 公曰調成矣 所未竟者 獨有尋芳曲中 中大葉兩調 此聖門所謂終條理也 了此可卒業矣(韓維新, 永言選序, 『朴氏本海東歌謠』; 규장문화사 영인, 1979, 111쪽; ○표는 판독 불능 글자임).

의 가객 김유기(金裕器)로부터 본격적으로 가곡을 배우게 된 경위를 서술하고 있다. 이 대목에서 우리가 주목해야 할 바는 물론 중대엽의 쇠락 현상이다. 김유기는 몇 해에 걸쳐 "평조(平調) 등의 제곡(諸曲)"을 한유신 등에게 학습시킨 다음, 마지막 단계로 중대엽 두 조(調)를 가르침으로써 수년에 걸친 가곡 학습의 전 과정을 마무리하고 있다. 이는 곧 무엇을 말함인가.

김유기 자신의 입장에서 보면 물론 가장 격조 있고 오묘한 음악으로서 지닌 중대엽의 지고한 가치 때문이라 할 수 있겠다. '세상을 피폐하게 만드는 음〔衰世之音〕'을 좇는 시속의 노랫조〔今調〕보다는 '태평의 소리〔太平之聲〕'를 좇는 예스런 노랫조〔古調〕를 취한다는 자신의 음악적 지향에 따라, 모든 가곡계 노래를 집성적으로 마무리짓는〔終條理〕 악곡으로서 중대엽을 높이 평가하고 있기 때문이다. 그러나 중대엽을 맨 나중에 가르친 까닭이 과연 이런 이유에서뿐일까.

뒤집어 생각한다면 이는 곧 18세기 전반에 중대엽은 이미 가곡 향유자들에게 배우기 어려운 낯선 곡으로 인식되었던 때문으로 해석할 수 있다. 다시 말해 이 시기 중대엽은 이미 대중으로부터 멀어져 가곡계의 뒷전에 밀려나 있었던 것이다. 김유기가 중대엽에 앞서 가르쳤다는 '평조(平調) 등의 제곡(諸曲)', 한유신이 김유기를 처음 만나면서 청한 '요사이 노래〔時譜〕', 김유기에게 배우기 전 한유신이 익혔던 곡들이 모두 삭대엽계의 가곡일 것임은 물론이다. 그러므로 중대엽에 대한 김유기의 이 유난한 애정은 시속(時俗)을 좇기만 할 뿐인 가곡계의 무정향성(無定向性)에 비판을 가하는 일종의 반어적 어법으로 풀이할 수 있다.

어떻든 대세는 이미 삭대엽계 노래로 넘어가, 중대엽이 크게 위축되는

---

**12** 현전하는 『해동가요(海東歌謠)』의 최고본(最古本)으로 알려진 『박씨본 해동가요(朴氏本 海東歌謠)』의 유명씨 편(有名氏篇)과 무명씨 편(無名氏篇) 사이에 삽입되어 있다.

처지에 놓여 있던 것이 18세기에 들면서 일어난 가곡계의 두드러진 변화이다. 이런 사정은 1728년 편찬된 김천택의 『진본청구영언』에 수록된 시조 작품의 분포에서도 잘 드러난다. 중대엽 3곡에 얹어 부를 수 있는 작품이 각 1수씩 단 3수에 지나지 않음에 반해, 삭대엽 3곡에 얹어 부를 수 있는 작품은 무려 437수가 배열되어 있는 것이다. 악곡별로 배분된 노랫말 수의 많고 적음이 곧바로 이들 악곡의 운명을 가름하는 지렛대가 되지는 않는다 하더라도[13] 그 인기도를 가름하는 잣대로서는 충분히 눈여겨 볼 가치가 있다. 극히 제한된 몇몇 작품들만 중대엽에 얹어 부른다는 것, 압도적인 다수의 작품을 삭대엽에 얹어 부른다는 것은 18세기에 들면서 가곡은 이미 삭대엽 우위의 시대로 돌입했음을 단적으로 드러내 주는 증거라 아니할 수 없다.

그렇다면 18세기에 들면서 삭대엽 우위의 시대로 돌입했다는 것은 곧 가곡계 음악의 어떤 변화를 말해 주는 것인가. 한 마디로 줄인다면 그것은 중대엽 시대라 할 17세기보다 가곡계 음악이 전반적으로 훨씬 빨라졌음을 말한다. 가장 느린 대엽곡을 즐긴 만대엽 시대에서 중간 빠르기의 중대엽 시대로 넘어온 것이 17세기 전후라면, 18세기에 들면서부터는 가장 빠른 대엽곡 계열의 삭대엽 시대로 넘어온 것이다. 그러므로 노래가 빨라지는 경향은 오늘날의 현대 사회에서만 나타나는 것이 아니었던 셈이다.

**13** 삭대엽의 경우도 2삭대엽이 391수, 3삭대엽이 45수임에 비해 초삭대엽은 단 1수만 실려 있어, 양적인 기준으로만 따진다면 초삭대엽 또한 중대엽의 처지와 같은 것으로 해석해야 할 것이므로 곡목별 수록 작품 수의 다소가 이들의 운명을 결정하는 절대적 기준으로 볼 수는 없다.

## Ⅲ. '촉급화' 현상과 18세기 음악 문화의 지형

더욱이 중대엽 시대에서 삭대엽 시대로 전환되는 이 음악의 빨라짐 현상은 지금까지 살핀 가곡계 음악 안에서만 일어난 국지적 현상도 아니다. 18세기의 조선 사회에서 일어난 전면적 현상으로서, 위로 왕실 음악으로부터 아래로 기층민 사회의 민속 음악에 이르기까지 모든 범위에 걸쳐 나타나는 전면적 현상인 것이다. 이뿐만 아니다. 그것은 또한 18세기 전반이라는 특정 시기에만 국한되어 일어난 현상만도 아니다. 음악의 빨라짐 현상은 그 뒤에도 계속적으로 진행·확산되어 나간 18세기의 전반적 현상이라 할 수 있다.

이뿐만도 아니다. 음악이 빨라진다는 것이 단순히 리듬이나 장단의 빨라짐 현상만을 가리키는 것으로도 볼 수 없다. 오늘날 젊은층이 선호하는 빠른 템포의 대중 가요들이 갖는 음악적 특징을 생각한다면 어느 정도 이해될 수 있을 것이다. 기성 세대가 흔히 젊은층의 이들 빠른 음악으로부터 격렬성, 폭력성, 비안정성, 무질서, 경박성 등의 언어를 연상하는 까닭을 한번 생각해 보라. 빠른 장단의 리듬은 필연적으로 노래의 음악적 성격을 질적으로 변화시키는 결과를 가져오고, 이는 다시 노래 문화의 질적 변화를 수반하기에 이른다. 음악이 빨라진다는 것의 사회문화적 의미는 오늘날만 아니라 18세기의 음악 현상에서도 여전히 유의미한 문화 코드인 것이다.

우리의 선인들은 음악의 이 빨라짐 현상을 지적하기 위해 '촉급(促急)'이니 '촉절(促節)'이라는 말을 주로 사용했다. 그리고 이런 말이 사용되는 문맥적 함의를 보면, '촉급'이나 '촉절'이 단순히 리듬의 빨라짐만을 지적하기보다 이에서 파장된 음악의 질적 변화까지 동시에 지적하고 있는 경우가 대부분이다. 때로는 이를 더 명료한 용어로 드러내기 위해 '번음촉절(繁音促節)' 이니 또는 줄여서 '번촉(繁促)' 이라는 말을 사용하기도 한다. 장단의 빨라짐〔促節〕으로 말미암아 필연적으로 수반되는 선율의 번다해짐〔繁音〕까지 동시에 드러내고자 사용한 말이라 할 수 있다. '촉급' 이나 '촉절' 만 단독으로 사용한 경우라도 대개는 그 문맥적 함의가 '번음' 의 의미까지 함께 내포하고 있음은 물론이다.

그렇다면 18세기에 더욱 문제가 된 음악의 이 촉급화 혹은 번음 촉절 현상은 대체로 어느 정도였던 것인가. 18세기의 이러한 음악적 실상을 우리는 「농가구장(農歌九章)」(시조)과 「자회가(自悔歌)」(가사)를 창작하기도 했던 전라도 장흥의 시인 위백규(魏伯珪, 1727-1798)의 다음과 같은 증언을 통해 짐작해 볼 수 있다.

> 임진왜란 전 민간에 처음 「둥둥곡(登登曲)」이 나타났는데 곡이 번거로울 정도로 빠르고 어지러울 정도로 요란했다. 그 후에 아악이나 속악도 점차로 빨라져서 거의 옛 취의를 찾을 수 없게 되었다. 그러나 60년 전만 하더라도 민간의 속악은 심하게 번거롭거나 촉급하지는 않았다. 성악곡의 경우 「중대엽(中大葉)」(듕흔닙. 옛날에 樂時調 慢大葉이 있었는데 중대엽은 이미 빨라진 것이다)의 평조 · 계면조류는 듣는 자 근심을 잊고 화평한 마음을 기를 만했으며, 춤추는 자 또한 춤사위를 여유롭게 펼쳐 낼 수 있었다. 기악곡의 경우 「영산회상(靈山會上)」은 노랫말이 없는 음악이면서도 그 소리가 느릿느릿 평평하게 끌어 가히 장단에 맞추어 춤출 만했다. 이른바 「이별곡(離別曲)」이란 것이 만들어짐에 이르러서 사람들이 점차 새것을 좋아하고 옛것을 싫어하는 경향을 보이기는 했으나, 오히려 옛곡과 새곡을 나란히 두어 번갈아 연주하는 맛이 있었다.
>
> 그런데 근년에 들어 「중대엽」 이하의 곡들이 모두 없어지고 연로한 분들도 세상을 떠나 이를 이야기하는 사람조차 사라져서, 세상에 쓰이는 바는

「둥둥곡」의 우심함뿐이다. 중년에는 나뭇꾼 아이들이나 목동, 장사치나 걸인의 「수혼조(隨魂調)」라는 것이 있었는데 장례식에서 죽음을 슬퍼하는 소리가 처절하리만치 슬프고 처량하여 듣는 이들이 눈물을 흘렸다. 또 「국가(鞠歌)」라는 것은 머리를 흔들고 부채를 치면서 빠른 리듬과 지나친 세성(細聲)으로 노래하여 차마 바로 듣기 어려운 노래다. 그런데도 지금인즉 온 나라에서 상하 가림 없이 입을 열면 이 밖의 다른 노래는 부르지 않으며 이 밖의 다른 곡에는 찬사를 던지지도 않는다. 또한 이 소리에 맞추어 춤추는 자 술 취한 듯 미친 듯하여, 비록 당나라 축흠명(祝欽明)이 만든 팔풍무(八風舞)의 음란하고 추한 모양에 비응하더라도 이만큼 추하지는 않을 것이다. 더욱이 정재인(呈才人)들의 「걸조(乞調)」(우리말로 덕담〔德談〕이라 일컫는다)에 이르러서랴.

옛날의 「영산조(靈山調)」는 길게 끌면서 느릿하게 춤추듯 소리가 맑아서 들을 만했다. 무당들의 영신(迎神) · 송신제(送神祭)에 부르는 「해살조(解殺調)」는 맑고 고운 소리로 길게 빼어 불러 또한 그런대로 들을 만했는데, 기녀들이 부르는 「오장단창(五章短唱)」과 오히려 많이 닮은 면이 있었다. 그러나 지금인즉 하나같이 빠르고 번거로워 마치 천 개 백 개의 몽둥이 · 지팡이로 그릇점의 옹기나 동이를 어지러이 부수듯 한다. 또한 모두가 「수혼조」로 끝을 낸다. 조금이라도 심성을 본분대로 지니고 있는 사람이면 들을 만하지 않을 뿐만 아니라 단연코 차마 들어서 안 될 것이나, 사람들은 모두 아름답고 좋다고 한다. 저 여항(閭巷)의 무지한 백성들이야 책할 바 아니나, 관공서의 수장들까지 모두가 이를 장려하며 노래채를 내는 데 돈을 아끼지 않으니, 아 심하도다. 만일 옛날 풍요를 채집하던 분들이 본다면 이를 일러 어떻다 하리오.[14]

60년 전과 지금, 더 구체적으로 말해 1740년대와 1780년대 사이[15]에 일어난 음악의 촉급화 현상이 어느 정도로 급격히 진행되어 나갔는지를 위백규 자신의 경험을 통해 생생하게 증언하고 있다. 더욱이 다루는 대상도 위로는 왕실의 아악에서부터 왕실 밖 민간 사회의 지식인 음악, 아래로 여항의 민속 음악에 이르기까지 모든 범위에 걸쳐 있어 18세기 음악의 촉급화 현상을 한눈에 조감해 볼 수 있기까지 하다. 다만 위백규 자신이 직접 경험한 전라도 장흥 지방의 음악적 실상을 바탕으로 하고 있어, 정작 18세기의 음악적 변화를 주도해 나간 서울 등 도시 지역의 음악적 실상까지 포괄하고 있지 못하다는 아쉬움이 있기는 하다. 그러나 돌려서 생각한다면 이런 한계는 18세기 음악의 촉급화를 살피는 데 오히려 더 좋은 자료가 될 수도 있을 것이다. 최남단의 궁벽한 장흥땅에 살면서 중앙과의 교류가 많지 않았던 위백규의 눈에 비친 음악적 실상이 이 정도라면, 장흥 지방의 이런 사정은 도시와 향촌을 넘어서는 전국적 현상으로 보아도 좋을 것이기 때문이다.

위백규의 이 술회에서 주목되는 것은 크게 두 가지이다. 첫 번째로 그

---

14 壬辰亂前 民間始有登登(音등)曲 煩急亂聒 其後雅俗漸以促急 殆無古意. 然六十年前 民間俗樂 猶不甚煩促. 歌唱則中大葉(등흔닙 古有樂時調慢大葉 而中大葉已促矣)平調界面之類 聽者足以忘憂憤養和適 舞者亦容止舒暢 意態安閑. 鼓節則有靈山會上者 有聲無辭 而其聲曳曳平適 可以節舞. 及其所謂離別曲者作 而人漸悅新而厭古 然猶并行而迭奏.

近年以來 中大葉以下 遂以全亡 古老盡歿 談者亦無 世俗所用是登登曲之尤甚者也. 中年樵童牧豎行商乞兒 有隨魂調 爲送葬哀死之聲 悲凉悽酸 聽者感涕. 又有鞦歌 搖頭擊扇促節淫細 不忍正聽者. 今則擧一國上下 開口則此外無他歌 稱賞者此外無他音 依其聲而舞者如醉如狂 雖祝氏八風應 不若是之醜也. 甚至於呈才人之乞調(諺稱德談).

舊有靈山調 長引緩舞 其聲淸適堪聽. 巫女之迎送神 有解殺調 淸婉永唱 亦粗可聞 妓女之五章短唱猶有肖似. 今則一并急數煩促 如千梃百杖 亂碎陶肆甕盎 又皆以隨魂調終之 粗有一分心性本分者 非惟不堪聽 斷是不忍聽. 然人皆孅孅稱善 彼閭巷愚氓 猶不足責 而官長皆從而奬之 不惜金錢於纏頭 噫嘻甚矣. 若使古之採風謠者觀之 其將謂之何哉(魏伯珪, 『存齋全書上』 格物說上 事物, 경인문화사 영인, 242쪽).

15 연보에 의하면 이 글이 들어 있는 「격물설(格物說)」을 65세(1791) 겨울부터 집필했다고 하므로 여기서 말하는 '60년 전'은 위백규의 나이 불과 5,6세에 해당하므로 현실성이 떨어진다. 대체로 위백규의 소년 시절인 1740년대와 1780년대의 음악적 현상을 토대로 술회한 것으로 보는 것이 무난할 것이다.

는 18세기에 걸쳐 전면적으로 일어난 이 음악의 촉급화가 위로부터 아래로 영향을 미친 것이 아니라 아래로부터 위로 영향을 미친 것으로 진단하고 있다. 다시 말해 기층민 사회에서 일어난 음악의 촉절 현상이 상층사회 음악의 촉급화를 조장한 것으로 보고 있는 것이다. 이 또한 두 가지 측면에서 설명하고 있다. 먼저 첫머리의 도입부에서 지적하고 있듯이 18세기 음악의 촉급화가 일어나기 시작한 진원지를 그는 멀리 임진왜란 전 민간 사회에서 유행하기 시작한 「둥둥곡」에서 찾는다. "번거로울 정도로 빠르고 어지러울 정도로 요란한〔煩急亂聒〕" 이 「둥둥곡」이 널리 성행한 후부터 아악과 속악도 점차 촉급해지기 시작했다는 것이다.

「둥둥곡」이 어떤 성격의 노래인지는 마침 조경남(趙慶南)의 『난중잡록(亂中雜錄)』 무자년(선조 21년, 1588) 1월조에 다음과 같은 기록이 있어 짐작이 가능하다.

> 서울의 사대부 자제들이 무려 백 명 천 명으로 떼를 이루어 미친 짓, 괴이한 짓들을 하는데, 그것이 천태만상으로 해괴하기 짝이 없다. 때로는 무당 흉내를 내어 노래하면서 덩실거리고 춤추기도 하고, 혹은 초상과 장사 지내는 일을 꾸며 흙을 다진다고 껑충거리며 동(東)으로 뛰오르다가 서(西)로 내지르다 하면서 웃기도 하고 울기도 했다. 그리고는 저희들끼리 서로 "무슨 일로 웃고 무슨 일로 우는가" 묻고는 이내 목청을 높여서 "장상(將相)들이 그 사람 아니어서 웃는다. 국가가 위망에 처해 우는거다." 고 자답하면서, 다시 하늘을 쳐다보며 크게 웃곤 한다. 한때 이것을 '둥둥곡'이라고 불렀다.[16]

16 都中士子 無慮百千 呼朋聚徒 佯狂作怪 千態萬象 頗極凶駭 時爲巫覡之狀 歌舞婆娑 或設喪葬之事 築土踊躍 越東走西 且笑且哭 因自相問曰 何事笑哭 高聲自答曰 笑將相之非人 哭國家之危亡 又仰天大笑. 一時名之曰登(音둥)登曲(趙慶男, 『亂中雜錄』 卷1 戊子萬曆十六年宣祖二十一年 1월; 『국역대동야승 IV』, 원문 102쪽).

조경남은 이 「둥둥곡」을 임진란이 일어날 불길한 전조를 드러내는 일종의 참요(讖謠)로서 소개하고 있지만, 내용으로 보아 위백규가 파악했던 것처럼 그 음악적 기반이 무가나 상여 노래와 같은 민속 음악에 있음은 틀림이 없다.

그리고 이 무렵부터 아악과 속악이 빨라지기 시작했다는 것은 다른 자료를 통해서도 확인할 수 있다. 허균(許均, 1569-1618)의 『성소부부고(惺所覆瓿藁)』에는 국왕의 행차 때 고취악(鼓吹樂)으로 연주하던 「여민락」의 연주 시간을 논평한 흥미로운 기록이 있다. 국왕이 중국 사신을 맞기 위해 서교(西郊)에 거둥할 때 「여민락」 7개장을 연주한 시간이 옛날에는 경복궁 근정전에서 시작해 남대문에 이르러서 끝났는데, 선조대에 이르면 근정전에서 광통교에 이르러 끝나 버렸다고 한다. 더욱이 이러한 빨라짐 현상이 임진란을 거치면서 더욱더 심화되어 나가고 있음을 허균은 개탄하기까지 한다.[17] 음악의 빨라짐이 과연 「둥둥곡」에서 비롯된 것인지 어떤지는 미심쩍지만, 민간 음악의 영향으로 모든 음악이 17세기 이래 서서히 빨라지기 시작했다는 위백규의 진단은 경청할 만하다.

한편으로 위백규는 이 촉급화 현상의 주동자라 할 기층민 음악 자체에 주목해, 18세기 후반에 나타난 촉절 현상이 18세기 전반의 그것에 비해 얼마나 우심한가를 하나하나 노래를 예거하면서 증명하고 있다. 곧 18세기 전반의 「이별곡」, 「영산조」, 「해살조」와 18세기 후반의 「수혼조」, 「국가」, 「걸조」를 비교하면서, 18세기 후반에 보이는 기층민 음악의 번음 촉절 현상이 얼마나 우심해진 것인지, 이들 음악이 어느 정도로 인기

17 관련 기록을 전재하면 다음과 같다.
上迎詔勅于西郊 樂自殿陛奏之 至崇禮門內方闋 又更奏之慕華館下輦乃訖 先王初年 樂漸數 初闋例在於廣通橋 樂官甚憂其礁殺 未幾有壬辰之變 今則哀促靡嫚 殆不可收拾矣(許均, 『惺所覆瓿藁』 卷二十四 星翁識小錄 下 說部三; 『한국문집총간 74』, 346쪽).

를 끌면서 다른 노래를 압도하고 있는지를 애써 강조하고 있는 것이다. 예로 든 노래가 다른 문헌 기록에서는 찾기가 어려워 구체적으로 어떤 노래인지 알기는 어려우나, 서술된 내용으로 보아 당시 호남 지방의 기층민 사회에서 널리 유행한 노래들임에는 틀림이 없다. 18세기 후반에 가속화된 음악의 촉급화가 거의 전적으로 기층민 음악에 의해 주도되었다는 논리가 글의 곳곳에 강하게 스며 있는 것이다.

그러나 18세기 음악의 촉급화가 기층민 음악의 영향이라는 위백규의 논리는 개연성과 한계를 동시에 지닌 것으로 보인다. 한편으로 타당성을 인정하면서도 다른 한편으로는 일면적임을 부인할 수 없겠기 때문이다. 우선 판소리, 탈춤, 잡가 등에서 짐작할 수 있듯이, 크게 보아 18 · 19세기에 일어난 음악 예술의 변화가 주로 기층민 예술의 사회적 부상에 의한 것이라는 점에서는 수긍할 측면이 많다. 그러나 이런 논리가 전통적 농경 문화에 기반을 둔 호남 지방이라는 특정한 향촌 사회의 음악 현상을 토대로 한 판단이라는 점에서는 다소 과장된 감도 없지 않다. 음악의 촉급화는 향촌보다 오히려 도시, 특히 상업 발달로 조장된 대도시 서울의 소비 문화 내지 유흥 문화를 토대로 가속화되었다고 보는 것이 더 온당한 해석일 것이기 때문이다.

곧 위백규가 목도한 기층민 음악의 촉급화 또한 도시 유흥 문화의 영향일 가능성이 없지 않은 것이다. 음악의 촉급화를 지적하는 기록이 지방에 비할 수 없을 만큼 중앙부 서울에서 오히려 더 빈번히 나타날 뿐만 아니라, 시기 또한 18세기 중반 이전의 기록들이 후반부의 기록보다 오히려 훨씬 많기 때문이다. 음악의 촉급화 현상을 두고 영의정 이광좌(李光佐)와 영조가 나눈 다음의 대화를 보면 1730년대 중앙부에서 진행된 음악의 촉급화가 어느 정도 수준인지를 짐작할 수 있다.

영의정 이광좌가 아뢰기를, "신이 장악원의 주악에 대해 외람되나마 어리석은 소견이 있습니다. 우리 나라 「여민락」의 음조는 그 소리가 유원(悠遠)하고 심후(沈厚)하여 가히 조종(祖宗)의 덕이 사람들 마음 속에 깊이 스며들어 있음을 상상할 만합니다. 신이 장악원의 주악을 듣지 못한 지 30여년이 되었는데, 이번 사신연 때 들어보았더니 부촉(浮促)함이 심했습니다. 사신들 중에 음악을 아는 사람으로 하여금 듣게 했다면 과연 우리 나라를 어떻다고 이르겠습니까? 장악원 제조를 무겁게 책임 추궁하고 전악을 타일러서 예전의 소리를 회복하도록 해야 합니다." 하니, 임금이 이르기를, "경의 말이 옳다. 여민락이 비록 그 소리가 가장 크다고는 하지만, 군악(軍樂) 말고는 어찌 산을 진동시킬 만한 것이 있겠는가. 내가 군대를 사열할 때 군문(軍門)의 세악(細樂)을 들었더니 그 소리가 촉급했었다. 이번 어가의 행렬에서도 도감의 취타(吹打)를 들었더니 심하게 빨라져 차마 들을 수가 없었다. 간혹 장악원의 풍악을 점검할 때도 소리가 심히 낮고 약했으며, 연향에서 연주하는 이른바 「보허자」, 「영산회상」의 소리도 길어야 할 곳이 지나치게 짧아지고 낮아야 할 곳 또한 지나치게 높았으니, 거듭 타일러 경계하게 하지 않을 수 없다. 악관은 마땅히 지금부터 잘 헤아려야 할 것이나 처벌부터 앞세울 필요는 없다." 고 했다.[18]

비교적 영향을 받지 않을 것으로 보이는 장악원의 음악이 30년 전인 18세기 초보다 훨씬 빨라졌다는 것은 곧 18세기 전반 동안에 음악의 촉

18 領議政李光佐曰 臣於院樂事 竊有愚見矣 我國與民樂之調 其聲悠遠深厚 可想祖宗朝德澤入人者深矣. 臣之不聽院樂 已三十餘年 今於宴饗聞之 浮促甚矣 使彼中知樂者聽之 謂我國何如耶 提調從重推考 申飭典樂 使復古聲焉. 上曰 卿言是矣. 與民樂雖爲樂聲之最大者 軍樂之外 豈有動山者乎. 予於閱武時 聽軍門細樂 則其聲促急矣. 今於動駕 聞都監吹打 則尤銳促 不堪聽矣. 間閱樂院風樂 聲甚低微 宴饗時所謂步虛子靈山會音 永處太促 低處太高 亦不可不申飭. 樂官宜今擇擬 不必先加罰責也(『英祖實錄』 卷47 英祖 14년(1738) 2월 甲辰; 『조선왕조실록 42』, 587쪽).

급화가 대단히 심하게 진행되었음을 뜻하는 중요한 근거가 될 수 있다. 앞장에서 살핀 삭대엽의 성행도 이 기간에 일어난 일이며, 촉급화 문제가 18세기 중반 이전의 기록들에서 유난히 많이 나타난다는 지적과도 일치하기 때문이다. 영조의 증언을 보면 이 시기 왕실 음악의 촉급화는 장악원의 음악만 아니라 금군(禁軍) 세악수(細樂手)의 고취악, 도감의 취타 등에서도, 특히 민간 사회에서도 널리 향유되던 「보허자」, 「영산회상」에서까지 진행될 만큼 전면적이었음을 알 수 있다. 이보다 1년 전에도 종묘악이 번촉(繁促)해졌다고 장악원 제조에게 시정을 지시하는 것을 보면,[19] 영조 또한 음악의 촉급화 문제를 심각하게 받아들이고 있었던 것으로 보인다.

그렇다면 혹시 음악의 촉급화가 왕실 음악에 의해 주도되었던 것은 아닐까. 물론 그렇게 보기는 어렵다. 이미 살핀 바처럼 이 시기 음악의 촉급화는 왕실 음악만 아니라 민간 사회의 가곡계 음악에서도 이미 진행되고 있었기 때문이다. 민간 사회와 왕실 양쪽에서 모두 진행되고 있었다면, 반대로 민간 사회에서 일어난 음악의 촉급화가 왕실 음악에까지 영향을 미쳤을 가능성이 오히려 더 높다. 18세기 중반인 1765년(영조 41) 10월, 대궐의 경현당에서 행한 군신연 자리에서 올린 지중추부사 서지수(徐志修)의 진언에서 그럴 가능성을 우리는 실제로 확인할 수 있다. 다음 대목이 특히 주목을 요한다.

> 근세의 민간 속악이 모두 번음촉절(繁音促節)하여 차마 볼 수가 없는데, 금번 군신연에서 연주한 속악 또한 번음(繁音)의 폐를 면하기 어렵습니다.[20]

---

19 (英祖十三年)冬十月 王旣親享 謂掌樂院提調尹淳曰 昔人占國隆 替必於樂 今廟樂繁促 宜正之(『英祖實錄』 卷127 附錄 英祖大王行狀; 55b).

이 때 올린 속악정재가 처용무(處容舞)이므로 서지수의 이 진언은 곧 처용무 반주 음악의 선율이 옛날보다 번다해졌음을 지적한 것이라 할 수 있다. 그런데 눈길을 끄는 것은 처용무의 번음화보다 이를 문제삼기 위해 끌어온 앞부분—"근세의 민간 속악이 모두 번음촉절하여 차마 볼 수가 없는데"—의 민간 속악 현상이다. 서지수가 비판한 "차마 볼 수가 없다〔有不堪觀〕"는 말의 어세로 보아, 당시 민간 속악의 촉급화는 왕실 속악(처용무)보다 훨씬 더 심하게 진행되고 있었음을 알 수 있다. 또한 민간 속악의 촉급화를 앞세워 처용무의 번음화 문제를 거론하는 것으로 보아, 왕실 속악의 번음화도 민간 속악의 영향에 의해 일어난 것으로 진단하고 있음을 알 수 있다.

18세기 전반 대도시 서울의 소비 문화에 편승해 조장된 음악의 촉급화가 왕실 음악에 영향을 미치고, 나아가 지방으로까지 파급되어 전면화의 양상을 띤 것으로 볼 수 있는 것이다. 18세기 후반 위백규가 목격한 촉급화 현상도 이런 맥락에서 이해될 수 있을 것이다.

## Ⅳ. 18세기 음악 현상을 바라보는 지식인의 두 시선

위백규의 술회에서 주목되는 두번 째 사실은 음악의 촉급화 현상을 바라보는 위백규 자신의 부정적 시선이다. "팔풍무의 음란하고 추한 모양에 비응하더라도 이만큼 추하지는 않을 것(雖祝氏八風應 不若是之醜也)"이라든지, "조금이라도 심성을 본분대로 지니고 있는 사람이면 들을 만하지 않을 뿐만 아니라 단연코 들어서 안 될 것(粗有一分心性本分者

20 近世民間俗樂 皆是繁音促節 有不堪觀 今番奏樂時 俗樂亦未免繁音(『英祖實錄』 卷106 英祖 41년(1765) 10월 계축; 『조선왕조실록 44집』, 208쪽).

非惟不堪聽 斷是不忍聽)"이라는 노골적 비판에서, 당대의 음악 현상을 바라보는 그의 시선이 얼마나 부정적인지 한눈에 알 수 있다. 그러나 이런 부정적인 시선은 위백규만 아니라 18세기 음악의 촉급화를 문제삼는 거의 모든 기록들에서도 한결같이 나타난다. 다시 말해 음악의 촉급화를 지적하는 것은 당대의 음악 현상을 객관적으로 기술하기 위해서라기보다 비판을 하기 위해서인 것이다. 인용한 위의 예들에 나타나는 부정적 태도만 살피더라도 충분히 수긍할 수 있을 것이다.

촉급화로 대변되는 18세기 음악의 새로운 흐름에 대해 이처럼 비판적 태도를 취하는 쪽은 중앙정부의 대신이든 위백규와 같은 산림학자이든 대개가 정통 유학자라 할 수 있는 분들이다. 유학자들이 중시해 온 유가적 예악론(儒家的 禮樂論)의 관점에서 이런 현상을 바라본다면, 이들 정통 유학자의 비판적 태도는 당연히 제기될 수밖에 없는 필연적 반응이라 할 수 있을 것이다. 장단이 빨라지는 촉급화 현상이든 선율이 번다해지는 번음화 현상이든, 이런 현상은 곧 유가에서 추구하는 가장 이상적인 음악의 상태를 말하는 "樂而不淫 哀而不傷"(『論語』 八佾篇)의 원리에서 크게 벗어나기 때문이다.

경전 해석의 정전(正典)으로 부동의 지위를 누려 온 주자의 『논어집주(論語集注)』 해석을 보면, '음(淫)'이란 "즐거움이 지나쳐서 그 바름을 잃는 것(樂之過而失其正者也)"이고 '상(傷)'이란 "슬픔이 지나쳐서 조화로움을 해치는 것(哀之過而害於和者也)"이라 한다. 곧 "즐거워하되 지나쳐서 바름〔正〕을 잃을 정도로 즐거워하지는 않고, 슬퍼하되 지나쳐서 조화〔和〕를 해칠 정도로 슬퍼하지는 않는", 적정한 즐거움과 슬픔—유가에서 말하는 이른바 '중(中)'의 상태—을 담아 내어 즐기려는 것이 바로 유가적 음악의 이상인 것이다. 따라서 지나치게 즐거워하는 '음(淫)'과 지나치게 슬퍼하는 '상(傷)'의 상태에 빠지고 있는 이 시대 음악의 번음촉절 현상을 유학자들이 그냥 보아 넘길 리 없다.

게다가 우리가 익히 알듯이 유가적 예악론의 이런 음악관은 음악을 단순히 '즐거움〔樂〕'과 '슬픔〔哀〕'으로 대표되는 정서적 욕망 충족의 예술 양식으로만 보지 않는다. 이상적 음악이 지향하는 이 '바름〔正〕'과 '조화〔和〕'의 상태는 음악만이 아니라 유가적 세계관에서 도달하고자 하는 궁극적인 '세계의 이상'이기도 하기 때문이다. 유가에서 예악론에 그토록 목매어 하는 까닭도 예(禮)와 악(樂)이 바로 그러한 이상 구현의 중심 통로로 인식된 결과이다. 따라서 음악의 현상은 음악의 문제를 넘어 바람직한 삶(개인), 바람직한 사회, 바람직한 국가, 나아가 바람직한 세계의 형성과 떼어 생각할 수 없는 근원적 문제이다. 정통 유학자라면 함부로 가벼이 생각할 차원의 문제일 수가 없는 것이다. 촉급화의 문제가 국정을 직접 담당하는 신료들로부터 많이 제기되는 까닭도 이와 관련이 깊다.

치인(治人)의 차원보다 개인적 심성 도야의 차원에서 당시 음악의 번음촉절 현상을 진단하고 있는 다음의 예를 보면, 이 시대 유학자 지식인들의 예악론적 사유가 어떠한 것이었던지 그 대강의 사정을 짐작할 수 있을 것이다.

> 대저 음악은 조화에서 나오고, 조화는 예(禮)에서 나오며, 예는 또한 덕(德)에서 나오는 것이다. 옛사람들은 덕을 밝히고 예를 바르게 하여 찬연히 빛을 내고 아름답게 꾸미었다. 그러면서도 오히려 사람들이 이를 지키는 데 힘이나 들지 않을까 혹 더럽고 사악한 것들이 끼어들지나 않을까 은미한 가운데서 자중했고, 이에 음악을 더하여 조화로 이끌어 나가도록 자극하고 부추기면서 덕에 녹아들도록 했다. 그런 까닭으로 음악의 소리는 평담(平淡)하고 느릿하여 한가롭고 편안하게 노닐며 덕을 쌓아나가는 맛

이 있었다. 이것이 이른바 음악의 본뜻〔意〕인 것이다. 그러나 후세에는 음악의 이런 본뜻을 잃어 버리고 모양만 비슷하게 흉내 내어 마음과 귀를 기쁘게 하는 데 힘쓰게 되니, 번음촉절이 일어나지 않을 수 없었다. 그리하여 마침내 사람들의 마음을 방탕하게 하고 덕을 잃게 하고 말아, 음악이 덕을 기르기보다 도리어 덕을 상실하게 하고만 것이다. 대저 어찌하여 음악의 모양새를 그러하게 했는가. 오로지 음악의 본뜻을 알지 못한 때문이다.[21]

따라서 이러한 음악관은 이 시대의 정통 유학자들이 지녔던 18세기의 특징적인 음악관이었던 것도 아니요, 비판적 태도 또한 이 시대에만 나타난 것도 아니다. 조선의 건국과 더불어 예악의 정비를 국가적 우선 사업으로 삼았던 사실, 16세기의 이황이 당시의 노래를 음(淫)하다고 비판한 사실, 17세기의 허균이 당시 음악의 촉급화 현상에 대해 심히 우려하고 있는 사실 등, 이러한 음악관은 지속적으로 꾸준히 견지되면서 문제를 제기해 온 전통적 음악관에 해당한다. 18세기의 유학자 지식인들 또한 이러한 전통적 음악관에 기대어, 부쩍 심해진 번음촉절 현상을 비판하면서 어떻게 하든 이상적 고악(古樂)의 상태로 회복하고자 안간힘을 썼던 것이다.

그러나 18세기 지식인들이 모두가 이런 전통적 음악관을 지니고 있었던 것은 아니다. 오히려 정통 유학자들이 견지했던 강고한 유가적 예악론을 벗어나, 이 시대의 새로운 음악적 흐름을 긍정적으로 수용하고 옹호하려는 쪽 또한 없지 않았기 때문이다. 물론 이런 입장을 취한 분들 또

---

21 夫樂生於和 和生於禮 禮生於德. 古之人明其德正其禮 爀然而光矣 爛然而文矣. 猶懼人之苦於持守而或有查滓邪濊 潛伏於隱微之中也 於是加之以樂而導之和 使振動宣暢而融於德焉. 故其音平淡而舒緩 有優游涵蓄之趣 是則所謂意也. 後世失其意 而彷像其跡 務以娛心悅耳 而繁聲促節無不作焉. 遂使人湯其心 而喪其德 樂以養德而乃反喪德. 夫豈其跡使然哉 惟不知其意故也(金鍾厚, 『本庵集』 卷5 雜著 琴說贈李大器; 『한국문집총간 237』, 417쪽).

한 유학자들이었던 만큼 그 강도가 강하지는 않았다. 확고한 진리로 이미 정립되어 있는 전통적 음악관에 정면으로 도전하는 논리를 편다거나 자신의 견해를 거리낌없이 공론화하는 등의 적극성을 띨 경우, 자칫하면 구설수에 오를 수 있었던 탓이 아닌가 한다. 따라서 대개는 자신의 견해를 완곡하게 표현하거나 순수히 개인적 차원에서 새로운 음악에 대한 자신의 기호(嗜好)를 드러내는 정도에 머물고 있었다.

그러한 사정을 우리는 18세기 초반의 음악 현상을 언급한 것으로 보이는 김주신(金柱臣, 1661-1721)의 다음 글을 통해 살필 수 있다.

> 『예기(禮記)』에 "며느리를 맞는 집에서 사흘 동안 음악을 즐기지 않는 것은 연로해진 부모와 세대를 교체하는 슬픔을 생각하기 때문이다(取婦之家 三日不擧樂 思嗣親也)"는 공자의 말씀이 있다. 이로써 본다면 옛사람들은 대개 별다른 연고가 없을 때는 음악을 즐기지 않는 날이 없었으니, 악기편(樂記篇)에서 말하는 "예(禮)와 악(樂)은 잠시라도 몸에서 떠나서 안 된다"는 뜻을 가히 알 것이다. …… 우리 나라는 예의 국가로서 천하에 으뜸이고 예와 문물도 크게 갖추어져 있지만, 오직 음악만은 편벽되이 폐하여 쓰지 않는다. 이 때문에 한 군현 내에 능히 관현의 악기를 다룰 줄 아는 사람이 드물어서, 손님을 널리 맞이해 잔치를 벌이지도 않을 뿐더러 부모의 수연(壽宴)에서조차 음악을 잘 쓰지 않는다. 만일 요즈음 사람들이 잔치 마당이 아닌데도 내리 사흘 동안 음악을 즐긴다면 사람들은 틀림없이 이를 보고는 황음(荒淫)하다고 할 것이니, 옛 도〔古道〕에 어두움이 가히 심하다 할 것이다. 비단 이뿐만 아니다. 10년에 한 번 음악을 즐기는 집 또한 드물게 볼 수 있는데, 풍속의 이 같음은 서울과 향촌에 가림이 없거늘 어찌 사람들의 기상(氣像)이 너그러움을 잃지 않을 수 없으며 어찌 화기(和氣)가 이를 좇아 생기겠는가.[22]

이 글 역시 분명 유가적인 논리에 기대고 있기는 하다. 『예기(禮記)』의 증자문편(曾子問篇)에 나오는 공자의 말씀을 논거로 삼아서 '예악(禮樂)'과 '고도(古道)'를 이야기하고 음악이 인간의 심성에 영향을 미치는 '기상(氣像)'과 '화기(和氣)'를 거론하고 있기 때문이다. 적어도 논리적 형식으로 보면 여느 유학자들처럼 전형적인 유가의 예악론에 입각해 자신의 음악적 견해를 펼치고 있는 것으로 생각할 수 있다. 그러나 조금만 눈여겨 보면 경전의 해석이나 음악에 대한 관점이 통상의 여느 전통적 유학자들과는 상당히 다름을 발견할 수 있을 것이다.

우선 『예기』를 인용한 공자의 말씀—取婦之家 三日不擧樂 思嗣親也—에서 일반적으로 해석되는 의미의 초점은, 며느리를 맞아들임으로써 아들 부부가 부모에 이어 가문의 대를 잇는다는 '사친(嗣親)'에 놓여진다. 그리고 대를 물려줄 만큼 연로해진 부모에 대한 애잔한 슬픔 때문에 사흘 동안 음악을 즐기지 않고 근신한다는 '삼일불거악(三日不擧樂)'의 윤리적 행동—곧 자식으로서 행할 '예(禮)'—이 뒤따르는 것으로 이해한다. 따라서 '삼일불거악'은 『예기』의 앞뒤 문맥에 따라 가례(家禮) 가운데 혼례(婚禮)에 속하는 사친의 예(禮)로서, 다시 말해 음악(音樂)의 문제로서보다 예(禮)의 문제로서 이해하는 것이 전통적인 해석의 관례라 할 수 있다.

그러나 김주신은 『예기』의 이 구절을 해석하면서 의미의 초점을 '사친(嗣親)'에 두기보다 오히려 '삼일불거악(三日不擧樂)'에 두고 있다.

---

22 記曰 取婦之家 三日不擧樂 思嗣親也. 以此觀之 則古人蓋於無故之時 則無日不擧樂 而禮樂不可斯須去身之義 可知矣. …… 我東以禮義之邦 冠於天下 而禮文則大備 而獨於音樂 偏廢不用. 以此一郡一縣之内 能鼓琴瑟吹笙竽者甚罕 而非曠邀賓客設宴 壽親之家 未嘗用樂. 今人若於非宴會 而連三日擧樂 則人必目之以荒淫 可謂昧於古道甚矣. 非但如此. 十年一擧樂之家 亦所罕見 風俗如此 勿論京華與鄉曲 氣像安得不索寞 而和氣何從而生也(金柱臣, 『壽谷集』 卷10 散言上篇; 『한국문집총간 176』, 284-285쪽).

더군다나 이를 예(禮)의 문제로서보다 음악의 문제로서 이해하려 한다. 의론의 초점이 '삼일불거악'에 맞추어져 있는 대신, '사친'은 "별다른 연고가 없을 때〔無故之時〕"에서 보듯 '유고(有故)'의 뜻을 지닌 일반적 의미의 예시물로 퇴각해 버리고 있는 것이다. '사친'이 전제되지 않는다면 '삼일불거악' 또한 굳이 예와 결부시켜 해석해야 할 이유도 없을 터이다.

그리하여 마침내 그는 '사친처럼 특별한 연고가 있을 때 사흘 동안 음악을 즐기지 않았다는 것은 곧 평상시에는 매일 음악을 즐기며 생활했음을 뜻하는 것'이라는 새로운 해석의 길을 마련한다. 그것이 바로 뒤를 잇는 문장의 "이로써 본다면 옛사람들은 대개 별다른 연고가 없을 때는 음악을 즐기지 않는 날이 없었으니(以此觀之 則古人盖於無故之時 則無日不擧樂)"라는 해석이다. 그리고 이 해석을 그는 곧바로 "예와 악은 잠시라도 몸을 떠나서 안 된다(禮樂不可斯須去身)"는 『예기』 악기편(樂記篇)의 저 유명한 잠언을 끌어와 일반화시킨다. 하루도 빠짐없이 매일 음악을 즐기는 것—그것은 곧 옛사람들이 잠시라도 예와 악으로부터 떨어져 생활하지 않는 예악의 구체적 실천 행위로 이해되는 것이다.

'삼일불거악'에 대한 이런 해석이 과연 타당성을 지닐 수 있을지 어떨지의 판단은 경서(經書)에 관한 소양이 부족한 필자로서는 능력 밖의 일이다. 그러나 우리의 관심은 해석의 타당성 여부가 아니라, 전통적 해석과는 사뭇 다른 논리를 펴는 김주신의 해석 의도가 무엇인지를 살피는 데 있다.

김주신은 자신이 살던 18세기 전반을 음악 문화가 극히 위축된 시대로 진단한다. 남들은 이 시대의 음악—곧 이 시대 음악의 번음촉절 현상—이 풍속을 타락시키고 치도(治道)를 문란하게 한다는 이른바 말세지악론(末世之樂論)을 들고 나오는데 그는 도리어 반대의 논리를 편다. 일상화되어야 할 음악 문화가 위축된 것이 풍속을 메마르게 하는—사람들의 너그러운 기상(氣像)을 잃게 하여 화기(和氣)가 생기지 않는—원인이라는 진단을 내리고 있는 것이다. 음악과 풍속의 긴밀성에 대한 인식을 같이하면서도, 해석의 시각은 이처럼 정반대이다. 한쪽에서 음악이 풍속을 타락시킨다고 우려하는데 다른 한쪽에서는 음악을 진작시켜야 풍속을 순화시킬 수 있다고 한다. 무엇이 이토록 다른 진단을 내리게 하고 있는가.

당대의 음악 현상을 바라보는 시각의 차이 때문이다. 전통적 예악론자들은 당대의 음악 현상을 부정적으로 진단하면서 음악의 역기능이 몰고 올 사회적 파장을 우려한다. 누누이 살핀 음악의 촉급화가 바로 그 주범이다. 그러나 김주신은 전통적 예악론자들의 이런 우려에 일언반구의 언급도 없이, 오직 위축된 음악 문화의 진작을 통한 음악의 생활화를 강조하고 있다. 음악의 촉급화를 비롯한 당대 음악 현상의 역기능적 징후를 읽어 내지 못해서일까. 아마도 그렇게 보기는 어려울 것이다. 장악원 제조를 역임할 만큼의 음악적 식견을 가진 김주신이었던 만큼, 당대 음악의 새로운 흐름이나 음악의 촉급화에 대한 지식인들의 우려를 그 또한 모를 리 없겠기 때문이다.

실제로 우리는 그도 이미 알고 있었다는 징후를 위의 글에서도 읽어 낼 수 있다. "만일 요즈음 사람들이 잔치 마당이 아닌데도 내리 사흘 동안 음악을 즐긴다면 사람들은 틀림없이 이를 보고는 황음(荒淫)하다고 할 것(今人若於非宴會 而連三日擧樂 則人必目之以荒淫)"이라 한 대목이 그것이다. 다른 글에서도 그는 세인들의 음악 인식에 이런 불만을 터뜨린다.

> 오늘날의 사대부들이 만일 부모의 수연도 아닌 날 아무 일이 없는 때인

> 데도 자청해서 노래한다면, 와서 들은 친척이나 손들은 필연코 놀라서 "이 사람이 취하지 않았다면 예속(禮俗)에 구애받지 않는 방광지류(放曠之流)에 빠져 버린 것이리라"고 할 것이다. 비단 이뿐만 아니다. 소문이 퍼져 시비가 겹겹으로 일어나면 사헌부의 대관들은 필시 미치광이 짓〔倡狂〕이라 탄핵할 것이다. 음악의 마땅함에 대한 고금의 인식이 이같이도 다르단 말인가.[23]

세인들이 '황음(荒淫)'이나 '방광지류(放曠之流)' 혹은 '창광(倡狂)'이라 비난하는 것은 그와 같은 행위가 곧 음악의 정도(正道)를 넘어서는, 이른바 공자가 말한 '음(淫)' '상(傷)'의 경지로 치우친 행위로 보았기 때문일 것이다. 그러나 김주신은 그러한 행위를 음악의 정도(正道)를 넘어서거나 '음(淫)' '상(傷)'에 치우친 행위로 보지 않는다. 그러한 행위 역시 음악의 정도에 맞다는 것이다. "옛 도에 어두움이 가히 심하다 할 것이다"거나 "음악의 마땅함에 대한 고금의 인식이 이같이도 다르단 말인가"는 식의 강한 탄식으로 마무리하고 있는 데서 이를 분명히 확인할 수 있다. 전통적 예악론에 근거하여 비난하는 세인들의 음악 인식이 오히려 옛 도〔古道〕에 어두울 뿐 아니라 음악의 마땅함에 대한 옛사람의 인식과도 사뭇 다른, 잘못된 음악관이라는 것이다. 『예기』나 『논어』와 같은 경전의 재해석을 근거로 자신의 음악론을 펼치는 것도 이를 뒷받침하기 위해서임을 알 수 있다.

전통적 예악론에 대한 정면 도전이면서도 구설수에 오르지 않으려는 전략적 완곡의 어법을 쓰고 있는 셈이다. 따라서 그는 당대의 음악 현상에 대해 상당히 너그럽게, 긍정적 시선으로 바라보고 있다. 전통적 예악

---

23 今之學士大夫 若於非壽親之日 而自歌於無事之時 則親賓來聽者 必駭然曰 此人非醉 則入於放曠之流矣. 非徒如此 傳布耳目 是非層生 則臺官必以倡狂彈劾. 古今之異宜 果若是耶(위의 책, 285쪽).

론자들이 정도(正道)를 넘어서거나 '음(淫)' '상(傷)'에 치우친 것으로 보는 당대의 음악 현상을 김주신은 부정적으로 보지 않는 것이다. 음악의 촉급화에 대한 시각 또한 같은 맥락에서 이해하고 있는 것으로 볼 수 있을 것이다.

18세기 말 서울의 음악 현상을 기록한 이옥(李鈺, 1760-1812)의 『유이원청악기(游梨院聽樂記)』에 나오는 다음 대목은, 이미 새로운 음악에 젖어든 도시 지식인들의 음악적 인식이 어느 정도 수준으로 변화되었는지를 보여 주는 좋은 예가 될 것이다.

> 금년 신해(1791)에 만송(晩松) 유공(柳公)이 장악원 제조가 되어 처음 이육회(二六會)를 참관할 때, 나 또한 여러 사람들과 장악원에 노닐면서 그 음악을 들었다. 아악(雅樂)은 맑고 완만하여 예스런 뜻은 있었으나 예복을 갖추어 입은 사람조차도 드러누워 곧장 잠들고 싶을 정도였고, 무성왕의 종묘악(宗廟樂)은 성대하여 웅장한 기세는 있었으나 사람들로 하여금 오래 듣는 답답함을 참을 수 없게 했다. 또한 속악(俗樂)은 귀에 익숙하여 기이하게 여길 것도 없었다. 내가 웃으면서 "「소소(簫韶)」가 이와 같았다면 봉황이 놀라서 날아가 버렸을 것이요, 공자께서 고기맛을 잊을 일도 없으셨겠다"고 하니, 김선지(金善之)가 "요사이 음악이 옛 음악에 미치지 못해서인가, 옛사람이 지금 사람만 못해서인가. 이를 이미 구별할 수 없는데 또한 어찌 저들 탓만 하겠는가"고 말했다. 내가 "그렇기는 하지. 하지만 무릇 음악의 감상법〔聽樂之法〕으로는 이들의 남려·황종조는 용호영 세악수의 군악 한 바탕을 연주하는 것만 같지 못하고, 이들의 삼현(三絃) 또한 거문고나 퉁소로 달빛 아래 계면조 한 곡을 연주하는 것만 못하네. 이 어찌 옛사람의 이른바 '기악(器樂)이 성악(聲樂)만 못하다'는 뜻이겠는가"며 응대하고는 마침내 서로 보면서 웃었다.[24]

앞장에서 이미 살핀 이광좌와 영조의 대화를 이옥의 이 글과 비교해 보면 참으로 격세지감을 느끼게 한다. 장악원의 음악 연주를 들은 이광좌와 영조는 왕실 음악의 촉급화가 심하게 진행되고 있음을 심각하게 우려하고 있다. 더욱이 그 소리가 가장 유원하고 심후해 태평지성(太平之聲)의 대명사로 인식되어 온 「여민락」조차도 30여년 전보다 심하게 부촉(浮促)해졌다고 한다. 이광좌는 이를 문제삼아 장악원의 제조를 문책해야 한다고까지 하고 있다. 18세기 전반인 1730년대의 일이다.

그런데 이보다 반 세기 뒤의 1790년대에 장악원의 연주를 들은 이옥은 느려 터져서 지루하다고 말하고 있다. 아악—아마도 「여민락」일 것이다—은 예복을 갖추어 입은 사람들조차도 드러누워 잠들고 싶을 만큼 지루하고, 종묘악은 너무 길어서 답답하다고 불평하고 있는 것이다. 아악을 "맑고 완만하여 예스런 뜻이 있다(淸而緩有古意)" 하고, 종묘악을 "성대하여 웅장한 기세가 있다(嘽嘽有壯氣)"고 한 것을 보면, 이옥 역시 이들 왕실 음악의 세계가 지닌 격조는 이해하고 있었던 것으로 보인다. 그러나 머리로 이해하는 것과 가슴으로 느끼는 것은 다른 법, 이옥은 이들 음악의 완만함과 길이에 못 견뎌 하고 있는 것이다. 오늘날 클래식을 잘 듣지 않는 사람이 클래식의 격조는 이해하면서도 감상에는 못 견뎌 하는 것과 비슷한 사정이리라.

흥미로운 것은 반 세기 전의 이광좌와 영조는 장악원의 음악이 빨라져서 듣기 거북하다고 걱정하는데 이옥은 지금 느려서 듣기 거북하다고 불

24 今年辛亥 晩松柳公提擧梨院 初赴二六會 余亦與諸人游院中聽之. 雅樂淸而緩有古意 而端冕者非徒臥直欲睡矣. 武成王廟樂嘽嘽有壯氣 而使人久聽不耐煩. 俗樂慣於耳 不足爲奇. 余笑曰 簫韶而如此 鳳鳥驚而擧矣 夫子無事忘肉矣. 金善之曰 今之樂不及古之樂耶 古之人不如今之人耶 旣不能辨此 又何以咎彼. 余曰 然矣. 然凡聽樂之法 南呂黃鐘不若龍虎營細樂之打行軍樂一回也. 三絃又不若或琴或箭之 月下奏界面調一曲也. 是豈古人所謂竹不如肉之義耶. 遂相視而笑(李鈺, 『潭庭叢書』 石湖別稿 游梨院聽樂記, 3쪽).

평한다는 사실이다. 1790년대의 장악원 음악이 1730년대보다 오히려 더 느려져서 그러한가. 물론 그럴 리는 없다. 1700년대보다 1730년대의 장악원 음악이 더 빨라졌다면, 1790년대의 장악원 음악이 1930년대보다 더 빨라졌을 것임은 의문의 여지가 없다. 더욱이 모든 음악이 18세기 전반에서 후반으로 가면서 촉급화가 더욱더 확산되어 일반화되고 있는 상황에서랴. 민간 음악으로서는 가장 격조 있다고 하는 가곡조차도 이 무렵이면 중대엽이 완전 소멸되고 삭대엽계만 남는다. 더욱이 같은 시기에 향촌에 사는 위백규는 불과 몇십 년 사이에 음악이 급격하게 번촉해졌다고 증언하고 있지 않은가. 그런데도 이옥은 빨라졌으면 빨라졌지 더 느려질 리 없는 1790년대의 장악원 음악을 느려서 듣기 거북하다고 하고 있는 것이다.

문제는 결국 음악보다는 음악을 듣는 사람이 문제인 것이다. 느려진 것은 음악이 아니라 음악을 듣는 사람의 느낌이다. 이미 촉급화가 일반화되어 빠른 리듬의 음악에 젖은 이옥에게는 상대적으로 촉급화가 더디게 진행된 장악원의 왕실 음악이 듣기 거북할 정도로 느리게 들렸던 것이다.

더욱이 이러한 음악적 취향은 그의 음악적 인식, 나아가 그의 음악관에까지 영향을 미친다. 이옥은 장악원의 음악을 듣고, "순임금의 「소소(簫韶)」가 이와 같았다면 봉황이 놀라서 날아가 버렸을 것이며, 공자께서 고기맛을 잊을 일도 없으셨겠다(簫韶而如此 鳳鳥驚而擧矣 夫子無事忘肉矣)"고 혹평한다. 어떻게 보면 장악원의 음악이 얼마나 지루하고 무감동한 음악인가를 비유적으로 표현한 데 지나지 않는 것으로 무심코 보아 넘길 수도 있다. 그러나 이 말의 배후에 놓인 의미까지 생각한다면 이에 담긴 이옥의 음악적 인식은 전통적 예악론자의 그것과 완연히 다르다는 것을 알게 될 것이다.

순임금의 「소소」가 어떤 음악인가. 「소소」를 연주하자 봉황이 날아와 예를 올릴 정도였으며, 「소소」를 듣고서는 공자가 석 달 동안이나 고기 맛을 잊었다는 바로 그 음악이 아닌가. 유가에서 가장 감동적인, 이상적 음악의 전범으로 회자되는 이 「소소」를 이옥은 그가 들은 장악원의 아악이나 종묘악보다 더 빠른 음악으로 상정하고 있다. 1730년대의 이광좌와 영조는 그들이 꿈꾸는 이상적 음악을 장악원 음악보다 훨씬 더 느린 음악으로 상정하고 있는데, 이옥은 지금 여기서 이미 빨라질대로 빨라진 장악원의 음악보다 오히려 더 빠른 음악으로 상정하고 있는 것이다. 따라서 그가 그리는 음악적 전범은 명목상으로만 유가적 전통의 「소소」를 가져왔을 뿐, 기실은 유가의 음악적 이상과는 거리가 먼 전범에 해당한다. 그것은 오히려 장용영의 군악이나 계면조 가곡과 더 가깝다. 장용영의 군악이 장악원의 남려 · 황종조보다 낫다고 하고, 계면조 가곡이 장악원의 삼현보다 더 낫다고 하고 있기 때문이다.

18세기 말 무렵이면 조선의 음악은 이미 루비콘 강을 건넌 뒤였다. 음악의 촉급화는 풍속 회복의 표적이 되었던 이전과 달리 그 자체가 아예 풍속이 되어버린 것이다. 18세기 전 · 중반에까지만 해도 그토록 무성하던 촉급화 논란이 18세기 후반에 이르면 더 이상 사회적 이슈로 떠오르지 않는 것도 이런 상황과 무관하지 않다. 이미 어려서부터 도시의 소비문화에 젖으며 성장한 수도권의 경화 사족층(京華士族層), 소비 문화의 기류를 타고 문화의 중심부로까지 쳐올라 온 서울의 중간층이 이런 새로운 음악 문화를 발전시켜 나간 주도층이었다. 그리고 그 한가운데서 활동한 한 지식인이 바로 이옥이라 할 수 있다. 정조의 문체반정에 박지원과 더불어 일차로 지목된 인물, 가객 후원자로 유명한 서평군(西平君)과 가객 송실솔(宋蟋蟀)의 일화를 통해 18세기 중엽의 난만한 음악 문화를 실감나게 소개한 사람도 이옥이라는 데서, 그가 어떠한 문화적 성향을 지닌 인물이었던지를 짐작하게 해 준다. 적어도 서울로 대표되는 도시의 음악 문화를 기준으로 볼 때, 18세기 말은 곧 음악의 촉급화가 더 이상 촉급화로 인식되지 않게 된 시대였던 것이다.

그렇다면 음악을 직접 담당하고 있었던 18세기의 전문 예인(藝人)과 민간 사회의 일반 대중들은 이들 새로운 음악에 대해 어떤 태도를 지녔던 것일까. 18세기 전 · 중반의 일을 기록한 다음 자료가 주목된다. 두 일화에 나타난 전문 예인과 대중들의 태도를 통해, 우리는 18세기 말의 이런 음악 문화가 어떤 과정을 거치며 이르게 되었는가를 대강이나마 짐작할 수 있기 때문이다.

> 전만제(全萬齊)는 문자에 능하고 식견도 높아 『악기(樂記)』나 음악을 논한 옛사람의 글들을 능히 외울 수 있었고, 고금에 걸친 정음(正淫)의 변화, 아속(雅俗)의 분별에도 뛰어났다. 만제가 비록 스스로 고조(古調)를 좋아하고 신성(新聲)을 수치스럽게 여겼다고 하나, 재주는 실로 빼어나지 않음이 없었다. 어떤 이가 "만제는 재주가 졸렬해서 변화를 통 모르니 왕덕창(王德昌)의 연주를 따라하려 해도 할 수 없을 걸세." 라 하자 만제가 웃으며 우조(羽調)를 연주했는데, 그 소리의 절정에 이르러 흐르는 듯 꺾이고〔流轉〕 부드러운 듯 거칠어지는〔婉宕〕 소리의 품새가 덕창보다는 한 수 위였다. 좌중이 모두 놀라 탄식을 하자 만제는 술대를 던지고 사양하면서 "그저 장난이었소" 라 했다. 곁에 있던 사람들이 계속 연주하기를 강청했으나 끝내 그 곡을 마저 하지 않았다.[25]

25 萬齊解文字有高識 能誦樂記及古人論樂語 於古今正淫之變雅俗之分 尤也. 萬齊雖自好古調 而恥爲新聲 才實無不長. 或謂'萬齊才拙變 雖欲爲德昌所爲 有不能者.' 萬齊笑而拂羽 極其聲之所往 流轉婉宕 出德昌上. 坐者驚嘆 萬齊投撥謝曰 聊復戲耳. 傍人强請之 亦不肯終曲也(김영진, 조선후기 시가사와 관련된 몇몇 신자료 소개, 한국시가학회 제34차 정기학술발표회 발표 요지, 2004. 12. 4.).

옛날 영조(1724-1776) 때 민간에 무미(無眉)라는 호를 가진 사람이 노래를 잘해 세상에 이름을 떨쳤다. 그 때 김몽여(金夢如)라는 형제가 있어 신성(新聲)을 연변해 슬프고 빠른 노래〔哀促之音〕를 만들어 내었다. 무미는 음악이 치도(治道)와 직접 관련되므로 경박한 풍속은 조장할 것이 못된다고 생각하고는, 몽여 형제를 책하며 옛것을 되새기라고 했으나 그들은 듣지를 않았다. 무미는 크게 노하여 형조에 고발해 이들을 다스려 달라고 청원했다. 형조의 서리가 그 물정 어두움을 비웃고는, 판서가 등청(登廳)하기를 기다렸다가 면대해 소송의 득실로 무마하려 했다. 그러나 무미는 분을 가라앉히지 못한 채 책하고 따지며 끝내 굽히지 않았다. 판서는 부득이 몽여 형제에게 곤장을 치고 그를 사례하여 보냈다.[26]

앞의 전만제 일화는 진민제가 『청구영언』을 편찬한 가객 김천택과 아양지계(峨洋之契)를 맺을 만큼 의기 투합했던[27] 거문고의 명인이었던 점에서 18세기 전 · 중반의 일을 기록한 자료라 할 수 있다. 뒤의 무미 일화도 영조대에 일어난 일이라는 점에서 역시 18세기 전 · 중반의 자료로 짐작된다.

우선 이들 두 일화는 모두 전통적 음악〔古調〕을 지향하는 전문 예인들이 새로운 음악〔新聲〕과의 갈등을 보이는 일화라는 점에서 우리들의 관심을 불러일으킨다. 특히 전만제 일화가 신성(新聲)을 지향하는 왕덕창과의 은근한 자존심 대결을 펼치는 간접적 갈등의 현장을 보인다면,

---

26 昔在元陵盛際 里巷有號無眉者 善歌 歌而擅名於世. 有金夢如者兄弟 變新聲爲哀促之音. 無眉以爲聲律關治道 澆薄之風不可長也 責之使反古 不聽. 無眉大怒 投狀刑曹 乞理之. 吏笑其迂闊 乃俟司寇坐衙 面訴得失 氣忿忿訶辨不屈. 司寇不得已杖夢如 謝遣之(張之琬, 『枕雨堂集』 卷四 論詩一則; 『閭巷文學叢書』 5, 여강출판사 영인, 1986, 90쪽).

27 伯涵, 旣善歌, 能自爲新聲. 又與善琴者全樂師 托爲峨洋之契 全師操琴 伯涵和而歌 其聲瀏瀏然 有可以動鬼神而發陽和. 二君之技 可謂妙絶一世矣(鄭來嬌, 「靑丘永言序」, 『珍本靑丘永言』).

무미 일화는 신성을 지향하는 김몽여 형제와의 정면 충돌을 벌이는 직접적 갈등의 현장을 보이는 일화라는 점에서 흥미롭다. 이들 두 전문 예인이 보여 주는 갈등 패턴이 곧 18세기 중반 신구(新舊) 음악의 교체기에, 음악계 내부에서 전개된 세력다툼의 단면을 전형적으로 내보인다고 할 수 있기 때문이다. 새로운 음악을 누르기 위해 신성의 연주법에까지 정통한 김만제의 의연한 대응과, 새로운 음악을 누르기 위해 투쟁까지도 마다하지 않은 무미의 저돌적 대응은, 아마도 이 시기 전통 지향의 전문 예인들이 지녔던 전형적 대응 패턴이었을 것이다. 그리고 신성에 대한 음악계 내부의 이런 반응은 사대부 지식인들의 반응과도 크게 다를 바가 없다.

그러나 더 흥미로운 것은 이들 두 일화가 전통적 음악이 18세기 중반에 이미 그 지지 기반을 상당 부분 상실하고 있음을 보여 주는 일화이기도 하다는 점에 있다. 표면적으로는 전통적 음악을 지향하던 전만제 · 무미가 새로운 음악을 누르는 승리의 이야기 형식을 띠고 있지만, 이면적으로는 오히려 전통적 음악을 지켜 나가려는 예술인들이 수세에 몰려 안간힘하는 딱한 처지의 이야기로 해석될 수 있기 때문이다. 전통적 음악을 지키려는 전만제 · 무미가 대적할 상대에는 신성을 지향하는 전문 예인층만 아니라, 표면화되지 않는 더 강력한 세력층이 하나 더 있다. 전만제의 거문고 연주 실력이 왕덕창보다 못하다고 비아냥대는 청중, 김몽여를 고발한 무미의 물정 어두움을 비웃는 형조의 서리가 바로 그들이다. 이들은 곧 새로운 음악으로 이미 기울어진, 당시 음악의 실질적 수요층이라 할 일반 대중의 설화적 초상이다. 두 설화가 암시하듯 대중들의 음악적 취향은 18세기 중반에 이미 새로운 음악 쪽으로 기울어져 있었던 것이다.

뒤의 무미 일화는 18세기 중반의 또 다른 음악적 초상을 보여 준다는 점에서 흥미를 더해 준다. 형조의 서리는 무미의 물정 어두움을 비웃으면서도 어쩌지 못하고 형조판서가 오기를 기다리는 송사의 절차를 밟는다. 형조판서 또한 무미의 고집을 꺾지 못하고 어쩔 수 없이 김몽여 형제에게 곤장을 치는 형벌을 가한다. 형조의 서리와 판서는 무미의 지나침을 알면서도 왜 그렇게 할 수밖에 없었던가. 대세는 이미 기울어졌지만 그래도 음악의 촉급화를 비판하는, 전통적 예악론을 지향하는 음악적 이상의 명분은 아직 살아 있었던 시대이기 때문이리라. 이 또한 실질은 거의 다 넘겨 준 채 음악의 정도(正道)라는 명분에 기대어 새로운 음악과 맞서던 18세기 중반 전통적 음악의 초상인 셈이다.

그러나 18세기 후반이 되면 그러한 명분조차도 역사의 뒤켠으로 사라지고 만다.

## V. 맺음말: 문화 변동기로의 18세기와 현대, 그리고 지식인

왜 18세기와 현대를 한 자리에 묶어서 이야기하려 하는가. 사실 한 자리에 묶을 만한 공통항이랄 것이 별로 있을 것 같지 않다. 전제적 왕권 국가의 18세기와 민주적 자본주의 국가의 현대, 신분제 사회의 18세기와 평등제 사회의 현대, 농경 사회 중심의 18세기와 산업 사회 중심의 현대 등등, 두 시대의 이질항을 들추어 내려면 예거할 수 없을 만큼 무수히 많을 것이기 때문이다. 그럼에도 불구하고 필자가 여기서 두 시대를 한 자리에 묶어 이야기하려는 것은 단 한 가지 이유에서이다. 문화 변동기로서 지닌 변화 패턴의 유사성, 그리고 문화의 격변을 몸으로 부딪히며 사는 사람들이 취하는 대응 패턴의 유사성이 바로 그 이유이다. 그렇지만 이런 측면에서 유사성을 찾는 일조차 현실적으로 쉽지가 않다. 이 역시 차별성이 너무 크기 때문이다.

우선 오늘날 진행되고 있는 현대 사회의 문화 변동은 민족사를 뛰어넘어 전개되는 격변의 인류사적인 문화 변동이라 할 수 있다. 이른바 인쇄 매체 문화에서 디지털 매체 문화로의 이행이 그것이다. 하기야 근대 이후 우리 민족이 어느 때 한 번이라도 격변의 시대가 아닌 때가 있기는 했던가. 대한제국이 그러하고, 일제 강점기가 그러하고, 해방기를 거치면서 맞이한 분단 시대가 그러하고, 4 · 19 혁명 · 군사 쿠데타 · 민주화, 그리고 지금 겪고 있는 이른바 보수 대 진보의 대립 등등 우리의 현대사에서 격변이 아닌 시기는 없었다 해도 지나치지 않을 것이다. 그러나 지금 우리가 부딪히고 있는 현대의 문화 변동은 이런 민족사적인 것들과 성격이 다르다. 20세기 후반 이래 오늘날의 우리가 맞고 있는 디지털 문화로의 이행, 그것은 민족의 차원을 넘어 전 지구적으로 겪고 있는 인류사적 대문화 변동인 것이다. 반면에 18세기에 일어난 일련의 문화 변동은 이와 성격이 다르다. 어디까지나 우리의 민족사 내부에서, 우리 민족의 역사적 특수성 속에서 전개된 지극히 한국적인 문화 변동이라 할 수 있기 때문이다. 시각을 넓혀 살피더라도 그것은 같은 한자 문화권에 속했던 동아시아의 범위를 넘어서지 못할 것이다.

다음으로 현대의 문화 변동은 시스템의 변동이라 할 수 있다. 인쇄 매체 문화에서 디지털 매체 문화로의 이행이란 곧 시스템의 교체 현상이라 해도 지나치지 않을 만큼 구조적이다. 디지털 매체로의 이행은 곧 우리의 생활 패턴은 물론이고 우리의 사유 패턴, 가치관 및 세계관, 나아가 문화의 전 지구적 패러다임을 변화시킬 만큼 엄청난 위력을 지닌 변화라 할 수 있다. 18세기의 문화 변동 또한 임진 · 병자 양란의 여파로 인한 사회 체제의 변화, 그로 말미암은 상업의 발달과 소비 문화의 대두가 그 배후에 놓여 있어 시스템적 성격이 전혀 없다고 할 수는 없을지 모른다.

그러나 18세기는 사회 체제의 변화가 정치 체제나 신분 체제의 변혁 수준으로 전개되지 않았고, 상업의 발달이 자본주의 체제로 전환될 수준으로 나아간 것도 아니다. 시스템의 변동에 따른 전면적 변화라기보다 차라리 국지적이었다고 해야 할 것이다. 실학파로 대표되는 사상의 변화가 전통적 유학 사상을 전복시킬 만큼, 기층민 예술의 부상이 상층의 지식인 예술을 압도할 만큼 강력했던 것도 아니다. 당시의 문화 세력으로서는 어디까지나 소수파, 주변부 세력에 지나지 않았던 것이다. 또한 각각의 문화 영역에 따라 나타나는 변화의 편차나 수준도 들쭉날쭉이었다.

사정이 이러한 만큼, 문화 변동에 초점을 두더라도 두 시대를 한 자리에 묶어 다루기 위해서는 다시 더 제한에 제한을 거듭할 수밖에 없다. 그러므로 지금 여기서는 두 시대의 문화 변동을 '문화의 대중화' —매스(mass)와 관련된 근대적 의미의 대중보다 차라리 유행 · 통속(popularity)과 관련된 일반적 의미의 대중—라는 측면에만 초점을 맞추어 이야기하려 한다. 18세기에 일어난 음악 문화의 변화와 현재 일어나고 있는 현대 문화의 변화는, 어느 쪽이나 모두 대중화의 문제와 깊은 역학적 관계 속에서 전개된다는 사실에 주목한 결과이다.

18세기에 전개된 음악 문화의 변화는 이미 살핀 바처럼 모든 것이 음악의 촉급화 현상으로 말미암아 파급된 변화에 해당한다. 그리고 이 음악의 촉급화를 가져오게 한 직접적 원인이 기층민 예술의 문화적 부상과 상업의 발달에 따른 도시 소비 문화의 대두와 깊이 관련되어 있다. 원래 기층민의 음악은 왕실 음악이나 가곡과 같은 상층의 지식인 음악에 비해 상대적으로 빠른 리듬으로 구성되는 것이 일반적이다. 도시의 소비 문화 또한 그러하다. 소비 문화는 도시 소비층의 유흥 문화와 직결되어 있고, 유흥 문화는 또한 정신성보다 감각성을 앞세우므로 빠른 리듬을 선호하기 마련이다. 바로 이 기층민 본연의 빠른 리듬 속성이 도시 소비 문화의 감각적 취향과 맞아떨어진 결과로, 유흥성이 강화된 기층민 예술의 사회적 부상이 이루어진 것이다. 이것이 다시 상층의 지식인 음악에까지 영향을 미쳐서, 18세기 음악 문화의 화두가 된 음악의 촉급화 현상으로 나타나게 된 것이다. 따라서 18세기에 일어난 음악의 촉급화, 그로 말미암은 새로운 음악의 문화적 승리는 기본적으로 감각성을 앞세우는 음악의 대중화 지향 그 자체라 할 수 있다.

현대 문화의 변화가 문화의 대중화와 직결되어 있음은 우리가 지금 피부로 직접 느끼고 있는 문제일 것이다. 오늘날 우리 시대를 대중 문화의 시대로 부르는 데 어느 누가 이의를 달 수 있을까. 불과 수십 년 전까지만 해도 고급 문화와 대중 문화라는 두 문화가 나란히 병존하고 있었다. 그러나 지금은 어떠한가. 클래식은 대중 가요에 밀려나고 순수 문학도 대중 문학에 밀려나고 있으며, 고급 예술과 대중 예술을 경계짓기 어려운 새로운 형태의 예술 양식이 여기저기서 출현하고 있다. 어디 그뿐인가. 문화의 우상으로 떠오르며 현대 사회에 막강한 영향력을 미치는 것은, 정치가 · 사상가 · 학자와 같은 전통적 의미의 위대한 인물이 아니라 연예인 · 스포츠 선수 · 방송인과 같은 대중적 스타들이다. 수세기 이래 문화 영역의 중심부에 자리하면서 문화를 살찌워 나갔던 인문학이 쇠락의 과정을 밟는 중이다. 대학조차도 진리 탐구라는 본연의 선도적 기능을 포기한 채 단순한 기능적 지식의 전달자로 전락해 나가는 중이다. 대신에 영화 · 방송 · 컴퓨터를 중심으로 한 영상 · 디지털 매체가 문화 영역의 중심부로 치오르면서 모든 문화를 주도하려 하고 있다.

비판적 시선이 개입될 수밖에 없음을 부인할 수는 없지만, 필자는 지금 현대의 대중 문화 현상을 비판하고 있는 것이 아니다. 그렇다고 18세기 음악 문화와 오늘날의 현대 문화가 공히 겪고 있는 대중화의 추세를 객관적으로 기술하려는 것도 아니다. 목적은 오히려 대중화를 지향하는 두 시대의 문화 변동을 몸소 겪으면서 이에 대응해 나간 지식인들의 태도를 살피는 데 있다.

이미 살핀 바처럼 18세기 음악의 대중화에 대응했던 이 시기 지식인들의 태도는 두 부류로 나뉜다. 한편으로 음악의 대중화를 문화의 타락 내지 저급 문화의 침윤으로 보고 어떻든 대중화의 흐름을 막으려는 부정적 시각의 지식인들이 있었다. 음악의 촉급화와 새로운 음악의 출현이 풍속의 타락을 조장하는 것으로 판단한 전통적 예악론자들이 그들이다. 다른 한편으로 음악의 대중화를 문화 변동의 자연스러운 흐름으로 보고 이를 적극적으로 수용하려는 긍정적 시각의 지식인들이 있었다. 음악 문화의 진작을 강조하거나 새로운 음악을 적극적으로 즐기면서 이 신흥의 음악 문화를 합리화하려는 경화 사족층 내지 도시 중간층 지식인들이 그들이다.

흥미로운 것은 18세기 이들 두 부류 지식인의 대응 태도가 현대 문화의 대중화에 대응하는 오늘날 지식인들의 태도와도 놀랍도록 일치한다는 사실이다. 현대의 문화 변동을 부정적 시선으로 바라보는 지식인들은 오늘날의 대중 문화를 저급 문화로 규정하려는 성향이 짙게 배어 있다. 대중화의 물결을 문화의 저급화로 치닫는 질적 퇴보의 과정으로 보고, 단호한 태도로 대중 문화의 극복을 역설하는 지식인들이 그들이다. 이와 달리 현대의 문화 변동을 긍정적 시선으로 바라보는 지식인들은 대중화 현상을 문화 변동의 자연스러운 흐름으로 보면서 적극적으로 수용하려는 태도를 보인다. 그리하여 고급 문화의 유산이든 현대와 다른 패러다임의 문화 유산이든, 어떻든 대중적 감성에 맞도록 변용시켜 대중 문화를 질적 · 양적으로 풍성하게 하려 한다.

그렇다면 두 부류의 지식인 유형이 보이는 대응 태도 가운데 어느 쪽 지식인 유형이 더 바람직하다고 할 수 있겠는가. 적어도 필자의 판단으로는 두 유형의 어느 쪽도 선택할 수 없다. 양쪽 모두 가능성과 한계를 동시에 지니고 있는 것으로 판단되기 때문이다. 이런 의미에서 18세기의 음악 현상에 대응했던 조선 시대 지식인들의 두 태도는 문화의 든든한 미래를 구축하는 데 중요한 교훈이 될 수 있다. 이들이 보여 준 가능성과 한계는 곧 우리의 미래를 위한 중요한 반성의 자료로 삼을 수 있기 때문이다.

음악의 대중화에 비판적이었던 전통적 예악론자들의 가치 지향적 태도는 결코 포기해서는 안 될 바람직한 태도로 평가할 수 있을 것이다. 그런 의미에서 음악의 대중화에 대해 비판적이었던 정통 유학자들의 태도에는 수긍할 측면을 분명히 지니고 있다. 그러나 이들이 지향한 것은 가치의 전범을 기성의 가치에 두고, 기성 가치의 회복을 위해 음악의 대중화 현상을 전면적으로 부정하는 경직된 태도는 바람직하지 않다. 당시 음악의 대중화 흐름은 왕이든 대신이든 그 어떤 개인의 힘으로 막으려 해도 막을 수 없는 거대한 흐름이었다. 설사 권력의 힘으로 막는다 하더라도 일시적 효과만 거둘 수 있을 뿐임을 무수한 역사적 사례들이 대변해 주고 있다.

따라서 정통 유학자들이 모색해야 할 대안적 가치의 모델은 당시 음악의 대중화 흐름 안에서 찾아야 했을 것이다. 물론 대중화 현상은 수요자의 취향에 따라 변화무쌍하게 달라질 수 있는 감각적이고 무지향적인 속성을 그 자체 내부에 지니고 있다. 대중 문화를 저급 문화로 규정하는 까닭도 이런 속성 때문이라고 할 수 있다. 그러나 호랑이 굴에 들어가야 호랑이를 잡는다는 속담처럼, 음악적 가치를 새로이 정립하기 위해서도 대중화의 흐름 안에 들어가야 했을 것이다. 김주신이 강조한 음악의 생활화나 이옥이 꿈꾼 이상적 음악 모델의 재정립과 같은 대중화의 문제에도 심각한 고민을 했어야 할 것이다. 기성 가치의 무조건적인 추수주의(追

隨主義)는 결국 어떤 결과를 초래했는가. 그들이 추구한 음악의 이상이 삶의 진정성으로부터 유리됨으로써, 결국은 심미적 호소력마저 완전히 소진시키는 결과를 자초하지 않았는가. 전통적 예악론자들의 대응이 실패한 대응일 수밖에 없었던 까닭이 여기에 있다.

마찬가지 논리가 음악의 대중화를 적극적으로 수용했던 긍정적 시각의 지식인들에게도 그대로 적용되어야 할 것이다. 이들로부터 배울 수 있는 것은 음악의 대중화 현상이 자연스러운 흐름의 대세임을 간파해 내는 문화적 감수성과, 변화를 거부하지 않는 개방적 수용 태도에 있다. 전통적 예악론자들의 경직된 태도와 비교한다면 얼마나 유연한가. 그러나 이들이 취했던 몰가치적 태도는 단연코 경계해야 한다. 적어도 지식인인 한 가치 지향적 태도를 포기한 채 대중화의 흐름에 그대로 편승하기만 할 뿐이라면 지식인으로서의 책무를 방기하는 것과 다름이 없는 행위이다. 전통적 예악론에 맞설 만한 새로운 음악관의 정립을 위해 고뇌한 바 없이 자신들의 태도를 합리화할 방편적 음악관의 표명에 그치고 있는 것은 마땅히 비판받아야 할 것이다. 이런 의미에서 이들 긍정적 시각의 지식인이 보인 대응 또한 대중화에 영합한 대응이라는 비판을 면할 수 없을 것이다.

더 이상 무슨 말이 필요할 것인가. 오늘날 대중 문화에 내재되어 있는 몰가치적이고 무지향적인 부화뇌동성을 우리는 인정하지 않으면 안 될 것이다. 이런 의미에서 현대의 대중 문화가 미래의 대안적 모델이 될 수는 없다. 그뿐만 아니라 지식인으로서의 가치 지향적 태도 역시 미래 문화의 바람직한 전망을 모색하기 위해서라도 결코 포기해서는 안 될 덕목이다.

그러나 현대 문화의 대중화는 오늘날 디지털 매체 시대의 거역할 수 없는 흐름인 만큼, 미래 문화의 전망 또한 '대중 문화를 통해서' 모색해야 할 것이다. 현대 문화의 대중화 현상에 대해 비판적 태도를 취하는 지식인이든 긍정적 태도를 취하는 지식인이든, 우리 모두가 18세기 지식인들의 성과와 실패에 주목해야 할 까닭도 여기에 있다.

## 〈참고 문헌〉


金鍾厚, 『本庵集』, 민족문화추진회 영인, 韓國文集叢刊 237.

金柱臣, 『壽谷集』, 민족문화추진회 영인, 韓國文集叢刊 176.

『浪翁新譜』, 은하출판사 영인, 한국음악학자료총서 14, 1989.

『朴氏本 海東歌謠』, 규장문화사 영인, 1979.

『樂學拾令(瓶窩歌曲集)』, 동국대 한국학연구소 영인.

『漁隱遺譜』, 은하출판사 영인, 한국음악학자료총서 17, 1989.

梁德壽 편, 『梁琴新譜』, 통문관 영인, 1959.

『英祖實錄』, 朝鮮王朝實錄 42.

魏伯珪, 『存齋全書』, 경인문화사 영인, 1974.

李得胤, 『玄琴東文類記』, 은하출판사 영인, 한국음악학자료총서 15, 1989.

李 鈺, 『潭庭叢書』, 필사본 영인.

李 滉, 『退溪集』, 민족문화추진회 영인, 韓國文集叢刊 29~31.

張之琬, 『枕雨堂集』, 여강출판사 영인, 여항문학총서 5, 1986.

趙慶南, 『亂中雜錄』, 민족문화추진회 영인, 국역 대동야승 IV.

『珍本 青丘永言』, 조선진서간행회, 1948.

許 均, 『惺所覆瓿藁』, 민족문화추진회 영인, 韓國文集叢刊 74.

黃俊良, 『錦溪先生文集』, 민족문화추진회 영인, 韓國文集叢刊 37.

강명관, 『조선 후기 여항문학 연구』, 창작과 비평사, 1997.

고동환, 『조선 후기 서울 상업발달사 연구』, 지식산업사, 1998.

권두환, 「18세기의 가객과 시조문학」, 『진단학보』 55호, 진단학회, 1983.

권오경, 「17-18세기 시조의 동향 —고악보를 중심으로」, 『시조학논총』 16집, 한국시조학회, 2000.

권태욱, 「조선 후기 음악양식의 변천사 연구 —정읍과 영산회상」, 『음악과 민족』 10호, 민족음악회, 1995.

김영진, 「조선 후기 시가사와 관련된 몇몇 신자료 소개」, 한국시가학회 제34차 정기학술발표회 발표 요지, 2004. 12. 4.

백대웅, 「18, 19세기 서울의 도시문화 변천에 따른 음악 문화의 변화 양상」, 『민족문화연구』 31집, 고려대 민족문화연구소, 1998.

성기옥, 「악학궤범과 성종대 속악 논의의 행방」, 한국시가학회 편, 『시가사와 예술사의 관련 양상』, 보고사, 2000.

송방송, 『한국음악통사』, 일지사, 198.

심경호, 「조선 후기 시사와 동호인 집단의 문화활동」, 『민족문화연구』 31호, 고려대 민족문화연구소, 1998.

최영준, 「18 · 19세기 서울의 지역분화」, 『민족문화연구』 31집, 고려대 민족문화연구소, 1998.

# 18세기 조선 문인의 세계 인식과 문학적 형상화

### -추재(秋齋)의 「외이죽지사(外夷竹枝詞)」를 중심으로-

신하윤

## Ⅰ. 머리말

추재(秋齋) 조수삼(趙秀三, 1762-1849)은 조선 후기 중인 문학을 대표하는 문인으로 그의 문학 세계에 대한 연구는 일반 서민 생활에 대한 강한 애정과 관심을 시로 쓴 현실주의 시인이라는 데 초점이 맞추어져 왔다. 조수삼의 현실주의적 문학 성취는 작가의 여행을 통한 생생한 체험을 바탕으로 지어졌다는 점에 기인한다. 그는 1789년 28세의 젊은 나이에 연행 사신 이상국(李相國)의 서기(書記)직으로 처음 중국을 다녀온 이후 여섯 차례나 연행에 참여했으며, 그 밖에도 공적 · 사적으로 전국 각지를 돌아다니며 여행을 했던 특이한 경력의 소유자이다. 그는 여행을 통해 얻은 체험을 시로 쓰기를 즐겨했는데 홍경래 난이 발생한 정주에 가서 지은 「서구도올(西寇檮杌)」, 200일간 관북(關北) 지방을 여행하면서 그 지역 농민의 궁핍한 삶을 묘사한 「북행백절(北行百絶)」 등을 대표작으로 꼽을 수 있다. 여행에서의 경험이라는 것은 곧 미지의 것, 새로운 것에 대한 관찰이요 관심이다. 추재가 자신이 사는 서울의 각종

기이한 인물들에 대해 묘사한 「기이(紀異)」 역시 새로운 것에 대한 호기심 어린 관찰의 산물이라는 점에서 여행자의 시선과 일맥상통한다.

추재의 새로운 문화, 기이한 인물에 대한 관심은 국내 여행, 혹은 몸으로 체험한 여행에만 머물지 않는다. 『추재집(秋齋集)』 권7에 「기이」 71수와 더불어 수록된 「외이죽지사(外夷竹枝詞)」 122수는 '상상의 여행' 기록이다. 이 기록은 추재가 가보지 못한 세계 여러 나라들, 즉 '외이(外夷)'에 대한 것이다. 이는 책을 통한 간접 견문을 바탕으로 작가의 "멀리 여행하고 싶은 마음〔遠遊志〕"을 풀어냈다는 점에서 일종의 '와유(臥遊)' 작품이라고 볼 수 있다. 특히 이 작품이 추재의 첫 번째 연행(1789~1790) 직후인 1795년[1]에 지어졌다는 점을 주목할 필요가 있다. 역관도 아닌 그가 전후 여섯 차례나 연행에 참여했던 것은 첫 번째 연행의 의미가 그만큼 컸다는 것을 반증한다. 28세라는 젊은 나이에 중국의 광활한 대지와 선진적 문물을 접한 그의 충격은 분명 적지 않았을 것이다. 「외이죽지사」는 그러한 인식의 변화를 바탕으로 조선 밖의 나라들, 나아가 세계에 대한 강한 관심을 보여 주는 작품으로 추재의 '원유지(遠遊志)'를 대표하는 작품이다.

한편 형식적인 측면에서 「외이죽지사」는 칠언 절구의 시에 산문 주(註)가 달려 있는 '죽지사(竹枝詞)' 체를 취하고 있는데 이는 산문과 시의 결합이라는 점에서 「북행백절」, 「기이」와 매우 유사하다. 산문과 운문의 결합이 의미하는 것은 무엇일까? 필자의 견해로는 객관적 정보를 담는 데 용이한 산문적 요소와 주관적 감상을 담기에 적합한 운문적 요소가 결합함으로써 문학성과 동시에 기록 문학적 사료성(史料性)을 추구하는 양식적 특성을 지닌다고 생각된다. 더구나 한두 수가 아닌 수십

1 『秋齋集』 권7, 「外夷竹枝詞」 序: "乙卯孟秋, 經畹山人敍."

수, 백 여 수의 방대한 편폭이라면 그것의 '기록'으로서의 가치는 더욱 커진다. 「외이죽지사」는 이와 같은 내용상 · 형식상의 여러 가지 측면에서 조선 후기 문인의 세계 역사와 문화에 대한 관심, 세계 인식을 보여주는 중요한 자료임에도 불구하고 추재의 기타 현실주의적 성향의 작품에 비해 매우 소홀히 다루어져 왔다. 이에 이 글에서는 추재의 「외이죽지사」에 대한 다각적 검토를 통해 18세기 조선 문인의 세계에 대한 관심과 그에 대한 문학적 형상화 양상을 살펴보고자 한다.

## Ⅱ. 추재의 세계 인식

「외이죽지사」는 83개 나라 이름을 나열하고[2] 제목 아래 그 지역의 역사와 풍토, 습속, 언어, 산천, 물산을 소개한 다음 각국에 대한 작가의 생각을 칠언 절구의 시로 지은 작품이다. 추재는 명대(明代) 신안인(新安人) 정백이(程百二)가 편찬한 『방여승략(方輿勝略)』의 「외이(外夷)」 열전을 보고 그로부터 얻은 견문과 감동을 풀어 내고자 「외이죽지사」를 짓게 되었다고 창작 동기를 밝히고 있다.

내가 근자에 신안 정백이 씨가 편찬한 『방여승략』을 얻었는데 전국을 낱

2 추재는 서문에서 "識國凡八十三"이라 했는데 실제 죽지사 작품을 보면, 韃靼 兀良哈 女眞 日本 琉球 哈蜜 高昌 土魯番 魯陳 撒馬兒罕 天竺 婆羅門 亦力把刀 佛菻 蘇門答剌 于闐 默德那 天方 祖法兒 覽邦 嗒烈 古里 溜山 阿丹 南巫里 白松虎兒 阿速 乞力麻力 黑葛達 黑婁 哈失哈力 呵哇 麻林 加異勒 敏眞誠 八答黑商 火剌札 納失者罕 瑣里 吐蕃 安南 占城 眞臘 瓜 三佛齊 暹羅 柯枝 討來思 沙哈魯 百花 苔兒蜜 淡巴 錫蘭山 滿剌加 忽魯謨斯 賓童龍 渤泥 蘇祿 古麻剌 緬甸 木邦 播州 建昌 羅羅 犵狫 양(犭+羊)獚 仲家 宋家蔡家 五溪 黎人 獠(犭+充)人 獞人의 순서로 73개국을 배열하고 "附)海中諸國"이라 하여 曷剌比亞 應多江 鬼國 北室韋 拂郎察 勿耨茶 突浪 夜叉 紅毛國의 9개 국을 덧붙이고 있으며, 마지막에 附)日本雜詠까지 합하면 총 83개국이 된다.

낱이 열거하고 천하를 아우른 것이 눈앞에 있는 듯 역력했다. 특히 그 외이 열전은 머나먼 지방을 모아서 중요한 사항을 열거함에 빠짐이 없었으니 기뻐하며 스스로 말하기를, "어떻게 하면 이 몸에 날개를 달아 그곳까지 날아가 이 책과 같은지 살펴볼 수 있을꼬." 라고 했다. 잠시 후에 또 스스로 생각하기를 우리 나라가 몇 리나 되는가. 그럼에도 내가 아직 다 보지 못했거늘 어찌 광막한 세계를 그리워하며 헛수고를 한단 말인가. 차라리 글로 써서 위로하고 풀어버리리라(余近得新安程百二氏所撰方輿勝略, 枚列函夏, 包括寰區, 歷歷如在目前. 就其外異列傳, 冥蒐遠求, 核擧無遺, 則喜自語曰安得身具羽翼, 徧翔其地, 審與此書同也否. 旣又自思曰吾國中爲幾里, 而未能盡吾觀焉. 豈可寄想廣漠, 徒爲唐喪之歸哉. 毋寧著之篇章, 以作慰遣資).

「외이죽지사」의 '외이(外夷)'는 곧 『방여승략』「외이(外夷)」편에서 유래한 것으로 추재의 「외이죽지사」를 이해하기 위해서는 『방여승략』에 대한 이해가 선행되어야 함을 알 수 있다.

### 1. 『방여승략』과 명말 세계 인식의 변화

『방여승략』은 명 만력(萬曆) 38년(1610)에 편찬된 책으로 「정편(正編)」 18권과 「외이(外夷)」 6권으로 구성된 지리서이다. 그 중 「외이」 6권은 세계 각국의 역사와 풍물을 기록한 부분으로 이탈리아 선교사 마테오 리치(Matteo Ricci)가 만력 황제에게 헌정한 중국 최초의 세계 지도 「산해여지전도(山海輿地全圖)」와 그 도해(圖解), 도설(圖說) 및 세계 각국의 국도분(國度分)을 함께 수록하고 있다. 마테오 리치의 세계 지도를 수록하고 있다는 점에서 「외이」는 「정편」보다도 높은 가치를 지닌다고 평가받는다.

1584년(만력 12년) 이탈리아의 선교사 마테오 리치는 명 만력 황제에게 세계 지도를 헌정하게 되는데, 이는 중국 최초로 서구의 근대적 측량 기술에 근거해 제작된 세계 지도가 된다.[3] 한대 장건(張騫)의 서역 파견, 당대 현장(玄奘)법사의 천축(天竺)행, 명초 정화(鄭和)의 서양행 등을 통해 중국인들은 분명 세계의 광대함에 대해 알고 있었다. 그러나 16세기 말 마테오 리치의 세계 지도가 나오기 전까지 중국인들은 오랫동안 '천원지방(天圓地方)'의 천체관을 가지고 있었으며 동시에 둥근 하늘은 위에, 방형의 땅은 아래에 있으며 그 하늘과 땅 사이 중심에 있는 것이 중국(中國)이라고 생각했다. 사이(四夷)는 천하의 바깥이요 중국은 천하의 안이라는 세계관이 깊게 뿌리 박혀 있던 중국인들에게 중국이 세계 여러 나라 가운데 하나라는 사실은 받아들이기 어려웠다. 자연스럽게 당시 중국의 정통 지식인들은 마테오 리치의 세계 지도가 의도적으로 "중국을 작게 보이려〔狹小中國〕"[4] 했다고 의심하면서 "어찌 중국이 이렇게 작으며 지도의 북쪽에 가깝다고 말할 수 있단 말인가(焉得謂中國如此蕞爾, 而居于圖之近北)."[5]라고 반발했다.

『방여승략』이 출간된 지 얼마 안 되어 명(明) 천계(天啓) 3년(1623)에는 이탈리아인 예유략(艾儒略, Jules Aleni, 1582-1649)이 『직방외기(職方外記)』 5권[6]을 편찬한다. 서문에 의하면, 그는 친구인 마테오 리치의 「만국도지」를 참고하고 그 밖의 보고 들은 것과 서쪽에서 가지고 온 자료를 보충해서 『직방외기』를 편찬한다고 했다. 『직방외기』 5권은

---

3 비록 그 지도의 원본은 현전하지 않으나 그 모사본은 전해지고 있는데 이를 통해 당시 마테오 리치의 세계 지도가 상당히 정확했음을 알 수 있다.

4 李維楨, 「방여승략서」, 大泌山房集 권15.

5 魏濬, 「利說荒唐惑世」, 明朝破邪集, 권3.

6 『欽定四庫全書』 史部11, 地理類 10에 수록되었으며 1631년 정두원이 조선으로 가지고 들어옴.

세계를 아세아주(亞細亞州), 구라파주(歐羅巴州) 등의 오대주로 나누어 각 주의 지도를 수록하고 해당 국가의 위치와 기후 조건, 문자, 풍속 등을 소개한 지리서로서 『방여승략』「외이」에서 좀더 진일보한 면모를 보여 준다. 『흠정사고전서』의 「직방외기제요」를 보자.

> 기록한 것들은 모두 절역(絶域)의 풍토로 옛 지도에는 실리지 않았으므로 직방외기라고 이름지었다. 그곳에서는 천하를 오대주로 나누었는데 그 첫째는 아세아주로, …… 앞에는 만국 전도를 두고 뒤에는 사해총설을 덧붙였는데 서술한 바가 기이한 것이 많아 정확히 밝힐 수 없으니 과장하고 꾸며낸 바가 많음을 면치 못할 듯하다. 그러나 천지가 이처럼 광대하니 어딘들 없겠는가. (이에) 기록하여 보존하니 또한 족히 기이한 견문을 넓힐 수 있으리라. 건륭 46년 11월 삼가 교정하여 올린다(所記皆絶域風土, 爲自古輿圖所不載, 故曰職方外記, 其說分天下爲五大州, 一曰亞細亞……前冠以萬國全圖, 後附以四海總說, 所述多奇異, 不可究詰, 似不免多所夸飾, 然天地之大, 何所不有, 錄而存之, 亦足以廣異聞焉. 乾隆四十六年十一月恭校上).[7]

천지의 광대함을 기록함으로써 견문을 넓힐 수 있다고 저술의 의의를 말하면서도 주된 평가는 "서술한 바가 기이한 것이 많아" "과장하고 꾸며낸 바가 많다"고 했다. 건륭 32년(1767) 완성된 『청조문헌통지』, 『사이고』 등에서는 『직방외기』의 세계 기록이 "과장됨을 면할 수 없다"고 하고 세계가 오대주로 이루어져 있다는 데 대해 황당한 말이라고 비판하고 있다. 심지어 마테오 리치가 유럽을 '구라파(歐羅巴)'라고 음역한 것

---

7 艾儒略, 『職方外記』, 「欽定四庫全書提要」.

은 지나치게 좋은 의미의 글자를 사용해서 서방의 우월함을 과시하고자 한 의도가 있으며, 아시아를 '아세아(亞細亞)'라고 음역한 것은 '작다' '둘째이다' '보잘것 없다'라는 부정적 의미의 글자를 의도적으로 사용한 혐의가 있다고 말하기도 했다.

그러나 다른 한편으로 명말 청초 일부 진보적 지식인들은 이러한 새로운 문화적 충격에 대해 적극적으로 수용하는 모습을 보인다. 이지(李贄, 1527-1602) · 풍응경(馮應京) · 사조제(謝肇淛) · 방이지(方以智, 1611-1671) 등은 "땅이 이처럼 크되, 우주 가운데 좁쌀 한 톨일 뿐이며, 내 고장 내 마을은 또 좁쌀 한 톨의 끄트머리일 뿐이다. 내가 다시 아득히 그 속에 있어 달팽이 뿔 위에서 명리를 다투고 있구나."[8] "귀로 듣고 눈으로 보고 생각하는 것 외에 이처럼 다른 지방과 다른 풍속이 있다는 것을 어찌 알았겠는가? 땅 기운과 물산이 참으로 풍성하며 헛되지 않으니, 이로써 사람의 견식은 유한하되 조물주의 조화는 끝이 없음을 알겠다."[9]고 말하며 새로운 세계관에 대해 개방적인 모습을 보인다. 『방여승략』은 「외이」편에 마테오 리치의 세계 지도를 수록함으로써 '천원지방설(天圓地方說)', '화이설(華夷說)'에 기반한 중국의 전통적 세계 인식의 변화를 보여 주었다는 점에서 의의가 있다.

## 2. 추재와 북학파의 세계 인식

「외이죽지사」 서문에 보면 다음과 같은 말이 있다.

---

8 李之藻, 「方輿勝略序」: "地如此其大也, 而在天中一粟耳, 吾州吾鄉, 又一粟中之毫末, 吾更藐焉中處, 而爭名競利于蠻觸之角也歟哉."

9 위의 책, "孰知耳目思想之外, 有如此殊方異俗, 地靈物産, 眞實不虛者, 此見人識有限而造物者之無盡藏也."

> 점성가들이 말하기를 별이 큰 것은 지구의 백 배, 십 배나 된다고 하지만 지금 우러러 바라보니 단지 밝디 밝은 하나의 점일 뿐이다. 만약 사람으로 하여금 그 별 있는 곳에서 (땅을) 내려다보게 해도 또한 마땅히 하나의 바둑돌이나 탄환 정도에 불과하리라. 그러나 경전을 상고하고 도면과 책을 살펴보면 복희씨의 만국(萬國)과 우공의 구주(九州)가 빽빽하게 모두 사방 만 리나 된다. 하물며 풀 한 포기 없는 북극과 띠풀 옷을 입는 남방이나 머나먼 황무지와 어두운 바다 밖에 물과 하늘이 아득히 맞닿아 섬들이 어지러이 엇섞여 있는 곳에 나라를 세우고 땅을 먹고 사는 이들이야 또한 일일이 셀 수도 없을 만큼 많다. 그러니 이른바 바둑알과 탄환이라 하는 것의 큼이란 진실로 견주어 형용할 수도 없는 것이다(星家言星之大, 百十倍地, 而今仰觀, 特晢晢一點已, 使人在星處俯視之, 亦應一棊子彈丸而止耳. 然稽于經傳, 叅以圖藉, 則伏羲之萬國, 禹貢之九州, 蒼蒼然皆在方萬里之內. 况乎窮髮卉服之鄉, 遐荒溟渤之外, 水天渺望, 溓嶼錯綜. 國於地食其土者, 又不可一一數也, 則所謂棊子彈丸者, 其大固不可以髣髴形容也).

한 점처럼 작아 보이는 별이 실은 지구보다 열 배 백 배나 큰 행성일 수 있으며 그 행성에서 우리가 살고 있는 지구를 바라보면 역시 바둑알처럼 작게 보일 것이다. 그러나 그 작아 보이는 지구에 그 수많은 나라가 빼곡히 차 있는 것을 보면 이 우주는 또한 얼마나 광대한가. 여기에서 추재가 말한 우주와 지구, 세계와 국가에 대한 상대주의적 관점은 명말 청초 서방 지리학의 충격을 받아 중국의 진보적 지식인들을 중심으로 퍼져갔던 세계 인식의 변화와 궤를 같이하는 것이며, 동시에 18세기 박지원, 박제가, 홍대용을 중심으로 한 북학파의 사상과도 관련이 있다.

> 달의 몸뚱이는 언제나 둥글어 햇빛을 빙 둘러 받고 보니, 이 때문에 지구

에서 본 달이 찼다가 기울었다 하는 것이 아닐까. 오늘 저녁 저 달을 온 세계가 한가지로 본다면, 보는 장소에 따라서 달은 살지고 여위며 깊고 옅음이 있지 않을까. 별은 달보다 크고, 해는 땅덩이보다 크되, 보기에는 그와 달라 보이는 것이 멀고 가까운 까닭이 아닐까. 만약에 이것이 참말이라면 해와 땅과 달들은 모두 허공에 둥둥 뜬 별들로 보임이 아닐까. 별에서 땅을 볼 때에도 역시 그렇게 보일 것이 아니겠는가.[10]

이는 박지원이 『열하일기(熱河日記)』에서 중국의 학자들에게 해와 달, 지구의 삼대환부공설(三大丸浮空說)을 설파하는 부분이다. 대낮같이 밝은 달을 바라보며 박지원은 "달 속에 만일 또 하나의 세계가 있다면, 달에서 땅을 바라보는 이 있어서, 그 난간 밑에 비켜서서 우리와 함께 땅의 빛이 달에 가득함을 구경할 터이죠."[11]라고 말해 중국 학자를 경이롭게 만들기도 하고 벗 홍대용(洪大容)의 지전설(地轉說)을 소개하기도 한다.[12] 여기에서 18세기 말 19세기 초 서학(西學)의 영향을 받아 중국에서 크게 유행했던 천문학 관련 논의가 북학파 문인들에게도 상당한 관심을 불러일으켰던 것을 알 수 있다. 그들은 지구구형설(地球球形說)의 관점에서 중국 중심적인 천원지방설(天圓地方說), 화이론(華夷論)을 탈피하고 세계 각국을 다원적으로 인식하려는 개방적인 모습을 보여주는데, 추재는 젊은 시절 이덕무(1741-1793), 박제가(1750-1805) 등과 교류했던 여항(閭巷) 시인으로서 그의 사상을 형성하는 데 자연스럽게 북학파의 영향을 받았으리라 짐작할 수 있다.

---

10 「太學留館錄」 8월 13일자, 貴州按察使 奇豐額과의 대화 기록, 이가원 역, 『열하일기』(민족문화추진위원회), 378-379쪽 참조.

11 위의 책, 363쪽.

12 지전설에 관해서는 「鵠汀筆譚」의 곡정(鵠汀) 왕민고(王民皥)와의 대화 기록 참조(위의 책, 381쪽).

## Ⅲ. 죽지사 창작의 의미

### 1. 죽지사의 창작 전통

추재는 세계 각국의 역사와 문화를 기록한 『방여승략』「외이」편을 읽고 그에 대한 느낌과 생각을 '죽지사(竹枝詞)'로 썼다. 죽지사는 본래 파유(巴渝 : 四川 重慶) 지역 민가였으나 중당(中唐代) 시인 유우석(劉禹錫, 772-842)에 의해 칠언 사구 형식의 문인 죽지사로 새롭게 태어난다. 이후 천여 년의 오랜 세월 동안 기타 문인시의 양식들이 쇠퇴일로를 걸어온 것과는 달리 죽지사는 시대에 따라 새로운 면모를 더해 가며 지속적으로 발전한다. 명청대는 죽지사 창작의 최전성기로서 양적으로 작품과 작가가 급증했을 뿐만 아니라 양식적 측면에서도 두드러진 변화의 양상이 드러난다. 즉, 유우석이 구가(九歌)를 본따 「죽지사구수」를 지었듯이 당송대 죽지사는 한두 수에서 많게는 아홉 수 정도의 조시(組詩)로 지어진 데 반해 명청대 이후에는 백 수 혹은 수백 수에 이르는 방대한 양의 조시로 지어지는 경우가 많아졌으며, 칠언 사구의 시 외에 시의 내용을 보충하는 서문과 주를 다는 경향이 본격화되었다.

또한 죽지사는 파촉(巴蜀) 지역 민가를 본따 지었다는 기원에서부터 이미 지역성이 농후한 특징을 지닌다. 그러나 초기에는 파촉의 경물을 주요 소재로 사용해 남녀 간의 사랑을 노래하는 민가풍으로 지었던 데 비해 명청대에는 "ㅁㅁ죽지사"라고 하여 "지명+죽지사" 형식으로 제목을 취하고 해당 지역의 풍습과 풍물, 혹은 음식, 복식, 시장 등 다양한 내용을 집중적으로 다루게 된다. 더욱이 원대 양유정(楊維禎)의 『서호죽지집(西湖竹枝集)』이 출간된 이후로는 각 지역의 죽지사를 모아 죽지사집으로 출간하는 것이 성행하면서 각 지역 문인들의 죽지사 창작이 더욱 활발해진다. 이러한 과정에서 명청대 죽지사는 "풍토를 기록하는〔紀風土〕" 양식적 성격이 더욱 강해진다. 특히 청대와 같이 강력한 국가주의를 내세우며 지방 분권 사상을 저지하는 분위기에서 지역 문화와 풍습을 기록하고 발양하는 방도의 하나로서 죽지사 창작은 매우 유효한 방식이었을 것이다.[13] 명청대 죽지사에 나타난 이러한 여러 가지 특징은 결국 죽지사가 문학 양식일 뿐만 아니라 어떤 의미에서는 각 지역 지방지를 보완하는 사료로서의 가치를 지닐 수 있게 했다. 오히려 지방지에 기록되지 못한 지역 주민의 일상 문화가 죽지사에는 기록될 수 있었던 것이다.

아울러 청대 죽지사 창작에 나타난 주목할 만한 현상은 중국 내의 각 지역 죽지사뿐 아니라 외국을 대상으로 한 외국 죽지사가 대량 등장했다는 점이다. 그 최초의 것이 바로 우동(尤侗)의 「외국죽지사」 100수이다. 우동(1618-1704)은 청(淸) 강희(康熙) 때 한림원 검토(檢討)를 제수받고 『명사(明史)』 편찬에 참여해 관직이 시강(侍講)에까지 이른 학자로서, 그가 지은 「외국죽지사」 100수는 서문에 "내가 『명사(明史)』 편수에 참여하여 「외국전(外國傳)」 열 권을 편찬했는데 여가 시간에 그것을 다시 순서와 계통에 따라 정리해 죽지사 일백 수를 지었다. 토속 민요 10수를 덧붙이고 역관으로 하여금 번역시켰다(予與修明史, 旣纂外國傳十卷, 以其餘暇, 復譜爲竹枝詞百首, 附土謠十首, 使寄象鞮譯)."고 말하여, 명조의 외교 관계를 정리한 학자로서 역사서에서 미진했던 부분을 보완하기 위해 죽지사를 지었다고 창작 동기를 설명하고 있다.[14] 문인들

---

13 이에 대해 갈조광(葛兆光)은 청조가 결사(結社), 강학(講學)을 금지하며 지방 분권을 억제함으로써 공적인 담론과 사적인 생활 담론이 분리되고 결국 사적 담론은 기껏해야 시사(詩詞)의 창작으로 표현되는 것 외에는 달리 출구가 없었다고 분석한 바 있다(葛兆光, 中國思想史, 제2권-七世紀至十九世紀中國的知識 · 思想與信仰, 復旦大學出版社, 390-402쪽 참조).

14 자서(自序)의 "康熙辛酉臘月朔日"을 보면 우동의 서문은 1681년 음력 12월 1일에 쓰여졌다. 『역대죽지사』 1권 548쪽.

이 자신의 고향을 알리고 기록으로 남기기 위해 혹은 자신이 우거했던 지역의 풍물과 습속을 기록하기 위해 죽지사를 지었던 것에서 진일보하여 외국의 풍물과 풍속을 기록하는 것으로 확장된 것이다.

우동의 「외국죽지사」는 조선(朝鮮) 조(條) 4수에서부터 시작해 일본(2수)과 안남(安南 : 베트남)(2수), 면전(緬甸 : 미얀마)(1수), 섬라(暹羅 : 태국)(2수), 과왜(爪哇 : 자바)(2수), 발니(浡泥 : 보르네오)(1수) 등 동남아시아, 유산(溜山 : 몰디브)(1수), 석란산(錫蘭山 : 스리랑카)(1수), 좌법아(佐法兒 : 아라비아 주팔(Zufal) 지방), 고리(古里 : Calicut), 남아시아, 서아시아를 포괄하고 화란(和蘭)과 불랑기(佛郎機 : 프랑크족), 구라파까지 아우른 총 66개국의 죽지사 100수로 구성되어 있다. 그리고 매 수 아래에는 모두 주석을 달아 그 나라의 풍물과 풍속을 소개했다. 우동 이후로 외국 죽지사 창작이 성행하면서 황준헌(黃遵憲), 진도화(陳道華), 반비성(潘飛聲) 등이 모두 외국 죽지사를 지어 남기고 있다. 『청대해외죽지사(清代海外竹枝詞)』[15]에 수록된 작품만 해도 18종 1,370수에 이르며, 그 범위가 아시아, 유럽, 라틴아메리카에까지 미친다.

이들 해외 죽지사는 외국에 대한 생생한 정보를 담아 정치가들에게는 외국 실정을 알리는 보고서로서, 청대 일반 중국인들에게는 세계 지리와 역사에 대한 지식을 습득하는 교재로서 역할을 담당했다. 특히 주석은 해당 국가의 산천과 풍물에 대한 객관적 기록이며, 죽지사는 작가의 견해와 느낌을 담은 시 작품으로 이를 통해 당시 중국인의 세계에 대한 관념과 지식 수준을 엿볼 수 있다. 추재의 「외이죽지사」 창작은 바로 이러한 청대의 해외 죽지사 열풍에 맞닿아 이룩된 성과라고 볼 수 있다.

---

**15** 王愼之 · 王子今 輯, 『清代海外竹枝詞』(北京: 北京大學出版社, 1994).

## 2. 추재의 죽지사 창작

우동의 「외국죽지사」가 역사 기술을 보완하는 목적에서 창작되었듯이 죽지사 창작에서 문인은 사료적 가치를 염두에 두고 있는 듯하다. 추재의 「외이죽지사」 서문에 보면 다음과 같이 창작에 임하는 자신의 마음가짐을 밝히고 있다.

> 2백 여 년 전에 쓰여진 책이라 당시의 먼 지방 사람들이 모두 지금까지 있는 것은 아니고 설명에 잘못도 제법 많아서 마침내 그 설명을 모은 데에 본디 들은 바를 덧붙였다. 군더더기는 깎아내고 소략한 부분은 상세히 하고 어긋난 부분은 바로잡아 합쳐서 죽지사 122장을 이루었다. 기록한 나라가 83개인데, 땅이 가깝고 풍속이 같은 나라나 기록은 있되 근거가 없는 나라는 또한 모두 빼버렸다(書成距今二百餘年, 當時遠人未畢至, 爲說頗多舛錯, 遂採其說, 附以素所記聞. 衍者節之, 略者詳之, 違者正之, 合以爲竹枝詞百二十二章. 識國凡八十三, 若其地近而俗同, 有記而無據者, 則又幷闕焉).

이는 문학 작품의 창작이라기보다는 마치 지리서를 저술하는 것과 같은 엄정한 자세이다. 이른바 "땅이 가깝고 풍속이 같은 나라"는 생략하고 기록하지 않았다는 것은 결국 추재의 죽지사 창작이 알지 못하는 낯선 나라들의 풍속을 기록하는 데 목적이 있었음을 보여 주며, 게다가 "기록이 있되 (그 기록의) 근거가 없는 나라 또한 모두 빼버렸다"는 말에서 각국의 풍속 문물 제도의 기록에 있어 사료를 근거로 정확성을 추구했음을 알려 준다. 게다가 『방여승략』의 오류를 교정하고 2백 년의 시차로 인해 부족한 부분은 보충했다는 말은 당시 조선 문인들의 세계 문화 인식이 상당 수준에 도달해 있었다는 방증이자 역시 '사료로서의 죽지사' 창작을 목표로 한다는 것을 보여 준다.

이 시기 가장 기본적으로 참고할 수 있는 '경전'은 건륭 4년(1739)에 완성된 『명사』라고 추정되는데, 「외이죽지사」의 83개국은 대부분 『명사』 열전의 '외국'과 '서역'조에 수록되어 있다. 현전하는 『방여승략』 판본에 의거해 「외이」 편의 기록과 추재 「외이죽지사」를 비교 검토해 보면 우선 수록 국가면에서 「외이죽지사」 권1에서 권4까지는 '조선(朝鮮)' 부분을 생략하고 '일본' 부분에 유구(琉球)를 더한 것 외에는 국명과 순서가 완전히 일치한다. 다만 권5의 '아로(啞魯)'부터 '일라하치(日羅夏治)'까지 12개국과 '교란산(交攔山)'부터 '팽형(彭亨)'까지 3개국이 누락되어 있고, 권6에서도 '노과(老撾)', '귀남제이(貴南諸夷)', '용가(龍家)', '삼강제이(三江諸夷)', '마인(馬人)', '영인(狑人)'의 6개 부분이 누락되어 있다. 또한 「외이죽지사」의 '해중제국(海中諸國)'이라 하여 부록으로 덧붙인 나라들은 『방여승략』 「외이」 편에는 없는데 제하에 "비록 조공의 기록은 없으나 모두 전(傳)에 의거해 덧붙여 기록한다(雖無聘貢圖藉, 一依傳記附錄)"고 주석을 붙여 놓아 추재가 추가했음을 밝히고 있다. 추재가 『방여승략』의 내용을 보충했음을 보여 주는 예로서 안남(安南 : 베트남) 편의 내용을 보자.

> 베트남은 옛 교남(交南)이다. 진말에 조타가 계림 상군지를 병합했는데 동서로 만 리가 되었다. 스스로 남월 황제라 칭하여 한 문제가 육생유를 파견하여 항복시켰다. 광무제 때에는 교지(交趾)가 반란을 일으켰으므로 마원이 토벌하고 평정한 뒤 청동 기둥을 세우고 돌아왔다. 명 영락 연간에 누차 변경 지역을 노략질했으므로 영국공 장보 등을 보내어 토벌하고 진(鎭)을 두어 관할케 했다. 건륭 53년에 그 나라 사람 완광평이 국란으로 인해

> 왕을 쫓아내자 왕자 여유기와 그의 모친이 함께 복건으로 가서 원조를 청했으므로 시랑 복강안을 보내어 광평을 토벌케 했다. 광평이 싸우지 않고 복명을 청하면서 강안에게 뇌물을 주었다. 강안이 광평을 안남국 왕으로 세우기를 청했고 조서를 내려 그것을 허가하고 유기는 성 하나에 봉해 선조의 제사를 받들게 했다. 다음해 광평은 열하에 이르러 팔순을 경하했으며 황금학 한 쌍을 바쳤는데 무게가 2천 근에 달했다. 또한 만주족의 복장을 하고 체발을 했다. 조서를 내려 금박으로 찍은 경전과 사서 수 질을 하사하도록 했다(安南古交南, 秦末趙佗幷桂林象郡地, 東西萬里. 自稱南越皇帝, 漢文帝遣陸生諭降之, 光武時交趾反, 馬援討平之, 立銅柱而還. 明永樂中數寇邊, 遣英國公張輔等討之, 留鎭撫焉. 乾隆五十三年, 國人阮光平因國亂逐其王. 王子黎惟祈與其母俱之福建請援, 遣侍郎福康安討光平. 光平不戰請命, 且賂康安. 康安仍請立光平爲安南國王, 詔可之, 封惟祈一城, 使奉先祀. 明年光平至熱河, 慶賀八旬萬壽, 獻黃金鶴一雙, 重二千斤. 且剃髮作滿洲服. 詔賜數珠經史金印).

건륭 53년은 1788년이므로 여기에서 '건륭 53년' 이하 기록은 『방여승략』에는 없고 추재가 "본디 들은 바를 덧붙인(附以素所記聞)" 부분이라 할 수 있다. 당시 안남국왕 완광평(阮光平)의 행적에 대해서는 1790년 건륭제의 만수절 사은부사(謝恩副使)로 청에 다녀온 서호수(徐浩修)의 사행 기록인 『연행기』에 상세한 언급이 있다. 완광평은 초명(初名)이 혜(惠)로서, 본래 안남의 세족인데 왕족 여씨(黎氏)가 쇠미한 틈을 타서 난민을 모아 왕도를 함락하고 왕을 시해한 뒤 왕위를 찬탈했다. 세자 여유기(黎惟祈)가 광서로 도피해 청조에 구원을 요청하자 군사를 보내어 왕도 수복을 돕게 했으나 완광평이 금은주패(金銀珠貝)를 실어다 뇌물을 바친 뒤에는 그 죄를 용서하고 조서를 내려 완광평을 안남국

왕으로 봉하게 된다. 그리고 세자 여유기는 불러다 참령(參領)에 제수하고, 친속과 종신을 포함한 90호를 한군기하(漢軍旗下)에 예속시켜 안정문 밖에 살게 했다고 한다. 서호수는 "이는 실로 광평을 위해 그 군신(君臣)들을 금고(禁錮)한 것이다."라고 말하며, "광평의 시역(弑逆)한 죄는 왕법으로 반드시 베어야 할 것인데 하루아침에 종사(宗社)를 바꿔버렸으니 너무도 쉽게 한 일"이라고 청조의 부당한 처사를 비판했다.

또한 안남왕이 열하에 들어오는 행차에 대해 "순금으로 만든 학 1쌍, 순금 기린 1쌍, 명서(明犀) 5대(對), 상아(象牙) 10대(對), 길들인 코끼리 1쌍, 육계(肉桂) 1백근, 침향(沈香) 1천 근을 공헌(貢獻)했다. 그 밖의 기이한 완호물(玩好物)을 바친 것은 다 기록할 수 없다."[16]고 하여 그 사치하고 화려한 면모를 기록했으며, 안남 사절단의 복식에 대해서는 "일찍이 들으니 안남 사신은 머리털을 묶어서 뒤에 드리운 채 오사모(烏紗帽)를 쓰고 소매 넓은 홍포(紅袍)를 입으며 금과 대모로 장식한 띠를 매고 검은 가죽신을 신은 것이, 우리 나라의 관복과 비슷한 데가 많다고 했다. 그런데 이제 보니, 그 군신(君臣)이 다 만주의 관복을 따랐으나 머리털을 깎지 않았다."[17]라고 쓴 바 있다. 따라서 추재의 안남조 주석은 안남국왕의 건륭제 만수절 친조(親朝)의 광경을 목도한 서호수 등 조선 사절단의 기록에 의거해 보충한 것으로 추측된다. 안남 외에도 오늘날 묘족의 거주지인 파주(播州) 편에서 "오늘날 파주는 사천성에 속한다(今播州屬泗川也)"고 하거나 여진(女眞) 편에서 "지금 그 땅은 흥경부이다(今其地爲興京府)."[18]라고 한 데서도 추재의 조사와 확인 흔적을 찾아볼 수 있다. 안남 죽지사 작품을 보자.

---

16 서호수, 연행기, 『연행록선집 V』, 민족문화추진위원회, 198-201쪽.

17 위의 책, 189-190쪽.

18 명대 흥경(興京)이라는 지명은 없으며 청대 가경(嘉慶) 25년(1820)의 지도에서 흥경청(興京廳)이라는 지명을 발견할 수 있었다. 오늘날의 요녕성 심양시 동쪽 신빈만족자치현(新賓滿族自治縣).

使節翩翩桂嶺過， 사절들 으리으리하게 계령을 넘어오는데,
新王剃髮沐恩波. 새 임금 체발하여 천자의 은혜에 흠뻑 젖는다.
玲瓏一對黃金鶴， 영롱하게 빛나는 한 쌍의 황금학,
萬壽八旬來熱河. 팔순을 경하하러 열하로 오는구나.

체발한 새 임금이 직접 이끄는 성대한 행차와 한 쌍의 빛나는 황금학의 이미지를 결합시켜 화려함을 부각시켰다. 칠언 사구의 짧은 편폭에 순간적인 영상을 담았으나 화려한 묘사 속에 청황제에게 아부해 왕권 찬탈을 이루어 낸 안남왕을 조롱하는 시선을 느끼기에 부족함이 없다.

## Ⅳ. 이문화에 대한 관심

추재의 「외이죽지사」는 『방여승략』 「외이」 편의 기록과 비교 검토했을 때 '문화'적 요소에 대한 관심이 가장 큰 차이로 나타난다. 「외이」 6권은 대체로 각 나라의 위치와 역사, 자연 환경, 풍속, 언어, 산물 등 다양한 내용을 포괄하고 있으나, 그 중에서도 특히 한대(漢代), 당대(唐代), 명대(明代) 등 역대 중국 왕조와의 교류, 조공 관계에 대해 가장 많은 편폭을 들여 상세히 기록하고 있다. 수십 자에서 많게는 수천 자에 이르는 「외이」의 각국 기록에 대해 추재는 정치, 외교, 사회, 제도에 관한 내용은 대폭 축약하고 그보다는 민족의 유래, 시조 신화, 전설, 풍습, 신앙, 복식, 음식, 산물 등에 대해 집중적으로 소개하고 있다.

예를 들어 달달(韃靼 : Tatar)은 이른바 '북쪽 오랑캐〔北胡〕'를 대표하는 나라로서 「외이」에서도 방대한 편폭을 들여 중원 한족 왕조와의 관계를 기록하고 있다. 즉, 상대(商代)에는 훈죽(獯粥)이라는 이름으로,

주대(周代)에는 다시 험윤(玁狁)이라는 이름으로, 한대(漢代)에는 이름도 유명한 흉노(匈奴)족으로 끊임없이 전쟁과 복속을 되풀이해 왔던 역사에 대해 양국의 정치적 · 군사적 상황을 상세히 기술했다. 이에 반해 「외이죽지사」에서는 정치, 군사, 외교상의 내용은 모두 생략하고 그 민족의 시조 신화와 기후, 산천, 풍속과 물산에 집중해서 소개한다.

> 그 선조의 나라는 서해상에 있었는데 이웃나라에 의해 멸망했다. 살아 있는 백성이 없었는데 유일하게 한 아이가 죽지 않아 발꿈치를 자르고 팔을 베어 연못에 버렸다. 한 암이리가 그를 키워 오랫동안 동굴에 거하다가 마침내 교접해서 열 명의 남자아이를 낳았다 ……그 땅은 나무 껍질이 세 치나 되고 얼음은 여섯 자나 된다. 그 풍속은 육식을 하고 유즙을 마신다. 목축을 하며 옮겨 다니는데 생명을 경시해 살생을 즐긴다. 그 언어는 하늘을 '등길리(騰吉里)'라고 하고, 땅을 '합찰아(蛤札兒)'라고 하며, 해를 '납람(納藍)'이라 하고 달을 '살랄(撒剌)'이라고 한다. 산천으로는 음산과 준계산, 금미산이 있고 발해, 금미하, 무정하가 있다. 물산은 각단, 은서, 황서, 백령작, 청낭화, 화양각, 혼, 놜, 동장, 사계, 혼탈, 한금화, 동장실이 있다(其先國西海上, 爲隣國所滅. 無噍類, 惟一兒未殺, 刖足斷臂棄澤中. 有牡狼養之. 長居穴中, 乃與交流生十男.……其地木皮三寸, 氷厚六尺. 其俗食肉飮酪, 隨畜遷居, 輕生好殺. 其語天爲騰吉里, 地爲蛤札兒, 日爲納藍, 月爲撒剌. 山川則陰山浚稽山金微山, 瀚海金微河無定河. 物産則角端, 銀鼠, 黃鼠, 白翎雀, 青囊, 五花羊角, 驒, 豽, 東墻, 沙雞, 渾脫, 旱金花, 東墻實).[19]

19 참고로 시조 신화와 관련해서 「외이」의 해당 부분을 보면 "相傳其國先於西海之上, 隣國滅之. 殺無醮類, 惟小兒未殺, 乃刖足斷臂, 棄大澤中. 有牝狼銜肉養之, 遂淂不死. 及長, 乃與狼交, 狼因負之, 居於高昌西北洞穴中, 後狼生十男, 各自爲一姓, 阿史那最賢, 遂爲君."라 하여 일부 자구(字句) 표현상

三寸木皮六寸氷,　세 치 나무껍질과 여섯 자 얼음,
陰山哭罷納藍升.　음산의 곡이 끝나면 해가 떠오른다.
青囊花下開渾脫,　청낭화[20] 아래 혼탈[21]을 열고,
名祖家家祭李陵.　조상으로는 집집마다 이릉 장군을 제사지낸다.

銀鼠皮輕黃鼠皮,　은서의 가죽은 황서보다 가볍구나,
五花羊角染油衣.　오색 무늬 양뿔[22]로 기름먹인 옷.
旱金纔落東墻熟,　한금화[23] 떨어지자 동장[24] 열매가 익고,
澤畔哺兒狼毋歸.　연못가에 아이 먹이던 암이리 돌아간다.

첫 수의 서두에 "세 치 나무껍질과 여섯 자 얼음"은 서북 사막 지역의 삭막하고 음산한 자연 환경을 상징적으로 보여 주며, 마지막 구의 "집집마다 이릉 장군을 제사지낸다."는 것은 용맹한 장수에 대한 숭배 정신을 말해 준다. 둘째 수의 마지막 구 "연못가에 아이 먹이던 암이리 돌아간다."는 시조 신화에서 제재를 취한 것이다. 무엇보다 두 수의 죽지사에서 '은서(銀鼠)', '황서(黃鼠)', '청양화(青囊花)', '한금화(旱金花)', '동장(東墻)'과 같은 타타르 지역의 동식물 특산물을 대거 제재로 활용해 이미지화함으로써 타타르의 지역 풍물을 노래한 풍토시적 성격을 뚜렷이 하고 있다. 또 해가 뜬다는 것을 타타르 어에서 해에 해당되는 '납

의 차이를 제외하고 내용은 일치한다. 다만 자연 환경에 관해 "瀚海金微河無定河"는 「외이」 편에 없는 내용으로 추재가 보충한 것으로 보인다.

20 「외이」의 소주(小注)에 의하면 "비취색 꽃[翠色]"이라고 했다.

21 「외이」의 소주에 의하면 '혼탈(渾脫)'은 작은 소의 등에 구멍을 뚫고 내장을 빼내어 내장의 껍질로 만든 일종의 주머니로 우유 등의 음식을 저장하는 데 사용되었다.

22 「외이」의 소주에 의하면 '오화양각(五花羊角)'은 염색용 기름이다.

23 「외이」의 소주에 의하면 '한금화(旱金花)'는 금색의 손바닥만한 크기의 꽃이다.

24 「외이」의 소주에 의하면 '동장(東墻)'은 쑥과 비슷하게 생긴 풀로 10월에 열매가 익는다.

람(納藍)'을 이용해서 '납람승(納藍升)'으로 표현한 것도 흥미롭다. 두 수의 죽지사는 타타르 지역 풍습과 풍물, 언어, 신화를 시적으로 형상화한 것으로 결국 시인의 '문화'에 대한 관심을 보여 준다. 사마르칸트(撒馬兒罕) 편을 또 보자.

> 그 땅은 오곡에 적합했으며 왕은 높고 넓은 집에 살았고 시장은 조밀하여 변방의 물품이 다 모였다. 그 풍속은 정교한 공예에 능하여 무늬를 아로새겨 조각하고 수놓은 비단을 짜고 금박으로 새긴 경전이 있으며 왕궁에는 보물이 많았다(其地宜五谷, 王居高廣, 市肆稠密, 番貨聚焉. 其俗能巧藝. 雕文刻鏤, 織罽紋繡, 泥金經書, 王府多寶氣).

賽籃蛛子結網踈, 새람산 거미의 거미줄도 성기다,
綉飾民家畵不如. 민가의 수놓은 비단은 그림으로도 따라할 수 없네.
剪出玲瓏花蘂布, 영롱하게 빛나는 화예포를 잘라내어,
泥金新搨秘方書. 금박 경전을 새로 찍는다.

당시 서역 대국인 사마르칸트가 농업과 상업의 중심지로서 풍요롭고 화려한 문화를 이룩했음을 말하면서 특히 조각이나 자수, 금박 경전 등을 제작하는 민간 공예 기술이 매우 정교한 특성을 보인다고 말하고 있다. 시 첫 구에서 '새람산(賽藍山)'은 사마르칸트에 있는 산이며 셋째 구의 '화예포(花蘂布)'는 그 지역의 특산품이다. 섬세한 무늬의 옷감은 거미줄도 오히려 성기다 할 만큼 정교하며 그대로 따라 그리기도 어렵다고 하면서 사마르칸트의 독특한 산물과 공예품을 제재로 하여 시인의 이역 문물에 대한 관심을 보여 준다.

또한 「외이죽지사」는 각국의 종교와 신앙 생활에 대한 서술이 많은데,

특히 천축(天竺 : 인도), 묵덕나(默德那 : Madinah), 천방(天方 : Mecca), 고리(古里 : Calicut), 유산(溜山 : Maldives), 가지(柯枝 : Cochin), 석란산(石蘭山 : Sri Lanka) 등 서남아시아 국가들의 기록에는 불교 및 이슬람교에 대한 내용이 많다. 예를 들면 우전(于闐) 조에서 "부처를 섬겨서 승려가 많다. 사람이 죽으면 불에 태우고 유골을 거두어 탑에 장사지내면서 말하기를, 부처는 기러기가 땅에 죽은 것을 보고 모래로 장사지내 주었다고 한다. 오랑캐들은 그것을 기러기탑이라고 부르는데 그러므로 모래로 무덤을 만든다."[25]고 한 것은 불교 신앙에서 비롯된 모래무덤의 장사(葬事) 풍속을 말한 것이다. 그 밖에 유산(溜山 : Maldives) 편에서 "부처를 숭상하고 어업을 주로 하며 풍속은 순박하다(尙佛業漁, 俗淳美)"고 하고, 아속(阿速) 편에서는 "풍속이 부처를 공경하고 싸우기를 싫어했다(俗敬佛惡鬪)", "굶주림과 추위가 없으며 밤에는 도적이 없다(人無飢寒. 夜無寇盜)"고 하여 불교 문화에 대한 편견 없는 시선을 보여 주고 있다. 다음에 이슬람의 성지 천방(天方 : Mecca) 편의 기록을 보자.

> 천방은 일명 천당이다. 명 선덕 5년에 입공해 천당도를 올렸다. 그 지역은 사시가 모두 봄이고 전답이 비옥하고 곡식이 풍성했다. 사람들은 말젖으로 밥을 비벼 먹으므로 대개 풍만하고 아름답다. 풍속은 선(善)을 숭상해 도적이 없다. 나라 안에 예배드리는 절이 있는데 사방으로 나뉘어져 각각 구십 간이 된다. 백옥 기둥과 황금 바닥으로 되어 있으며, 바닥 가운데 검은 돌이 있는데 한초에 하늘에서 떨어졌다고 전해진다. 벽은 장미 이슬과 용연향(龍涎香)을 흙에 이겨서 만드는데 향기가 끝이 없다. 그 위에 검

25 于闐 條 : "尙浮屠多僧尼. 人死火化之, 收骨共葬一塔云, 佛見雁死于地, 以沙葬之. 胡人稱爲雁塔, 故以沙爲塚焉."

은 비단을 덮었다. 두 마리 사자가 중문을 지키는데 매년 12월 10일이 되면 각지의 회회인들이 비록 만 리 밖에 있다 하더라도 모두 온다. (그들은) 비단 덮개 한 쪽을 찢어내어 기념으로 삼는다. 날씨가 더워 항상 밤에 시장이 열린다. 막저성이 있어 왕묘가 밤에 빛을 낸다. 물산은 전화나무와 아필삼이라는 우물이 있다(天方一名天堂. 明宣德五年入貢, 獻天堂圖. 其地四時皆春, 田沃稻饒. 人以馬乳拌飯, 故多肥美. 俗好善無盜賊. 國內有禮拜寺, 寺分四方, 方各九十間. 白玉柱黃金地, 地中有黑石, 云漢初天降也. 墻壁和薔薇龍涎水泥之, 馨香不絶. 紵絲蓋罩之. 二獅子守中門. 每歲十二月十日, 各番回回. 雖萬里之外皆來, 割罩蓋一方以爲記. 日熱常爲夜市, 有幕底城, 王墓夜放光. 物産纏花樹阿必糁水).

天方自古號天堂, 천방은 예로부터 천당이라 불렸으니,
極樂圖成傳十方. 극락도를 만들어 만방에 전했네.
春風不老纏花樹, 봄바람 속에 전화수는 늙지 아니하니,
幕底城中望墓光. 막저성에서 왕묘의 빛을 바라보는구나.

獅子中門夜市開, 사자 지키는 중문에 야시장이 열리니,
何年黑石降天來. 어느 해인가 검은 돌 하늘에서 떨어졌네.
絲籠競割馨香壁, 비단 덮개 다투어 찢어내는 향기로운 벽,
歲歲回回禮拜回. 해마다 회회인들 예배하러 돌아온다오.

천방은 『명사』「서역전(西域傳)」4에 수록되어 있다. 대부분의 「외이」 기록과 마찬가지로 천방 편에서도 명대에 입공했다는 사실과 예물 가운데 특기할 만한 것을 기록해 중국과의 조공 관계를 밝히고 있다. 그러나 주석의 대부분 내용은 메카의 기후와 풍물, 습속과 특산물에 관한

것이라는 점에서 작가의 해외 문물과 문화에 대한 관심을 짐작하게 한다. 매년 회회인들이 메카로 돌아온다는 것은 이슬람의 성지 순례를 가리킨 것으로 『방여승략』「외이」에 의하면 회회인들이 성지 순례를 위해 메카에 와서 사원의 벽에 덮인 검은 비단〔皂紵絲〕의 한 귀퉁이를 찢어 기념으로 가져가고 그렇게 해서 덮개가 다 찢겨 나가면 다시 새 덮개로 바꾸어 해마다 끊임이 없게 한다고 했다.[26] 이러한 메카의 이슬람 문화에 대해 추재는 천방의 옛 지명 '천당(天堂)'을 시어로 활용하거나, 사시사철 봄이라는 기후 조건과 전화수(纏花樹)라는 특산물을 제재로 하여 따스한 봄바람 속에 영원히 늙지 않는 전화수 이미지를 형상화함으로써 이슬람 문화에 대한 호기심과 경이로움을 표현하고 있다.

## Ⅴ. 인식의 한계

추재는 세계 여러 나라의 자연 환경과 풍속, 습관, 신앙 생활, 고유 문물에 대해 무한한 관심을 가지고 상대주의적 관점에서 문화의 차이를 인정하는 태도를 지니고 있었다. 위에서 언급한 바, 이러한 개방적 사고는 북학파 문인들과의 교류에서 힘입은 바 크다고 생각되며 자연스럽게 청 왕조에 대한 긍정적 태도로 연결된다.「외이죽지사」 여진(女眞) 편은 이러한 점에서 추재의 사상적 경향을 보여 주는 단서이다.「외이」의 여직(女直) 기록을 보면 '동쪽 오랑캐이다(東夷)'라는 말로 시작되어 '중국(中國)'과의 오랜 전쟁과 복속의 역사를 서술하고 있다. 또한 "음식과 의복에 자못 중화의 기풍이 있다. 송화강 근처에 사는 이들은 산이(山

26 「외이」 권3 천방 편.

夷)라고 부르며, 이들이 곧 생여직이다."[27]라고 하여 여진족의 세 부류인 생여진(生女眞), 숙여진(熟女眞), 황두여진(黃頭女眞)에 대해 각각 '산이(山夷)' '강이(江夷)' 등의 칭호를 사용하고 있으며, "친구가 죽으면 칼로 이마를 베어 피와 눈물이 섞여 흐르는데 이를 일러 피눈물로 송별한다고 했다."[28]와 같은 야만적 풍습과 호전적 면모를 상세히 기록하고 있다. 그러나 「외이죽지사」 여진 편에서는 모든 '이(夷)'자는 물론 야만적 풍습은 일괄적으로 생략했다.

> 여진은 옛 숙신씨이다. 주 무왕 때 약시를 조공으로 바쳤다. 진 원성 연간에 석호를 조공으로 바쳤다. 수 문제가 그 춤에 전투 형상이 있는 것을 보고 싫어했다. 당 태종이 고려를 정벌할 때 그 병사들로 돕게 하고 성을 내렸다. 생여진, 숙여진, 황두여진의 세 종류가 있다. 숙여진은 당이 성을 내린 자들이다. 황두여진은 수건으로 머리를 싸고 있어 그렇게 부른 것이다. 생여진은 장백산 아래 흑룡강가에 산다. 전하기로 장백산 위에는 천지가 있는데 세 천녀가 내려와 목욕을 했다. 날아가는 참새가 탄환처럼 생긴 붉은 과실을 떨어뜨렸다. 막내 천녀가 그것을 삼키자 몸이 무거워짐을 느껴 날아가지 못했다. 마침내 동굴에 거하면서 달이 차자 아이를 낳았다. 삼성하 곁에 이르자 나라 사람들이 임금으로 세웠다. 성은 애신이다. 이가 청 황제의 조상이다. 후에 이자성의 난으로 인해 마침내 천하를 소유하게 되었다(女眞, 古肅愼氏也. 周武王時, 貢楛矢. 晉元成間, 通貢石虎. 隋文帝見其舞有戰鬪象惡之, 唐太宗征高麗, 以兵佐之賜姓. 有生女眞熟女眞黃頭女眞三種. 其熟女眞則唐之賜姓者也. 黃頭女眞則以布?頭故名焉. 生女眞則居長白山下黑龍江上. 相傳長白山上有天池, 三天女下浴, 飛雀墮一朱

27 「외이」 권2: 飮食衣服, 頗有華風. 近松花江者曰山夷, 卽生女直.

28 「외이」 권2: 其親友死, 則以刀割額, 血淚交下, 謂之送血淚.

果如彈丸, 其季女呑之, 覺身重不能飛昇, 遂留居岩穴, 彌月生子, 至三姓河傍, 國人立以爲君, 姓愛新. 是爲淸帝之祖. 後因自成之亂, 遂有天下).

추재는 소위 '오랑캐적'인 면모는 버리고 여진족의 시조 신화와 천하를 소유하게 된 역사만 언급하고 있다. 죽지사 작품을 보면 그의 의도가 더욱 분명히 드러난다.

山頭潭水萬年淸, 산머리 연못은 늘 맑아서,
濯髮仙娘慶篤生. 머리 감는 선녀가 생산을 하게 되었구나.
靑鳥何如玄鳥卵, 파랑새가 어찌 검은 새의 알과 같으랴,
愛新天下久升平. 애신의 천하는 영원히 태평하리라.

청왕조에 대한 이러한 긍정적 자세는 소중화(小中華) 의식에 빠져 만주족 청왕조를 부정하려는 당시 사대부들의 보수적 사상 경향과 비교하면 청조의 선진적 문물을 긍정하고 이를 적극 수용하고자 했던 개방적 태도를 보여 주는 점이라 할 수 있으나 한편으론 여전히 중국의 틀에서 크게 벗어나지 못한 면모를 보여 준다고도 볼 수 있다. 다음 현장 법사가 불경을 구하러 갔던 천축국(天竺國)에 대한 기록을 보자.

예전에는 사람들의 성질이 사나웠으나 노담이 국경을 넘어가 교화시켰다. 남자는 아내를 두 번 취하지 않았고 여자는 두 번 시집가지 않았으며 고아와 과부가 의지할 데 없으면 온 마을이 함께 길러 주었다(先時人性悍, 老聃出關化之. 夫不再娶, 妻不再嫁, 孤寡無倚, 一村養之).

何時玉節問金身, 언제부터 옥부절 잡고 금빛 부처에게 물었나,

紫氣西來德化新. 신선의 기풍 서쪽에 이르니 덕화가 새로워졌네.
夫不再婚妻不嫁, 남자 다시 장가들지 않고 여자도 재가하지 않으며,
一村輪養四窮人. 온 마을 돌아가며 외롭고 불쌍한 사람들 기른다오.

다음은 「외이」 천축 편이다.

> 전하는 말에 의하면 본래 이곳 사람들은 성품이 사나워서 전사를 길리로 여기고 선종(善終)을 불상이라 여겼다. 주나라 노담에 이르러 그 강포한 것을 싫어하여 국경을 넘어가 (천축으로 와서 그들을) 교화시켰다. ……아직도 여전히 노자의 도를 따르는 고로 지금은 풍속이 매우 순하고 아름답다 ……남편이 죽으면 아내는 다시 시집가지 않았고 아내가 죽으면 남편은 다시 장가들지 않았다. 고아와 과부가 의지할 데 없으면 온 마을 사람들이 돌아가며 길러 주었으니 다른 마을에 가서 음식 구하는 것을 용납하지 않았다(傳言, 先時人性獷悍, 以戰死爲吉利, 以善終爲不祥. 至周老聃, 惡其强暴, 出關化之.……仍修老子之道, 以故至今俗甚淳美.……夫死妻不再嫁, 婦死夫不再娶, 若孤寡無倚, 一村之家輪養之, 不容別村求食).[29]

천축 죽지사를 「외이」 천축 편과 비교해 보면 일부 축약했으되 기본적으로 노자가 서쪽으로 가서 사나운 천축 사람들을 교화시켰다는 「외이」의 내용을 수용하고 있다. 특히 시를 보면 재혼을 하지 않고 불쌍한 사람들은 마을사람들이 함께 기르는 천축의 미풍양속을 칭찬하면서도 "신선의 기풍이 서쪽에 이르니 덕화가 새로워졌네."라고 하여 그 공을 노담에게 돌리고 있다. 그 밖에도 말라카〔滿剌加〕국에 대해 "그 지역은 척박

29 「외이」 권3.

한 황무지이다. 풍속은 순박하다. 사람들의 피부색이 옻칠을 한 듯 검으나 간혹 흰 사람도 있으니 바로 당인(唐人)의 후손이다."[30]라고 하거나 보르네오〔渤泥〕국에 대해 "그곳의 풍속은 문예와 기술을 숭상해 궁실과 의복이 모두 중화의 제도를 따랐으며 중국인을 존경하고 사랑했다."[31]라고 기록하고 있는데, 이는 개방적 자세를 지니면서도 여전히 중국의 세계 인식에 일정 정도 영향을 받을 수밖에 없었던 시대적 한계를 보여 주는 것이라 생각된다.

이와 관련해「외이죽지사」말미에 "바다 가운데 여러 나라(海中諸國)"로 따로 분류된 9개국의 기록 또한 참고할 만하다. '귀국(鬼國)', '홍모국(紅毛國)'이 어떤 나라인지는 알 수 없으나 국명을 의역한 의도가 결코 호의적이지 않은데 이는 각 나라의 풍습과 문물 제도에 대한 서술에서 더욱 뚜렷이 나타난다.

> 귀국은 서북 해중에 있다. 그곳 사람들은 밤에 다니고 낮에는 숨어 살며, 사슴가죽 옷을 입는다. 눈과 귀는 사람과 같으나 입은 머리 꼭대기에 있어 뱀과 사슴을 씹어 먹는다(鬼國在西北海中. 其人夜遊晝隱, 衣鹿皮. 耳目與人同, 但口在頂上, 噉蛇鹿.)

白日深居昏夜行, 대낮에는 깊이 숨어 지내고 어두운 밤에 다니니,
一方應是一車成. 온 지방이 응당 한 수레의 귀신이리라.[32]
鹿衣蛇食無寒暑, 사슴가죽 옷 입고 뱀 먹는데 추위 더위도 가리지 않으며,

30 其地瘠鹵. 俗淳朴. 人身如漆, 間有白者則唐人種也.

31 俗尙文術. 宮室衣服, 悉遵華制, 敬愛華人.

32 『周易 · 睽卦第三十八』上九, 睽孤, 見豕負塗, 載鬼一車, 先張之弧, 後說之弧, 匪寇, 婚媾, 往遇雨則吉.

頂上開脣作大聲.　정수리의 입 열면 크게 고함지른다.

홍모국은 일명 아란타로 동남해에 있다. 일본에서 가장 가깝다. 사람들은 농사를 지어 살아가고 오색 깃털을 짜서 옷을 입는다. 칼을 잘 주조하여 머리카락을 불면 바로 끊어질 듯 날카로운데, 소변을 볼 때면 한쪽 다리를 높이 든다. 말은 마치 개가 으르렁거리는 것과 같다(紅毛國一名阿蘭陁, 在東南海中, 去日本最近. 人農藷爲生, 織五色鳥羽爲衣. 善鑄劒可吹髮, 撒尿高擧一脚. 語猜如狗).

肩帕襤褸鳥羽裁,　어깨에 둘러 늘어뜨린 장삼, 새 깃털로 짰고,
腰間秋水佩鮫胎.　허리에는 번쩍이는 칼 상어가죽으로 묶었다.
穫藷慣用雙鋤挖,　농사일은 늘 쌍호미로 하고
撒尿常敎一脚擡.　소변 볼 때는 항상 한 다리를 든다.

귀신의 나라, 붉은 털이 난 사람들의 나라라는 명칭에 담긴 함의대로 그 민족의 풍속과 습관에 대한 서술 역시 야만적인 모습을 넘어서 귀신이나 괴물의 세계를 묘사한 듯하다. 사슴가죽 옷을 입고 뱀을 씹어 먹는다든가, 날카로운 칼을 잘 만든다는 것은 호전적인 면모를 강조한 것으로 보인다. 추재 시에서 형상화된 양상 역시 마찬가지로 이국 풍물이라고는 말할 수 없다. 귀국, 홍모국 외에 응다강(應多江)국에 대해서도 "나뭇잎으로 종이를 삼고 쇠바늘로 붓을 삼으며 그 왕은 금으로 얼굴에 바른다. 나라를 자매의 자식에게 전해 주고 친자식은 녹을 주어 스스로 살게 한다."[33]고 기록하고 "금칠 얼굴의 임금님 조카에게 나라 물려주니

33　樹葉爲紙, 鐵錐爲筆, 其王以金塗面. 傳國於姊妹之子, 親子給祿自養.

(鋈面邦君嗣甥兒)" "민풍이 어찌 결승 시대와 흡사한가(民風何似結繩時)"라고 하여 왕위 계승 제도의 미개함을 탓한다.

문물 제도나 풍습뿐 아니라 자연 환경에 대해서도 매우 열악하게 묘사하고 있는데 예를 들면 물우다(勿耨茶)국은 "두 산이 있는데 하나는 불을 뿜고 하나는 연기를 뿜어 끊임이 없었다(有二山, 一出火, 一出烟, 不絶)."고 했으며, 야예(夜乂)국은 "땅이 추워 곡식이 자랄 수 없었다. 물이 늘 얼었으므로 사람들은 얼음을 깨고 물고기를 잡았다(地寒不生穀, 水常凍, 土人開氷穴取魚)."고 했다. 이는 명말 청초 중국인들이 그랬듯이 사이(四夷)의 범주에조차 들지 않는 먼 나라들에 대해서 의식적이건 무의식적이건, 현실 속의 국가라고 인식하기보다 귀신화, 요괴화함으로써 동등한 국가로 자리매김하기를 거부한 것으로 보인다.

## Ⅵ. 맺음말

추재의 「외이죽지사」는 여행을 통해 얻은 견문과 생각을 바탕으로 쓰여진 「북행백절」이나 「서구도올」, 다양한 삶의 군상을 묘사한 「추재기이」 등 추재의 대표작과 같은 맥락에서 새로운 세계에 대한 호기심과 동경을 문학적으로 형상화한 작품이다. '죽지사(竹枝詞)'는 지역 풍물과 세태를 기록하는 문학 양식으로서 명청대 문단에서 전국적으로 광범위하게 지어졌으며, 특히 청대 우동의 「외국죽지사」 100수에 이르러서 가보지 못한 외국 여러 나라에 대한 정보를 수집하고 정리해 '외국 죽지사'를 짓는 기풍이 생겨났다. 추재의 「외이죽지사」는 이러한 외국 죽지사의 일종으로, 서문에서 명말 편찬된 지리서 『방여승략』 「외이」의 기록을 바탕으로 지었다고 밝히고 있다.

그러나 추재가 「외이죽지사」를 지은 1795년은 『방여승략』이 지어진 1610년과 185년의 시차가 있고 더구나 명청 왕조 교체라는 큰 변화가 일어난 뒤이므로 필연적으로 수정과 보충을 요했다. 따라서 추재는 「외이」의 기록에 자신이 "본디 들은 바를 덧붙이"고 생략과 보충, 교정을 가해 「외이죽지사」를 지었다고 했는데, 「외이죽지사」의 주석을 통해 검토한 결과 연행사들의 연행 기록과 『명사』 등의 역사 기록을 참고해 수정 보충했음을 짐작할 수 있다. 즉, 「외이죽지사」 122장은 양적으로 방대한 조시일 뿐 아니라 사료적으로도 상당히 가치 있는 자료라고 할 수 있다.

또한, 추재의 「외이죽지사」와 『방여승략』「외이」의 기록을 비교해 보면 「외이죽지사」는 세계 여러 나라 다양한 종족의 풍속과 신앙, 문물 등 문화적 요소에 대해 더 많은 비중을 들여 서술하고 이를 시적으로 형상화하고 있는 것을 알 수 있다. 이는 「외이」가 대부분의 외국 소개에서 중국 역대 왕조와의 교류사에 중점을 두어 정치 외교적 관계를 중심으로 서술하고 있는 것과 대조된다. 명말에 편찬된 「외이」는 마테오 리치의 세계 지도를 수록함으로써 명말 중국의 세계 인식이 변화하기 시작한 단초를 보여 주지만, 그럼에도 불구하고 한족 왕조의 입장에서 '외이(外夷)'와의 관계사를 정리하고 '외이'에 관한 기록들을 수집, 기록해 둠으로써 향후 대외 정책 수립을 위한 참고 자료로 삼으려는 의도가 숨어 있다고 볼 수 있다.[34] 그에 비하면, 18세기 말 조선 문인은 정치 권력적 관계보다는 미지의 세계에 대한 문화적 차이에 대해 더 큰 관심을 가졌던 것이다. 물론 시대적 한계로 인해 중국의 세계 인식에서 일정 정도 벗어나기 어려운 부분들도 보이지만 그러나 한족 중심의 '화이론'적 세계관

34 필자의 견해로는 『방여승략』「외이」 편은 한족의 입장에서 사방 이민족을 모두 오랑캐[夷]로 간주했다는 점으로 인해 만주족 청조의 입장과 배치되어 금서로 지정되었다고 추측된다.

에서는 비교적 자유로울 수 있었다고 생각된다.

## 〈참고 문헌〉

葛兆光, 『中國思想史』 제2권－七世紀至十九世紀中國的知識 · 思想與信仰, 復旦大學出版社, 2004.

雷夢水 · 潘超 · 孫忠銓 · 鍾山 編, 『中華竹枝詞』, 北京 : 北京古籍出版社, 1997.

艾儒略, 「職方外記」, 『欽定四庫全書』 史部11, 地理類 10.

王愼之 · 王子今 輯, 『淸代海外竹枝詞』, 北京 : 北京大學出版社, 1994.

王利器 · 王愼之 · 王子今 輯, 『歷代竹枝詞』, 西安 : 陝西人民出版社, 2003.

程百二 等撰, 『方輿勝略』, 四庫禁毁書輯刊, 明 萬曆三十八年 刻本.

趙秀三, 「秋齋集」, 『韓國文集叢刊』 第271輯, 민족문화추진위원회 편.

서호수, 「연행기」, 『연행록선집』 V, 민족문화추진위원회 편, 1976.

이가원 역, 『열하일기』, 민족문화추진위원회, 1968.

임형택 편, 『이조 후기 여항문학총서』 1-10, 여강출판사, 1986-1991.

조수삼 저, 이창희 · 최순권 역주, 「세시기」 『조선대세시기』 I, 국립민속박물관 편, 2003.

강명관, 『조선 후기 여항문학 연구』, 창작과비평사, 1997.

김명순, 「조선 후기 서울의 풍속 세태를 다룬 기속시 연구」, 『동방한문학』 제10집, 1994.

______, 「조수삼의 기속시 연구」, 『한문학논집』 제14집, 1996.

박철상, 「조수삼의 신자료 〈聯床小諧〉에 대하여」, 『한국학논집』 제38집, 한양대학교 한국학연구소, 2004. 10. 35-64.

안대회, 「〈秋齋紀異〉의 인간 발견과 인생 해석」, 『한국학논집』 제38집, 한양대학교 한국학연구소, 2004. 10. 7-34.

윤재민, 『조선 후기 중인층 한문학의 연구』, 고려대학교 민족문화연구원, 1999.

정옥자, 『조선 후기 중인문화 연구』, 일지사, 2003.

허경진, 『조선위항문학사』, 태학사, 1997.

# 18세기 양반 여성의 글쓰기의 층위와 그 의미*

김경미

## Ⅰ. 머리말

17세기에 비해 18세기는 유교 가부장제가 더욱 강화되어 내외법이 지속적으로 강조되고 여성이 재산 상속에서도 제외되기 시작한 시기로 파악된다. 이러한 변화는 가옥 구조에도 반영되어 17세기 후반 들어 사랑채가 확장되는 한편, 가옥 구조는 더욱 폐쇄적으로 변화한 결과 규방은 더욱 '깊은' 공간이 되었다는 것은 건축사를 통해 확인할 수 있다. 이처럼 여성의 삶이 더욱 구속되는 양상을 보이는 한편, 남성들이 중심이 된 바깥의 문화는 매우 다채로운 양상으로 전개되어, 문학을 포함한 이 시기의 문화는 다양한 자기 혁신을 꾀했다. 그러나 여성들은 이러한 것들을 담장 안에서 엿보거나 기록을 통해 간접적으로 경험하는 것 외에는 직접 참여할 수 있는 길이 극히 제한되어 있었다. 양반 여성들의 경우 제한되어 있기는 했지만 양반 신분이 주는 권력이나 물질적 여유를 배경으

* 이 글은 2004년도 이화여대한국문화연구원 특성화사업단 연구비 지원으로 이루어졌음.

로 독서와 글쓰기를 하는 것이 가능했고, 이를 통해 자신들의 문화를 만들어 갈 수 있었다. 이렇게 형성된 여성들의 독서와 글쓰기 문화는 조선시대 양반 여성들의 일상 문화 가운데 매우 중요한 부분을 이루었을 뿐만 아니라 여성들이 공적인 공간으로 목소리를 낼 수 있는 기반을 제공했다. 또 여성들이 자신들의 이야기를 기록할 수 있게 함으로써 자신들의 정체성을 확인할 수 있도록 해 주었다. "한 여성이 글을 읽을 수 있게 된 순간 여성 문제가 등장했다."[1]는 언급처럼 글을 읽고 쓸 수 있다는 것은 존재에 새로운 의미를 부여하기 때문이다.

18세기 여성의 글쓰기가 본격적으로 연구되기 시작한 것은 비교적 최근의 일이다.[2] 사적인 조망을 할 경우에도 주로 조선 후기라는 범주에서 18~19세기가 함께 다루어졌고,[3] 특히 18세기 여성의 '일상'과 관련해서 그 전반적인 양상이 다루어진 적은 없었다. 이는 여성의 글이 한정적으로 존재하며 그나마도 하나씩 발굴, 소개되고 있는 현실에 기인한다. 그러나 18세기로 접어들면서 여성들이 쓴 글이 양적으로 많아지는 한편, 장르 또한 다양해지는 것을 볼 수 있다. 김호연재(1681-1722), 김자념(1698-1715), 임윤지당(1721-1793), 김삼의당(1769-?), 강정일당(1772-1832) 등이 남긴 한시나 한문 산문, 빙허각 이씨(1759-1824)가

1 울리히 벡, 엘리자베트 벡-게른샤임, 『사랑은 지독한 그러나 너무나 정상적인 혼란』(새물결, 강수영 외(역), 2002), 35쪽.

2 18세기 여성 문학과 관련한 연구로는 김미란, 「조선 후기 여류문학의 실학적 특질: 18세기를 중심으로」, 『동방학지』, 84, 1994; 이대형, 「18세기 열녀전 연구」, 연세대 석사학위 논문, 1994; 고순희, 「18세기 가사에 나타난 기생 삶의 모습과 의미」, 『고전문학연구』 10, 1995; 고전문학연구회, 박경주, 「18세기 절명가사에 나타난 사대부가 여성의 순절의식 연구」, 『국어국문학』, 128, 2001; 홍인숙, 「조선 후기 열녀전 연구」, 이화여대 석사학위 논문, 2001; 정지영, 「조선 후기 호주승계 방식의 변화와 종법질서의 확산: 17, 8세기 「단성호적」에 나타난 과부와 그 아들의 지위를 중심으로」, 『한국여성학』 18권 2호, 2002; 황수연, 「여성주의적 시각에서 본 18세기 기녀 대상 한시」, 『열상고전연구』 13, 2000; 이경하, 「조선조 여성의 문학생활 연구시론」, 『한국학보』 100, 2000 등이 있다.

3 예를 들어 이혜순(외), 『한국고전여성작가연구』(태학사, 1999)에서는 14~16세기를 조선 전기의 문학으로, 17~19세기를 조선 후기의 문학으로 나누어 보고 있다.

기록한 『규합총서』, 풍양 조씨(1772-1815)가 기록한 「자기록」 등은 이 시대의 대표적인 글쓰기의 예이다. 가사 작품의 경우 18세기의 작품으로 확정할 수 있는 작품은 안동 권씨(1718-1789)의 「반조화전가」, 전의 이씨(1723-1748)의 제문과 「절명사」, 연안 이씨(1737-1815)의 「쌍벽가」 등 몇 작품에 한정되지만, 이들의 존재로 미루어 규방가사도 활발하게 창작되었을 것으로 짐작된다. 이 밖에 지금까지 중요하게 거론되지는 않았지만 언문 제문, 편지, 유서, 행장, 행록의 초안, 상언(上言)과 같은 글쓰기에도 여성들이 활발하게 참여했던 것으로 보이며, 이러한 글쓰기는 일상적으로 이루어진 것으로 보인다. 「반조화전가」가 수록되어 있는 『잡록』은 양반 여성의 글쓰기가 어떻게 이루어졌는가를 잘 보여 주는 자료로, 그 속에는 제문, 가사, 필사한 소설 등이 함께 수록되어 있어 안동 권씨가 일상적으로 글쓰기를 활발하게 했던 것을 짐작하게 해 준다.[4]

이 글에서는 18세기 양반 여성들의 글쓰기가 어떠한 양상으로 존재했는지 그 다층적 양상과 의미를 드러내고자 한다. 지금까지 여성들의 글쓰기에 관한 한 개별 작품이나 작가를 중심으로 논의가 이루어졌고, 18세기 양반 여성의 글쓰기에 존재하는 다양한 층위가 전체적으로 조명되지는 못했다. 따라서 이 글은 우선 18세기 양반 여성들의 글쓰기가 어떻게 이루어졌는지 그 양상에 우선 주목한다. 여기서 글쓰기는 문학 작품뿐만 아니라 행록, 행장의 초안에서부터 유서, 제문, 상언 등 일상적 글쓰기까지 포함한다. '글쓰기'라는 말은 쓰여진 글의 내용보다는 글을 쓰는 행위, 글을 쓴 형태, 글을 쓰는 주체의 상황 등의 의미를 내포한다.[5]

---

4 이경하, 앞 글, 129쪽.

5 이경하는 여성문학사 서술의 기본 방향을 어문생활사에서 찾으면서 '문학' 대신 '어문 생활' 개념을 제안했다. 이경하가 제안하는 바 어문 생활이란 어문 활동의 주체가 기존의 텍스트를 소비하고 새로운 텍스트를 생산하는 과정 전체이며 동시에 그 텍스트들을 의미한다. 필자는 기본적으로 여성문학사 서술의 기본 방향을 어문생활사에서 찾아야 한다는 이경하의 의견에 동의한다. 여

따라서 이 글에서도 글의 내용을 분석하기보다는 양반 여성들이 어떻게 글을 썼는지, 언제 글을 썼는지, 어떤 형태로 썼는지, 글쓰기에 대한 태도가 어떠한지, 어떤 종류의 글을 남겼는지 글쓰기와 관련한 문제들을 주로 다루게 될 것이다.

자료는 우선 『한국문집총간』에 실린 18세기에 기록된 여성에 대한 각종 산문들이다. 문집 자료는 편찬 단계에서 편찬자에 의해 내용이 걸러지기 때문에 그 자체 내에 한계를 가진다. 그럼에도 문집에 흩어져 있는 여성 관련 자료들은 그 시대의 여성 생활이나 여성 인식과 관련해 중요한 정보를 제공하고 있다. 따라서 이 글에서는 『한국문집총간』과 여기에 포함되지 못한 개인 문집을 기본 자료로 하고 조선왕조실록, 여성 기록 등을 보충 자료로 활용하기로 한다.

『한국문집총간』에서 1650~1750년에 태어난 작가의 문집을 중심으로 정리한 바에 의하면 해당 문인은 140명이고, 여성 관련 기록은 1,161편이다. 여기에는 김창흡(1653-1722) · 홍세태(1653-1725) · 이이명(1658-1722) · 이재(1657-1730) · 이의현(1669-1745) · 김춘택(1670-1717) · 이익(1681-1763) · 신유한(1681-1752) · 임성주(1711-1788) · 안정복(1712-1791) · 홍대용(1731-1783) · 박지원(1737-1805) · 이덕무(1741-1793) · 박제가(1750-1805) 등 18세기를 대표하는 학자와 문인들의 작품이 모두 포함된다. 여기에 포함되는 것은 제문(祭文) · 행장(行狀) · 행록(行錄) · 행적기(行蹟記) · 전(傳) · 비문(碑文) · 묘갈명(墓碣銘) · 묘지명(墓誌銘) · 묘표(墓表) · 유사(遺事) · 서발(序跋) · 설(說) · 잠(箴) · 의(議) · 애책문(哀冊文) · 시책문(諡冊文) · 혼서(婚書) · 언행기(言行記) · 부훈(婦訓) 등 다양한 기록들이다.

---

기서 글쓰기는 이 어문 생활 가운데 새로운 텍스트를 생산하는 과정 전체에 해당한다고 볼 수 있다. 이경하, 「여성문학사 서술의 문제점과 해결 방향」(서울대학교 박사학위 논문, 2004), 97쪽.

양반 여성들 이외에 글쓰기가 가능했으며 뛰어난 시인들을 배출한 계급으로는 천민 계급에 속하는 기녀들이 있다. 그 밖에 여종들도 읽기와 쓰기라는 문자 생활에서 완전히 배제되지는 않았던 것으로 보인다. 양반들의 필요에 의해 여종에게 언문을 가르친 경우도 있기 때문이다.[6] 그러나 이러한 경우는 매우 드물며, 글쓰기는 거의 전적으로 양반 여성의 전유물이었기 때문에 여기서는 양반 여성의 글쓰기만을 대상으로 했다.

## II. 18세기 양반 여성의 일상과 글쓰기 – 청송 심씨의 경우를 중심으로

여기서는 18세기 행장의 대표적인 예로 서당(西堂) 이덕수(李德壽, 1673-1744)의 문집인 『서당집』에 실려 있는 「선비행록(先妣行錄)」을 들고, 이를 중심으로 18세기 양반 여성의 글 읽기와 글쓰기가 어떻게 이루어졌는지를 살펴보기로 한다. 이는 당시 양반 여성들의 글 읽기와 글쓰기가 일상적으로 어떻게 이루어졌는지를 각 여성에 대한 단편적인 기록들을 통해 보는 것보다는 한 사람의 일생을 통해 볼 때 좀더 구체적으로 파악할 수 있다고 보기 때문이다. 「선비행록」의 주인공인 청송 심씨는 17, 18세기에 걸쳐 산 인물이지만 기록은 18세기에 이루어졌기 때문

6 이망지에게 시집간 김창집의 딸이 여종에게 언문을 가르친 예가 있다. "여섯 살에 언문을 깨쳤는데 글씨가 단정했고, 여덟 살에는 이미 어머니를 대신해 들고 나는 서찰들을 살피고 편지를 대필하니 어머니께서 몹시 칭찬하셨다. 내 어머니께서 언문을 깨친 어린 여종들을 가까이 두고자 하시니 딸은 바로 그들을 가르쳤는데 깨우쳐 가르치는 데 규모가 있는데다 전력으로 부지런히 하며 그치지 않으니 (여종들이) 며칠만에 글을 깨쳤다. 어머니께서는 매우 기뻐하고 기특하게 여기시고 은비녀를 만들어 상으로 주셨다(六歲, 能通諺文, 書字端整, 八歲, 已能爲先妣, 視出內代筆札, 先妣亟稱之. 先妣欲親近小婢之通諺文, 女卽敎之, 開告有方, 專勤不置, 遂數日而成就. 先妣甚喜而奇之, 爲製銀釵而賞焉)," 김창집(金昌緝), 「亡女行狀」, 『圃陰集』 6, 한국문집총간 176, 464-468쪽.

에 양반 여성의 글쓰기에 대한 18세기의 관점이 드러나 있고, 한 양반 여성의 일생에 걸쳐 이루어진 글 읽기와 글쓰기를 비교적 구체적으로 기록하고 있다는 점에서 18세기 양반 여성의 글쓰기와 관련한 일상의 한 전범으로 보기에 적절한 자료로 생각된다.

「선비행록」은 이덕수의 어머니인 청송 심씨(1649-1727)의 일생을 기록한 것으로 『서당집』에 실려 있기는 하지만, 실제 기록한 사람은 서당이 아니라 서당의 아들이다.[7] 청송 심씨는 아버지는 심약한(沈若漢), 어머니는 한산 이씨이며, 젊어서 과부가 된 어머니 한산 이씨 슬하에서 남자 형제인 심유(沈濡)와 함께 자랐는데 경제적으로는 넉넉했던 것으로 보인다.[8] 다음은 행록에 기록된 내용을 중심으로 청송 심씨의 삶을 정리해 본 것이다.

청송 심씨는 어려서 몸이 약해 어머니인 한산 이씨로부터 여공을 배우는 대신 글을 배웠다. 16세에 이징명(李徵明, 1648-1699)에게 시집갔는데, 이징명은 기사환국(1689)으로 감옥에 갇히고 귀양까지 갔으나 갑술환국(1694) 이후로는 청요직을 두루 거치며 높은 지위에 올랐던 인물이다. 1699년 이징명이 죽은 뒤에는 아들인 서당 이덕수가 과거에 급제해 관직에 나아갔는데, 이덕수 역시 청요직을 두루 역임했다. 이로 미루어보면 청송 심씨는 상층 양반 관료의 부인으로서, 어머니로서 일생을 보낸 것을 알 수 있다. 「선비행록」에 의하면, 청송 심씨는 남편이 잇달아 높은 벼슬을 지냈으나 한결같이 검소했으며, 밥 먹고 자는 일 외에는

7 「선비행록」은 서당의 어머니 신씨 부인이 돌아가셨을 때 서당보다 일찍 죽은 아들 산배가 기록한 것으로 "나도 지문을 지었으나 나의 글은 소략하여 나의 아들이 지은 것보다 훨씬 못하다."고 하며 자신의 문집에 넣어 보존한다고 했다. 「선비행록」은 『서당사재』 12, 한국문집총간 186, 559-565쪽, 『서당선생집』, 전의이씨 청강공파 화수회, 258-264쪽에 실려 있다.

8 「선비행록」에 "친정집이 잘산다 하여 조금도 교만하거나 게을리하는 일이 없었다."는 구절로 미루어 이렇게 판단했다.

언제나 길쌈 광주리를 앞에 놓고 일을 했다. 제사에는 정성을 다했고, 남편이 죽었을 때는 극진하게 상을 치렀으며, 기생첩이나 친정의 서출에게 관대했다. 청송 심씨는 시골 논밭에서 추수해 오는 것이나 살림살이에 일체 관심이 없는 아들을 대신해 집안 살림을 하나하나 모두 살피고 관장하면서 실제로 집안을 이끌면서 집안 내에서 영향력도 컸던 것으로 보인다. 이러한 일상 속에서 청송 심씨는 지속적으로 글을 읽고, 손자에게 글을 가르치고, 많은 분량은 아니지만 글을 써서 남기기도 했다.

「선비행록」에 나타난 청송 심씨의 이러한 모습은 조선 시대 양반 여성들의 행장에 그려진 모습과 별반 다를 것이 없는 전형성을 지닌다.[9] 18세기 양반 여성의 글쓰기와 관련해 청송 심씨를 한 전범으로 드는 것은 「선비행록」에 어머니 한산 이씨로부터 받은 교육 내용과 독서 및 글쓰기, 자녀(손자) 교육에 대한 내용이 일생에 걸쳐 나타나고 있기 때문이다. 먼저 「선비행록」 가운데 교육, 독서, 글쓰기에 관한 부분들을 정리해 보면 다음과 같다.

> ① 이부인께서는 총명하고 영리해 서사를 통하고 의리에 통달하여 비록 할머니를 매우 사랑했으나 또한 일에 따라 가르치고 깨우쳐 주셨으며, 『소미통감』, 『소학』과 같은 책들을 가져다 일과를 정해 읽고 밤에는 낮에 읽은 글을 외게 했다. 또 하늘의 천문을 가리키며 별자리를 알게 해 주었고, 옛날의 똑똑한 부인과 어진 부인들의 시비 득실들을 차근차근 가르치지 않

9 이 행록의 다른 점이 있다면 심씨 부인의 개인적인 습관이나 취향까지 자세하게 기록하고 있다는 점이다. 그래서 평생 크게 앓는 일 없이 일생을 보낸 심씨 부인이 "목욕을 좋아하셔서 며칠마다 반드시 온 몸을 씻을" 정도로 깨끗하게 자신을 관리했다든지, "떡이나 과일, 생선이나 고기 등도 편식하는 것이 없"었으며, "나무 심기를 좋아하셔서 집안의 안살림의 일이 없을 때는 걸어서 뜰에 나가 나무를 둘러보며 좋아하"였고, "뜨락의 꽃을 가꾸셨다"는 등의 일이 자세히 묘사되고 있다.

음이 없었다. 할머니께서는 한 번 들으시면 곧 기억하시고, 기억하신 것은 평생토록 잊지 아니하시니 견해가 분명하고 박식하여 온 집안사람들이 경복하는 바가 되었다(李夫人聰明穎睿, 通書史達於義理, 雖甚愛先祖妣, 而亦隨事訓誨, 取少微通鑑小學等書, 排日課讀, 夜則令誦其所讀書. 又指乾象, 使知星辰躔次, 以及古來哲婦賢媛是非得失, 靡不勤勤指導. 先祖妣能一聞卽記, 終身不忘, 所以明見博識, 爲一家之所敬服).

② 결국 할아버지께서 만경의 군산도로 귀양을 가셨는데 할머니께서 따라가셨다. 6년간 귀양살이를 하는 동안 그 고장의 풍토가 거의 사람으로 견디기 어려운 형편이었으나 할머니께서는 편안하게 분수를 지키시며 얼굴에 근심하는 빛을 나타내지 않으셨다. 그리고 『소학』이나 『당시절구』 한 권을 가져다 거기에 몰두해 읽으며 보내셨다(及王考竄配於萬頃羣山島, 先祖妣從之. 六年居謫, 烟瘴海.., 殆令人難堪, 先祖妣怡然安分, 眉間終不設憂慽色. 取小學及唐詩絶句一卷, 潛自翫閱以消遣).

③ 산배(서당의 아들)가 어려서 할머니께 공부를 배웠는데 그저 제멋대로 뛰어놀기만 할 뿐 공부에는 전혀 관심이 없었다.……(山培幼時受學於先祖妣, 游浪踰度, 全無程課.……).

④ 할머니께서 항상 산배에게 말씀하시기를, "나의 어머니께서 평생 문학을 사랑하시어 항상 '나의 자손 중에서 정말로 글을 잘 하는 사람이 있다면 내가 비록 죽은 뒤라 할지라도 저승에서 위로가 되고 기뻐할 것이다.……' 라고 하셨는데" (先祖妣嘗於山培曰 : 吾先妣平生酷愛文學, 常曰 : 吾子孫中苟有能文者, 吾雖已死之後, 當慰悅於地下矣.……).

⑤ 할머니께서는 비록 나이가 많이 드셨어도 총명이 젊었을 때와 다름없어 등잔불 아래에서 패설 따위를 읽을 수가 있으셨다(先祖妣則年雖耋老, 聰明無異少時, 燈下能閱稗說之屬).

⑥ 할머니께서는 천성이 단정하고 방정하셔서 말이나 웃음이 적고 문장이나 역사나 시부 등도 널리 꿰뚫어 아셨으나 입을 다물고 아는 체를 하지 않으셨다. …… 밤이 깊어서 사람이 모두 잠든 때에 산배가 혹시 여러 누이와 당시의 삼대작이나 「등왕각서」, 「적벽부」 등을 외다가 더러 막히어 더듬거리면 할머니께서는 바로 그 막힌 데를 지적해 깨닫게 해 주실 뿐 그 전편을 다 외는 일은 거의 없으셨다(先祖妣性端方寡言笑, 文史詩賦多所通曉, 而韜能靜嘿, 外若不知. ……每當夜深人靜時, 山培或時與諸妹誦唐詩三大作及滕王閣赤壁賦之屬, 有時礙滯, 則先祖妣必提其礙處, 使之記悟而已, 亦不肯盡誦其全篇).

⑦ 할머니의 병이 위독해지자 손녀 윤씨부를 보며 말씀하셨다. "감실에 작은 상자가 있는데 조심스럽게 보관해 잃어버리지 않도록 해야 한다." 할머니께서 세상을 떠나신 뒤 어머니와 누이들이 그것을 가져다 열어 보니 그 가운데 작은 종이 두 장이 있었다. 하나는 집안일 처리를 분부하신 것이고, 하나는 외할머니의 유사 몇 가지를 손수 기록하신 것이었다(先祖妣病既革, 顧女孫尹氏婦曰 : 吾有小箱在壁龕中, 宜謹藏而毋失. 及先祖妣棄世, 慈堂與諸妹取而閱之, 中有二小紙. 其一則區處家事者, 其一則乃手錄外王母遺事數三條也).

위 예문들은 「선비행록」의 순서에 따라 정리한 것으로 청송 심씨가 어떻게 교육받았으며, 문자 생활을 어떻게 했는지, 자녀 교육은 어떻게 했는지를 잘 보여 준다. 위 내용에서 우선 주목할 인물은 두 사람이다. 한 사람은 행록의 주인공인 청송 심씨이고, 또 한 사람은 청송 심씨의 어머니, 즉 서당의 외할머니인 한산 이씨이다. 한산 이씨는 조부는 인조조에 이조판서를 지낸 이현영(李顯英, 1573-1642), 아버지는 효종조에 예조판서를 지낸 이기조(李基祚, 1595-1653)로 여성으로 지켜야 할 규범을 두루 갖추어 남편이 일찍 죽자 학과를 정해 아들을 직접 가르쳤고,[10] 위에서 보듯 딸도 교육시켰다.

아버지를 일찍 여읜 청송 심씨는 어머니에게서 교육을 받고, 만년에는 손자에게 직접 글을 가르쳤다. 보통 교육의 주체는 아버지나 할아버지 등 집안 남성들로 알려져 있지만 청송 심씨의 경우처럼 아버지를 일찍 여의거나 아버지가 집을 비웠을 경우 여성들이 교육을 시키는 경우가 많았다. 이는 기본적으로 양반 여성들이 글자를 가르칠 수 있는 소양을 가지고 있었다는 것을 의미한다. 이것은 여성을 교육시킨 중요한 이유이기도 했다. 한산 이씨와 청송 심씨의 경우도 조선 시대 양반 부인들이 자신들의 지식과 교양을 활용해 자녀 교육을 시킨 예를 보여 준다.

이러한 예는 양반 여성의 행장이나 제문에 많이 등장하는데, 다음 예는 한문 교양까지 갖춘 규방의 여성이 아들 교육을 위해 극성스러울 정도의 열의를 보이는 내용이다.

> 네가 예닐곱 살 되던 해 이미 왕발의 「등왕각서」를 입으로 외워 주었는데 네가 글자는 하나도 몰랐지만 기억력이 몹시 뛰어나서 한 글자도 틀리지 않고 외웠다. 네 어머니가 매우 기뻐하며 너를 위해 『십구사』 첫 권과 『난정대첩』을 사서 네가 익히기를 간절히 원했다(汝年六七, 已口授王勃

10 서종태, 「응교공 심공 묘지명(應敎公沈公墓誌銘)」, 『만정당집(晩靜堂集)』 16권, 한국문집총간 163, 350쪽, "母夫人內範甚備, 課學而提敎之."

藤王閣序, 汝時不解一字, 而記性甚敏, 能熟誦不錯. 若母喜甚, 爲汝買十九史首卷蘭亭大帖, 欲汝隸習甚切).[11]

위 예문은 남인의 명문 출신으로 알려진 권만(權萬, 1688-1749)이 쓴 어머니 풍양 조씨 행록의 일부이다. 이 부분은 권만의 아버지 권두굉이 아들 권만에게 그의 어머니가 그를 가르치는 데 얼마나 열성적이었는지를 일깨워 주는 말을 인용한 부분이다. 아직 글자도 모르는 어린 아들에게 어려운 한문 작품을 구수(口授)하는 풍양 조씨의 모습은 극성스러워 보이기는 하지만, 여성이 자녀 교육에 직접적인 영향을 끼쳤던 예를 보여 준다. 여기서 또 주목되는 것은 여성이 자녀를 교육하는 방식이 '구수'하는 방식이었다는 점이다. 한글로 전사(傳寫)되는 한시는 아마도 이런 구수 방식과도 관련이 있을 것으로 생각된다.

위 예문 ①, ④에서 보듯 한산 이씨는 대대로 관직을 한 상층 가문에서 태어나 역사를 잘 알고 문학을 몹시 사랑했으며, 자녀에게 『통감』, 『소학』 등의 책과 천문과 역사를 가르칠 정도로 지적 교양을 갖춘 인물이었던 것으로 보인다. 청송 심씨의 학문적 교양과 박식함은 어머니 한산 이씨의 교육에 바탕을 둔 것으로 보인다. 또 예문 ②, ⑤, ⑥을 보면 청송 심씨는 남편의 귀양지에 따라가서도 『소학』, 『당시절구』 등을 읽으며 시름을 잊었고, 역사나 시문을 익히 알고 있었으며, 나이 들어서도 패설을 읽을 정도로 평생 책과 가까이 한 것을 알 수 있다. 그뿐만 아니라 ④와 ⑦은 손자에게 글을 가르치고[12] 손수 자신의 어머니 한산 이씨

11 권만, 「선영인 풍양 조씨 행록(先令人豊壤趙氏行錄)」, 『강좌선생문집(江左先生文集)』 권9, 한국문집총간 209, 53쪽.

12 할머니가 손자 교육을 시킨 예는 이외에도 많이 보인다. 대표적으로 김진규가 할머니 윤씨 부인에 대해서 쓴 「조비행장습유록(祖妣行狀拾遺錄)」에는 "할머님은 손자들을 가르치시기를 비록 엄하게 하셨으나, 어떤 경우 책을 읽는 사이의 쉬는 시간에는 손자들과 함께 아이들 놀이를 하셨는

의 유사(遺事)를 기록했음을 전해 준다. 이상의 예들은 청송 심씨가 평생에 걸쳐 책 읽기와 글쓰기를 일상적으로 행했던 것을 보여 준다.

청송 심씨가 읽은 책의 범주는 『소학』과 같은 유교 이데올로기 학습서, 『소미통감』과 같은 역사서, 『당시절구』나 패설과 같은 시집이나 소설에 걸쳐 있다. 『소학』은 양반 여성의 교육을 위해 가장 많이 읽힌 책 중의 하나인데,[13] 청송 심씨 역시 이 책을 어머니에게서 배웠고, 이후에도 계속 읽었던 것으로 기록되어 있다. 청송 심씨의 독서 범주는 교훈서나 역사서 및 소설을 즐겨 읽었던 18세기 양반 여성의 독서 범주를 크게 벗어나지 않으며, 독서를 한 시기도 생애 전 시기에 걸쳐 이루어졌던 것을 볼 수 있다.

청송 심씨가 이러한 책들을 언문으로 읽었는지 한문으로 읽었는지는 분명하지 않지만 언문으로 된 책이든 한문으로 된 책이든 대체로 해독할 수 있는 능력이 있었던 것은 분명해 보인다. 그러나 실제로 한문으로도 글을 썼는지는 분명하지 않다. 「어머니께서 직접 기록하신 외할머니의 유사를 덧붙이다(附先妣手錄外王母遺事)」라는 제목의 한산 이씨 유사는 한문 기록으로 남아 있는데, 본래 한글로 쓰여졌는지 한문으로 쓰여졌는지는 분명하지 않다. 위 예문에 나타난 청송 심씨의 한문학적 교양이나, 임윤지당이나 강정일당 같이 한문으로 학문적 글쓰기를 한 여성들의 존재로 미루어 볼 때 한문 글쓰기도 불가능하지는 않았을 것이다.[14]

---

데 놀이의 대부분은 글이나 역사적인 것들로 노는 것이어서 아이들로 하여금 놀거나 쉬거나 문장과 떨어지지 않게 하셨다. 그래서 손자들이 두려워하면서도 좋아했다(祖妣教誨孫兒雖嚴, 亦間於讀書暇, 與之爲童子戲, 而戲皆用文史. 使之游焉息焉而不離於文, 是以學於祖妣者, 不甚厭倦, 且其誘掖如此. 故諸小孫畏而愛之)."는 기록을 보면 일상 속에서 교육이 어떻게 이루어졌는지를 알 수 있다.

**13** 조혜란, 「조선시대 여성 독서의 지형도」, 『한국문화연구』 8, 2005, 43-46쪽.

**14** 이경하, 「17세기 사족 여성의 한문 생활, 그 보편과 특수」, 『국어국문학』 140, 국어국문학회, 2005, 110쪽. 청송 심씨가 지은 어머니 유사가 본래 한글로 된 것인데 이덕수가 한문으로 옮기지

그러나 청송 심씨의 경우처럼 여성이 행장이나 행록의 초안을 쓰는 경우, 대체로 여성이 한글로 쓴 것을 남성이 한문으로 번역하는 관행이 있었던 점을 감안할 때 청송 심씨도 한글로 썼을 가능성이 높은 것으로 보인다. 이 문제에 대해서는 다음 절에서 자세하게 다루기로 한다.

## III. 18세기 양반 여성 글쓰기의 네 가지 범주

### 1. 행장, 행록의 '초안' 쓰기

17세기와 비교했을 때 18세기 여성 관련 기록의 특징적인 점 중의 하나는 여성의 기록에 대한 언급이 많아진다는 점이다. 물론 그렇다고 해서 이 기록들이 모두 그대로 남아 전하는 것은 아니다. 즉 하위 문자이자 성별화된 문자인 언문으로 쓴 여성들의 기록에 관한 언급들은 보이지만, 그 언문 작품 또는 언문 기록은 없어지고, 그 기록을 전유한 남성들의 한문 기록에 '존재의 흔적'만 남아 있는 것이다. 그 대표적인 것이 여성이 쓴 행장이나 행록이었을 것으로 보인다. 17세기에도 이런 예가 없지는 않다. 그러나 문집에 남아 있는 자료로 보면 18세기에 와서 더 두드러지게 나타나기 시작하는 것으로 보인다.[15]

---

않았는가 의심해 볼 수도 있지만, 이덕수의 글에서 그런 단서를 찾을 수 없고, 청송 심씨의 한문학적 소양이 상당했던 만큼 한문 글쓰기가 불가능하지는 않았을 것으로 추정하고 있다.

15 17세기 기록 중 이런 내용을 전해 주는 것으로 다음과 같은 것들이 있다. 송시열 및 송준길이 쌍청당의 어머니 류씨 부인의 행적을 기록하려고 했으나 오래된 일이라 아는 사람이 없자 집안 어른인 송시열의 고모인 송씨 부인에게 기록을 부탁했다고 한다. 송준길은 이 일을 기록하면서 송씨 부인이 언문으로 기록해 준 것을 바탕으로 류씨 부인의 행적을 정리했다고 했으나 송시열은 송씨 부인의 이야기를 바탕으로 류씨 부인의 행적을 정리했다고 기록하고 있다. 비슷한 이야기인 것 같지만 송시열의 경우 여성의 기록에 대한 부정적 인식이 있었기 때문에 '기록' 부분은 언급

18세기 문집 자료에 보면 여성들이 행장이나 행록의 '초안'을 썼다는 기록이 종종 등장한다. 이 경우 여성들은 어머니나 아버지, 딸 등 가까운 식구들의 행적을 언문으로 써서 아버지나 남자 형제 등에게 넘겨 한문으로 기록하게 하는 형식을 취하고 있다. 다음 예를 보자.

> 염을 마치고 성복이 끝난 다음에 최씨의 며느리가 된 맏딸이 울면서 말하기를, "어머니께서 효도하고 우애하는 행실이 있으시고 깨끗한 지조가 있으시어 보통 사람이 따르지 못할 재주가 있다는 것은 일가 친척이나 온 동네가 한결같이 칭찬하는 터입니다. 이런 아름다운 사실을 어찌 묻어두어 사람들이 모르게 할 수 있겠습니까? 아버지께서는 어머니의 이 아름다운 사실을 글로 써서 남겨 두게 하십시오." 했다. 내가 대답하기를, "네 말이 아니더라도, 어찌 너의 어머니에 대한 정이 없겠는가?" 했더니 딸아이가 물러나 유사를 몇 장 기록해서 다시 오더니 흐느끼며 말하기를, "한두 가지 가려 쓰시면 지나치지 않을 것입니다."라고 했다(旣斂而成服矣, 長女崔氏婦泣曰, 吾母有孝友之行, 高潔之志, 絶人之才, 族親鄕黨之言咸如是. 其豈使泯沒無傳? 願大人文以詔稚藐. 余曰, 微若言, 吾豈不用情? 女退而錄遺事數紙, 復進而泣曰, 庶其有一二可採斯不溢矣).[16]

위 예문은 1743년 이덕수의 둘째 부인 강씨가 죽자 최씨 집안에 시집간 장녀가 울면서 어머니의 효성스럽고 우애 있는 행실과 고결한 마음,

---

하지 않고, 이야기만을 언급했던 것으로 짐작된다. 이 밖에 이선(李選)의 딸 이씨 부인이 쓴 「선비행록초」가 언급되고 있다. 창계 임영의 예도 17세기에 해당한다. "처음에 창계공이 첨추공 부부의 행실을 기록하고자 하여 부인에게 편지를 보내기를, "언행을 자세하게 기억하는 것은 내가 너보다 못하니 네가 했으면 싶다"고 하니 부인이 드디어 대략 기록해서 보냈다(始滄溪公欲狀僉樞公內外行實, 貽書夫人曰, "言行詳記, 吾不如汝, 吾願汝任之." 夫人遂畧記以歸.)", 이덕수, 「貞夫人林氏墓誌銘」, 『서당사재』 10, 한국문집총간 186, 474-5쪽.

16 이덕수, 「정부인강씨묘지명(貞夫人姜氏墓誌銘)」, 『서당사재』 10, 한국문집총간 186, 498쪽.

그리고 뛰어난 재주가 묻혀 사라지지 않도록 글을 써줄 것을 부탁하는 내용이다. 이덕수가 허락하자 딸이 몇 장에 걸쳐 유사(遺事)를 기록해서 가져오고, 이덕수는 이를 바탕으로 부인의 묘지를 기록했다. 이러한 예는 여성들에 의해 여성들의 역사가 남게 되는 과정을 보여 준다.

> 또 숙인의 행적이 묻혀서 세상에 전해지지 않을 것을 걱정해 손수 숙인의 평소 행적을 기록하고 그 조카인 지평 집으로 하여금 쓰게 했다(又懼淑人之行泯泯無傳於世, 手錄平日事行, 俾其姪持平緝文之).[17]

위 예문 역시 이덕수의 기록으로 며느리가 시어머니의 상을 치른 뒤 그 행적을 직접 기록한 뒤 조카를 시켜 한문으로 써서 남기고 있음을 보여 준다. 위의 두 예가 여성이 자발적으로 어머니나 시어머니의 행적을 기록해서 집안 남성으로 하여금 묘지명을 쓰게 한 경우라면 남성이 고모, 장모 등 집안 여성에게 어머니나 아내의 행적을 기록하게 하고 그것을 바탕으로 묘지명이나 행장을 기록한 경우도 있다.

> ① 늙은이가(내가) 기유년 9월에 작은 고모의 집에 들어갔을 때 작은 고모는 바야흐로 다섯 살이었다. 보니 영리하고 맑고 똑똑한 것이 보통 아이들과 비교가 되지 않았다. 벌써 부모를 공경할 줄 알고, 형제를 사랑할 줄 알아서 따라다니며 어울려 놀 때에도 조금도 다투거나 비교하지 않았다. ……비록 내가 무식한 여자지만 또한 작은 고모의 행실과 의가 사라지는 것이 안타까운 일인 것은 알고 있다. 이제 너희들이 너희 어머니를 위해 행장과 명을 짓는다고 하니, 아, 우리 작은 고모가 잊혀지지 않겠구나. 아아,

17 이덕수, 「숙인윤씨묘지명(淑人尹氏墓誌銘)」, 『서당선생집』 권3, 375쪽.

내가 늙고 혼미해서 네 어머니 일을 자세하게 기억하지는 못하지만 이 짧은 기록 중 사실에 어긋나는 것은 한 마디도 없다(老物以己酉九月, 入小姑之家, 小姑時方五歲. 見其英敏淑哲, 絶異凡兒. 已能知父母之可敬, 兄弟之可愛, 隨伴戱遊, 無一毫爭較. ……雖以吾女子無識者, 而亦知小姑行義泯沒之可恨. 今若輩爲若母氏, 圖狀銘, 噫, 吾小姑其不朽哉. 嗟乎, 吾老惛, 不能詳記若母事, 而今此小錄, 無一辭過實).[18]

② "네 아내의 어짊을 끝내 묻혀 사라지게 할 수는 없다. 그러나 어릴 때의 일은 자세히 알 수가 없으니 네가 장모 서부인에게 가서 물어보라"고 했더니 서부인이 언문으로 그 행적을 써서 보냈다(汝妻之賢, 終不可沒, 然幼時事靡得以詳焉, 汝其往質之汝聘母徐夫人. 徐夫人以諺狀其行來).[19]

③ 담양공이 유인의 행장을 쓰려고 했으나 병이 들어 완성하지 못하고 죽었다. 안씨 부인이 언문 기록 한 통에 그 사적과 행실을 기록하고 열행이 나에게 행장을 부탁했다. 내가 유인의 사위로 사랑을 받은 지 삼십 년이고 또 문자를 조금 안다고 해서 외람되이 칭찬을 받기도 했으니 의리상 어찌 사양하겠는가? 또 개인적으로 감동한 것은 신축년에 내 아내가 죽음에 임박했는데 안씨 부인이 그 기록을 내 아내에게 보이며 넣고 뺄 것을 물으니 아내가 숨이 실낱 같은데도 눈을 떠서 살펴보고는 한두 가지 보탤 것을 부탁했던 것이다(潭陽公欲爲孺人狀, 有疾不果成而歿. 安氏婦以諺錄一通, 載其事行, 烈行屬胤源爲狀. 胤源忝爲孺人女壻, 蒙被眷愛者三十年, 且以粗解文字, 猥辱知奬, 義何敢辭? 抑又私有所感者. 當辛丑吾妻之將死也, 安氏婦以其錄示吾妻, 問其增刪. 吾妻方氣息如絲髮, 而能開目閱視, 遂請添補一二語).[20]

---

18 권만, 「선영인풍양조씨행록(先令人豐壤趙氏行錄)」, 『강좌선생문집』 권9, 한국문집총간 209, 54-6쪽.

19 유한준, 「자부유인오씨묘지명(子婦孺人吳氏墓誌銘)」, 『자저(自著)』 20, 한국문집총간 249, 401쪽.

①은 권만이 어머니 풍양 조씨의 행록을 쓰는 과정을 보여 주는 기록이다. 이 기록은 어머니를 일찍 여의어 어머니에 대한 기억이 별로 없었던 권만이 주위 친척들에게 행적을 알려달라고 청해 외백모(外伯母) 김부인에게 도움을 받았다는 내용을 전해 준다. 김부인에게 풍양 조씨는 작은 시누이였는데 김부인은 "작은 고모의 일을 나만큼 자세하게 아는 사람은 없다"고 하면서 연속해서 언문 편지를 보내 자세하게 알려 주었다고 했다. 김부인은 풍양 조씨의 행실과 의로움이 사라지는 것을 안타까워했는데 행장과 명이 기록되면 그것이 잊혀지지 않겠다고 기뻐하면서, 자신의 기록이 사실에 근거하고 있음을 강조하고 있다. 권만은 이 기록을 통해 비로소 어머니의 사적을 자세하게 알게 되었다고 하면서 이를 "옮겨 번역하고 편집했다(傳譯編文)"고 했다. 여성의 문자인 언문으로 쓰여진 이 기록들은 남성의 손에 의해 다시 한문으로 기록되어 전하는데 이 과정에서 많은 부분들이 잘려 나갔을 것으로 보인다. 권만도 김부인이 보내 준 기록에 대해 "김부인이 기록한 것은 제법 자세한 것 같지만 부인네들의 말은 번거롭게 되풀이하여 조리가 없다(金夫人所錄, 稍似詳悉, 婦人之言, 煩複無條理)."[21]고 한 아버지의 말을 그대로 전하면서도 결국 김부인의 이 초안을 근거로 삼아 한문으로 번역했음을 밝히고 있다.

②는 유한준(兪漢雋, 1732-1811)의 기록으로, 1773년 며느리 오씨가 죽은 뒤 아들 만주(晩柱)를 시켜 장모에게 어릴 때 사적을 물어보게 하자 장모인 서부인이 언문으로 써서 보냈다는 내용이다. 위 인용문에 이어 편지의 내용을 인용하고 있는데 물론 한문으로 번역한 것이다.

③은 박윤원(朴胤源, 1734-1799)이 장모 남양 홍씨의 행장이 남게 된

20 박윤원, 「외고유인남양홍씨행장(外姑孺人南陽洪氏行狀)」, 『근재집(近齋集)』 30, 한국문집총간 250, 575쪽.

21 권만, 「선영인풍양조씨행록」, 『강좌선생문집』 권9, 한국문집총간, 209, 56-7쪽.

과정을 기록한 것이다. 여기서 안씨 부인은 안씨 집안에 시집간 딸로 보인다. 이 기록 역시 아들로 보이는 담양공이 죽자 딸인 안씨 부인이 초안을 써서 자매인 박윤원의 부인에게 보여 수정을 받은 뒤 이를 바탕으로 박윤원이 행장으로 기록한 과정을 보여 준다. 박윤원의 부인이 숨이 넘어갈 형편인데도 초안을 보여 수정을 받으려는 안씨 부인이나 이를 보고 한두 군데 첨삭할 곳을 지적하는 박윤원의 부인을 보면 여성들이 이 기록을 남기는 데 얼마나 사명감을 가지고 있었는지를 알 수 있다.

이상의 기록들은 여성들이 언문으로 행장이나 행록의 초안을 쓰고 그것이 남성의 손에 의해 다시 한문으로 기록되는 과정을 보여 준다. 그러나 현재 남아 있는 행장이나 행록, 묘지명 등은 남성들의 기록일 뿐이며, 여성들의 기록이라고 할 수 없다. 그러나 이처럼 여성들이 기록한 초안들이 모두 남성들의 글 속으로 흔적 없이 흡수되어 버린 것만은 아니다. 그 예로 앞 장에서 살펴본 이덕수의 어머니 청송 심씨가 쓴 친정어머니의 행록을 들 수 있다. 이덕수는 이 기록을 취해서 잘라내고 다듬어 기록해서 보관한다고 하면서, 재예가 뛰어나고 여공 이외 천문과 잡수(雜數)에 능했던 외할머니에 대한 기록을 간단하게 덧붙이고 있다. 이 기록은 한문으로 기록되어 있는데다 첨삭과 윤색이 더해졌음을 밝히고 있어 원문과는 많이 달라졌겠지만, 「어머니께서 직접 기록하신 외할머니의 유사를 덧붙이다(附先妣手錄外王母遺事)」라는 제목에서 볼 수 있듯이 청송 심씨가 남긴 기록의 형태가 어느 정도는 남아 있는 것으로 생각된다. 지금 전해지지는 않지만, 다음의 예도 여성이 쓴 묘지가 완성된 형태로 존재했던 것을 보여 준다.

> 그 시아버지의 묘지와 같은 것은 평소에 수립한 하늘의 이치와 백성의 떳떳함 가운데 큰 것을 드러냈는데 무릇 슬픔과 간절함을 모두 지극하게

> 표현했다. 옛날에 듣기로 부인이 살아 있었을 때 친척을 시켜 한천 이문정 선생께 문장을 전해서 보여드리게 했는데 선생은 곧 타우의 종손이고 남편의 외재종형제인데 이 묘지를 받고는 손을 씻고 책상에 올려놓고 읽고나서 말하기를, "나보고 쓰라고 해도 어찌 이보다 낫겠는가? 그대로 두어 백대를 기다리는 것이 낫겠다"고 했다 한다(若其爲舅夫墓誌則表章平日所樹天理民彛之大者, 而夫誌尤悲懇周至. 舊聞夫人在世, 以屬族人轉謁文于寒泉李文正先生, 先生卽打愚從孫而夫之外再從兄弟也. 得此誌盥水閣案而讀之曰, 使某僭作, 亦何以加此. 不若因之, 以俟百世).[22]

위 예문은 황윤석(黃胤錫, 1729-1791)이 시인으로 알려진 곽청창(郭淸窓)[23]의 원고를 보고 쓴 발문 중 시아버지의 묘지문에 대해 쓴 글이다. 위에 나오는 한천 이문정 선생은 도암 이재(李縡, 1680-1746)이고, 타우는 이상(李翔, 1620-1690)이다. 위 예문은 당시 곽청창의 묘지문이 완성된 글의 형태로 전해졌으며, 남성 문인으로부터 칭송을 받은 예를 보여 준다. 그러나 곽청창이 쓴 글은 현재 전해지지 않는 것으로 보인다. 이 글을 보면 곽청창이 자신이 쓴 묘지문을 이재에게 보내 명을 받게 한 것으로 보이는데 이러한 예는 다른 부인의 경우에도 보인다. 성대중(成大中, 1732-1809), 이덕수에 의하면, 이시항(李時恒)의 부인 김씨가 아버지의 상을 당한 뒤 직접 초안을 써서 명을 구했으며, 남편 이시항이 죽은 뒤에 남편의 유고를 모아 책을 출간하고 남편의 제자를 보내 서문과 명을 받게 했는데, 당시 서울의 사대부들 사이에 부인의 현명함에 대한 칭송이 자자했다고 한다.[24] 이 밖에도 여성들의 언문 기록이 따로 책으로

22 황윤석, 「발청창곽부인고략(跋淸窓郭夫人藁略)」, 『이재고(頤齋藁)』 12, 한국문집총간 246, 274쪽.

23 『조선여속고』를 비롯해 『고전여성작가연구』 등 현대 연구서에는 '청창(晴窓)'으로 표기되어 있다. 청창 곽씨에 대해서는 3) 시쓰기, 노래하기(이 책 250쪽)에서 자세히 다루기로 한다.

엮어진 경우도 있다.[25]

위의 예들은 여성을 대상으로 한 행장이나 행록, 묘지명 등의 기록이 많아지면서 여성들이 초안을 쓴 예가 많아졌음을 보여 준다. 보통의 경우 행장이나 묘지명은 그 사람에 대해서 가장 잘 아는 사람이 쓰거나, 아니면 초안을 만들어서 글을 잘하는 사람에게 주어 그것을 기초로 글을 쓰게 했다. 묘지명은 당시의 명망 있는 문인에게 부탁하는 경우가 많았지만, 행장이나 행록은 주로 아들이나 손자 등 가족 중 한 사람이 기록하는 경우가 많았다. 대상이 여성인 경우 남편이나 아들, 손자가 쓰더라도 그 초안을 딸이나 며느리, 혹은 그 밖의 집안 여성이 쓰는 경우가 많았던 것으로 보인다. 따라서 여성이 언문으로 초안을 만들어 남성에게 주면 남성이 한문으로 번역하고, 글의 형식에 맞게 구성하는 과정을 통해 기록이 남게 된 것으로 짐작할 수 있다. 이처럼 여성들이 자발적으로 혹은 청탁을 받아서 행록이나 행장의 초안을 잡는 일이 흔했던 것은 여성들의 생활 공간이 규방에 한정되어 있어 남성들이 그 자세한 내용을 알 수 없었기 때문이다.

지금까지의 연구는 여성의 글쓰기에 대해 주로 한시, 시조, 가사, 산문, 언문 편지 등 문학 작품에 한정해서 다루었다. 행장, 행록, 유사 등의 글은 실제 사실을 근거로 기록하는 양식으로 넓은 의미의 역사 기록에 속한다. 이상의 자료들은 여성의 글쓰기 범위가 행장, 행록, 유사 등에

---

**24** "其遭父喪也, 適公在魚川任所, 淑人草狀乞銘, 情文曲備, 公因以序之. 公沒, 淑人手抄公文集八卷, 登之鋟梓, 遣公門生, 乞序於李大學士德壽. 又乞銘於李相國宗城刻之墓道. 於是都下士大夫并稱淑人之賢.", 성대중, 「숙인김씨묘지명(淑人金氏墓誌銘)」, 『청성집(靑城集)』 9, 이덕수, 「화은집서(和隱集序)」, 『서당선생집』, 103쪽.

**25** "숙인이 일찍이 시아버지가 젊었을 때의 일과 조정에 들어가 크게 관여한 일들을 언자로 기록했는데 제법 자세했다. 그러나 오히려 옛날 상자에 그대로 있으니 딸아이들이 그 수고로움과 정성을 본받아 이어서 기록해 책을 만들었다(淑人嘗聞舅少時事及立朝大關, 以諺字記置, 頗纖悉. 尙留舊箱, 女兒輩體其苦誠, 續而成卷).", 조관빈, 「자부경주이씨행장(子婦慶州李氏行狀)」, 『회헌집(悔軒集)』 권19, 한국문집총간 211, 11쪽.

이르기까지 훨씬 광범위하게 이루어져 왔으며, 글쓰기에 대한 여성들의 태도가 매우 적극적이었음을 보여 준다. 그뿐만 아니라 여성들이 글쓰기에 대해 별 어려움 없이 접근하고 있음을 보여 준다. 이 같은 사실은 여성들의 글쓰기 문화의 수준과 범주를 다시 한 번 재고하게 한다. 그럼에도 이 기록들은 모두 남성들의 기록 속에 녹아 들어가 그 흔적을 찾아보기가 어렵고,[26] 기록의 성격 자체가 인물의 행적을 기록한 것이기 때문에 이를 통해 내면 공간을 확보하거나 글을 쓰는 주체로서의 자각이 선명하기는 어려웠을 것으로 보인다. 좀더 선명하게 자각된 경우가 있다면 그것은 아마 다음과 같이 여성 자신이 자신의 이야기를 할 때였을 것이다.

## 2. 자전적 글쓰기

앞 장에서 제시한 내용은 여성이 자신의 어머니나 시어머니 혹은 시아버지에 대한 기록을 남긴 경우로 여성 자신의 생활이나 내면을 직접 기록한 것은 아니다. 또 그 기록들은 여성이 기록한 형태 그대로 전하는 것이 아니라 남성이 한문으로 번역한 상태로 흔적만 전하고 있다. 따라서 엄밀히 말하면 글을 쓴 여성 자신이 배제되고 은폐된 형태로 남아 있는 글쓰기라고 할 수 있다. 여기에서는 여성이 자신의 이야기를 한 기록들을 살펴보고자 한다. 여성의 자전적 기록이 등장하기 시작하는 것도 18세기 양반 여성의 글쓰기 특징 가운데 하나이다.

18세기에 쓰여진 자전적 기록이 양적으로 많지는 않다. 이 시기에 나온 자전적 기록의 대표적인 예로 풍양 조씨(1772-1815)의 「자기록」을 들 수 있다.[27] 풍양 조씨는 어려서 어머니를 잃고 열다섯 살에 청풍 김씨

26 물론 여성들의 기록이 규방 내에서는 돌려 읽으면서 전해졌을 가능성도 있지만 현재 이에 대한 구체적인 자료가 없기 때문에 단언하기 어렵다.

김기화(金基和, 1772-1791)에게 시집갔으나 스무 살에 남편을 잃은 뒤 청상으로 살았던 인물이다. 「자기록」은 조씨가 친정에서의 생활과 어머니와 남동생의 죽음, 남편의 죽음 등을 기록한 언문 기록이다. 남편의 병과 치료 과정을 자세하게 기록하고 있어 일종의 병상 일지라고도 할 수 있는데, 이 자료는 다양한 측면에서 18세기 양반가의 일상을 보여 준다. 특히 부모의 관계나 남편과의 관계를 자세하게 기록하고 있어 당시의 부부 관계를 구체적으로 보여 준다. 또 남편의 죽음을 당한 부인의 심리가 자세하게 표현되어 있어서 당시 열녀전을 이해하는 데도 긴요한 자료이다.

「자기록」은 자전적 기록이라고는 하지만, 주된 내용은 친정 부모, 시부모, 남편을 중심으로 서술되어 있다. 다시 말해 풍양 조씨는 주변인들을 통해 자기의 삶을 구성하는 방식을 취하고 있다. 이는 조선 시대 여성의 삶이 주로 가족 테두리 안에서 이루어지면서[28] 딸, 부인, 며느리, 어머니 등 관계 속의 역할을 수행하는 것이 대부분이었기 때문이다. 그런데 「자기록」에서 주목되는 것은 다른 주변 인물보다 돌아가신 어머니와 남편에 대한 기록이 자세하다는 점이다. 어머니에 대한 내용은 어머니의 성품, 용모, 생애, 자신의 어머니에 대한 그리움을 자세하게 기록하고 있다. 앞 장에서 딸이 어머니의 행장이나 행록의 초안을 작성한 예를 보았는데, 「자기록」에 기록된 방식과 같지 않았을까 짐작된다. 다음은 「자기록」 가운데 어머니에 대한 기록의 일부이다.

---

27 「자기록」에 관해서는 박옥주, 「豊壤趙氏夫人의 〈ᄌᆞ긔록〉」, 『한국고전여성문학연구』 3, 2001 참조.

28 박혜숙, 「여성적 정체성과 자기 서사」, 『한국고전문학연구』, 20, 2001, 244-52쪽. 이처럼 끊임없이 주변 인물을 중심에 두고 자신을 규정하고 자기 삶의 의미를 부여하는 태도는 관계적 자아 의식을 보여 주는 것일 수도 있지만 풍양 조씨의 관계적 자아 역시 타자성과 위계를 전제로 한 것이라고 보았다. 요컨대 풍양 조씨의 여성적 정체성은 삼종지도의 가부장적 이데올로기에 의해 강요되고 길들여진 정체성에 불과하다는 것이다. 그러나 풍양 조씨가 궁극적으로 가부장적 이데올로기인 열녀 이데올로기를 넘어섰다는 점에서 달리 해석할 지점이 있다고 본다.

> 우리 선비 계출명문하시고 장어유덕지가하시니 생성지덕이 출어과인하시며 체모이 장숙하시고 위의 침정하시며 용안이 수려하시고 기부이 백설이 엉긴 듯 하시니 본대 조쇄하샤 춘추이 삼십여의 아미지간의 간간이 흰빛이 소소하시고 쇠려하시미 심하시되 …… 천품이 정대관유하시며 활달인자하시고 화평유열하사 …… 닐온 결군한 장뷔오 규중 사군자시라[29]

조씨 부인은 어머니의 가문, 성장, 용모, 성품 등을 열거한 뒤 규중의 사군자라고 일컫고 있는 이 대목에 이어 시부모에 대한 효성, 자녀 교육, 남편 봉양, 아들을 낳기 위해 고심하던 어머니의 모습 등 어머니가 죽기까지의 행적을 30쪽에 가깝게 자세하게 기록하고 있다. 아버지나 남편에 대한 기록도 자세한데, 당시 여성들이 기록한 행장이나 행록의 초안이 이런 형태가 아니었을까 추측된다.

남편에 대한 내용은 시집가서 본 남편의 성품, 남편과의 관계, 남편의 병과 치료 과정, 죽음 등으로 이루어져 있는데, 특히 병이 든 뒤 여러 가지 방법으로 치료하는 과정, 죽음 부분이 자세하게 묘사되어 있으며 분량도 가장 많다. 조선 후기 남성 문인이 기록한 열녀전은 남편의 죽음, 부인의 애도, 부인의 수절이나 순절 등을 기록하는 과정에서 여성의 목소리를 생략하고 있다.[30] 「자기록」은 바로 이 생략된 목소리를 들려 준다. 남편의 목숨이 위독해지자 당시의 관습대로 피를 받아 먹이려고 칼로 팔목을 찌르려고 했다가 겁이 나서 차마 찌르지 못하는 대목이나 죽으려고 결심했다가 다시 살기로 결심하는 대목은 열녀전에서는 볼 수 없는 기록인 것이다.

「자기록」은 두 가지 점에서 주목된다. 그 하나는 자신의 어머니에 대

29 「ᄌᆞ긔록」, 국립도서관 소장본, 14쪽.

30 홍인숙, 「조선 후기 열녀전 연구」(이화여대 석사학위 논문, 2001)에서 이 문제를 자세히 다루었다.

한 기록을 자세하게 남기고 있다는 점이다. 이는 조선 시대 여성의 역사가 여성들에 의해서 기억되거나 기록되어 온 것을 보여 준다. 또 하나는 남편이 죽은 뒤에도 죽지 않고 살아남은 이유를 적극적으로 해명하고 있다는 점이다. 자기에 대한 해명은 남편의 죽음을 이야기하는 데서도 은밀하게 드러난다. 남편의 병이 깊어져서 죽기에까지 이른 것은 시부모가 병을 대수롭지 않게 여기고, 처음부터 의원을 부르지 않았기 때문이라는 것을 은연 중 이야기하고 있는 것이다. 풍양 조씨는 이처럼 자신이 죽어 열녀가 되지 않은 이유를 직접 말하지 않으면서도, 자신의 입장을 확실하게 보여 주며, 이를 통해 자신이 살아남는 이유를 확보한다.

풍양 조씨가 남편을 따라 죽지 않고 살아남은 이유를 기록하고 있다면, 남편이 죽은 뒤 따라 죽은 여성들은 유서를 써서 자신들이 죽는 이유를 말하거나 뒷일을 부탁한다. 모든 유서가 자전적 내용을 담고 있다고 볼 수는 없으나 유서도 자신의 심정을 술회하면서 자신의 일생을 회고하는 내용들이 포함되어 있어 자전적 기록에 포함시켜 살펴볼 수 있을 것으로 생각된다. 18세기 문집에는 여성들이 죽은 뒤에 유서가 발견되었다는 기록들이 보이는데, 그 대표적인 예로 송환기(宋煥箕, 1728-1807)가 쓴 두 편의 글, 「유인윤씨행장(孺人尹氏行狀)」(1776)과 「열부공인윤씨전(烈婦恭人尹氏傳)」을 보기로 한다. 「유인윤씨행장」에는 유인 윤씨가 시부모와 친정부모에게 각각 남긴 유서 내용이 실려 있다. 이 유서는 한문으로 실려 있으나 본래는 언문으로 쓰여졌을 것으로 보인다. 「열부공인윤씨전」은 「명도자탄사(命道自嘆辭)」를 쓴 남원 윤씨에 대한 전이다. 남원 윤씨가 남편을 따라 죽으면서 남긴 「명도자탄사」, 「유서」 등은 1801년에 기록된 것인데, 남원 윤씨의 행장과 함께 『애종용(哀從容)』이라는 책자로 편찬되어 전한다.[31] 이 기록들은 1801년 즉 19세기에 쓰여진 것이기는 하지만 18세기의 상황과 크게 다르지 않을 것으로 보여 예을 들어본다. 송환기 역시 남원 윤씨의 전을 쓰고 있는데, 「유서」, 「명도탄」이 있었다고 하고, 또 하나 「초종록」 한 장이 있었다고 전한다.

> 약그릇 옆에 유서 일곱 통과 초종록 한 장, 명도탄 한 편이 있었다.…… 여러 글들의 처음부터 끝까지의 뜻이 모두 간절하고 슬퍼서 실로 차마 볼 수가 없을 정도였다(藥器之傍, 有遺書七幅, 初終錄一張, 命道歎一篇.……諸書之始終辭意, 纖悉懇惻, 誠皆不忍看).[32]

남원 윤씨의 유서 내용은 후사 문제나 재산 관리, 종의 거취, 자신의 장례 처리 문제 등 자신의 생활과 관련된 일을 쓰고 있다면 가사로 쓰여진 「명도자탄사」는 언문으로 자신의 일생을 되돌아보며 한스러운 심경을 토로하고 있다.[33] 따라서 「명도자탄사」는 자전적 기록에 가깝다고 할 수 있다. 유서는 한문으로 번역되어 수록되어 있다. 언문 형태로 남아 있는 유서의 예는 18세기에 쓰여진 것이라고 단정할 수는 없지만, 열여섯 살에 시집가서 스물네 살에 남편을 여의고 따라 죽기로 결심한 유씨 부인이 시부모와 딸에게 남긴 글이 있어 그 원래의 형태를 짐작하게 해 준다.[34]

이 글에서는 양반 여성의 글쓰기가 중심이기 때문에 중점적인 분석 대상에서는 제외했지만, 왕실 여성인 혜경궁 홍씨가 쓴 「한중록」도 이 시기를 대표하는 자전적 기록이다. 매우 민감한 정치적 사안을 자전적 틀

---

31 이상보, 「恭人南原尹氏言行從容錄」, 『哀從容』(영인), 1970; 진동혁, 공인 남원 윤씨의 「명도자탄사」 연구, 『단국대논문집』 19, 단국대학교, 1985. 진동혁의 논문에는 유서 9통을 번역해 실어 놓았다.

32 송환기, 「烈婦恭人尹氏傳」, 『性潭集』 30, 한국문집총간 245, 171쪽.

33 길진숙, 「명도자탄사」의 내면 의식과 자탄적 술회, 『규방가사의 작품세계와 미학』, 나정순(외)(역락, 2002), 123쪽.

34 임치균, 유씨 부인 유서(遺書), 『문헌과 해석』 6(문헌과해석사, 1999), 218-226쪽.

을 빌려 쓰고 있는 「한중록」은 여성의 글쓰기가 매우 정치적으로 이루어진 예를 보여 준다. 이 점에서 「자기록」도 비슷한 성격을 갖는다. 풍양 조씨 역시 남편이 죽은 이유와 자신이 죽지 않은 이유에 대해 무조건 자기 자신의 박명함이나 잘못 때문이라고 하지 않고, 자신의 처지를 드러내지 않는 듯하지만 집요하게 해명하고 있기 때문이다.

## 3. 시 쓰기, 노래하기

「자기록」과 같은 산문의 형태가 아니라 노래 형식으로 규방 여성들의 생활과 내면을 드러낸 것이 규방가사이다. 소설 독서가 규방의 문화로 자리잡으면서 여성들 가운데서 소설을 창작한 작가도 나왔을 것으로 생각된다. 그러나 그러한 사실들은 여성의 미덕을 해치는 것이기 때문에 그에 관련된 기록은 거의 찾기 어렵다. 그에 비해 양반 여성들이 본격적인 창작의 주체로 등장해서 자신들의 생활 감정을 읊은 규방가사는 이름을 밝히지 않는 것이 통례이기는 하지만 작가가 밝혀진 경우도 드물지 않다. 이는 규방가사의 내용이 당시 문화가 허용했던 것을 넘지 않았음을 의미한다.

규방가사의 내용은 가부장제가 여성에게 요구하던 가정 내의 윤리를 다룬 '계녀가(戒女歌)류', 지배 이념에 따라 가정 내에서만 살던 규방 여성들의 내면 세계를 그린 '탄식가류', 그리고 봄 화전놀이의 풍류를 읊은 '화전가(花煎歌)류'로 나뉜다. 이 밖에도 여행 노정을 기록한 노래나 가문의 자랑을 담은 노래 등이 다양하게 존재한다.

18세기에 창작된 것으로 알려진 규방가사는 의외로 많지 않다. 이는 규방가사 대부분이 작가가 밝혀져 있지 않은 것과 관련이 있을 것으로도 생각된다. 현재 18세기 작품으로 알려진 규방가사는 남편이 죽은 뒤에 자결하며 자신의 운명을 탄식하면서 부른 전의 이씨(1723-1748)의 「절명사(絶命詞)」, 안동 권씨(1718-1789)의 「반조화전가(反嘲花煎歌)」, 연안 이씨(1737-1815)의 「쌍벽가(雙璧歌)」가 대표적이다. 이 세 작품은 모두 조선 시대 양반 여성의 삶과 밀접한 연관을 갖는다. 즉, 남편이 죽어 따라 죽으면서 불렀다는 「절명사」는 조선 후기 여성들을 강박했던 열녀 이데올로기가 반영된 것으로 볼 수 있다. 「쌍벽가」는 연안 이씨가 아들 유태좌와 그 종형 유상조가 나란히 급제한 뒤 그 기쁨을 노래한 것으로 자녀의 성취에 대한 관심이 표명되어 있다.[35] 이는 앞서 본 바와 같이 양반 여성들이 자녀, 특히 아들 교육과 성취에 대해 보인 관심과 같은 맥락에 있다. 「반조화전가」는 집안일에 여념이 없었던 여성들이 놀이를 통해 자신들의 문화, 즉 여성들의 문화를 노래한 것이다.[36]

여기서 여성의 일상 문화와 관련해서 특히 주목되는 것은 「반조화전가」이다. 화전놀이는 꽉 짜인 생활의 긴장을 풀 수 있는 기회로 여성 생활 문화에서 빼놓을 수 없다. 화전놀이는 봄이 되면 두견화로 전을 부쳐 먹고, 꽃술로는 편싸움도 하면서 패자에게 벌주도 먹이고, 정담을 나누다 가사도 지어 부르는 모임이다. 「반조화전가」의 작가는 안동 권씨(權氏)로, 안동 권씨를 비롯한 여성들이 화전놀이를 나간 것을 보고 남성들이 「조화전가(嘲花煎歌)」를 지어 화전놀이를 조롱하자 이를 다시 반박하며 조롱한다는 뜻으로 지은 것이다. 안동 권씨의 반박의 바탕에는 화전놀이를 비롯한 여성 문화의 정당성과 자부심이 깔려 있음을 볼 수 있다.[37] 「반조화전가」에 구체적으로 묘사되고 있는 화전놀이 장면은 당시

35 김수경, 「창작과 전승 양상으로 살펴본 〈쌍벽가〉」, 『규방가사의 작품세계와 미학』, 나정순(외)(역락, 2002), 76쪽.

36 이원주, 「雜錄과 反嘲花煎歌에 대하여」, 『한국학논집』 7, 계명대학교 한국학연구소, 1980, 안동 권씨 부인의 『잡록』과 여기에 실려 있는 「반조화전가」를 소개했다.

여성들의 놀이 문화가 어떻게 이루어졌는지를 짐작하게 할 뿐만 아니라 자신들의 놀이에 대한 당당함을 엿보게 한다.

| | |
|---|---|
| 춘풍이 다시 불러 | 새 봄을 머의는 듯 |
| 일시에 모인 부녀 | 삼십여 인 열좌하니 |
| 규리한담으로 | 차차로 수작하고 |
| 청유분 모아내어 | 소담이 장만하여 |
| 옥녀선동들을 | 먼저 겪어 내어 놓고 |
| 종용히 모여 앉아 | 결결히 놀이한 후 |
| 그제야 일어서서 | 곳곳에 완상하니[38] |

안동 권씨는 이렇게 조용히 모여서 놀이한 뒤에 일어나서 곳곳을 완상하는 화전놀이를 묘사한 뒤 자신들을 조롱했던 남자들에게 "이보소 남자들아 춘시 호광음에 여자 조롱뿐이로다 너모들 조롱 마오"[39]라고 하면서 자신들의 놀이가 정당함을 노래하고 있다. 규방가사는 어느 장르보다 규방 여성의 생활과 문화에 밀착해서 나온 노래들로 규방 문화를 대표한다. 따라서 양반 여성의 글쓰기를 논할 때 중요한 부분을 이룰 것으로 생각된다. 그러나 현재 전하는 규방가사 중 18세기의 것으로 추정되는 것은 현재 몇 작품에 불과하고 대부분은 19세기 말, 20세기 초에 지어진 것이 전하기 때문에 18세기의 대표적인 글쓰기 형태로 들기 위해서는 자료에 대한 좀더 정밀한 논의가 요구된다.

---

37 「반조화전가」와 여성 생활 문화에 대해서는 이경하, 「조선조 여성의 문학생활 연구시론」, 『한국학보』 100집, 2000; 이동연, 「화전가로서의 〈반조화전가〉」, 『규방가사의 작품세계와 미학』, 나정순 (외)(역락, 2002)에서 자세하게 다루었다.

38 이원주, 앞의 글, 9쪽.

39 위의 글, 9쪽.

앞서 이덕수의 어머니 청송 심씨의 예에서 보았듯이 조선 시대 양반 여성은 한문도 익숙하게 읽고 쓸 수 있었던 것으로 보이는데, 그 수준이 한시 창작에 이른 경우도 드물지 않았다.

> 조금 자라서는 저절로 문자를 깨쳐서 이백과 두보의 시편들을 외기 좋아했고 능히 시구를 짓기도 했다. 충신과 열부의 이야기를 담은 언문고담 같은 것을 몹시 좋아해서 읽기를 그치지 않았으며 때때로 무릎을 치며 감탄하곤 했다(及長, 自然解文字, 喜誦李杜諸篇, 能作詩句. 如諺字古談之載忠臣烈婦事者, 愛玩不已, 有時乎擊節歎咤).[40]

위 예문은 조관빈(趙觀彬, 1691-1757)의 부인 경주 이씨(1711-1730)에 대한 내용이다. 조관빈은 노론 사대신의 한 사람인 조태채의 아들이다. 여기서 문자는 한문인 것으로 보이는데 조관빈은 여성이 한문을 익히고 시구를 짓는 것을 자연스럽게 받아들이고 있다. 이는 조관빈이 여성의 재능이나 학문에 비교적 관대했던 노론 가문이라는 것도 작용하고 있는 것으로 보인다. 이러한 여성의 예는 17세기에도 그리 드문 경우는 아니었다.

다음은 창계 임영(林泳, 1649-1696)의 막내누이로 조형보(趙衡輔)에게 시집간 임씨 부인의 예인데, 어려서부터 총명했던 이 여성은 아들이 벼슬살이를 하는 곳에서 큰 공사를 하게 되자 서울에서 아들에게 편지를 보내 여러 가지 절차와 백성들을 부리고 돈을 모금하는 방법을 일러 줄 정도로 적극적이었다. 그럼에도 그녀가 남긴 시는 죽은 뒤에 발견되었다고 전한다.

---

**40** 조관빈, 「망실 정부인 경주 이씨 행장(亡室貞夫人慶州李氏行狀)」, 『회헌집(悔軒集)』 권19, 8쪽.

> 일찍이 막내오빠 정(淨)을 따라 강도를 지나가다가 「강도부(江都賦)」를 지었는데 병자호란, 정유재란 당시 충신과 열녀의 자취를 갖추어 썼다. 또 외선조이신 선원 김상공의 「화상찬(畫像贊)」을 지어 그 충절을 드러냈다. 부인은 일찍이 이것을 남에게 보이지 않았는데, 죽은 뒤에 남겨진 상자에서 얻었다(嘗從季兄淨, 經歷江都, 作江都賦, 備述丙丁忠臣烈女之跡. 又作外先祖仙源金相公畫像贊, 褒其忠節. 而夫人未嘗以示人也, 後乃得之遺箱).[41]

이처럼 지금까지 알려진 시인들 외에도 시를 쓴 여성들이 발견되는데 오도일도 그 어머니가 「기민탄(飢民歎)」이라는 시를 썼다고 행장에서 전하고 있다. 임영의 누이나 오도일의 어머니의 시는 전하지 않아서 자세히 알 수는 없지만, 그 제목이나 전해지는 내용으로 보건대 역사 의식이나 사회 의식을 담지한 시를 쓴 것 같다. 이러한 점은 여성들의 시가 감성적인 데 치우쳤다는 기존의 비평을 벗어나 있다는 점에서 주목된다.

이처럼 한문 교양을 습득할 기회가 있었던 상층 양반 여성의 경우 한시를 읽고 즐기거나 창작을 해서 시집까지 남기는 경우가 있었음은 허난설헌을 비롯한 여성 시인들의 존재를 통해 확인된다. 18세기에 오면 위에서 보는 것과 같은 소극적 시 창작을 넘어 가정 내에서 여성들이 참여해서 함께 시를 짓는 일종의 시회(詩會)가 열리기도 했다. 가정 내 공간이지만 형제간(남매간 · 자매간), 모녀간, 숙질간, 부녀간, 시누이와 올케 사이, 시숙과 제수, 시동생과 형수, 고부 사이에 서로 시를 주고받기도 했음이 김호연재 연구를 통해 이미 밝혀진 바 있다.

최근 17~18세기의 여성 시인으로 새롭게 부각되고 있는 호연재(浩然

---

41 이덕수, 「정부인 임씨 묘지명(貞夫人林氏墓誌銘)」, 『서당사재』 권10, 47쪽.

齋) 김씨(1681-1722)는 안동 김씨 노론 가문의 딸로 은진 송씨 집안으로 시집을 갔는데, 수백 편의 시를 남겼으며, 그녀의 시집은 『호연재유고(浩然齋遺稿)』로 묶여 전해지고 있다. 호연재가 시인으로 클 수 있었던 것은 가학(家學)의 영향이었다. 친정아버지는 고성 군수를 지낸 김성달인데 시짓기를 매우 좋아했으며 처와 첩, 적서의 자녀들을 데리고 시를 짓고 그것을 시집으로 묶곤 했다고 한다.[42] 이러한 환경에서 성장한 호연재는 시집가서도 조카들과 시를 주고받았는데, 그녀가 남긴 시집 『호연재유고』는 국문으로 언해되어 규방에서 거듭 필사되며 전해졌다.[43] 이규경도 "일찍이 없었던 일"이라고 밝히고 있듯이 호연재 집안의 경우는 드문 예임에는 틀림없다. 그러나 『호연재유고』가 호연재의 증손부인 청송 심씨(1747-1814)에 의해 한시가 한문이 아니라 언문 음의 형태로 필사된 경우를 통해 알 수 있듯이 안동 김씨, 은진 송씨, 청풍 김씨 등 혼인 관계가 있는 집안의 여성들을 통해 언문 형태로 계속 필사되면서 전해진 것을 알 수 있다.[44] 이는 18세기 무렵 규방 여성들 사이에서 한시가 창작 · 번역 · 필사되며 향유되었던 예를 보여 준다는 점에서 주목할 만하다.

이 밖에도 18~19세기의 시인이었던 서영수합(徐令壽閤, 1753~1823)이 주도했던 가족 시회도 역시 규방 내에서의 한시 창작과 향유 양상을

42 이규경, "고성 군수 김성달은……시에 능했다. 그 부인인 연안 이씨와 부실인 울산 이씨, 그리고 자녀 13인이 모두 시에 능했다. 『내가수증시』 한 권이 있었는데, 그 부인과 부실과 주고받은 것이다. 자녀들의 작품과 합해 『연주록』이라고 이름붙이니 아울러 두 권이다. 오직 규방에서 읊은 약간의 시편만을 실었으니 압록강 동면(우리 나라)에서는 고금에 일찍이 없었던 일이다(金高城盛達, ……能詩. 其配延安李氏, 副室蔚山李氏及子女十有三人, 俱能詩. 有內家酬贈詩一卷, 與其夫人副室唱和者. 合其子女所作, 名曰聯珠錄, 并二卷. 但收其閨房所詠若干首, 亦鴨東古今未曾有也).", 〈內家酬贈聯珠錄〉, 「시가점등」, 『한국시화총편』 12, 233-35쪽.

43 박무영, 「김호연재의 생애와 〈호연재유고〉」, 『한국고전여성문학연구』 제3집, 2001, 한국고전여성문학회.

44 박무영, 앞의 글, 121쪽.

보여 준다. 영수합은 가족들을 데리고 시를 짓는 것을 유일한 낙으로 여겼다고 하는데, 영수합의 딸이자 홍석주의 누이인 유한당 홍원주 역시 수백 편의 시를 남겼으며, 이는 그의 아들이 모아서 시집으로 냈다.

이처럼 여성들의 시는 집안 사람들에 의해 수습되어 시집으로 간행되는 것이 보통의 경우였다면, 다소 예외적이긴 하지만 남성 문인들이 칭송을 하고 문집을 간행하려 했던 경우도 있다. 몇 편의 시만이 전하는 청창 곽부인이 그 예이다.

> 위 시 세 편과 상량문 한 편, 묘지 두 편은 모두 청창 곽부인이 지은 것이다. 부인은 현명한 아버지가 있어 우옹에서 연원하는 학문을 전해 들을 수 있었다. 혼인해서 시집으로 갈 때 서적 약간을 싣고 갔을 뿐이다. …… (부인이) 지은 시문과 경의와 여훈은 부녀자의 일이 아니라고 여겨 태워서 바깥으로 새어나가지 않게 했으니 부인은 규방의 도학에 있어서 고금으로, 안팎으로 단 한 사람임을 믿을 만하다. …… 사람을 통해 부인이 쓴 것 중에서 남아 있는 것을 보기를 구했더니 득운이 이 여섯 편을 보여 주며 말하기를, "이밖에는 없습니다."라고 했다. 내가 이에 받아서 삼가 읽어 보니 모두 순정한 선비나 기개 있는 선비의 것과 비슷하여 조금도 떨어지지 않았으며, 문장 구기에 지분기가 전혀 없었으니 얼마나 뛰어난가?(右詩三上梁文一墓誌二, 幷淸窓郭夫人作也. 夫人旣有賢父, 得聞尤翁淵源之傳. 及其歸也, 所以行者, 書籍若干馱而已. …… 所著詩文經疑女訓, 自以非婦女事焚之不許洩. 信乎其閨閫道學, 在古今中外一人焉爾. …… 因人求見夫人文字之遺者, 得運示以此六篇曰, 此外無有也. 余乃得而敬翫之, 類皆醇儒壯士, 少不下爲, 文章口氣, 絶無脂粉模樣, 何其異也).[45]

45 황윤석, 「발청창곽부인고략(跋淸窓郭夫人藁略)」, 『이재고(頤齋藁)』 12, 한국문집총간 246, 274쪽.

이 예문의 주인공은 청창 곽부인으로 곽부인은 우암 송시열의 문인인 곽시징의 딸이다. 곽시징 역시 송시열의 학문을 이은 노론 집안이었다. 곽부인에 대해서는 『규합총서』, 『대동시선』, 『조선여속고』 등에 문집 여섯 권이 전한다고 했는데, 위 예문에 의해 볼 때 곽부인이 지은 시문, 경의(經疑), 여훈(女訓) 등은 모두 태워 없어지고, 남은 것은 시 세 편, 상량문 한 편, 묘지 한 편 정도에 불과했던 것으로 보인다. 따라서 문집 여섯 권이라고 한 것은 위 예문이 전하는 여섯 편의 와전일 수도 있을 것 같다. 황윤석은 곽부인이 쓴 것을 간행해서 우암 아래에서 여학자가 나왔음을 알게 하고, 미암 부인인 송덕봉이나 김성립의 부인 허난설헌의 재주로도 견주지 못할 재주임을 알게 하려 했으나 뜻을 이루지 못했다고 했다.[46] 곽부인이 이런 평가를 받는 것은 그녀 자신의 시재나 학문적 역량이 뛰어났기 때문이겠지만, 이에 아울러 송시열의 학문적 자장 안에 있었다는 것도 큰 원인으로 작용했을 것으로 짐작된다.

이런 시회나 시 창작은 경제적으로 여유가 있었던 상층 사대부 가문이나 특별히 여성의 글쓰기에 관대했던 문화를 가진 집안에서나 행해질 수 있었던 것으로 보인다. 실제로 규방 여성들에게 주어진 가장 큰 임무는 말할 필요도 없이 가사와 치산(治産)이었기 때문이다. 여성들에 대한 교육서는 물론이고 여성들의 전기를 기록한 행장, 묘지명에서 중요한 부분을 이루는 것이 규방의 여성들이 얼마나 부지런히 가사 노동을 수행했으며, 남편이 전혀 돌아보지 않는 가정 경제를 꾸리기 위해 얼마나 열심히 베를 짰는가에 대한 내용이다.[47] 18세기 여성 관련 기록에서도 이 부분은

46 "倘胤錫稍得三五年居官, 擬以梓行諸士友, 庶海東尤翁脚下, 知有女學者出焉. 雖柳眉巖之宋氏之賢, 金誠立之許氏之藻, 亦天淵不侔, 則不已快乎. 憯七八朔徑罷, 無以遂願, 只令少子二姪草草傳錄以歸, 而識其槩如此.", 황윤석, 앞의 글, 274쪽.

47 양반 여성의 이러한 노동과 치산에 대해서는 김경미, 「선비의 아내, 그녀들의 숨은 노동」, 『여/성이론』 11호, 2004에서 17세기를 중심으로 다루었다.

계속 기록되고 있는데 달라진 점이라면 "머리카락을 잘라서 팔았다"든지, "치마를 잘라서 팔았다"든지 하는 여성의 희생적인 면이 더욱 강조되고 있다는 점이다. 이덕수의 어머니도 남편이 살림에 등한해 전원에서 거둬들이는 것으로부터 모든 출납을 전혀 살피지 않았기 때문에 부인이 모든 것을 '총집(總執)'하여 집안을 안정되게 이끌어 남편이 오로지 경전에 몰두할 수 있었다고 한다. 비교적 여유 있는 집안에서도 이러했다면 다른 집안의 경우 여성의 일상은 붓을 들고 쓸 여유가 많지 않았을 것임은 자명하기 때문이다.

한시의 창작과 향유는 18세기 양반 여성이 자신들에게 허용된 글쓰기의 영역을 넘어섰음을 보여 준다. 실제로 한시를 짓고 이를 시집으로 묶을 수 있었던 여성들은 매우 드물었지만, 여성들은 한시를 다시 한글로 베껴 향유하는 방식으로 남성의 독점적인 영역이라 할 수 있는 한시의 세계로 들어갔던 것이다.

## 4. 공적인 글쓰기

앞서 살펴본 18세기 양반 여성들의 글쓰기는 좁게는 규방 내부, 넓게는 가문 내부에서 유통되었다. 이것은 당시 사회 · 경제 · 문화적으로 결정권을 가지고 있었던 남성 가부장제가 허용한 범위였다. 한시 창작은 한문 글쓰기의 영역으로 들어간 것은 틀림없지만, 아직 공식적인 영역으로 나아간 것으로 보기는 어렵다. 공적인 공간에 들어가는 것이 애초에 허용되지 않았던 조선 시대에 공적인 글쓰기가 허용된 경우는 왕비들이 교시를 내리는 정도였는데, 이 경우 한문이 아니라 한글로 쓰는 것이 원칙이었다. 그러면 당시의 여성들에게 공적인 글쓰기는 어떻게 가능했는가? 여기서는 두 가지 경우를 보기로 한다. 하나는 학문적인 글쓰기, 또 하나는 정치적인 글쓰기이다.

학문적인 글쓰기가 공적인 글쓰기에 들어갈 수 있는 것은 지금처럼 제도화되지는 않았지만, 경사자집(經史子集)을 중심으로 한 학문 체계가 있었고 이를 둘러싼 학문의 전통이 있었기 때문이다. 근대의 학문 전통이 수립되기 전 학문적인 글쓰기는 논설을 통해 이루어졌으며, 여러 가지 논쟁을 통해 새로운 담론을 만들어 냈다. 여성들 가운데 이러한 학문적인 글쓰기를 한 대표적인 인물로 임윤지당, 강정일당, 이빙허각을 들 수 있다. 이들의 글쓰기 역시 당시 남성들이 중심이 된 학문적인 담론의 장으로 들어가지는 못했다. 그러나 임윤지당의 경우처럼 남성 지식인들로부터 인정을 받거나 강정일당의 경우처럼 남편을 대신해 글을 쓰는 것으로 인정받기도 했다. 이 세 사람이 쓴 글들은 모두 책으로 엮어져 나왔다는 점에서 공적인 인정 과정을 거친 것으로 볼 수도 있다.

노론 가문 출신인 임윤지당은 어려서부터 받은 가학(家學)의 영향과 평생에 걸친 노력으로 성리학적 글을 다수 남기고 있다. 다른 여성들의 글쓰기에서는 찾기 어려운 논설류의 글을 남기고 있는 윤지당의 글쓰기는 논쟁적인 태도와 호통, 그리고 반문과 다변을 구사하며 열정적인 태도를 드러내는 것으로 평가된다. 따라서 부덕을 드러내는 온건한 미덕보다는 뚜렷한 논리와 그에 부응하는 감정적 격앙이 더 강하다고 한다.[48]

이 밖에 본격적으로 여성의 공적인 글쓰기가 이루어진 것은 상언(上言)을 통해서이다. 정쟁이 끊이지 않았던 17세기, 18세기 양반 여성들은 아버지, 남편, 자식 등 집안 남자들의 정치적 입장에 따라 가문의 안위가 결정되는 것을 목도했기 때문에 정국의 동향에 지극히 민감했다. 따라서

48 임윤지당에 대해서는 저서를 비롯해 많은 연구가 축적되고 있다. 여기서는 특히 글쓰기와 관련한 김남이, 「임윤지당의 한문 글쓰기와 그 의미」, 제48회 전국 국어국문학 학술대회 발표 요지, 276쪽을 참조했다.

가문이 몰락할 지경이 되었을 때에는 임금에게 직접 상소를 올려 호소하기도 했다. 현재 전하는 자료는 많지 않은데 최근 김만중의 딸이자 이이명의 아내인 김씨 부인(1655-1736)이 영조에게 올린 상언 단자(上言單子)가 발굴, 공개되어 그 존재가 드러났다.[49] 김씨 부인은 1725년과 1727년에 두 차례에 걸쳐 상언을 올렸는데 1차 상언은 전하지 않고 2차 상언만 전하는데, 다음과 같이 국문으로 쓰여져 있다.

○ 우 상언(上言) 의단(矣段 : ~인즉)은 여의신(女矣身 : 여자인 저)이 부재(覆載 : 하늘과 땅) 사이에 용납지 못할 죄를 지옵고 천고의 업사온 이 은(恩)을 입사와 모진 목숨이 일괴육(一塊肉 : 손자 이봉상)을 위하와 시어지지 못하옵고 이제까지 세상의 머물와 일야(日夜) 성은만 축수하옵더니 천만몽매 밖에 손(孫) 봉상(鳳祥)을 대계(臺啓 : 사헌부에서 죄를 탄핵한 글) 극률(極律)로 처단하야지라 하옵고 또 의부제(矣夫弟 : 시동생) 익명(益命)을 봉상의 망명(亡命)할 때에 지(知)했다 하옵고 중죄를 주어지라 하옵는 기별을 듣잡고 여의신이 고대 죽어 먼저 모르려 하옵다가 다시 생각하오니 이 궁천극지(窮天極地)한 원혹(寃酷)을 '어진 하늘' 아래 저허 자저(趑趄)하야 폭백(暴白)하지 못하고 그만하야 진(盡)하오면 당초 특명으로 살리오신 성은을 저바리올 뿐 아니오라 또 여의신이 혼자 입사올 죄를 무고한 익명을 횡리(橫罹)하게 되여사오니 실로 지하의 돌아가 의부(矣夫 : 남편)를 보올 낮이 업사와 아까 충청도 부여 따으로서 촌촌(寸寸) 전진(前進)하야 감히 신엄(神嚴 : 임금) 아래 한번 애호(哀號)하고 죽기를 청하오니 오직 성명(聖明)은 불쌍히 여겨 살피오소서.[50]

49 임형택, 「김씨부인의 국문 上言 : 그 역사적 경위와 문학적 읽기」, 『민족문학사연구』 25, 민족문학사학회, 2004에 상언 및 그 주변적 정황에 대해 자세하게 소개하고 있다.

50 앞의 논문, 365-66쪽.

정쟁으로 인해 가문이 적몰할 지경에 처해 남은 혈육을 보호하기 위해서 갖은 편법을 동원하기도 했던 김씨 부인의 이 상언은 양반 부인들의 일상적 글쓰기와는 거리가 있는 것처럼 보인다. 그러나 정쟁의 와중에 남편이나 아들을 관료로 둔 양반 여성들의 일상이 비정치적이지만은 않았을 것으로 보인다. 귀양 가는 남편을 따라가야 했고, 귀양 간 아들의 안위를 걱정하며 시간을 보내기도 했던 양반 여성들의 일상에는 정치적 사건이 늘 개입되어 있었다고 보는 것이 옳을지도 모른다. 따라서 김씨 부인처럼 결정적 순간을 맞아 모든 정치적 상황을 고려한 상언을 올릴 수 있었던 것이다. 이를 통해 상언이 여성의 공식적 발언이자 정치적 발언의 예였음을 알 수 있는데,[51] 이러한 예는 18세기를 전후해서 드물지 않게 발견된다. 윤택현(尹澤顯)의 딸이자 이창임(李昌任, 1730-1775)의 부인인 해평 윤씨(1731-1813)는 1775년 남편 이창임이 병사하는 변고를 시작으로 이창임의 형인 이창급이 삭탈관직되고 가문 전체가 폐족(廢族)당하는 불행을 겪은 뒤, 남편의 신원을 위해 살아남아 「을축상언(乙丑上言)」, 「병인상언(丙寅上言)」, 「정묘상언(丁卯上言)」 등 여러 차례에 걸쳐 상소문을 올린다. 지금 전하는 상소문은 모두 한문으로 기록되어 있는데, 이에 대해 한길연은 직접 한문으로 썼다기보다는 그녀가 구술하거나 언문으로 쓴 것을 자식 혹은 조카들이 한문으로 썼다고 보는 것이 옳다고 하면서도 처음부터 그녀가 한문으로 썼을 가능성도 배제하지 않는다.[52] 조선 사회는 가문의 존속이 무엇보다 중요하게 여겨졌다. 따라서 각 가문에서는 가문을 이어나갈 후사를 정하는 문제와 관련해 갈

51 이경하, 「여성의 정치적 발언, 그 재현의 양상과 의미」, 한국고전여성문학회 32차 콜로키움 발표요지, 10쪽.

52 한길연, 「대하소설의 의식 성향과 향유 층위에 관한 연구」(서울대학교 박사학위 논문, 2005), 211-213쪽.

등이 빚어지고, 그것이 가문 내에서 해결되지 않아 상소로까지 이어지는 경우도 있었다. 따라서 쓸 사람이 없으면 여성이 직접 나서서 쓰기도 했다. 다음 예문은 박준원(朴準源, 1739-1807)이 부인 원씨가 죽은 뒤 쓴 행장의 일부로 부인의 친정에서 후사를 정하는 문제로 갈등이 빚어지던 끝에 원씨 부인의 친정어머니인 윤공인이 상언을 해서 윤허를 받아 일을 해결했음을 전하고 있다.

> 고사를 쓸 사람이 없자 유인이 손을 씻고 직접 써서는 아들인 종경을 시켜 관 앞에서 읽게 하고 종손에게 꿇어앉아 듣게 했다. 이 날 주가가 엄숙하게 한 마디 말도 없어서 일이 장차 바른 데로 돌아갈 것 같았으나 의논이 그래도 끝나지 않았다. 유인이 병이 위독해지자 편지를 써서 윤공인에게 입장을 고수하고 움직이지 말라고 권하니 끝내 윤공인이 상언하여 임금의 윤허를 받았다. 거의 실패할 뻔하다가 끝내 성공한 것은 실로 유인의 피나는 정성이 미친 것이다(人莫有書其告辭者, 孺人盥手自書, 使子宗慶讀於柩前, 而命宗孫跪聽. 是日主家肅然無一語, 事將歸正, 而議者猶未已. 孺人病革, 爲書勉尹恭人固守勿動, 畢竟尹恭人上言蒙允. 而其幾敗終成者, 實孺人之血誠有以致之也).[53]

위 예문은 글쓰기와 관련해 두 가지 사실을 전해 준다. 첫째는 고사를 쓸 사람이 없자 윤공인이 직접 써서 아들을 시켜 읽게 했다는 사실, 둘째는 윤공인이 임금에게 직접 상언을 해서 집안 문제를 해결했다는 것이다. 윤공인의 상언이 한문으로 쓰여졌는지 언문으로 쓰여졌는지에 대한 언급은 없지만 보통 이루어지는 여성 글쓰기의 예에 비추어 볼 때 언문으로

53 박준원, 「망실행장(亡室行狀)」, 『금석집(錦石集)』 10, 한국문집총간.

쓰여졌을 것으로 짐작된다. 이상의 예는 양반 여성이 가문의 문제를 해결하는 데 매우 적극적인 역할을 했으며, 이 과정에서 여성들의 글쓰기도 규방을 벗어나 공식적인 장으로 표출되는 양상을 보여 준다.

## Ⅳ. 18세기 양반 여성의 글쓰기가 갖는 의미

앞서의 자료들은 18세기 양반 여성들의 글쓰기가 얼마나 활발하게 다양한 층위로 전개되었는지를 보여 준다. 조선 시대 여성들에게 공식적으로 허용된 글쓰기는 언문 글쓰기에 불과했지만 위 자료들을 보면 여성들이 글쓰기에 매우 적극적이었으며, 또 글쓰기에 매우 익숙했음을 알 수 있다. 그뿐만 아니라 개인의 내면을 표출한 글에서부터 학문적이고 정치적인 글에 이르기까지 다양한 글쓰기가 이루어지고 있었음도 확인할 수 있다. 이러한 여성들의 글쓰기 능력은 여성들에게도 일정하게 교육이 이루어진 결과이다.

양반 여성들이 친정에서 받은 교육이나 독서를 통해서 얻은 교양은 단순화시켜 이야기하기는 어렵지만, 양반 여성들의 경우 대체로 자녀를 교육시키는 데 활용되거나, 임윤지당이 자신의 저술을 쓰기 전에 한 것처럼 남편의 기록을 마무리하거나 남편의 문집을 정리하는 데 활용되었으며, 다양한 글쓰기를 통해 발휘되었을 것으로 보인다. 여기서는 앞서 다룬 글쓰기의 층위를 통해 드러나는 사실들을 먼저 정리해 보기로 한다.

첫째, 양반 여성들의 경우 어린 시절의 교육을 통해 글쓰기를 익힌 뒤 일생 전반에 걸쳐 글을 읽거나 쓰고 있는 것을 볼 수 있다. 양반 여성들의 일상적인 글쓰기는 언문으로 이루어졌던 것으로 보이지만 한문을 능숙하게 구사해 한시나 논설을 남기기도 했다. 대체로 작가나 학자의 반열에 드는 사람들은 이처럼 한문으로 글을 쓴 김호연재, 임윤지당, 신부용, 서영수합, 김삼의당, 강정일당 등이다. 이 가운데 임윤지당은 학문적 글쓰기를 시도한 여성으로 조선 시대 양반 여성들의 글쓰기에서 독특한 위치를 점한다. 임윤지당 외에는 주로 시를 썼으며, 김자념, 강정일당 등은 산문만을 남기고 있다. 이 밖의 여성들은 거의 한글로 글을 남기고 있다. 한글 글쓰기의 경우 일상적으로 쓰는 편지를 비롯해서 가사, 제문, 행장, 행록, 자전 기록, 상서 등 다양한 형태로 남아 있다. 한글 글쓰기는 일상적으로 이루어졌는데 가사 창작뿐만이 아니라 빙허각 이씨의 『규합총서』, 풍양 조씨의 「자기록」 등은 책으로 엮어지기도 했다. 그런데 한글로 기록된 것들도 실상 한문 교양이 없으면 읽거나 쓰기가 어려운 형태로 되어 있다.

> 우리 선비(先妣)는 계출명문(系出名門)하시고 장어유덕지가(長於有德之家)하시니 생성지덕(生成之德)이 출어과인(出於過人)하시며 체모(體貌)이 장숙(壯肅)하시고 위의(威儀) 침정(沈靜)하시며 용안(容顔)이 수려(秀麗)하시고 기부(肌膚)이 백설(白雪)이 엉긴 듯 하시니 본대 조쇄(早衰)하샤 춘추(春秋)이 삼십여(三十餘)의 아미지간(蛾眉之間)의 간간(間間)이 흰빛이 소소(疎疎)하시고 쇠려(衰老)하시미 심(甚)하시되 색부(色膚)의 맑고 조흐시믄 더욱 쇄연(灑然)하시니 놉흔 기상(氣像)과 완중(婉重)하신 동지(動止)의 위의(威儀) 숙숙(肅肅)하시니 너른 도량(度量)은 만사(萬事)를 운용(運用)하시나 부족(不足)지 아니시고 ……[54]

> 오호(嗚呼)라 차하세(此何世)요　　금석(今夕)은 하석(何夕)고

54 「ᄌᆞ긔록」, 14쪽. 한자는 이해를 돕기 위해 필자가 넣은 것임.

고요히 혼자 앉아　　할연(割然)한 이 심사(心思)를
건잡기 어려오니　　명월(明月)을 완상(玩賞)하며
야한(夜寒)을 무릅쓰고　　계전(階前)에 독립(獨立)하여
점검평생(點檢平生)하니　　통입골수(痛入骨髓)로다
인가화환(人家禍患)이　　한량(限量)하미 이시리오마는
오가천붕지화(吾家天崩之禍)는　　혹의(酷矣) 혹의(酷矣)로다[55]

위 두 예문에서 보듯이 여성들이 한글로 글을 썼다고 해도 한문과 한글을 혼용해서 쓰고 있다. 이는 한문 문장에 익숙해야 쓸 수 있는 글이다. 위에서 든 「자기록」 부분은 한문 문장에 토씨만 붙인 것처럼 보이고, 「명도자탄사」의 '점검평생(點檢平生)하니 통입골수(痛入骨髓)' 같은 부분 역시 마찬가지이다. 따라서 양반 여성들의 글쓰기가 한글 위주로 이루어졌다고 해도 한문 교양을 바탕으로 한 국한문 혼용 형태였던 것으로 짐작할 수 있다.

둘째, 지금까지 여성들의 글쓰기는 주로 편지나 가사를 쓰는 데 한정되어 있었으며, 드물게 학문적 글쓰기가 이루어졌을 것으로 추정되었다. 그러나 실제로 여성들의 글쓰기는 행장이나 행록 등 역사 기록, 상언과 같은 공식적 기록에까지 광범위하게 이루어졌다. 특히 여성들이 어머니나 시어머니 등 자신의 손위 여성에 대한 기록이 사라지지 않게 하기 위해 적극적으로 기록을 남기고 있는데, 이를 통해 여성에 의해 여성의 역사가 전해져 온 것을 알 수 있다. 여성들이 쓴 기록들은 남성들의 글에 수용되어 그 직접적인 형태를 알 수 없으나 「자기록」의 어머니에 대한 기록을 통해 어떤 형식으로 기록되었을지 짐작할 수 있다.

---

55　나정순 외, 앞의 책, 285쪽.

셋째, 시든 산문이든 작품을 남기고 있는 여성들의 가문을 살펴보면 노론 가문이 중심이 되고 있다. 한시 작가 김호연재는 친정이 안동 김씨, 시집이 은진 송씨로 노론 가문에 속했고, 철학 저술을 남긴 임윤지당도 노론 가문에 속했으며, 강정일당도 친정이 노론에 속했다. 서영수합은 친정이 달성 서씨, 시집이 풍산 홍씨로 역시 노론 가문에 속한다. 영수합의 딸인 유한당 역시 시집을 남기고 있다. 18세기 문집을 보면 노론 가문의 여성들 외에도 교육을 받고 글을 남기고 있는 경우가 적지 않게 발견되는데, 노론 가문의 경우 여성들이 남긴 글을 책으로 엮는 데 더욱 적극적이었다. 우암 문인의 딸이었던 청창 곽씨의 경우도 여학자로 인정받고 황윤석이 출간을 도모했음을 보았다. 노론 가문은 여성 교육이나 여성의 글쓰기에 대해 개방적이었으며, 여성의 재능을 적극적으로 인정했던 것으로 짐작된다. 그 예로 17세기 노론의 중심 가문이었던 안동 김씨 집안의 딸로 요절한 여성 김운(金雲)에 대한 안동 김씨 가문의 지속적인 애도를 들 수 있다. 오씨 집안에 시집간 김운이 죽은 뒤 김운에 대해 쓰여진 제문과 행장들은 그 당시 어떤 여성보다 압도적으로 많으며, 그 글들은 거의 빠짐없이 김운의 학문적 열망과 능력에 대해 언급하고 있다. 이는 여성의 학문이나 재능에 대한 안동 김씨 가문의 호의적 분위기를 반영하는 것으로 보이며, 이것이 가문 내의 다른 여성들에게 자극이 되었을 수도 있다. 노론 가문 여성들의 한시 창작이나 학문적 글쓰기는 조선 후기 정치, 문화를 주도했던 노론 가문의 권력과 물적 토대가 있었기 때문에 가능했을 것으로 생각된다. 그리고 여성에게 이러한 것이 허용되었던 것도 여성의 학문적 역량이나 문학적 역량도 가문을 빛내는 요소로 작용했기 때문에 가능했을 것으로 보인다. 남성들이 주도했던 글쓰기 영역인 한시 창작이나 학문적 글쓰기에 노론 가문의 여성들이 참여할 수 있었던 것이 결국 당대의 권력 집단을 배경으로 가능했다는 것은 당시 여성들의 글쓰기의 성격을 단순히 이해할 수 없게 만든다.

넷째, 또 한 가지 중요한 사실은 당시에 많이 읽혔던 소설의 창작이나 필사에 관한 언급은 많지 않다는 사실이다. 패설이 극성했으나 읽지 않았다고 하거나, 아니면 읽었다는 기록이 동시에 존재하고 있어 당시에 소설이 많이 읽혔다는 것을 알려 주지만, 여기서 그칠 뿐 창작이나 필사에 관해서는 언급하지 않는다. 이는 아마도 행장, 묘지명, 제문이 공식적인 글이었기 때문에 나타난 현상으로 보인다. 왜냐하면 어머니나 시어머니에 대한 기록을 남겼다는 언급은 종종 나타나기 때문이다. 따라서 현재 남아 있는 기록이 선별적으로 이루어졌음을 알 수 있다. 그러나 각 기록에 드러나는 바 문학과 역사에 걸쳐 있는 여성들의 풍부한 교양은 여성들의 소설 창작 가능성을 충분히 짐작하게 한다.

다섯째, 『호연재유고』를 한자가 아니라 한글 음으로 베끼고 그 아래 번역을 달아서 즐겼던 것처럼 규방 여성들이 남성들의 전유물이었던 한시나 한문을 즐겼다는 것이다. 『호연재유고』뿐만이 아니라 국립도서관에 소장되어 있는 「윤씨행장」, 「역대가」 등도 이러한 예를 보여 준다. 「윤씨행장」 뒤에는 김춘택의 한시가 음사와 언해 형태로 수록되어 있으며, 언문으로 된 「제갈무후전」도 함께 수록되어 있다. 「역대가」 뒤에는 「이부인행장」 및 역사적 인물에 대한 기록이 언문으로 기록되어 있다. 이러한 자료들은 규방의 보통 여성들이 자신들에게 허용된 언문을 사용해서 한시나 한문 역사 기록과 같은 것을 적극적으로 학습하고 향유했음을 보여 준다. 특히 한시를 한글 음으로 베껴 향유한 것은 규방의 여성들이 금지된 것을 그대로 수용하는 것이 아니라 한글 음사라는 형식을 통해 금지된 영역을 깨고 들어갔다는 점에서 중요한 의미를 지닌다.

여섯째, 여성들의 어문 생활이 입으로 전달하는 방식, 즉 구수(口授)를 통해서도 이루어졌다는 점에 주목할 필요가 있다. 이는 여성들의 글쓰기의 범주를 단지 읽고 쓰는 것뿐만이 아니라 구수하는 영역까지 넓힐 필요가 있음을 뜻한다. 읽기와 쓰기라는 두 가지 축으로만 파악할 때보다 여성들의 일상 문화를 좀더 구체적으로 풍부하게 보여 줄 것이기 때문이다. 따라서 이러한 관점은 여성에 대한 공식적인 교육이 부재했던 조선 시대의 여성 교육이 어떻게 이루어졌는지, 또한 글쓰기를 가능하게 하는 최소한의 공간이나 시간도 갖기 어려웠던 조선 시대의 여성들이 어떻게 작품을 즐기고 창작할 수 있었는지를 짐작하게 해 줄 것으로 기대된다. 구수에 관해서는 새로운 논의가 필요할 것으로 생각된다.

글쓰기가 중요한 것은 글쓰기가 집단이 아니라 개인을 통해 이루어지기 때문이다. 따라서 조선 시대 양반 여성들의 일상에서 사적인 영역이 존재했다면 다른 무엇보다도 글쓰기를 통해 가능했을 것으로 생각된다. 그러나 실제로 규방은 여성의 공간으로 구획되어 있기는 했지만 규방은 여성에게 사적인 공간이라기보다는 가족 공동의 생활이 이루어지는 장으로 여성에게는 가족 관계들이 복잡하게 얽히는 공간인 동시에 갖가지 노동이 이루어지는 공간이었다. 따라서 사적인 공간을 확보하기는 매우 어려웠던 것으로 보인다. 그래서 글쓰기도 공동으로 이루어지는 경우가 많았던 것으로 보인다.

그러나 풍양 조씨의 「자기록」과 같은 자전적 글쓰기나 임윤지당 등 학문적 글쓰기의 예에서 보듯 개인의 내면이나 학문적 세계를 기록한 개인 기록들을 통해 개인으로서의 여성의 글쓰기가 18세기에 이르러 비로소 본격적으로 나온 것으로 생각된다. 이러한 변화는 여성들의 자기 인식의 변화와 밀접한 관련을 가질 것으로 보인다. 이 글에서는 이 정도의 언급만 하기로 한다. 이 부분에 대해서는 남은 자료들을 통해 좀더 체계적으로, 그리고 본격적으로 논의되어야 할 것으로 생각되며, 앞으로의 과제로 남겨 둔다.

## 〈참고 문헌〉

「ᄌᆞ긔록」, 국립도서관 소장본.

『한국문집총간』.

고순희, 「18세기 가사에 나타난 기생 삶의 모습과 의미」, 『고전문학연구』 10, 1995.

길진숙, 「명도자탄사」의 내면 의식과 자탄적 술회, 『규방가사의 작품세계와 미학』, 나정순(외), 역락, 2002.

김경미, 「선비의 아내, 그녀들의 숨은 노동」, 『여/성이론』 11호, 2004.

김남이, 「임윤지당의 한문 글쓰기와 그 의미」, 제48회 전국 국어국문학 학술대회 발표 요지, 『국어국문학 학문 후속 세대를 위하여』, 2005.

김미란, 「조선 후기 여류문학의 실학적 특질 : 18세기를 중심으로」, 『동방학지』, 1994.

김수경, 「창작과 전승 양상으로 살펴본 〈쌍벽가〉」,『규방가사의 작품세계와 미학』, 나정순(외), 역락, 2002.

박경주, 「18세기 절명가사에 나타난 사대부가 여성의 순절의식 연구」, 『국어국문학』, 2001.

박무영, 「김호연재의 생애와 〈호연지유고〉」, 『한국고전여성문학연구』 3, 2001.

박옥주, 「豊壤趙氏夫人의 〈ᄌᆞ긔록〉」, 『한국고전여성문학연구』 3, 2001.

박혜숙, 「여성적 정체성과 자기 서사」, 『한국고전문학연구』 20, 2001.

울리히 벡, 엘리자베트 벡-게른샤임, 『사랑은 지독한 그러나 너무나 정상적인 혼란』, 새물결, 강수영 외(역), 2002.

이경하, 「17세기 사족 여성의 한문생활, 그 보편과 특수」, 『국어국문학』 140,

국어국문학회, 2005.
______,「조선조 여성의 문학생활 연구시론」,『한국학보』100집, 2000.
______,「여성문학사 서술의 문제점과 해결 방향」, 서울대학교 박사학위 논문, 2004.
______,「여성의 정치적 발언, 그 재현의 양상과 의미」, 한국고전여성문학회 32차 콜로키움 발표 요지, 2005.
이대형,「18세기 열녀전 연구」, 연세대 석사학위 논문, 1994.
이동연,「화전가로서의 〈반조화전가〉」,『규방가사의 작품세계와 미학』, 나정순(외), 역락, 2002.
이원주,「雜錄과 反嘲花煎歌에 대하여」,『한국학논집』7, 계명대학교 한국학연구소, 1980.
임치균,「유씨부인 遺書」,『문헌과 해석』6, 문헌과해석사, 1999.
임형택,「김씨부인의 국문 上言 : 그 역사적 경위와 문학적 읽기」,『민족문학사연구』25, 민족문학사학회, 2004.
정지영,「조선 후기 호주 승계 방식의 변화와 종법 질서의 확산 : 17.8세기 〈단성호적〉에 나타난 과부와 그 아들의 지위를 중심으로」,『한국여성학』18권 2호, 2002.
조혜란,「조선시대 여성 독서의 지형도」,『한국문화연구』8, 2005.
한길연,「대하소설의 의식 성향과 향유 층위에 관한 연구」, 서울대학교 박사학위 논문, 2005.
홍인숙,「조선 후기 열녀전 연구」, 이화여대 석사학위 논문, 2001.
황수연,「여성주의적 시각에서 본 18세기 기녀 대상 한시」,『열상고전연구』13, 2000.

# 최시형(崔時亨)에서의 '표현'과 시간

이규성

## Ⅰ. 머리말: 근본 경험과 문제 제기

법정의 심문 앞에서 취소될 수 있는 진리가 있고 취소될 수 없는 진리가 있다. 전자가 논증하고 검증할 수 있는 그래서 객관적 소통 가능성을 갖는 것이라면, 후자는 생의 근거에 대한 전인격적 투여와 열망에 의해 수체적으로 지시되고 그래서 눌려진 희망을 각성하는 영감에 의해서만 소통되는 진리이다. 과학의 냉정함과는 달리 심정의 감격과 정열에 의해 전달되는 진리는 주체적 고유성을 갖는다. 그것의 철회는 그 당사자의 생의 핵심을 파괴하는 심각한 손상을 입힌다. 이 때문에 생의 진리는 모든 생명체에 대한 번민을 담고서 역사 속에 나타나지만 시련과 저항을 통해서만 빛을 발하는 것이다. 그리고 그러한 진리는 주체적이고 자각적인 경험이 일어나는 조용한 사건을 기점으로 시작한다.

1860년대 초 조선에서도 이러한 사건이 일어나고 반복해서 계승된다. 최시형(崔時亨, 1827-1898)은 최수운(崔水雲, 1824-1864)을 만나(35세) 제자가 되고 교사가 영웅적으로 경험한 의미 세계를 열망한다.[1] 최수운의 종교적이고도 형이상학적인 신비적 경험은 영원한 무한자를 빛의 휘황함과 말씀의 계시와 함께 보는 것이었다. 그의 이른바 '무극대도(無極大道)'는 인격적으로 표현되기도 하고 철학적 원리로서도 표현되는데, 모든 것의 궁극적 근거였다. 최시형은 바로 이것을 생의 근거로 인수하고 새로운 미래의 삶을 살게 하는 '회복(回復)'의 원천, 즉 신성한 생명 원리로 경험한다. 이것이 진정한 '진실(眞實)'로서 '하늘과 땅의 생명 본체(天地之生命體)'이고, '만물을 부단히 생성시키는(萬物生生)' '근원적 힘〔元氣〕'이다.[2]

생명 원리는 만유의 통일적 근거라는 측면에서는 초월적이고 만유에서 '표현(表顯)'[3]된다는 측면에서는 내재적이다. 무극대도는 하나이자 모든 것이다. 그것은 본질적으로 자신을 표현 전개하는 '약동(躍動)'의 '활발성〔活潑〕'을 가지며,[4] 모든 개체를 서로 내적으로 연결시키는 감응성을 갖는다. 활발성에 의해 다수성의 세계가 충만하게 펼쳐지고, 감응하면서 편재하는 능력에 의해 '천지만물의 융화상통(天地萬物, 融和相通)'[5]이 이루어진다. 초월적이고 내재적인 본체적 원리는 충만성의 원리이자 연속성의 원리이다.

---

1 동학 창시자들의 생애와 사상에 대해서는 다음의 연구서 참조. 李敦化, 『천도교 창건사』, 천도교 중앙총부, 1933; Benjamin B. Weems, 홍정식 역, 『개혁 · 반란 그리도 천도(*Reform, Rebellion and Heavenly Way*)』, 1940(신명문화사, 1966); 柳炳德 편저, 『東學 · 天道敎』(시인사, 1976); 趙基周 편저, 『동학의 원류』(보성사, 1979); 朴應三, 『동학사상개론』(원곡문화, 1975); 김월해, 『천도교 사상』(순환기업사, 1983); 윤석산, 『수운 최제우』(모시는 사람들, 2004); 표영삼, 『동학 1』(통나무, 2004); 동학학회 편저, 『동학과 전통사상』(모시는 사람들, 2004).

2 최시형, 「海月神師法說」, 천도교 중앙총부, 5 虛와 實, 272쪽. 8 靈符呪文, 294쪽. 天道敎經傳, 천도교 중앙총부, 1981.(최시형의 법설 인용은 주로 이 책에 의거한다. 그의 법설에 대한 문헌사적 연구는 윤석산, 「최시형 법설의 기초문헌 연구」, 모시는 사람들, 동학학회 편저, 『해월 최시형의 사상과 갑진개화운동』, 2003.

3 최시형, 앞의 책, 37 其他, 428쪽.

4 위의 책, 434쪽.

5 위의 책, 419쪽.

이것이 무극의 교사가 최시형에게 준 세계 열쇠이다. 그것과 동화하는 자기 수련과 근본 경험을 통해 최시형은 '만권시서(萬卷詩書; 문헌)'와 지위와 재산의 밖에 추방자로서(35년간) 살게 된다. 그가 경험하고 언어로 나타낸 진리는 기존의 문화를 번성시키는 것이 아니다. 근본 경험은 문화인이 갖는 신분과 소유 의식을 언제나 피상성으로서 경험한다. 오히려 최시형의 근본적 경험주의는 기존의 통념과 질서가 세계와 자아, 몸과 마음을 분열시켜 내동댕이친 생을 수습해서 그것에 '생혼(生魂)'[6]을 부여하고자 하는 것이다. 이러한 방향성은 기존의 문화가 극복하지 못한 생에 대한 부정적 감각을 생의 긍정적 감각으로 전환시켜, 잃어버린 세계와 자아를 되찾는〔復〕 것이다. 최시형은 '긍정〔和〕의' '즐거움〔樂〕' 때문에 기존의 문화 세계 및 제국들과 투쟁했던 것이다. 근본 경험에 의해 '거듭난 삶〔再生〕'은 '미래의 새로운 삶〔新生〕'[7]을 향해 움직인다.

이상의 논의를 전제하고 이 논문은 '표현'이란 개념으로 대표될 수 있는 최시형의 생명 원리의 주요 의미들을 해명하고, 그 원리가 그의 시간관과 연관해서 어떤 의미를 갖고 있는지를 밝힘으로써, 생명의 세계관이 줄 수 있는 철학적 의의를 논하고자 한다.

기존의 연구 가운데 이돈화(李敦化)는 '수운주의(水雲主義)'가 갖는 무한한 포괄자의 성격과 약동적 표현의 활력을 크게 부각시켰다.[8] 그러나 그는 서구 상공업의 혁명적 발달 과정과 맞물려 있는 스펜서(Herbert Spencer)류의 사회진화론과 콩트(Auguste Comte)의 실증주의 및 계몽주의 사조를 여과 없이 수용했다. 그가 보기에 그것들은 인류의 진보

6 李敦化, 「천도교 창건사」, 천도교 중앙총부, 1933, 63쪽.

7 최수운이 '거듭남'을 강조한 이후 '새〔新〕'는 동학 교도들의 공통의 어휘로 되었다. 「개벽」(1920)과 「신인간」(1926) 잡지에는 '신종교', '신생'을 비롯한 '신세계', '신인간', '신여성', '신생활' 등 새로움의 희구가 가득하다.

8 이돈화, 『신인철학』, 천도교 중앙총부, 1930, 9–18쪽.

를 반영하고 그것을 변호하는 참신한 것이었다. 당시의 근대화에 매료된 다른 아시아인들처럼 그도 근대 사조들의 근본 전제에 대한 반성적 성찰의 여유가 없이 그것을 활용했다. 특히 그의 「신인철학(新人哲學)」(1930)은 '수운주의'의 '범신관적' 성격을 언급하면서도, '한울'을 자연과 사회를 상승적으로 진화시키는 진화론적 원리로 해석하고 있다.[9] 이러한 해석은 그가 '시대 정신'[10]으로 파악한 과학과 진보가 주는 세속화적 실정성(positivity)에 의해 수운주의의 근본 원리가 탄생하는 근본 경험의 차원을 약화하거나 희생시킬 수 있다. 그의 해석은 도구적 지성의 진보에 대한 비판적 창조성과 반시대적 활력을 시대에 종속시키는 역사주의적 태도와 친화성이 있고 또 그것을 재생산하게 할 것이다. 생의 의미를 단계적 진보에서 찾는 역사주의적인 방법적 태도[11]는 생의 의미

---

**9** 이돈화, 앞의 책, 10. 97–128쪽. 그의 이러한 절충주의적 관점은 베르그송(H. Bergson)의 『창조적 진화』(1907)에 나오는 진화론에 대한 형이상학적 해석에 자극받은 것으로 보인다 (「신인철학」, 37쪽). 그러나 그는 베르그송 형이상학의 내적 추진력이 동·서의 신비주의적 경험에서 나온다는 것을 의식하지 못했다. 이 문제를 다룬 베르그송의 후기 저술 『도덕과 종교의 두 원천』(1932)은 당시의 이돈화는 전혀 알 수가 없었다. 그러나 황문수의 지적처럼 종교와 형이상학이 과학과의 대화를 저버릴 수 없다는 점에서 이돈화의 과학화의 노력에는 어떤 정당성이 있다(黃文秀, 「夜雷에 있어서의 人乃天思想의 전개」, 『한국사상 12: 최수운 연구』 한국사상연구회, 1974, 402–425쪽).

**10** 이돈화, 위의 책, 192쪽.

**11** 객관적 역사의 법칙이 단계적인 직선적 진보의 방향성을 갖는다는 신념은 기존의 많은 동학사 연구의 방법적 태도 가운데 주류를 이루었다. 식민사관과도 친화성이 있었던 근대화의 관점은 그러한 입장을 전제하기 때문에 종교 사상이나 철학 사상을 역사 발전에 종속되어 출현한 우연적이고 부차적인 현상으로 간주하게 된다. 사상 체계는 단순한 시대의 외피로 격하된다. 이러한 객관주의적 태도를 보여 주는 논문들은 다음과 같다. 朴宗根, 「동학과 갑오농민전쟁에 대하여」, 『동학혁명의 연구』, 노태구 엮음, 박산서당, 1982, 13–47쪽; 金榮作, 「동학사상과 농민봉기」, 노태구 엮음, 앞의 책, 49–114쪽. 이와 같은 논문에서는 '농민 봉기는 종교적인 사항이 아니고'(박종근), 동학사상은 '관념적 신비적'이며, 동학의 '개인주의적 자기 구제의 범주는 일체의 사회 윤리와 무연한 것'이다(김영작).

노태구, 「동학혁명과 태평천국혁명의 비교」, 앞의 책, 323–337쪽. 여기서는 '동학 사상은 중세 봉건 사회에서 근대 시민 사회로의 신기원을 여는 일대 사상적 분수령'이라는 동학의 시대 제약성을 강조하고, '급진적 샤머니즘적 요소를 제거하면' 동학은 민족적 '정치 이념'의 창조적 원천이 될 수 있다고 주장한다.

이에 비해 객관성과 주체성 사이의 균형을 찾고 동학의 조직과 주체 세력에 대한 심도 있는 연

를 역사의 우주적 원리에 대한 현존(顯存)의 경험에서 찾는 수운주의와는 언제나 긴장 관계에 있게 될 것이다. 최시형과 그의 스승의 현존 경험과 거기에서 나온 개념들에는 시대의 제약을 넘어서 근대 사회에 대해서조차도 저항할 수 있는 실천적이고 역동적인 창조성이 갖는 긴장이 있다.[12]

한편 종교적 근본 경험을 역사적 사회로부터 분리시켜 개인적 내면 세계에서의 체험으로만 다루는 주관주의적 태도 역시 그것의 저항적이고도 능동적인 개방성을 간과할 수 있다. 심한 경우 그러한 태도는 근본 경험을 신통력을 부리거나 허약한 개인의 삶을 위로하는 안심입명(安心立命)의 수단으로 격하시킨다. 또한 과도한 주관주의는 객관주의와 마찬가지로 근본 경험이 함축하고 있는 풍부한 의미들에서 창조된 언어가 갖는 철학적이고도 보편적인 의의를 놓치고, 과거의 가치 체계를 빈곤화할 수 있다.[13]

---

구서인, 愼鏞廈, 『동학과 갑오농민전쟁 연구』, 일조각, 1993에서 저자는 동학은 이전부터 있어 왔던 민란의 흐름에 '조직과 사상을 주었다'는 '동학과 농민 전쟁의 결합설'에 입각한다. 그러나 동학의 종교 · 철학적 원리와 역사 사이의 유기적 혹은 필연적 연관에 대한 연구는 저자의 과제에서 제외되어 있다. 그에게도 동학은 현재적 의의를 주는 것이기보다도 근대 사회를 열어 준 혁명 운동을 도와 준 보조 기능을 갖는다 (3. 35. 391–393쪽).

신일철은 「최해월의 汎天主義 세계관」, 『한국사상』 24, 한국사상연구회, 29–51쪽에서 동학의 종교적 윤리를 베버(M. Weber)가 언급한 '탈주술화'되고 '세속화'된 '근대 산업 사회의 세속 윤리'로 규정하고, 이 점에서 동학의 진보적 근대성을 찾는 심한 왜곡에 이른다. 그러나 베버는 공리주의적 합리성이 지배하는 산업 사회를 영혼과 가슴이 없는 어두운 시대로 통찰했다.

**12** 신비주의 연구가들은 신비 경험이 갖는 경이로운 능동성과 개방성을 발견한다. 대표적으로 Evelyn Underhill, 최대형 역, 『실천적 신비주의(*Practical Mysticism*, 1914)』, 은성출판, 2003. 그녀에 의하면 '물 자체에 대한 직관'은 '우주적 생명의 리듬과 하나가 되고' 그로 인해 '새로운 세상을 여는 모든 행동 중에서 가장 실질적인 행동'을 하게 한다(63, 128쪽). 그녀의 저작을 활용하는 베르그송도 「도덕과 종교의 두 원천」, 송영진 역, 서광사, 1998에서 그리스도나 인도의 성자들에게서 나타나는 개방적 능동성을 논의한다. 그러한 성질은 생명에 대한 직관에서 오는 '영혼의 단순성'에서 온다. 그것은 '진보의 무게에 신음하는 인류'를 살릴 수 있는 가치이기도 하다. 이런 의미에서 그는 '기계와 신비'를 대비시킨다 (340–341쪽).

**13** 주관주의적 태도에 접근하는 논문으로는 다음의 것이 있다. 崔東熙 , 「해월의 종교적인 기본 방향」, 『한국사상』 24, 1998, 5–28쪽. 해월의 종교 체험은 자연의 '기적적 현상'과 '정상적 현상'을 이해한 '만사를 깨달은' 체험이다 (26–27쪽); 車玉崇, 「해월사상과 교인들의 종교 경험」, 앞의 책,

근본 경험은 내면의 광대한 공간을 열어 제치고 삼라만상의 '존재'를 신성(神性)의 조명 아래 긍정한다. 여기에서 사물의 존재는 신성을 표현하는 것으로서 현전하게 되고, 따라서 그것은 공경하는 사랑의 대상으로 환기된다. 신성을 표현하면서 펼쳐지는 경관 속에 사물과 인간의 존재가 공동으로 즉 일의적으로(univocally) 귀속하게 되는 경험에 진정한 존재론과 윤리학이 함께 근원하고 있다. 이 근원적 경험이 철학적 혹은 예술적 언어의 산실이며, 사랑이라는 비폭력적 능동성의 산실이다.

최시형이 열망하고 체험한 근본 경험은 실천적 능동성을 가지고, 존재의 부정에 기초한 시대의 어두운 폭력성에 저항하는 빛이 되었다. 또한 그것은 삶을 인질삼고 명령 체계로서 작동하는 경제주의 시대에 삶을 해방하기 위한 새로운 언어 창조가 항상 소급해서 회상해야 할 보편성을 갖는다. 이 문맥에서 최시형의 근본적 경험주의가 갖는 생명 원리의 표현성과 시간의 문제를 다루는 데 있어 현존과 무한성, 무(無), 개방성과 연속성, 영원과 개벽 등의 개념을 중심으로 그의 철학적 신앙이 갖는 형이상학적 의미와 그 실천적 의미를 논하고자 하는 것이다.

---

91-119쪽. 여기서는 동학 교도들의 여러 체험 사례를 수집해 보여 주는 흥미로운 작업을 하고 있다. 해월의 종교 체험은 '물아일체'적이고 '생명 긍정적'인 신비 체험이다(100, 113쪽). 金敬宰, 「최수운의 신 개념」, 『동학사상논총』 1. 천도교 중앙총부, 1983, 209-225쪽. 수운의 신학은 진화를 포용하는 '범재신론(汎在神論)'이며, '반대 일치 논리'로 서구의 모순율을 극복한 것이다. 여기서의 반대 일치의 논리는 이돈화의 「東學之人生觀」(1963)에 나오는 「반대 일치의 진리」에서 영향받은 것으로 보인다. 이 개념은 원래 르네상스기의 이태리 철학자 쿠사(Nicolaus Cusa)의 주요 원리이다. 이 철학자는 신비주의와 인문주의를 결합시켰기 때문에 그의 세계관은 이돈화가 그렇게 했듯이 동학의 세계관을 해명하는 데 큰 도움을 줄 수 있을 것이다. 그러나 헤겔(G. W. F. Hegel)이 그렇게 했듯이 반대의 일치(coincidentia oppositorum) 즉 대립의 통일 논리는 동학을 변증법적 신학으로 만들 우려도 있다(Ernst Cassirer, 박지형 역, 『르네상스 철학에서의 개체와 우주』, 민음사, 1996). 동학의 종교성에서 인본주의적 성격을 강조하는 경향은 역사주의적 태도로 회귀하는 성향을 보인다. 일례로 黃善嬉, 「동학사상의 인본주의 성격」, 『동학연구』 3, 한국동학학회, 1998, 119-151쪽. 저자는 최수운이 '관념적 이상향 추구'와 '도덕 지상주의'에 치우치는 종교 생활을 한 것과 후계자들의 사회적 실천성을 이원화시키고, 동학의 근대 민족 운동사 전개에 초점을 맞추고 있다(148-150쪽).

## II. 현존과 '표현(表顯)'

손의암(孫義菴, 이름은 秉熙, 1861-1922)은 '세계' 내에서의 '인간의 위치'를 보전하고 인간성을 '표출〔顯明〕'하는 세 영역을 언급한다. 그것은 '신앙과 철학과 제도'이다. 이 가운데 철학은 인간의 궁극적 '본성계〔性界〕의 영원성〔久〕'과 '신변계〔身界〕의 유한성〔暫〕'을 나누어 추구하고, 제도는 본성의 영성을 갖춘 '성령인(性靈人)'과 '육신인(肉身人)'을 합일시켜 '하나의 광대한 이상 세계〔一大素天國〕'를 구성하는 것이다. 그러나 철학과 제도의 원천은 신앙에 있으며, "신앙은 사람이 한울(天)에 다가붙어서(粘着) 자기의 있음을 잃어버리는(自有를 意) 것이다."[14] .

신앙이 철학의 근원이 된다는 것은 철학의 작업은 개념의 창조와 그 의미 원천을 종교성을 갖는 어떤 근본 경험에 둔다는 것을 의미한다. 형이상학적 혹은 철학적 사변은 윌리엄 제임스(William James)의 비교 종교학적 연구가 보여 주듯이 동서를 막론하고 궁극적인 것에 대한 직접적 경험이 주는 '열애' 즉 '성스러움'과 '평화' 그리고 '자기 테두리의 해체'의 심정에 뿌리를 내리고 있는 것이다. 그러한 철학은 거듭나는 재생의 직관적 경험에 근원하기에 '두 번 태어나는 철학(twice-born philosophy)'이 된다.[15] 손의암도 암시하듯이 신앙과 철학에 대한 인간학적 접근은 인간 경험의 다층적 차원을 인정할 수 있다. 인간학적 해명은 인간성을 표출하는 제반 경험을 실증주의적 경험으로만 좁히지 않을 수 있다. 또한 그것은 이성적 사변으로부터 종교적 경험과 세속적 경험 모두를 연역하

---

**14** 손의암, (2) 「吾敎의 顯明時代」, 『天道敎經傳』(천도교 중앙총부, 1981), 565-656쪽.

**15** W. James, 『종교 체험의 여러 모습들(*The Varieties of Religious Experiences*)』, 김성민 외 역(기독교서회, 1977), 106, 319-321, 398쪽.

려는 철학의 월권 행위를 범하지 않는 이점을 가질 수 있을 것이다. 역설적이게도 사변 이성의 정당한 근거와 연원은 직관에 있다. 그러므로 "성스러운 느낌과 심정과 윤리적 의식에 모순되는 체계는 …… 결코 이성의 체계라 불릴 수 없으며," "오로지 인격성 안에만 생명이 있다. 그리고 모든 인격성은 인식 근거이기도 한 어두운 근거에 기반한다."[16]

이 어두운 근거가 대부분의 종교 신비가들의 근본 경험이 직면했던 우주의 무한한 심연인 것이며, 논리적 근거를 갖지 않는 무근거의 근거이다. 이 문맥에서 볼 때 생의 궁극적 근거에 기반하는 신앙적 철학은 세계의 존재를 논리적으로 증명하는 것이 아니라—존재는 증명될 수 있는 것도 아니다—,[17] 신비가의 원초적 경험과 그 언어가 함축하고 있는 풍부한 의미를 정제해서 펼치는 개진 즉 해석의 지평(地平)에 서게 된다.

신비가의 우주 경험에서 현시되는 영원하고 무한한 궁극의 근거는 그의 삶의 양식을 결정적으로 전환하며 위기의 여로에 있게 한다. 이 여정은 현존 질서를 예속 상태로 인식하고 새로운 미래의 삶을 운명처럼 받아들이는 모험이 된다. 그리고 그의 제자들은 세계에 대한 기존의 태도를 즉각적으로 뒤집어 환기시킨 스승의 근본 경험을 추억하고 열망한다. 그들에게 근본적 사유는 언제나 교사의 경험이 갖는 영원한 의미를 회상하는 재음미의 사유이다. 회상적 사유는 과거의 결정적 순간을 반복함으로써 그것을 미래의 새것으로 만드는 창조 활동이다.

---

16 F. W. J. Schelling, 『인간 자유의 본질(*Das Wesen der Menschlichen Freiheit*, 1809)』, 한자경 역(서광사, 1998), 122–123쪽.

17 존재의 증명은 또 다른 존재를 전제하기 때문에 무한 소급의 불합리에 빠지게 된다. 존재는 철학을 비롯한 모든 학술이 공허한 것이 아니기 위한 제일의적 전제이다. 종교의 영웅들은 대긍정의 직관적 경험에서 사랑과 경이의 감정을 가지고 존재를 긍정적으로 수용한다. 프란시스코 수도회의 철학자인 던스 스코투스(Duns Scotus, 1265–1308)의 존재론(신과 만유의 존재 일의성〔univocitas entis〕을 주장)은 아시시의 성인 프란시스의 존재에 대한 경외와 사랑의 경험을 이론화한 것이다(김현태, 『둔스 스코투스의 철학사상』(가톨릭대출판부, 1994), 108–122, 132–164쪽.

그러므로 근본 경험의 신앙적 진리와 전승을 이해하기 위해서는 그것의 경험자에게 일어난 인격적 사건을 먼저 이해해야 할 것이다. 우주의 존재에 대한 그들의 이해 방식을 알기 위해서도 그들의 고유한 인격적 경험을 존중하고 그것에 먼저 주목해야 한다. 정이천(程伊川, 1033-1107)의 주장대로 "성인을 관찰하면 우주를 이해한다(觀乎聖人, 則見天地)."[18]

최시형이 계승하고 경험했던 '우리 도의 진리〔吾道眞理〕'는 최수운에게 일어난 결정적 사건과 결정적 시점(1860년 4월 5일, 오전 11시)[19]의 연장선에 있다. 이돈화의 보고에 의하면, 여러 차례의 경험이 같은 해 9월 20일까지 지속된다. 그 중 4월 5일의 경험은 무한 공간과 그 안에 충만한 빛의 약동에 대한 것이고, 그 후의 경험들 가운데 또 하나의 결정적 경험은 상제(上帝)가 금력과 권력으로 유혹한 후 최수운이 이 유혹을 이기고 무한 시간과 무한 공간을 경험한 사건이다.

> (1)첫 번째 경험 : "눈앞에 아무것도 보이는 것이 없고 다만 무한한 허공에 찬란하고 휘황한 빛이 가득 차서 뛰고 동하고 번쩍 어리되 우주(宇宙)의 한 끝과 한 끝이 서로 맞닿은 듯하며 한울과 땅의 뿌리가 서로 얽히어 온 천지만물이 그 밑층으로부터 낫다 꺼지고 꺼졌다 다시 나는 듯한지라 대신사 이것이 영부(靈符)임을 알고……"[20]

여기서 무한 공간에 가득 찬 광채가 영부로 경험된다. 우주에 편만한

---

18 程伊川, 「外書」 卷11, 『二程集』 一, 414쪽.

19 李敦化, 『天道教創建史』(천도교 중앙총부, 1933), 43쪽. 천도교에서는 이 시점을 기년으로 삼고 역사가 새로이 생성하게 되는 기점으로 본다.

20 위의 책, 44-45쪽.

광채는 "한울과 땅의 속을 뚫고 일만 물건의 가운데 통하여" 있다.[21] 이런 의미에서 우주의 끝이 맞닿았다는 것은 근원적인 약동하는 실재와 만유는 서로 내재적이고 일원적인 관계에 있다는 것을 암시한 것이다. 만유는 근원의 빛 속에 있고 근원적 실재는 만유를 관통하고 있다. '한울의 말(天語)'로써도 계시하고 상징적 부적을 주기도 하는 인격적 한울은 약동하면서 내재하는 자연 종교적 성격을 함께 갖고 있다.[22] 또한 근원의 실재와는 달리 만물은 그 안에서 생멸할 수 있지만 만물의 생성 소멸의 과정은 그 율동을 영원히 지속할 수 있다.[23] 근원 실재를 상징하는 영부의 도상(圖像)은 태극의 형상(∽)과 궁(弓) 자를 연결해 놓은 것 혹은 궁(弓)과 을(乙)을 연결한 것 같았다고 하는데, 이것들은 실재의 약동적 리듬을 그린 것이다.[24] 생명 원리인 영부는 '천지만물의 생명'이며, "사람의 죽은 혼을 산 혼으로 돌이키고", "사회의 모든 죄악과 병폐를 다스리는 불사의 약"이다.[25]

종교적이고 형이상학적인 생명 원리는 무한자로서 영원히 지속한다. 그것은 '혼융한 근원적인 하나의 생명력〔混元之一氣〕'이다. 이 실재가 인간의 심리적 병리와 사회적 병리에 대한 전인격적인 번민의 체험이 그 해결을 발견하는 총체적 구원의 원리이다. 그것이 최수운의 심정에 현존

21 앞의 책, 45쪽.

22 여기에서 동학은 계시 신앙의 성격과 철학적 종교의 성격을 함께 갖게 된다.

23 영겁회귀설처럼 만물 전체가 융성과 쇠퇴를 주기적으로 시작과 끝도 없이(無始無終) 반복한다는 관념은 소강절(邵康節)과 주희(朱熹)의 근본 관념 중의 하나였다(야마다 케이지, 김석근 역, 『주자의 자연학』(통나무, 1991), 184-193쪽. 동학도 그것을 계승해 생성의 새로움을 강조하는 시간관으로 변형시킨다.

24 李敦化, 앞의 책, 44-45쪽. 원래 궁궁(弓弓)은 『정감록』에서 조선이 맞이하게 될 최후 결전의 재앙을 피할 수 있는 풍수지리적 지역의 모습을 그린 것인데, 약(弱)한 자가 강한 자를 이길 수 있다는 의미도 갖고 있다(구양근, 「동학가사 문학을 통해 본 최제우의 역사적 한국사상 계승문제」, 『동학연구』 3, 214-219쪽). 아마도 최수운은 신성한 생명의 약동 원리가 최후의 피난처라고 생각한 것이 아닌가 한다.

25 위의 책, 45-6쪽.

(現存) 혹은 임재〔降臨〕한 것이다.[26] 동시에 자아에 현현한 근원 실재는 개별적 사물의 존재 근거로서 '사물〔物〕에 현존〔在〕'한다. 만유에 대한 현존의 경험을 통해 자아의 존재와 사물의 존재가 신성한 빛의 조명 아래 전폭적으로 긍정된다. 영원자가 현존하는 '순간'에서의 종교적 경험이 세계와 자아에 대한 존재론적 경험을 가능하게 한다. 여기서 존재의 의미가 이전에 의식하지 못했던 긍정적 가치로서 직관된다. 이러한 '대각(大覺)'의 사건이 주는 심원한 의미가 최시형에게 전승되어 그를 현존과 긍정의 거장으로 만든다.

> (2) 두 번째 경험 : "무궁(無窮)을 외고 무궁을 노래하니 천지 일월 성신 초목 금수 인물이 한가지로 그 노래에 화답하여 억천만리 공간(空間)이 눈앞에 있고 억천만리의 시간(時間)이 눈앞에 있어, 먼 데도 없고 가까운 데도 없으며, 지나간 시간도 없고 오는 시간도 없어 백천억 무량수의 시간과 공간이 한 조각 마음 속에서 배회함을 보았었다."[27]

이 경험은 '내 마음이자 곧 너의 마음이니라'는 천인합일(天人合一)적 계시가 끝나는 '순간(瞬間) 갑자기' 일어난다.[28] 여기서는 무한 공간뿐만 아니라 무한 시간이 경험되고, 현상의 다수성이 전체적으로 모아진다. 무한성은 부분적 조각들의 종합으로 도달될 수 있는 것이 아니라 단

---

26 보이지 않는 실재의 현존(parousia) 경험은 기독교적 철학의 시원적 기초였다. 현존의 경험은 '눈으로 보고' '손으로 만져보는' 감각적 지각 속에서도 가능한 역설적 사건이고, '이 사건 안에 인간은 현재에서 참석(Anwesenheit)한다.' (요한 1서 1-1. Thorleif Boman, 허혁 역, 『히브리적 사유와 그리스적 사유의 비교』, 분도출판, 1975, 173쪽). 불교 철학도 대각의 순간 절대의 마음이 감각적 사물에 그리고 내 앞에 현전(現前)한다. 이 현전의 사건 없이는 불교 철학적 사변은 공허하다.

27 李敦化, 앞의 책, 48쪽.

28 위의 책.

번의 순간에 주어지고 유한한 것들은 그것의 제한적 규정이 될 것이다. 무한자는 본래 '막히는 한계가 없는〔無窮〕' 것이다. 무궁의 시간은 즉 수운주의의 영원성은 플라톤주의에서 볼 수 있는 시간을 넘어선 무시간의 영원성이 아니라 시간 자체의 무한성이다.[29] 성리학적 어휘를 활용하면 개별적 사물에 대한 집착적 삶에서 이탈하는 '태허(太虛)'에 대한 '열림〔開闊, 開放〕'의 사건에서 시공간의 '공활 세계(空豁世界, 陳潛室. 宋 12세기)'[30]가 경험된다. 그러나 이러한 개방성은 공활성 속에서 진정으로 '사물을 자기와 동화하는 체물(體物)'을 실현한다. 성리학에서도 발견될 수 있는 이러한 '회통(會通)'과 내재의 경험이 최수운의 경험에서도 나타난다. 다수성의 세계는 하나의 본체계 안에서 조화로운 전체로서 연결된다. 만유는 하나이자 전체이다. 이런 의미에서 그는 '궁극의 생명력〔至氣〕'을 '만물의 어머니며 생명'으로 이해하고 '전체를 사랑할 수밖에 없다'고 했다.[31]

만유의 연속성, 그리고 본체 생명 속의 만유 내재에 대한 자각 역시 첫 번째 경험인 빛의 현존을 통한 존재의 긍정과 사실상 같은 것이다. 빛의 보편적이고 내재적 현존이 만유의 평등한 연속성을 형성한다. 최시형은 빛으로 경험된 '무극대도(無極大道)'를 '천령지령(天靈之靈)'·'심령지령(心靈之靈)'·'성령(性靈)'으로 이해하고[32] 빛과 표현(表顯)의 형이상학을 구성한다. 본체계는 '대우주, 대정신, 대생명(大宇宙, 大精神, 大生命)'이며, '만물화생의 근본(萬物化生之根本)'이다.[33] 이것이 기

29 수운주의의 영원 개념에는 초월적 의미와 내재적 의미 간의 긴장이 있어 보인다. 여기서는 내재적 의미를 살려 시작과 끝을 한정할 수 없는 무한정의 시간을 영원성으로 간주한다. 이 문제는 4장의 주제이다.

30 『宋元學案』 卷65, 木鐘學案(中華書局, 1989), 2091쪽.

31 李敦化, 앞의 책, 66쪽.

32 최시형, 앞의 책, 6 心靈之靈, 274, 427쪽.

33 위의 책, 8 靈符呪文, 292쪽.

(氣)이며 '기는 현상계의 창조와 변화의 근원 본체요 근본이다(氣者, 造化之元體根本也).'[34] 그것의 창조적 역동성은 인위적인 것이 아니라 자연의 신묘한 이법에 따르는 활동이다. " '기'의 운행은 강건해 쉬지 않으며 창조적 변화는 현묘무위하다(氣運, 剛健不息, 造化, 玄妙無爲)."[35] 본체계는 그 자체로 하나인 근원적 통일성이며 '일기(一氣), 원기(元氣)' 현상계를 창조하고 그것과 대립 없이 그 안에서 내재하면서 활동한다. 그것은 '천지 우주의 절대 원기이고 절대 성령(天地宇宙, 絶對元氣, 絶對性靈)'이다.[36] 천도(天道)라고도 부르는 이 절대적 '생산과 생명 원리'가 능동적으로 자기를 표현(밖으로 나타냄)하면서 표현된 것에 현존한다.

> 위대하다! 천도(天道)의 영묘(靈妙)함이여. 사(事)에 간섭치 아니함이 없으며 물(物)에 '유(有)'치 아니함이 없나니, 만상(萬像)이 다 천도의 '표현(表顯)'이니라.[37]

천도는 스스로 영원히 존재할 수 있는 능력을 가지고 있으며, 동시에 사물로서 자기를 표현하는 역동적 전개의 힘을 갖는다. 천도의 존재 자체가 힘이고 운동이다. 천도의 본질은 표현의 약동성이다. 이런 의미에서 최시형은 자기 스승의 경험에서 나타난 빛의 약동을 상징하는 '부도(符圖)'를 "심령(心靈)의 약동불식(躍動不息)하는(쉬지 않고 약동하는) 형용(形容)을 표상(表象)하여 시천주(侍天主)의 뜻을 가르친" 것으로

34 앞의 책, 1 天地理氣, 241쪽.
35 위의 책.
36 위의 책, 37 其他, 427쪽.
37 위의 책, 428쪽.
38 위의 책, 434쪽.

이해했다.[38] 인간을 포함한 모든 창조된 것은 천도의 영적 약동성을 나누어 갖는다. 이 나누어 가짐에 대한 종교적 이해가 모심〔侍〕이며, 그 형이상학적 이해가 표현이다. 손의암에 의하면 "우주는 원래 영(靈)의 표현인 것이다(宇宙, 元來靈之表顯者)."[39]

이에 따라 다수성의 세계 내의 각 개체들이 갖는 특수성에 대한 해명도 표현의 논리에 따른다. '일기(一氣)'는 개별적 사물을 구성하는 자발적 조직화의 능력을 갖는다. 이 능력의 현실화 과정에서 서로 다른 형태의 사물이 형성되는데, 그 이유는 사물의 내적 '조직(組織)'이 서로 다르게 구성되며 '일기'가 그것에 의거하여 각기 다르게 내재하기 때문이다.

> 우주는 일기(一氣)가 역사한 것(所使)이며 일신(一神 : 하나의 神氣)이 활동한 것〔所爲〕이라, 안전에 무수한 형상들〔百千萬像〕이 비록 그 형체가 각기 다르나〔各殊〕 그 원리는 하나〔其理一〕이다. 하나는 곧 천(天)이니, 천이 사물의 조직(組織)에 의하여 표현(表顯)이 각기 다르다〔各殊〕.[40]

원래 '기'의 다양한 응결 방식에 따라 궁극의 일자인 '태극'이 각기 다른 분량〔量〕으로 내재하여 개체의 본성〔性〕을 구성하게 된다는 견해는 성리학에 익숙한 것이었다. '하나인 실재와 수많은 나누어짐(一實萬分, 周濂溪)', '원리는 하나이고 나누어짐은 특수함(理一分殊, 程伊川)'이라는 존재론적 구조는 최시형에게도 나타난다. 그에게도 우주는 "나누면 하나의 원리가 무수히 특수하고 종합하면 하나의 '기'일 뿐이다(分則一

---

39 손의암, 앞의 책, 14 性靈出世說, 653쪽.
40 위의 책, 413쪽.
41 위의 책, 3 道訣, 268쪽.

理萬殊, 合則一氣而已)."[41] 또한 정이천이 '생명 원리〔生之理〕'가 내재한 본성을 '종자(種子, 穀性)'에 비유하듯이 최시형도 내재한 한울을 종자(씨알)에 내재한 '종자(種子)의 생명(生命)'으로 이해한다.[42]

이러한 견지에서 최시형은 사물들의 차이에서 그 '종성〔種類〕'의 차이에 주목해 '복숭아와 오얏의 열매〔桃實, 李實〕'가 다르게 익는 것을 지적한다. '동일한 비에도 종자는 다르게 자란다.'[43] 즉 다르게 표현된다. 따라서 그는 '기'의 표현 작용을 동종을 생양하는 '동질적 기화(同質的 氣化)'와 종을 나누는 '이질적 기화(異質的 氣化)'로 구분한다. '한울 전체로 본다면' 동질화는 종 내부의 '상호 부조'를 이루게 했고, 이질화는 '종끼리 서로 먹게 함으로써' '기화를 소통〔通〕시켰다'는 것이다. 이종 사이의 투쟁 관계만을 보는 것은 '좁은 견해〔偏見〕'이고 전체적으로 보면 우주는 '조화(調和)'의 관계를 형성한다.[44] 영적 생명 원리는 모든 곳에 편재하기에 '각각의 개체는 서로 순응함이 있고 조화가 있다(各各順應이 有하고 調和가 有하다).'[45]

이상의 논의에서 볼 때 개체들의 종적 본성들은 영적 생명력이 각기 다른 분량으로 내재한 것에서 차이성을 갖게 되고 그 안에는 각기 다르게 성장하도록 하는 어떤 조직성이 구조화되어 있다고 해야 할 것이다. 각기 다른 분량이라는 것은 생명 능력의 양적 강도(intensity)의 차이일 것이며, 이 차이가 이종 간의 포식 관계를 설명할 수 있을 것이다. 또한 이종 간에 각기 다른 성질이나 형질(形質)을 표현하는 것은 개체에 구조화되어 잠재해 있는 어떤 구조적 양상〔理, pattern〕이 생명력의 추동에

42 최시형, 앞의 책, 25 養天主, 367쪽.
43 위의 책, 37 其他, 413쪽.
44 위의 책, 24 以天食天, 364-365쪽.
45 위의 책, 37 其他, 414쪽.

따라 표현되기 때문일 것이다. 여기까지는 기존 성리학이 생각할 수 있었던 것이다. 종적 본성(性)과 이(理)는 언제나 서로 즉(卽)해 있다(性卽理). 개체들은 종적 차이를 보이면서 '우주의 마음〔天地之心〕'이자 '우주의 기〔天地之氣〕'인 '천지만물의 본래일심(天地萬物, 本來一心)'을 체현하고 있다.[46] 미세한 입자적 존재도 신령한 우주 정신에 평등하게 참여하고 있다. "위로는 일월의 큼과 아래로는 미진(微塵)의 작음이 다 천도의 영광(靈光)"을 표현한다.[47] 이러한 사상을 몸소 살았던 최시형은 '새 무리가 뜰 나무에 앉아 우는 것을 보고' '천도의 영묘(靈妙)'가 '간섭(干涉)' '조림(照臨)'한 것으로 직관하고 그것을 '시천주의 소리'로서 듣는다.[48] 어떤 미미한 개체도 자신의 내적인 신성한 영적 본성에 의해 우주와 연속되어 있지만, 바로 그 본성에 의해 자신의 고유한 존재 의의를 표현한다. 이 때문에 개체도 공경받는다.[49] 표현의 형이상학에 근거한 종교심이 갖는 관대한 충심(衷心)이란 개체의 독자적 현존에 참여할 수 있는 능력인 것이다. 진정한 종교심은 자신이 초월적 중심이 되어 집단을 통합하는 장악자의 권세심이 아니라 '영원과 무한의 상하'에서 모든 것을 보는 마음이다. 진정한 인격의 독립성과 자유는 내재의 영역에서 영원을 현존으로서 경험한다. 따라서 내재적 종교심은 세상의 충성을 요구하는 것이 아니라 세상에 충성한다. 그러나 추방자로서의 최시형이 운명〔天命〕으로서 받아들인 충성은 세상의 불안과 희망을 시대의 운수로서 겪어야 하는 것이었다.

---

46 앞의 책, 8 靈符呪文, 289쪽.

47 李敦化, 앞의 책, 41쪽.

48 위의 책, 125-126쪽. 이 사건은 1891년, 강원도 인제 이명수의 집에서 일어난다. 최시형은 유랑하면서도 반드시 나무(감나무)를 심었으며, 베짜는 여인이나 유아에게서 천주 강림의 현존을 경험한다.

49 영적 생명 원리는 전체의 핵심적 통일성이자 각 개체들의 고유한 중심 원리이기도 한 것이다.

## III. '자기 인식[自己知]'과 무(無)

시대의 상황을 전변하는 운(運: 운수, 역운)으로 이해하는 것에 익숙했던 최시형은 기이하게도 세계의 불안을 언급한다. "천지도 불안하고 산천초목도 불안하고 강하와 물고기와 자라와 같은 온갖 수생 동물도 불안하고 나는 새와 지상의 짐승들도 불안하다(天地不安, 山川草木不安, 江河魚鼈不安, 飛禽走獸不安)." 세계 불안은 '새로운 세계가 열리는 개벽의 역운〔開闢之運〕'이 겪는 필연적 전쟁 상태를 예감한다. 이 전쟁의 국면은 서로 다른 원리에 따라 자신을 전개하는 "과거 선천의 역운과 후천의 역운이 서로 교체하면서 서로의 원리와 세력들이 서로 전쟁하는(先天後天之運, 相交相替, 理氣相戰)" 상황이다. 이 상황은 "만물이 모두 전쟁하기 때문에 인간의 전쟁도 없을 수 없는(萬物皆戰, 豈無人戰乎)" 최후의 결전일 것이다.[50]

역사에 대한 이러한 묵시론적 언설은 최시형의 생애 후반기에 행해진 것으로 보인다. 그러나 그러한 묵시적 관념은 그와 그의 스승이 '진리가 현현하는〔顯道〕'[51] 후천 시대가 시작되는 시기로 믿었던 결정적 시점(1860. 4. 5) 이후로 그들과 동학 교도의 역사 의식에 하나의 분위기로서 깔려 있는 불안의 정조(情操)를 잘 보여 주고 있다. 그 불안은 세계는 여전히, 그리고 아직 진리와 합치하지 못하고 있으며, 그래서 모든 인간적 자아가 세계 속에서 자신의 존재와 자유를 인식하지 못하고, 세계와 괴리되고 자신과 분열되어 있는 상황을 보여 주는 것이다. 이 불안정성은 진리의 현현이 온전히 완성되는 시기에 대한 희망에 의해 더욱 선

---

50 앞의 책, 최시형, 15 「開闢運數」, 330-331쪽. 理氣相戰은 선천의 이치와 기운이 후천의 이치와 기운에 대적해 싸우는 것이다. 이영로, 『海月神師法說解義』(천법출판, 2000).

51 위의 책, 334쪽.

명해지지만 잠정적인 것으로 된다. 그 희망은 그의 삶을 전환시켰던, 스승과의 만남(1861)에서 전승되고 자각된 우주적 진리〔天道, 天理〕의 회복 과정에 대한 신념에 의거한 것이다. 진리는 객관적으로는 시대의 역운을 타고 역사 내재적으로 실현될 것이고, 주관적으로는 자신들의 심성에 이미 실현되어 있는 것이다. 그러므로 진리는 세계와 심연으로 분리되어 있는 단적으로 초월적인 정점이 아니다. 더욱이 최시형이 언급한 불안은 내재의 영역에서 어떤 신성의 흔적도 발견할 수 없는 가운데 구원의 순간을 불확실한 가능성으로서 감지하는 데에서 오는 개인 실존적 불안도 아니다. 실존적 불안은 존재를 전적인 무의미로 물들임으로써 무(無) 속에서 가냘픈 가능성만을 찾는 허무주의에 기초한다. 그것이 허무주의인 까닭은 무는 가능성을 갖기 위한 필연적 조건으로서 역설적이게도 존재해야 하기 때문이다.[52]

그러나 최시형의 진리 경험은 인간 존재의 본질적 조건으로서의 존재론적인 무를 말하게 하지 않는다. "사물의 진리 혹은 진제〔法諦〕는…… 따로이 고원한 곳에 존재하는 것이 아니라 그대의 몸에 있으며 그대의 세계에 있다."[53] "천(天)은 만물을 창조하시고 만물의 내(內)에 거주하신다."[54]

만유로서 자기를 전개하는 하나의 진리는 "혼융한 근원적인 하나의 생명 원리(渾元之一氣)"이다. 이것이 만유에 내재하면서 모든 개체의 자발적 생명력을 구성한다. 그러므로 "우주에 충만한 것은 모두 혼원의 일

52 동학은 주로 동양 전통적인 '평정의 종교'의 자원을 활용한다. 실존적인 '불안의 종교'는 인간 심성을 애태우는 고뇌 속으로 탈진시킴으로써 세속의 상대적 안정성에 투항하게 할 수도 있다. 그러나 불안을 통과하지 않는 종교는 세속화 속으로 종교적 긴장을 실종시킬 수 있다. 이 문제는 J. G. Arapura, 유경희 역, 『불안과 평정으로서의 종교』(서광사, 1995) 참조.

53 최시형, 앞의 책, 37 其他, 422쪽.

54 위의 책, 418쪽.

기(一氣)이다 (宇宙間, 充滿者, 都是渾元之一氣也).” 그의 진리 경험에서 나타나는 경지 혹은 경애(境涯)는 '하나이고 모든 것'이다. 우주에는 어떤 빈 틈의 무도 없다. 또한 최시형은 본원적 생명을 '심령의 존재〔心靈之有〕'로 경험하는 바, 그것은 '거대하고 무한한 것〔大而無極〕'으로서 전개되면 “우주 사이에 가득차며 응축하면 하나의 곡식 알 속에 수장된다(用之則滿乎宇宙之間, 廢則藏乎一粒之中矣).”[55] 영적인 생명원리는 무한히 큰 것으로서 우주에 편재하고 무한히 작은 것으로서 미세한 개체들을 규정해 그것의 본성〔性〕으로서 응축된다. 어떠한 미물이라도 거기에 영적 실재가 '서리어〔凝〕 있으며, 그 개체들은 모든 방향으로 연속되어 있다. 따라서 다수성의 현상 세계는 서로 구분되어〔異〕 있지만 본질상 분석될 수 없는 통일성〔同, 一〕을 갖는다. 개체들은 자신의 물체성에 따라 소멸되는 유한성을 갖지만 무로 소멸된다기보다는 형상화되었다가〔變, 造〕 전체성 속으로 변화〔化〕되어 가는 것이다.

하나이자 전체인 이러한 경지에서는 무는 없으며 존재만이 있다. 그리고 존재하는 개체들의 존재 능력은 그것에 서리어 있는 본성의 활력과 이것과 연속되어 있는 '우주적 활력〔生機〕'에 의해 보장된다. 이 우주적 활력은 스스로 영원히 작용함으로써 자신의 존재 능력을 현시하고 개체들도 그 영원성에 뿌리를 내림으로써 실재성과 만족성을 갖게 된다. 연속성 속에서의 개체들의 만족성이 존재의 본질이다. 따라서 인간을 포함한 모든 개체는 상호 교류하는 공감적〔和〕 관계 안에서만이 존재 의의와 기쁨을 느낀다.[56] 나아가 개체들은 영적인 근원자와의 접속 관계 속에서

55 최시형, 앞의 책, 9 守心正氣, 296-297쪽.

56 박재순, 「함석헌의 생명사상」, 이경숙 · 박재순 · 차옥숭, 『한국 생명사상의 뿌리』(이대출판부, 2001), 153-155쪽. 저자는 여기서 '아픔'에 대한 공감을 '종교적 영성'과 공동체의 기초로서 강조한다. 통절한 연민이야말로 자기 겸허를 통해 '우주적 생명'과 '하나'가 되는 기쁨의 세계를 향해 권력과 적대하는 원천적 힘이 될 것이다.

자아의 본질과 실재성을 경험할 수 있다. 그러므로 "개인들 각개가 능히 신인 합일이 자아됨을 자각할 수 있다(個人各個가 能히 神人合一이 自我됨을 覺)."[57] 우주의 본질과 자아의 본질의 일치를 깨닫는 데에서 비로소 자아의 의의를 알게 된다. "천지의 정신은 나로 하여금 잠에서 깨게 하며(天地精神令我曉)", "천지 정신이 총괄적으로 하나의 몸 가운데로 귀착한다(天地精神, 總歸一身之中)."[58]

그러므로 우주 정신으로서의 "도(道)를 지(知)한다 함은 곧 자기(自己)가 자기를 지(知)함이니 자기를 지코자 아니하고 타(他)를 지코자 하는 인(人)"은 자기 상실을 벗어나지 못하는 것이 된다.[59] 궁극의 진리는 자아의 본성을 회복하는 것이다. 그것은 '욕념(慾念)'[60]의 대상으로서의 외적 사물도 아니고, 자아와 단적으로 멀어져 있는 초월적인 타자도 아니다. 자기 인식은 욕념에 지배되는 대립적 자기 의식으로부터 벗어나는, 마음〔心〕의 내적 자기 수렴 운동, 도교의 어휘로는 '근원으로의 환원(還元)' 과정을 통해 성취된다. 이러한 의미에서 최시형은 동학을 '도학(道學)'으로, 도학을 '심학(心學)'으로 이해한다.[61]

사물을 원리적으로 이해하는 것과 윤리적 삶의 태도를 결합시키는 이러한 사유 방식은 사실 중국이나 조선의 성리학과 불교 및 도교 철학에서 이미 숙지된 것이었다. 최시형과 그의 스승은 이 점을 잘 알고 있었다. 다만 그들은 기존의 신분 위계(카스트) 제도가 준 생의 분열과 가치 저하에 대한 극복 의지와 강렬한 종교심에 의거해서 전통 심학 속에 함축되어 잠겨져 있었던 긍정적 화해의 정신을 일반화의 방향으로 폭발시

57 앞의 책, 37 其他, 423-424쪽.
58 위의 책, 36 降詩, 406. 9 守心正氣, 295쪽.
59 위의 책, 37 其他, 410쪽.
60 위의 책, 9 守心正氣, 296쪽.
61 위의 책, 11 篤工, 310쪽.

켰던 것이다. 바로 이 점이 그들이 유·불·도 삼교 합일을 계승하지만 그것과 다른 사상을 말한다고 했던 이유인 것이다. 심학적 '마음의 기술〔心術〕'[62]은 상류 사회 지식인의 내적 자기 위안의 수단이 아니다. 그것은 모든 개인으로 하여금 버려진 생을 되찾게 하여 자신의 본질을 획득함과 동시에 구체적 생활 속에서 모든 관계를 신성의 현현으로 변형하게 하는 기술이다. 개체적 사물이나 개체들의 관계에서 일어나는 사건들은 신성한 '한울〔天〕'을 체화하고 있다(物物天, 事事天).' 인간의 경우도 마찬가지이다. "인간은 한울과 분리되어 있지 않고, 한울은 인간에게서 분리되어 있지 않다(人不離天, 天不離人)." '인간은 한울이며(人是天)' '인간은 한울사람(人是天人)'이다.[63]

이와같이 개체에 내재하면서 그들 간의 관계를 신성한 질서 즉 광명으로 만드는 개체적 본질을 최시형은 '심령(心靈)' 혹은 '성령(性靈)'으로 명명한다.[64]

> 인간의 성령은 한울의 해와 달과 같으니 해가 중천에 이르면 만국이 자연히 밝고, 달이 중천에 이르면 무수한 강들이 자연히 달을 반사하며, 성령이 중심에 이르면 온갖 몸체가 자연히 평안하고, 심령이 중심에 이르면 만사가 자연히 신묘하게 자유로워진다(人之性靈也, 如天之日月, 日中則萬國自明, 月中則天江自照, 性中則百體自安, 靈中則萬事自神矣).[65]

물체와 신체 속에 내재하는 심령인 성령은 그것들을 존엄한 주체로 구

62 앞의 책, 7 待人接物, 286쪽.
63 위의 책, 24 以天食天, 364쪽. 2 天地父母, 254쪽, 7 待人接物, 278쪽. 15 開闢運數, 329쪽.
64 위의 책, 9 守心正氣, 296-297쪽.
65 위의 책, 297-298쪽.

성하는 '주체성〔主〕'의 원리이다. 그것은 인간의 경우 그를 '평화의 심정〔安, 安靜〕'으로 안정시키는 자기 인식의 상관자이다. "신체는 심령의 집이며, 심령은 신체의 주체성이고, 심령의 존재는 일신의 안정이다(身體, 心靈之舍也. 心靈, 身體之主也. 心靈之有, 爲一身之安靜也)."[66] 진정한 주체성은 물체나 신체들 사이를 무(無)로 분할해 틈을 만드는 원자론적 고립화에서 찾아지지 않는다. 주체성의 원리는 오히려 "나에게 있는 본연의 한울(在我之本然天)"[67]이다. 주체성은 단일한 한울이 다수성 속에서 나누어져〔萬殊〕 존재하면서 서로 반사하고 있다는 거울 구조에 대한 투시적 인식에서 얻어진다. 주체성은 타자를 부정함으로써 자신의 존재를 정립하는 분열적 관계에 의해 얻어지는 것이 아니다. 그것은 타자 본연의 본성의 내부에서 자신을 발견하고 타자의 존재를 긍정적으로 조명하는〔照〕 데에서 세워진다. 이런 반사적 연속성 속에서 개체의 본질〔性靈〕은 하나의 '거울〔鏡〕'이고 '구슬〔珠〕'이 된다.[68] 구슬들 사이에는 어떤 무도 없으며, 구슬로서의 각개의 본질은 자신이 거주하고 있는 구체적 개체에게 생기를 부여함으로써 존재의 충만성을 실현한다. 본질에는 존재가 필연적으로 결부되어 있다. 모든 개체는 본질의 존재에 만족하고 있다. 또한 개체에 구현되고 있는 존재는 자연 전체의 영원한 존재 능력에 본원한 것이기에 평등한 것이다. 존재는 어디에서나 평등하고 충만하다. 따라서 진정한 주체성은 만유의 평등성에 대한 관통하는 인식을 바탕으로 성립하며 또 여기에서 자기 인식의 목표에 도달한다.

원래 장횡거(張橫渠, 1020-1077)가 우주를 태허(太虛)에 본원하는 하나의 기(氣)가 분화되어 전개된 것으로 보고, 거기에는 어떤 빈 공간

66 앞의 책, 296쪽.
67 최시형, 위의 책, 8 靈符呪文, 289쪽. 4 天地人. 鬼神. 陰陽, 268쪽.
68 위의 책, 9 守心正氣, 297쪽.

도 없다는 의미에서 ‘무는 없다〔無無〕’고 단언한 이후 성리학은 만유의 연속성을 강조해 왔다. 그에 의하면 있다 없다에 관한 의식은 인간의 욕망이 갖는 ‘애오(愛惡)’의 감정과 연관된 시각〔離明〕의 피상적 지각에서 나온 것이다. 그 때문에 우주의 본원이자 인간의 ‘본래적 본성〔天地之性〕’에 대한 이해에 도달하기 위해서는 현상에만 사로잡힌 피상적인 ‘유무의 분별〔有無之分〕’을 벗어나야 한다.[69] 무는 좋아하는 기대가 좌절되거나 시각적으로만 판단하는 데에서 온 심리적 산물이라는 것이고, 극단화되면 세계 전체와 어떤 움직임도 거부하는 염세에 빠진다는 것이다. 또한 삼교 합일을 전제로 인간성의 연금술적 변형을 주장했던 도교의 장백단(張伯端, 983-1082)도 ‘욕념지성(欲念之性)’의 발동을 ‘본원지성(本元之性)’으로 순화할 것을 주장하고, 본원의 ‘성의 전체가 자각적으로 현현된〔性之全體現〕’ 경지를 불가의 ‘유도 아니고 무도 아닌〔非有非無〕’ 것으로 묘사했다. ‘형체〔形, 色〕’에 대한 집착에서 오는 분별하는 부정적 의식에서는 ‘친소(親疎), 피차(彼此)’가 있으나, 유 · 무를 벗어난 긍정의 마음은 “존비귀천을 일체로 평등하게 볼 뿐이다(尊卑貴賤, 一體等觀而已).”[70]

윤노빈(1941- )은 이러한 관점에서 ‘눈은 대상을 감각적으로 쪼개는 칼’에 비유하고, “자아는 ‘무궁히’ 팽창되어 가는 공〔球〕과 비슷하다.”고 했다. 그에 의하면, 자아의 연속적 팽창은 모든 분할과 막힘을 넘어서는 ‘무궁(無窮)의 상 아래서’ 우주의 ‘말씀을 듣고 있는’ 관점으로 나아가는 정신의 운동이자 투쟁이다. 생의 본질은 ‘넓이’이며 이것이 ‘깊이’이다.[71]

69 張橫渠, 『正蒙』, 太和篇.
70 장백단, 『悟眞篇』(王沐淺, 『悟眞篇淺解』, 中華書局, 1990), 183-184쪽.
71 윤노빈, 『新生哲學』(학민사, 2003), 38, 58, 291쪽.

자아의 본질적 깊이를 존재론적 연속성에서 찾는 무궁의 철학은 사물을 분할하는 지성의 능력에 한계를 설정한다. 연속성의 철학은 지성에 가장 친화성이 있는 감각적인 시각을 청각적으로 들음으로써 대표될 수 있는 공감의 교류에 종속시킨다. 진정한 관계는 부정적 혹은 경쟁적 대립이나 밀고 당기는 기계적 인과성이 아니다. 그것은 타자를 우연한 만남의 비껴가는 대상으로 삼거나 자아의 수단적 속성으로 환원하는 것도 아니다. 진실한 관계는 내적 교감 속에서 타자의 개체적 존재를 절대적으로 긍정하는 것이다. 개체의 절대화는 개체와 그들 간의 관계에 임재〔臨, 侍〕 혹은 현존〔顯, 現〕해 있는 절대자〔天主, 한울님〕 속에서 이루어진다. 타인과 사물의 존재는 마치 절대자가 지금 여기에 현존하는 것처럼 나에게 나타난다. 따라서 절대자뿐만 아니라 모든 개체들의 존재는 현존으로서 경험된다. 이러한 경험은 경험자로 하여금 절대자가 현존하는 현재(現在)의 순간에 충실하게 한다. 이 충실성이 타자와의 관계를 자아의 우연적 속성으로 만드는 것이 아니라 본질적 화(和)의 관계로 정립한다. 이런 맥락에서 최시형은 '경천(敬天) · 경인(敬人) · 경물(敬物)'이라는 모든 있는 것들에 평등하게 보편적인 '존재'에 대한 공경의 종교심 속에서 살 수가 있었던 것이다. 그의 '관서(寬恕)' 혹은 '인서(仁恕)'의 개방적 윤리는 그러한 존재 경험에 근원한다.[72]

## Ⅳ. 개방성과 연대성

공경심의 대상적 상관자는 존재의 평등한 단일성이다. 이에 대한 긍정

---

**72** 앞의 책, 최시형, 21 三敬, 354-358쪽, 7 待人接物, 282-283쪽.

은 세상적 욕망의 호오 감정에서 오는 유 · 무의 분할을 넘어서는 비움〔虛〕의 실천에 의해서 가능하다. 비움의 실천은 '사욕(私慾)', '사물(私物)', '사영(私榮)'을 포기하고, '광대한 공허 안으로 정신을 응축하는〔凝神太虛〕' 자기 수렴의 운동이다.[73] 이 정신의 운동에 의해 태허 상태가 된 마음은 비로소 존재를 공경하면서 인수하는 겸허한 '수동성〔無爲〕'에 이르게 된다. 이러한 수동 상태는 절대자의 임재에 대한 직관에 의해 종교적인 견고한 토대를 얻게 된다. 그리고 종교적 수동 상태만이 최시형이 도교의 어휘로 '영묘한 빛〔靈光〕'이라고 했고 손의암이 '허광심(虛光心)'이라고 했던,[74] 마음의 드넓은 개활성(開闊性)과 생기가 나오게 한다. 존재에의 심적 개방성은 이윤〔利〕과 신분 질서가 갖는 배타적 안정성에의 접착성을 용해시킨다. 그것은 정착 없는 무주(無住)의 자유 이외의 다른 것이 아니다. 이 자유가 생을 무한으로 열어 제치고 존재의 긍정을 위한 생의 모험과 방랑에 들어가게 한다. '현존의 스승〔神人, 神師〕'[75]으로서 존재의 공경자로서 최시형은 역사 속에 나타났다. 영원한 가치는 동서를 막론하고 하나의 개체적 인격의 생애에 의해 드러나고 전승된다. 최시형이 느러낸 개방성과 자유는 모든 것을 산업적 유용성의 법칙과 차별적 예속의 질서에 종속시키는 역사의 흐름 한가운데에 홀로 세워진 절개이다. "성인의 절개는 겨울 산마루의 외로운 소나무와 같아서 홀로 봄빛을 띠고 있다(聖節, 如冬嶺孤松, 獨帶春光)."[76]

이상의 논의에서 볼 때 최시형의 자기 인식에서 오는 자유는 근원적 고독과 사회적 참여라는 이중적 의미를 내포하고 있다.

73 최시형, 앞의 책, 11 篤工, 312쪽.

74 李敦化, 「천도교 창건사」, 천도교 중앙총부, 1933, 131쪽. 앞의 책, 손의암, 6 三心觀, 467쪽.

75 천도교에서는 최수운을 대신사(大神師), 최시형을 신사(神師)로 칭한다. 도교의 전통에서 신(神)은 절대에 접속할 수 있는 정신의 단계이다.

76 최시형, 위의 책, 12 聖人之德化, 317쪽.

(1) 내적 자기 인식에서 만나는 자아의 본질은 우주의 본질적 생명 원리이다. 생명 원리는 일단 유용성과 유위(有爲)의 삶의 포기를 동반하는 '수심정기(守心正氣 : 마음을 지키고 심신의 기운을 조화의 체계로 바로잡음)'라는 수양의 끝에서 직관된다. 그러므로 직관은 지성적 직관이라기보다는 의지적 직관이 된다. 이 직관에 의해 "정신은 내면의 그윽하고 빈 계곡과 같은 상태에 들어가고, 종일토록 어리석은 것 같고, 기운은 평정되며 정신은 청명해진다(神入幽谷, 終日如愚, 氣平正, 心神淸明矣)."[77] 정신은 사교적 의사 소통을 탈각하고 침묵의 고독 속에서 '절대 근원적 생명성〔絶對元氣〕'[78]에 접속한다. 정신의 이러한 근원적 고독은 언어적 사회성에서 멀어져 있고 그것을 넘어서 있는 형이상학적 백치 상태이다.

또한 자유는 역사가 주는 현실적 종속성뿐만 아니라 초월적 천(天)에의 종속성을 탈피한 것이다. 최시형의 신앙〔信〕은 천이 가진 선한 가치들이 인간으로부터 소외된 것이 아니라 그것을 인간의 속성으로 변화시키는 믿음의 행위이다. 신앙은 믿음뿐만 아니라 수양의 행위를 요구하며, 이 행위는 '천지를 내 마음에 접근시킨다(是近天地我心).'[79] 나아가 내 마음이 "천도를 삶의 본체와 발용으로 하는 것이며, 이것이 인도이다(天道를 體用함은 是人道니)."[80]

프롬(Erich Fromm)의 종교심리학은 종교를 '권위주의적 종교'와 '인도주의적 종교'로 나눈다. "인도주의적 종교에서 인간의 목적은 최대의 무력함이 아닌 최대의 강인함을 성취하는 것이다…… 권위주의적 종

---

77 앞의 책, 11 篤工, 313쪽.
78 위의 책, 37 其他, 427쪽.
79 위의 책, 9 守心正氣, 302쪽.
80 위의 책, 37 其他, 426쪽.

교에서 가장 뚜렷한 감정적 분위기는 비애감과 죄악감이었던 반면 여기서의 그것은 기쁨의 감정이다."[81] 이런 의미에서 최시형의 신앙이 창조한 자유의 인격은 세계 정복자를 넘어선 세계 극복자로서의 인격이라 할 수 있을 것이다. 그러한 초극된 인격의 고독이 바로 자유의 독립성을 가능하게 하는 근본 조건이다. 그러나 최시형의 신앙 대상인 '무극대도(無極大道)'는 그것이 비록 내재적 성격을 강하게 갖고 있다고 할지라도, 소유와 분석이라는 인간적 능력으로 소유할 수는 없는 것이다. 무한 존재는 인간의 현세적 영광을 더 증식시키는 소유 목록 중의 하나가 아니다. 만일 지성의 분석적 인식도 동물적 포획과 소유의 연장선에 있다고 한다면 무한 존재는 일체의 소유적 파악과 이용으로부터 자유로운 초월성을 유지하는 것이다. 그것은 모든 인간적 관심 중에서 지고의 궁극성을 갖는다. 인격도 자유이지만 신격도 자유이다. 무한 존재는 인간의 포로가 아니며 차라리 인간이 그것에 사로잡힘으로써 자신이 자유로 해방된다.

궁극의 관심은 다른 비본질적 가능성에 의해 자신을 상대화하지 않고, 자신의 본질적 가능성을 내적 필연성 즉 운명으로 수용한다. 따라서 무한 존재는 그것에 대한 부분적 파악이나 세간적 관심에 의해 완결될 수 있는 지평을 갖지 않는 숭고한 존재로 경험된다. 무지평의 존재는 '경외지심(敬畏之心)'[82]의 상관자이다. 따라서 최시형은 천주(天主)의 주(主)를 주인이기보다는 존엄의 뜻인 님으로 이해하고, '한울님에 대해 오만하지 말고(毋慢天)' '한울님을 굴복시키지 말라(毋屈天)'고 경계했다.[83] 이렇게 볼 때 근원적 고독과 자유는 진정한 모든 종교심의 핵심적 조건

81 Erich Fromm, 문학과 사회연구소 역, 『정신분석과 종교(*Psychoanalysis and Religion*, 1967)』(청하, 1983), 54-55쪽. 그는 인도주의적 종교에 속하는 것을 초기 불교, 유교, 이사야, 예수, 소크라테스, 스피노자 및 유대교와 기독교 중 신비주의적인 것 등으로 본다.

82 최시형, 앞의 책, 10 誠敬信, 306쪽.

83 위의 책, 28 十毋天, 374쪽.

이자 산물이 되며, 모든 존재하는 것들을 사랑하는 심적 능력이 된다. 이 능력이 최시형을 현존의 대가로 만든 것이다.

(2) 개방적 자유가 갖는 근원적 고독은 개인주의적 불안과 폐쇄로 인간을 한정시키는 것과는 정반대의 능력을 갖는다. 원래 개방성은 개인이 자신의 본원적 성품을 자연의 통일적 본성과 상통하는 것으로 자각하는 대양(大洋)의 경험을 의미하는 것이었다. "마음이 하루아침에 드넓게 트여 진리를 관통하면 마음의 영적 가르침을 분명하게 들을 수 있다(心이 一朝에 豁然貫通하면 心靈의 敎를 聞하나니)."[84] 그러나 활연(豁然) 관통 이전의 개인들의 의식은 본질적 차원에서의 개체들의 상통성을 알지 못한다. 그들의 자기 의식은 자기의 근저에 있는 우주 전체의 연속성을 감지하지 못한다. 의식에게 내적 깊이는 무의식으로 남아 있다. 최시형과 그의 스승은 불가의 본성의 바다〔性海〕와 파도의 비유나 성리학의 나무〔木〕 뿌리〔本〕와 가지〔末, 枝〕의 비유를 통해 현상적 의식과 심층의 생명 원리의 관계를 숙지하고 있었다. 개체성에 집착되어 있는 의식이 갖는 사회적 관계가 각기 자신을 위하는 마음〔各自爲心, 최수운〕에 한정되어 있는 것이라면, 생명의 원천으로 융화된 의식은 "사람은 모두 모시고 있는 한울님의 영적 생명력으로 생활하는 존재(人皆以侍天主之靈氣生活者)"임을 알게 된다.[85] 심지어 "인간의 먹고 살고자 하는 생각도 한울님의 감응하는 마음(人之欲食之念, 卽天主感應之念)"이었음을 체험한다.[86]

이와 같은 신비적 자연주의의 성격을 갖는 인식이 인간의 사회적 관계

---

**84** 앞의 책, 37 其他, 415쪽.
**85** 위의 책, 19 向我設位.
**86** 위의 책.

가 본질상 느낌과 감응의 연대성이라는 것을 자각하게 하는 것이다. 우리의 의식이 의식하지 못하는 느낌의 연속성이라는 존재론적 원리가 사회 속에 나타난 것이 진정한 연대성이다. 이러한 연대성은 사회의 모순과 갈등을 이성적으로 인식하고 그것을 해결하는 대안적 이념을 제시함으로써 그 깃발 아래로 사람을 응집시키는 태도에서 나온 것이 아니다. 사회 공학적 태도는 조작적 이성을 전제한다. 사회학이나 역사학이 이러한 입장에서 동학 운동사를 접근한다면 출발점에서 핵심을 비껴 나간다. 최시형의 연대성과 동학 조직의 근본 정신은 도구적 이성에서 나온 것이 아니라 우주의 존재론적 구조를 사회-역사 안에서 표출한 우주적 연대성이다. 개방적 인격은 안으로는 만유의 본질이자 이것의 계시인 '심령(心靈)의 부단한 약동〔躍動不息〕'[87]을 갖추고, 밖으로는 그것이 표출해 전개하려는 생명의 발용에 따른다. 따라서 이러한 실천 구조는 전통의 삼교가 그토록 강조했던 본체와 발용의 통일〔體用合一〕을 공경과 평등의 관계 틀 속에서 급진적으로 실현해 낸 것이다. "안으로는 신령이 있고 밖으로는 '기'의 실현이 있다(內有神靈, 外有氣化)"[88]는 최시형과 최수운의 신조는 위와 같은 우주적이고 사회적인 의미를 갖는 것이었다. 그것이 최시형으로 하여금 기존의 사회 조직의 수혜자가 아닌 도망자로서 그리고 새로운 조직을 생성시키는 혁명가로 살게 만든 것이다. 김백암(金白菴, 1897-1974)에 의하면 "수운은 맑고 맑아 인간을 초월했고, 해월은 밝고 밝아 세계와 함께했다(水雲淡淡超人間, 海月明明共世界)."[89]

동학의 연대성은 의식적 이성이 타인의 주권도 상상력의 도움으로 인정해 제작해 낸 일반 원리〔公理〕와 겉보기에는 같을 수 있을 것이다. 그러

---

87 최시형, 앞의 책, 37 其他, 434쪽.

88 위의 책, 8 靈符呪文, 293쪽.

89 白菴金種敏, 「白菴錄」(글나무, 2001), 141-142쪽.

나 타인의 존재 의미를 평등하게 공경하는 일반 원리는 의식이 사물 내부의 보이지 않는 심층적 실재성을 향해 자신의 표층성을 깨고 나와 그것과 동화되는 데에 근거하는 것이다. 이러한 자기의 변형(metamorphosis)과 타자와의 동화 작용, 즉 '달라지면서 같아지는' 마음의 기술이 사회 조직의 일반 원리가 생산되는 일차적 조건이다. 대지(大地)의 내부로 내려가서 타자의 근저에 도달하는 마음의 하강 운동의 요구가 동학의 정언명법이지, 추상적 합의를 지향하는 개인들이 동의한 일반 원리가 최상의 법칙이 아닌 것이다. 타자의 존재에 대한 공감하는 긍정은 의무의 '법칙'에 따르는 것이 아니라 타자의 심층과 교류하는 사랑의 '능력'을 관인(寬仁)으로 현현시키는 것이다.

이러한 문맥에서 최시형은 "한울을 공경함으로써 타인과 내가 포태(胞胎)를 같이하고 사물과 내가 포태를 같이하는 전체적 진리〔理諦〕를 깨닫는다(敬天함으로써 人吾同胞, 物吾同胞의 全的理諦를 깨달을 것이요)"고 말한다.[90] 이 말은 장횡거(張橫渠)의 「서명(西銘)」에 나오는 사해동포주의적 어휘를 활용한 것이다.[91] 그러나 장횡거가 기존 질서의 경영자의 견지에서 그것을 치(治)의 방법으로서도 활용했다면, 최시형의 사해동포주의는 자신과 각 개인의 내부에 잠존해 있는 생명 의지를 폭발시킴으로써 모두를 새로운 관계 질서의 방향으로 탈출하게 하는 이념이었다. 장횡거의 성리학적 선비〔士〕 의식은 대낮의 멀쩡함을 갖는다. 동화(同化)의 명수였던 동학의 선비들은 대낮에도 가끔 혼몽 상태에 빠진다. 원래 내재적 현존의 철학은 한밤중으로부터 나온다. 이들은 혼몽으로부터 자신을 수습해 동화의 경험이 주는 의미를 사상으로 전화시키고 새로운 질서를 창조하는 주체성으로 거듭난다. 이 때문에 기존의 정상적

**90** 최시형, 앞의 책, 21 三敬, 355쪽.
**91** 張橫渠, 「西銘」, 『正蒙』.

가치 체계〔正學〕에 순응하는 선비 의식의 눈에는 그 주체성이 악마적 도착〔邪〕으로 인식되었던 것이다. 성리를 옹호하고 동학과 싸우는 위정척사(衛正斥邪)의 입장에서는 동학적 주체성은 통제적 주체성에 빗나가는 것〔左道〕, 즉 "영원히 바꾸지 못할 불역(不易)의 가치 체계〔萬世不易之道〕"를 명심하지 않고 이탈하는 것이다.

그러나 최시형의 주체성은 과거에 일어난 동화의 경험에서 생명의 영원한 의미를 자각하고 그것이 실현되는 미래를 지향하는 시간성 속에서 산다. 이러한 시간적 주체성이 새로운 역사적 '사건'을 연대적으로 조직한다. 최시형의 공적인 삶의 방식은 "모든 종속(種屬)들 간의 연대적 성장 발전을 도모하는 것"이다.[92] 그리고 이러한 입장은 선(善)이란 모든 선한 것들의 평균적 공통성도 아니고, 통제적인 합리적 도덕 법칙도 아니며, 감성적 감정의 일반화도 아닐 것이라는 것을 암시한다. 그것이 어떤 것이든 정상인의 의식에 숙지되어 있는 선한 것은 삶을 표층에 머무르게 하여 심층에 잠존(潛存)해 있는 생의 비언어적 아우성과 위기를 인식하지 못하게 한다. 진정한 선의 창조자들은 언제나 황야에 나아가 생명의 충동에 접근하는 거친 무엇을 가지고 '권력의 도가니'인 도시를 공략했다. 그들이 생사의 위기로 점철된 생애를 보낸 것은 기존의 정치 경제적 권세와 이성의 권세에는 낯선 생의 '약동(躍動)'을 '부적〔靈符〕'으로서 가져왔기 때문이다. 생의 약동과 일치하는 삶은 나와 타자를 '유한한 형체를 가진 절대자〔有形天〕'[93]로 이해하고 그 내부의 영원성을 사회적 관계로 드러낸다. 그것은 기존의 노예 상태가 주는 모든 안이한 습관에서 벗어나 생명의 무궁한 흐름과 자기 표현의 역동성에 근거한 자주성을 부단히 시험하고 연습한다. 이러한 자주성은 일차적으로 표현의 형

---

92 최시형, 앞의 책, 24 以天食天, 365쪽.

93 위의 책, 15 開闢運數, 332쪽.

이상학에 근거한다. 손의암과 그의 시대의 문화 운동은 개체들의 독자성과 연대성을 살리는 민주공화제적 방향을 갖고 있었다. 그러나 그의 '공화심(共和心)'의 기초는 내재적 종교성을 가진 형이상학을 새로이 반복하는 것이었다.[94]

## V. 시간과 영원

우주와 개체에 대한 최시형의 현존 경험은 그의 스승의 의미 세계를 새로이 '반복'하는 것이었다. 그는 최수운이 인식한 진리를 후천(後天) 개벽의 시대—결정적 시점(1860)에서부터 5만 년 동안—를 전개하는 '근본 원리'로 이해하고 스승을 개벽의 시조를 상징하는 천황씨(天皇氏)로도 부른다. 최시형에 의하면 자신들의 '도'는 '천황씨의 본심(本心)을 회복(回復)'한 것이다.[95] 회복은 『주역(周易)』의 이치에 따라 "지난 것이 되돌아오게 되는 법칙〔無往不復之理〕"에 의한 것이다.[96] 그의 스승 역시 "현재 순간에 천령이 강림한 것〔只今天靈이...降臨〕"을 "무왕불복의 이치를 받은 것"으로 해석한다.[97] 이것은 자신의 시대에는 쇠(衰)해 버린 선천(先天) 시대(5만 년 전에 시작한 역사)의 생명력을 다시 회복했다는 의미이다. 최시형도 스승의 현존 경험을 우주의 '창조적 생성의 근본(造化之根本)'을 '시창(始創)'한 것으로 파악했다.[98] 성쇠 순환하는

94 손의암, 앞의 책, 聖凡說, 1 無體法經, 481쪽.

95 李敦化, 앞의 책, 117쪽.

96 『周易』, 復卦, 彖傳, '그 도를 반복하여(反復其道)' '천지의 마음을 본다(見天地之心).', 李敦化, 위의 책, 53쪽.

97 李敦化, 위의 책, 53쪽.

98 최시형, 앞의 책, 13 天道와 儒佛仙, 320쪽.

때〔時〕의 법칙과 근본 원리〔道〕의 시간적 운명은 일치한다. '이 시대의 운수는 천지개벽 초의 대운을 회복하는(斯世之運, 天地開闢初之大運回復)' '잉태(胞胎)'의 과정에 있다. '개벽의 운수'와 '개벽의 원리〔開闢之理〕'는 그 과정에서 만난다.[99]

그러나 최시형과 후세 동학 교도들이 주목한 것은 5만 년 주기의 순환 법칙이 아니라, 최수운에게 결정적 시점에서 일어난 새로운 정신적 의미를 반복함으로써 새로움을 창조하는 것이다. 회복하는 반복은 우주를 새로운 방식으로 경험하는 것, 새로운 주체성이 되는 것, 사회적 관계를 새로이 맺는 것이다. 그것은 "새 한울 새 땅에 사람과 사물이 또한 새로워지는 것이다(新乎天, 新乎地, 人與物亦新乎矣)."[100] 새로운 양식의 인륜을 사는 방식은 생명에 가장 밀접되어 있고 그것의 발현을 기뻐하는 어린이가 되는 것이다. 그러한 인격은 '말과 글'에 익숙한 그래서 권력에도 익숙한 어른이 아니다. 진정한 인격은 "먼저 마음 가득히 즐거운〔滿心快哉〕 후에 희열과 감격으로 생명의 창조성에 마음을 확정〔造化定〕"한다.[101] 본원의 생명 원리는 '쾌활의 원리〔快然之理〕'이며, 이것을 직관한 인격은 "문득 젖먹이의 적자지심을 회복한다〔恍然復赤子之心〕." 이것이 또한 '성철의 영역〔聖哲之域〕'에 도달한 것이다.[102]

새로운 주체성의 창조와 일반화〔布德〕에 의해 새로운 세계는 도래할 것이다. '도'는 '미래의 도〔未來之道〕'이다.[103] 그러나 '아직' 완성되지 않은 미래의 도는 '이미' 최수운이 경험한 결정적 순간에서 일어났으며, 최시형의 '현재 시〔現時〕'에서 전개되려 하고 있다. 이런 계승의 의미에

99 앞의 책, 15 開闢運數, 323쪽.
100 위의 책, 323쪽.
101 李敦化, 앞의 책, 99쪽.
102 최시형, 앞의 책, 3 道訣, 258-259쪽.
103 위의 책, 261쪽.

서 최시형은 자신의 현재와 스승의 생애를 모두 동시대의 현재시로 생각하고 '현재를 후천 시대가 개벽하는 시대〔現時가 後天開闢임〕'로 파악한다.[104] 그리고 선천 시대는 정신이 쇠해가고 물질 문명의 발달이 완성되어 가는 시대였다.

> 선천은 물질 개벽이요 후천은 인심 개벽(人心開闢)이니, 장래 물질 발명이 그 극에 달하고 여러 가지 하는 일이 이전에 없던 발달을 성취할 것이니, 이 때에 있어 도심(道心)은 더욱 쇠약해지고 인심은 더욱 위태로워질 것이다 …… (그러나) 일대 개벽의 운이 회복되었으니, 그러므로 우리 도를 천하에 포덕하여 창생을 널리 구원하는 것(布德天下, 廣濟蒼生)은 한울의 명(命)하신 바이다.[105]

물질 문명의 방향은 통상과 '교역'에 의해 세계화될 것이다. 이 방향을 근대화로 생각한 천도교도 이용구(李容九)[106]는 '개방'과 '통상' 시대에서의 동학의 이해 관계를 최시형에게 묻는다. 그러나 최시형에 의하면 '우리 '도'의 운수는 세계와 함께 돌아가는 것〔與世同歸〕이니 우리 '도'도 이 운세를 당하여 일변해야 번영할 것'이지만, '곧 세계에 드날리게 될〔布揚於世界〕 우리 '도'는 '외국 병마가 아국 강토에 몰려들어 쟁탈하는' 운을 만나게 된다. 그러나 중요한 것은 이 상황에서 ''도'를 드러내는 것〔顯道〕' 즉 "우리 '도'의 주의(主義, 名義)"를 드날리는 것이다.[107] 이에 대해 손의암이 제국주의 전쟁에서 우리가 어떻게 승리할 수

---

104 앞의 책, 37 其他, 417쪽.

105 위의 책, 417-418쪽.

106 그는 세계화를 인생관으로 삼게 되고 결국 제국주의에 편승, 일진회를 조직하고 동학을 시천교(侍天敎)로 바꾸는 등 친일 활동을 하게 된다. 이하의 문답은 갑오혁명(1894)에서 최시형의 죽음(1898) 이전 사이에 있었던 것으로 생각된다.

있는가를 묻는다. 최시형은 전쟁 중에 '계책전〔策〕'이 중요함을 언급하고 답한다: "서양의 무기는 세상 사람이 대적할 수 없는 것이나 살인기계〔殺人器〕라고 하는 것이요, '도'와 '덕'은 사람을 살리는 기틀〔活人機〕이니 그대들은 이 때를 당하여 지극 정성으로 '도'를 닦는 것〔修道〕이 옳다."[108]

최시형의 근본 원리〔道〕는 생명을 긍정하고 생기(生機)를 체현하게 하는 '현기진리(玄機眞理)'이다.[109] 이 진리를 '본체로 하여 그것의 발용을 구체적 현실계에 구현하는 것〔體用合一〕'이 그의 인생의 진로이다. 내재적 인생관이 지향하는 미래의 '신세계(新世界, 손의암)'는 정신과 물질이 종합된 '도덕 문명의 세계〔道德文明之世界〕'이다.[110] 그러므로 그의 '도'는 '여세동귀(與世同歸)'만도 아니며, 초월의 영역으로 가서 돌아오지 않는〔往而不復〕 것도 아니다. 그것은 만유의 연속성과 약동성에 근거한 우주적 연대성을 창조해 가는 '동귀일리(同歸一理)', '동귀일체(同歸一體)'의 길이다.[111] 그에게는 이 길이 '세계 인민의 정신을 환기〔喚起世界人民之精神〕'하는 '광휘'이다.[112]

구체적인 민족사적 삶 속에서 우주적 개방성과 세계 의식을 드러낸 것이 그가 역사 속에서 나타난 의미였으며, 그 자신도 그러한 삶의 양식을 '무극대도'의 역운으로 이해했다. 그러므로 그는 요구한다. "무궁(無窮)의 진리(眞理: 무제약의 진리)를 투시(透, 통찰)해 무극(無極)의 대운

107 최시형, 앞의 책, 34 吾道之運, 393쪽.

108 위의 책, 394-395쪽.

109 위의 책, 30 明心修德, 378쪽.

110 위의 책, 12 聖人之德化, 316쪽. 기존의 많은 연구는 천편일률적으로 동학을 신본주의에 반대되는 인본주의(개체의 인권과 기술 문명을 긍정)로 규정해 왔다. 그러나 이 규정은 무한자를 본체로 하는 동학의 우주 중심주의적 성격을 간과한 것이다. 우주 중심성을 바탕으로 '동학적 네오휴머니즘'을 말하는 것이 더 적절하다(오문환, 『해월 최시형의 정치사상』(모시는 사람들, 2003), 184쪽.

111 최수운, 위의 책, 歎道儒心急 84쪽. 교훈가, 126쪽.

112 위의 책, 34 吾道之運, 392쪽.

명에 참여하라."[113]

이 운명에 동참하는 결단의 시간이 현재의 때(時)이다. 그러나 신세계의 완성은 인간의 참여적 실천에 의해 도래한다. '미래(未來)를 표준(表準)으로 하는' '도'는 인간이 '현재의 때를 활용〔用時用活〕해' 형통하게 된다.[114] 최시형은 이러한 시간 관념을 명심하기 위해 자신의 이름을 경상(慶翔)에서 시형(時亨 : 때의 형통)으로 바꾼다(1876). 그의 시간관은 전통적 방식에 따라 구체적 사물에 대한 표상과 분리되어 있지 않다. 시간은 달의 주기나 생물과 왕조의 변화처럼 '차고 비며〔盈虧, 盈虛〕' '왕성하고 쇠퇴한다〔盛衰〕.' 시간은 천체들의 주기처럼 측정할 수는 있으나 측정된 시간은 구체적 형상이 진행하는 지속의 길이이다. '사건들의 흐름'과 분리되지 않는 구체적 시간은 추상화된 것이 아니다.[115] 구체적 시간관에서는 측정의 단위를 정지된 순간으로 잘게 미분하거나 이 순간들을 실로 꿰듯이 추상적으로 종합함으로써 얻어지는 직선적 시간은 중요하지 않다. 또한 약동불식이라는 부단한 구체적 지속을 실재로 보는 경향에 익숙한 최시형에게는 인도인이나 그리스의 제논(Zenon)이 생각한 연장 없는 점과 같은 순간 개념은 오히려 무익하거나 해로운 것이다. 기하학적 점이나 선, 미분과 적분 같은 수학적 관념은 최근의 과학적 산업화의 과정에서 유포된다.

최시형의 순간 개념도 수학적인 것이 아니다. 그것은 무한한 영원성이 구체적인 장소와 짧은 지속의 길이를 갖는 어느 때에 별안간 갑자기 현

---

**113** 李敦化, 앞의 책, 144쪽.

**114** 최시형, 위의 책, 20 用時用活, 353쪽.

**115** Thorleif Boman, 허혁 역, 『히브리적 사유와 그리스적 사유의 비교(*Das hebraische Denken im Vergleich mit dem griechischen*, 1968)』(분도출판, 1975), 165-193쪽. 여기서 보만은 초감성적 영역에서 영원성을 찾는 그리스의 추상적이고 공간적인 사유와 시간의 구체적 내용이나 사건을 중시하는 히브리적 사유를 대비시킨다.

존하게 되는 질적 순간이다.[116] 이것은 깨달음이라는 현존 경험이 일어나는 결정적 사건의 순간이다. 이 사건은 영원의 한울〔天〕이 "인간의 마음에 있게 되고〔在於心〕," "인간의 마음이 한울에 있게 되는〔在於天〕" 내재의 경험이다. 영원자가 자기를 표현하고 인간이 거기에 참여하는 사건에서 "한울과 마음은 본래 두 가지의 것이 아니며 마음과 한울은 서로 합치하게 된다(天與心, 本無二物, 心天相合)." 이런 의미에서 "인간이 한울이고 한울이 인간이니 인간의 밖에 한울은 없고 한울의 밖에 인간이 없다(人是天, 天是人. 人外無天, 天外無人)."[117]

기존의 사욕적 삶의 방식과 주객 대립적 인식 태도에 끝을 고하는 이러한 극한의 경험이 최수운에게 일어났다. 이 사건의 순간이 최시형에게는 역사의 의미를 다시 보게 되는 역사의 '중심점'이 된다. 이 중심점이 역사를 선천과 후천으로 양분하는 기점(布德 0년)이다. 그리고 후천 개벽의 완성 과정은 그 기점이 갖는 의미를 반복하려 하는 '동시대'인들의 미래 지향적 활동에 의해 전개된다. 또한 개벽의 전개는 한울님의 명령적 역운에 동참하는 것이다. 그러므로 동시대는 미래의 다가옴을 채워가는 활동〔動〕이 일어나는 현재이며, 현재의 활동은 "대운을 함께 성취해 가는 터전〔共成大運之地〕"이 된다.[118] 현재의 활동이 미래의 '한울나라〔天國〕'에로 다가가는 시점들이 '찰〔滿〕' 때를 기다리면서도 동시에 그 시점들을 창조해 가는 것이다. 미래의 천국은 시간을 벗어난 무시간의

116 최시형, 앞의 책, 4 天地人. 鬼神. 陰陽. 268-269쪽.

117 플라톤(Platon)은 수학적 '순간(exaiphnes)'과 현존 체험의 순간을 둘 다 언급했다. 「*Parmenides*」(156 C-D)에서는 순간은 운동과 정지 사이에 있으며 어떤 시간 속에도 있지 않은 기묘한 것이라고 한다. 그것은 정지가 운동으로, 운동이 정지로 되기 위해 들어갔다가 나오게 되는 이상한 것이다. 이에 비해 「*Symposium*」(210 D-211 B), 「서한」 7(341 C D)의 '별안간(exaiphnes)'은 영원한 미, 영원한 선이 섬광처럼 영혼에 직관되는 순간이다. 별안간이라는 의미의 순간 개념은 스콜라 철학에서 현존 경험을 기술하는 어휘로 전승된다. 그것은 초월적 의미를 약화시키면 내재적 종교의 신비 체험에도 타당할 수 있다.

118 최시형, 위의 책, 3 天道, 264쪽.

'공간적 내세'가 아니라 '시간적 내세'이다.[119]

그러나 현재에서의 창조적 활동은 우주의 무한한 본체와 내면적으로 접촉하는 마음의 주체적 조건 즉 '비워지고 자유로워진〔虛靈〕' 상태에서 나온다. "'허'의 상태가 능히 운동의 '기'를 낳는다〔虛能生氣〕." 이 운동의 '기'를 타고 윤리적 실천의 원리가 실현된다. "허무의 상태가 능히 '이(理)'를 낳는다〔無能生理〕."[120] 따라서 현재에서의 활동이란 마음이 내적 수렴을 통해 내접(內接)에서 체험하는 영원성과 무한성이 마치 나의 본성이 실현되는 것처럼 내적 필연성에 따라 현재에 구현되는 것이다. 영원성이 현재에서 마음의 활력을 통해 나타나는 것은 역사의 결정적 중심점에서 경험된 진리가 반복되는 것이다. 이 반복은 과거에 있었던 중심점을 회상하는 반복이자 미래의 앞을 향한 반복이다.

사실 이와 같은 시간성은 대부분의 종교에서 유사하게 나타나는 종교적 현상이라고 할 수 있을 것이다. 종말론적 희망이 좀더 극적으로 강화되어 있는 신약성서의 시간관에서도 사도들의 입장에서 본 과거의 중심점(그리스도의 탄생과 생애 및 죽음과 부활이라는 구속사적 사건)이 있다. 쿨만(Oscar Cullman)에 의하면 "이미 발생했던 사건이 앞으로 일어날 그 사건에 대한 강한 보장"이며, "미래에 대한 희망은 이제 과거에의 신앙으로 …… 지지받을 수 있다." 따라서 미래의 "대망이 구속사의 중심일 수 없으며," "그 중심은 역사적 예수가 그의 사명을 완수함으로써 성취된 승리의 사건이 차지하고 있다." 또한 "그러므로 우리는 이미 그리스도를 통해서 구원받은 시대에 있고, …… 성령의 시대에 우리가 살고 있는 것이다." 이런 의미에서 그리스도의 구속사적 사건이 일어난

119 최수운에게는 미래의 인간은 지상신선(地上神仙)이다. 이돈화는 최수운의 미래 이상을 천국으로 해석하고 그것을 시간 안에 위치시킨다. 이돈화, 『水雲心法 강의』(천도교 중앙총부, 1925), 100쪽.

120 최시형, 앞의 책, 5 虛와 實, 271쪽.

시점은 '결정적 시간(kairos)'이며, 현재(nun)의 시간은 그 빛에 의해 불완전하지만 완전한 시대로 전환된다.[121]

동학의 중심 사건에는 부활 사건은 없다. 그리고 최수운의 대각이 부활처럼 유일회성(唯一回性)을 갖는 것도 아니다. 그리스도의 재림도 없다. 그러나 '이미' 드러난 진리의 빛의 조명에 의해 역사적 삶의 궁극적 의미가 환기되고 미래를 희망하는 공동의 실천으로 나가게 된다는 것은 신약성서와 유사성을 갖는다. 그런데 쿨만이 요한복음을 중시하면서도 영원성의 내재를 언급하지 않은 것은 의아하다. 그것은 보만의 지적처럼 "성서적 시간 파악은 선적이고," "그리스적 시간 파악은 순환적이라는" 쿨만의 '언제나 잘못된 표현'에 기인한 것으로 보인다.[122] 쿨만에 의하면, 그리스인은 시간을 "원환으로 보고 있기 때문에 인간은 이 시간에 어쩔 수 없이 매여서 노예 생활을 하고 또 저주받은 삶의 경험을 해야 한다고 느끼는 것이다."[123] 따라서 그들의 구원은 '시간의 순환에서 해방'되는 것을 추구하는 '무시간적 신비주의'의 성격을 갖게 된다는 것이다.[124]

그러나 영원한 창조주이자 유한한 피조물인 그리스도가 만유의 모든 것을 상징하고 함축(complicatio)하는 것이라면, 그리고 믿음이 시간적 과정에서 자신의 영광을 현시하는 보이지 않는 것의 실상이라면, 왜 신의 영원한 신성의 내재를 느끼고 말할 수 없는가? 또한 그리스인들도 "차안에서 피안적이고 불가시적인 신의 계시를 파악"하고자 했다.[125] 그렇다면 "종말론과 피안 신앙은 서로 배타적인 그리스도교적 희망의 두

---

121 Oscar Cullman, 채위 역, 『그리스도와 시간(*Christ and Time*, 1951)』, 1974, 91-92, 98쪽.

122 Thorleif Boman, 허혁 역, 앞의 책, 192쪽.

123 Oscar Cullman, 채위 역, 앞의 책, 55쪽.

124 위의 책, 57쪽.

125 쿨만이 내재의 문제를 배제하게 된 결정적 이유 가운데 하나는 성서의 영원(aion)을 무시간적 무한성이 아니라 시간의 무한성으로 보고 신을 끝없는 시간의 통치자인 하나의 극점으로 생각한 데 있는 것으로 보인다. 따라서 그는 시간과 영원의 관계 문제를 중세의 사변신학으로 돌리고 성서

가지 형식이 아니라" 정당하고 필연적인 보충 관계에 있을 것이다. "성서는 다가오는 영광뿐만 아니라 피안적인 영광도 알고 있다."[126] 물론 피안적 영원성의 내재는 신 그 자체의 내재라기보다는 그리스도와 신의 성령(Spiritus)의 내재이다. 이 점에서는 성서의 내재는 '조물자(造物者)'인 '무극대도'의 내재성에 더 비중을 두는 동학의 '인내천주의(人乃天主義, 이돈화)'와는 대비된다.[127]

그러나 동학의 영원성에는 미묘한 양의성이 있다. 최시형에 의하면, "우리의 '도'는 무극에 본원하여 태극에 나타나니 천지상하에 뿌리를 내리고, 변화의 이치〔理〕는 혼원의 하나의 '기'에 잠기어 있다(吾道, 源於無極而顯於太極, 根着於天上地下, 理潛於渾元一氣)."[128] 여기서 '태극'이란 '무극'이 음·양의 두 기운으로 분화되어 조화의 관계에서 작용하는 이치〔理〕를 의미한다. 무극은 자신의 작용 법칙인 이 이치에 따라 자신을 표현하는 본원의 '기'이다. 이치는 '기'에 잠기어 활동하면서 하늘과 땅을 구성하고 그 안에 뿌리를 내리고 있다. 그러나 이러한 내재적 관계에도 불구하고 본원의 '기'인 '무극' 그 자체는 나타나기 이전의 영역에 있는 것처럼 말해지고 있다. 최수운은 "하늘과 땅, 음과 양이 갈라진 후에 무수한 만물이 화(化)해나서"라고 말한다.[129] 그는 또 본체적 존재를 '그림자를 비추는 태양〔太陽流照影〕'에 비유한다.[130] 태양은 자기동일적으로 머물면서 피조물의 시간적 변화 위에서 만유를 영원의 관점에서 조명하고 있다. 이 문맥에서의 영원성은 초월적 성격을 갖는다.

---

의 신학을 직선적 시간을 전제한 역사적 신학으로 구성한다(위의 책, 65-73쪽).

**126** Thorleif Boman, 앞의 책, 193쪽.

**127** 이돈화, 「新人哲學」(천도교 중앙총부, 1924), 53쪽.

**128** 최시형, 앞의 책, 13 天道와 儒佛仙, 319쪽.

**129** 최수운, 앞의 책, 도덕가, 215쪽.

**130** 위의 책, 偶吟, 97쪽.

그런데 기존 성리학에는 피조된 만유가 주기적으로 형성과 파괴를 '무시무종(無始無終)'으로 거듭한다는 영원회귀설이 있다.[131] '순환의 이치〔循環之理〕'의 '전만고와 후만고(前萬古, 後萬古)'를 생각하는 최수운의 견해[132]에는 분명 생성계의 영원한 주기적 리듬에 대한 전통적 관념이 들어 있다. 이 문맥에서의 영원성은 생성의 영원성 즉 자연이 생성을 통해 영원히 존재한다는 의미의 내재적 성격을 갖는다. 이상의 두 가지 관념이 전통 철학과 동학에는 강조점의 상대적 차이에도 불구하고 공존하고 있다. 소산적 자연의 생성에서 능산적 본체의 영원성을 직관하려는 그들의 공통된 경향은 만유의 본체적 통일성은 만유 안에서 작동하고 만유는 본체 안에 있다는 '만물일리(萬物一理 ; 程伊川)'[133]의 체계를 의식적 · 무의식적으로 유지시켰던 것이다. 본체는 초월적이면서 내재적이다. 본체의 통일성〔一性〕이 필연적으로 그리고 본질적으로 자발적 운동인으로서의 생산의 능력을 갖는다. 본체가 존재한다는 것은 곧 자기 분화의 활력을 구현한다는 것이다. 이에 따라 본체의 무시간적 영원성도 시간의 무한성으로 현현하고, 이 후자의 영원성을 매개로 자연 현상계를 신성을 갖는 것으로 규정하고 질서짓는다. 그리고 초월적 영원성은 지금 여기에 모든 개체들의 생명 활동으로서 내재하고 있다.

최수운의 현존 경험과 최시형의 개체 공경의 삶은 만유는 언제나 영원의 신성한 활력의 표현이었음을 직관한 결과였다. 최시형이 진실성과 공경심과 종교심〔誠敬信〕을 모든 사회적 활동의 윤리적 기초로 삼게 된 것도 신성한 표현의 활력이 현재에서 나타남에 대한 직관에 근거를 둔 것이다. 그러므로 불가의 속세관처럼 현실적 삶이 비록 우연한 만남에

131 주 23 참조.

132 최수운, 앞의 책, 「용담유사」, 교훈가, 123쪽.

133 『二程遺書』 권25.

의해 불행해지기도 하고 행복해지기도 하는 사건들의 그물 체계(nexus)일지라도, 그래서 개인적 인격이 그물의 매듭 점에서 한갓 사건들의 연쇄가 일어나기 위한 기능에 불과할지라도, 내재하는 영원에 대한 근본적 경험주의는 개인의 의식을 우주적 영원을 표현하는 활력으로 채울 것이다. 그리고 이 활력이 표출하는 능동성은 영원을 체현하는 활동적 쾌활성이기에 생명에 대한 부정적 적대심을 알지 못한다. 억압의 심리적 조건이자 생산물이기도 한 공포와 죽음은 최시형의 신비적 긍정주의와 적대되는 것이다.

그러므로 그의 긍정적 낙관주의는 개인들이 사건들 사이에 끼어 있거나 혹은 사건을 잠시 동안 이끌어 나가거나 근본적으로는 좁은 시야 안에서 방황하다가 끝나는 삶에 저항할 것이다. 그렇다 해서 그러한 저항성을 정치적 시야 안으로만 환원해 이른바 사회적 계약에 의해 승인된 정치적 주권에 호소함으로써 개인들을 이데올로기적으로 응집하는 정치화의 방향으로 축소하지도 않을 것이다. 왜냐하면 진정한 개체적 주체성은 개체들의 근저에 성운처럼 편만해 있는 우주적 연속성에 대한 의식화된 감응을 본질로 하는 인격이며, 좁은 시야에 정착하지 않는 무주성(無住性)의 인격이기 때문이다. 감응과 자유의 인격은 만남에서 이루어지는 사건들의 연쇄를 기존의 방식이 아닌 새로운 방식으로 엮어 나가려 한다. 영원한 현재에서 생의 약동을 경험한 인격은 사물과 인간 모두의 충동인 존재에의 포부를 역사 속에 실현하려 한다. 존재에의 포부인 생명 가치가 타자와의 새로운 관계 양식을 구성하는 사건을 창조하게 하는 근본 원리이다. 그것은 결코 지나친 낙관적 이상이 아니다. 그것은 내심에서 경험된 생명이 필연적 강제성을 가지고 요구하는 것이기 때문이다. 바로 이러한 내적 필연성이 최시형으로 하여금 제국들의 세계사적 억압에 저항하게 했던 것이며 일상의 궁핍을 기뻐하게 했던 것이다. 감옥에서의 그의 최후의 유언은 "조금도 근심하지 말고 그저 잘들만 (大道를) 믿으시오"[134]였다. '무서운' 권력과 '기쁜' 생명은 영원히 그 영광을 나누어 가질 수 없음을 그의 생애는 증언하고 있다. 생애의 마지막에 지친 최시형의 몸은 방향을 잃고 이리저리 쓰러지지만, 그의 기상(氣象)은 영원에 맞닿았다.

## VI. 맺음말: 논의할 문제

이상에서 최시형의 현존과 내재의 세계관을 표현 개념을 중심으로 논하고, 영원성의 현존 경험과 시간의 관계를 논했다. 그의 스승 최수운의 비문에는 다음의 말이 새겨져 있다. " '어둠 속에 기쁨의 밝은 빛' '바로 그대 마음에 비치도다.' '급급한 세상사람 선각자를 몰랐어라.' "[135]

이제까지 동학에 대한 철학계의 관심은 그것이 갖는 논리적 비체계성 때문에 성리학과 실학에 비해 현저하게 미미했다. 그러나 쇼펜하워(Arthur Schopenhauer)가 파악했듯이 동 · 서양의 위대한 철학 체계는 '실천적 신비주의'와 신비가들의 내면의 빛에 대한 경험에 뿌리를 두고 있다. 그에 의하면, 실천적으로 "고결한 사람은 오직 그 행위를 통해 위대한 통찰과 이론 철학의 힘든 연구 결과와 같은 인식을 표현한다." "이론적 지혜는 이론들을 통해 더디게 목표에 이르지만, 도덕적 탁월성은 단숨에 도달한다."[136] 이 때문에 체계적 철학에 대해 신비적 근본 경험은

134 一然, 「海月神師의 受刑 전후실기」, 『新人間』 7, 천도교 중앙총부, 1928, 9쪽.
135 박종홍, 「최수운 동상 銘文」(대구달성공원), 『박종홍전집』 7(형설출판사, 1980), 293쪽.
136 Arthur Schopenhauer, 김미영 역, 『도덕의 기초에 관하여(*Über die Grundlage der Moral*, 1840)』(책세상, 2004), 242, 239쪽.

사유의 시원적 생명 원천이 되며, 시원적 경험과 언어들은 후세의 철학적 해명을 기다리는 것이다. 이런 의미에서 최시형의 경험 세계와 언어에는 현재에서도 여전히 음미하고 논의해야 하는 문제들이 놓여져 있다고 할 수 있다.

(1) 절대적 생명 원리의 내재적 표현이라는 관념은 이돈화가 확정했듯이 인류 지성사적 의미를 갖는다. 그에 의하면 '근대 과학 문명'과 '세기말 비애'는 필연적 연관이 있다.[137] 사실 서양 근대 과학은 기존의 신학 · 존재론적 세계관을 삶의 영역에서 퇴진시킬 수 있는 위협적인 것이었다. 여기에서 종교 · 윤리적 가치와 과학적 가치 사이에 방황하는 사람에게는 자신의 시대는 지적 공백과 가치 부재의 시대가 될 것이다. 이 분위기가 근대의 세기말 데카당스이다. 이 허무주의 도래를 극복하려는 사상가들은 각기 다른 편차가 있지만 과학에 대한 비판적 수용과 생의 영원한 근거를 함께 사유하는 제3의 길을 선택하게 된다. 이 노선이 신(Deus)으로서의 실체를 내재적이고 능동적인 생명성으로 전환시킨 스피노자(Baruch Spinoza)의 영감을 받은 생철학 혹은 의지의 철학이다.[138] 이들 철학 조류는 19세기 말 이후 아시아에도 수용되어 시대의 난관과 삶의 의미를 아울러 문제삼게 된 청년들의 의지를 자극했다.

이돈화는 이러한 지성사적 국면을 이해하고 동학의 '새신비주의'는

---

**137** 이돈화, 『수운심법강의』, 천도교 중앙총부, 1925, 86-90쪽.

**138** 제1차 세계대전 이전의 세기말적 데카당스의 자기 분열적 분위기를 심각하게 감지한 철학은 쇼펜하워(A. Schopenhauer)의 철학이다. 그는 부르주아 문명의 실체인 과학의 사실 영역과 신비주의적 가치 영역을 명백히 구분하고, 물 자체로서의 의지에 대한 직관은 생의 긍정의 가치관(B. Spinoza와 G. Bruno)과 부정의 가치관(자신)으로 나간다고 주장했다. 진정한 윤리적 가치는 언표할 수 없는 직관의 경험에 부딪침으로부터 나온다. 니체(F. Nietzsche)와 베르그송(H. Bergson)의 긍정적 생철학은 전자의 방향을 발전시킨다. A. Schopenhauer, 곽복록 역, 『의지와 표상으로서의 세계(*Die Welt als Wille und Vorstellung*, 1818)』(을유문화사, 1994), 354, 458-494쪽.

"천도(天道)의 발전이 다신관, 일신관, 범신관으로 되어 오다가 인내천(人乃天)에서 궁극의 완성" 단계에 이른 것으로 평가했다.[139] 그에 의하면, 허무주의는 신과 우주와 인간을 '분립(分立)' 혹은 '고립' 시키는 데에 원인이 있다. 그러나 동학의 세계관은 그 세 가지를 분리시키지 않고 모든 것을 '신의 표현' 으로 본다.[140] 따라서 허무주의가 존재 상실을 의미한다면, '표현' 의 세계관은 상실된 신과 우주의 존재와 인간의 존재를 전체적으로 회복시키는 허무주의의 극복이 된다. 극복은 근대 지성사적 상황의 극복이다. 표현의 세계관은 근대 지성사의 정점에 있다.

(2) 허무주의의 역사는 지금에 이르기까지 지속되고 있다. 존재에의 공경〔敬〕이 아닌 존재의 도구적 수단화와 군사화는 삶의 보편적 조건이 되었다. 인간의 완전 가능성을 지향했던 인본주의의 귀결은 어두운 허무주의의 완성이 아닌가? 최시형의 예언에는 산업 문명의 완성과 신성의 현존에 근거한 가치들이 묵시적 분위기 속에 종합되어 있다. 또한 제국들의 기술 문명에 대한 공포와 풍요의 약속이 현존 경험에 연원하는 가치의 제약 아래 공존하고 있다. 그러나 현대의 문명이 그 허무주의적 본성과 병리를 드러내는 것은 『요한묵시록』을 연상시킨다. 이 묵시록은 '집단적 · 대중적이고, 교양이 없으며, 증오로 가득하다.'[141] 그것은 종교적 예언이지만 '새로운 예루살렘' 의 기획은 "절대 세계 국가의 군사 · 산업 계획이 우리에게 약속한 미래와 유사점이 많다." 『요한묵시록』은

---

**139** 이돈화, 앞의 책, 72쪽.

**140** 위의 책, 83. 80쪽.

**141** Gilles Deleuze, 김현수 역, 「니체와 성 바울로, D. H. 로렌스와 사도 요한」, 『비평과 진단(*Critique et Clinique*, 1993)』(인간사랑, 2000), 71쪽. 저자는 로렌스의 의견에 따라 「요한복음」의 저자는 「묵시록」의 저자와 다를 것이라고 한다. 전자는 아름다운 내재를 말하는 고귀함이 있지만, 후자는 무식하고 복수심에 불타기 때문이다.

'권력의 종교'와 '집단적 대중 문화'를 만든다. 그리하여 그것은 "그리스도의 우아한 내재성과 단절한다."[142] 내재와의 단절은 영혼 없는 집단과 산업 노동의 천국을 약속한다.

이런 맥락에서 볼 때 인간의 진정한 완전 가능성은 사물에 대한 부정적 권력 주체, 권력적 자아가 잉태한 권좌의 신, 신을 통한 세계 지배에 대항해 그것에 역행하는 방향에서 추구되어야 할 것이다. 존재에 대한 불타는 원한은 신성의 내재적 현존에 참여함으로써 긍정의 주체로 전환된다. 최시형이 구체적 장소(뜰 앞 나무, 새끼 꼬는 헛간, 삽질하는 밭)에서 신성의 현존을 경험한 것이 주는 윤리적 의미는 긍정의 주체는 지금 여기의 처소에 실현되어 있다는 것이다. 이러한 윤리적이고도 존재론적인 삶의 양식은 동 · 서를 막론하고 고대인의 지혜이었다. 그리스의 헤라클레이토스(Herakleitos)도 깊은 사색에 잠긴 모습을 기대하고 호기심으로 보러 온 외래객들에게 빵굽는 가마 앞에서 불을 쬐며 "여기에도 신들이 있다."고 했다. 그는 신성의 현존을 통해 궁핍한 구체적인 '처소(ethos)'에서 사물의 존재를 경험한다. 생성계의 일부인 처소는 '평안의 권역'이 된다.[143] 기계적인 논증적 논리—이것은 집단적 산업 천국의 기획과 연관이 있다—이전의 이러한 긍정의 경험이 인간의 본질에 대한 새로운 규정 가능성을 보여 주며, 인간의 완전 가능성의 지평을 고대적 지혜에 대한 회상에 두게 한다. 최시형의 생애와 사상이 보여 주는 윤리적 의의도 그 점에 있다.

---

**142** 앞의 책, 80, 87, 93쪽.

**143** Martin Heidegger, 최재희 역, 『하이데거 휴머니즘론(*Über den Humanismus*, 1946)』(박영문고, 1961), 83-90쪽. 이 일화는 아리스토텔레스(Aristoteles)가 전한 이야기(생물소론, A5, 645a, 17)를 하이데거가 재해석한 것이다.

(3) 최시형이 '끝없는 약동〔躍動不息〕'을 말한 이후 그 관념은 갑진 개화운동(1904), 삼일운동(1919), 신문화운동(1920)을 촉진하는 사상적 원리가 되었다. 그것은 인류의 종(種)적 유대와 개체의 고유한 중심성의 생명 · 철학적 기초였다. 개체의 생명 활동을 절대적 약동의 표현으로 보는 사상은 개혁 운동에 해방적 개방성을 부여했다. 이 운동은 자신들의 개벽의 교사가 열어 놓은 의미 세계를 회고하면서 그것을 창조해야 할 미래의 희망으로 선포했다. 과거의 결정적 중심점과 열려진 미래는 약동하는 개벽이 차지하고 있다.

그러나 제국들의 권력은 이 시간성을 닫는 것으로 작용했다. 그 힘은 전 지구적 소통 체계를 타고 미래를 참칭하고 있다. 그들의 이른바 개방화는 법칙처럼 정언 명령화되어 있기 때문에 공포를 유발한다. 개체는 의사 소통의 통로에 있는 기능점으로 실종되고, 기계적 의사 소통은 가해자는 사라지고 피해자만 있는 집단적 공포 체계를 형성하고 있다. 지나친 사회화로 인한 개별 인신(人身) 지배의 완성은 개체와 종의 존재 의미에 대한 생명 · 철학적 관심의 부재에서 오는 생명의 반격일지도 모른다. 이런 의미에서 볼 때 만유의 우주적 연속성과 약동의 영원성에 근거한 창조적 개방의 시간성은 여전히 다시 음미해야 할 새로운 가치로 부각된다고 할 수 있다. "영원의 항성의 빛이 발사되어 나오면 무한히 번져 나가는 원을 그리면서 빈 탕의 어둠을 먹어 들어간다. 생명은 늘 자라는 끝에 나가 있고, 전체는 언제나 창조하는 현재선(現在線) 위에 있다."[144] 생의 의미 추구는 창조적으로 성장해 가는 만유의 존재에 대한 진실성과 신비감을 갖춘 창조적 주체성에 의해 가능하다. 집단화된 '유령' 같은 '대중'의 직접적 의사 소통의 영역은 역설적이게도 폐쇄된 세

---

**144** 함석헌, 「새 윤리」, 『함석헌선집』 2(한길사, 1996), 384쪽.

계일 것이다. 진정한 개방적 주체성에게는 무반성의 직접적 소통 체계를 성찰적이고 논쟁적으로 문제삼는 '간접적 의사 소통'만이 유일한 가능성으로 남을 것이다.[145]

### 〈참고 문헌〉


박종홍, 『박종홍전집 7』, 형설출판사, 1980.

손의암, 『天道教經傳』, 천도교 중앙총부, 1981.

오문환, 『해월 최시형의 정치사상』, 모시는 사람들, 2003.

윤석산, 『수운 최제우』, 모시는 사람들, 2004.

이경숙 · 박재순 · 차옥승, 『한국 생명사상의 뿌리』, 이화여자대학교출판부, 2001.

이돈화, 『신인철학』, 천도교 중앙총부, 1930.

최시형, 『天道教經傳』, 천도교 중앙총부, 1981.

함석헌, 『함석헌선집 2』, 한길사, 1996.

Allan Janik & Stephen Toulmin, 석기영, 역, 『빈, 비트겐슈타인, 그 세기말의 풍경』, 이제이북스, 2005.

Arthur Schopenhauer, 김미영 역, 『도덕의 기초에 관하여』, 책세상, 2004.

Erich Fromm, 문학과 사회연구소 역, 『정신분석과 종교』, 청하, 1983.


---

**145** Allan Janik & Stephen Toulmin, 석기용 역, 「빈, 비트겐슈타인, 그 세기말의 풍경」(*Wittgenstein's Vienna*, 1996)(이제이북스, 2005), 265-274쪽. 저자는 언어 비판의 목표와 귀결을 비트겐슈타인의 의도에 따라 생의 의미 추구에 두고 키에르케고르(S. Kierkeggard)를 인용한다. "어떤 망상도 결코 직접적으로 파괴될 수 없으며, 그것은 오로지 간접적인 수단에 의해서만 근본적으로 제거될 수 있다"(261쪽).

Gilles Deleuze, 김현수 역, 『비평과 진단』, 인간사랑, 2000.

J. G. Arapura, 유경희 역, 『불안과 평정으로서의 종교』, 서광사, 1995.

Martin Heidegger, 최재희 역, 『하이덱거 휴머니즘론』, 박영문고, 1961.

Oscar Cullman, 채위 역, 『그리스도와 시간』, 분도출판, 1974.

Thorleif Boman, 허혁 역, 『히브리적 사유와 그리스적 사유의 비교』, 분도출판, 1975.

William James, 한자경 역, 『인간 자유의 본질』, 서광사, 1998.

# 찾아보기